낙동강과
예 천 의
생활문화

예천박물관 학술총서 08

낙동강과 예천의 생활문화

초판1쇄 발행 2025년 12월 24일

기획 예천박물관
집필 차철욱 · 김문기 · 강정원 · 문혜진

주간 조승연
편집 · 디자인 오경희 · 조정화 · 오성현 · 신나래 · 박선주 · 정성희
관리 박정대

펴낸이 홍종화
펴낸곳 민속원
창업 홍기원
출판등록 제1990-000045호
주소 서울 마포구 토정로25길 41(대흥동 337-25)
전화 02) 804-3320, 805-3320, 806-3320(代)
팩스 02) 802-3346
이메일 minsokwon@naver.com
홈페이지 www.minsokwon.com

ISBN 978-89-285-2198-2
S E T 978-89-285-1252-2 94910

예천박물관 학술총서 | 08

낙동강과 예천의 생활문화

차철욱 · 김문기 · 강정원 · 문혜진

민속원

들어가는 글

예천은 물의 고장이다. 낙동강 상류 지역의 지명 가운데 '예천醴泉'이나 '용궁龍宮'처럼 물과 직접 관련된 이름이 몇 군데나 있으랴? 실제로 예천은 내성천을 비롯하여 한천, 양천, 동천, 서천, 금천 등의 하천이 하나로 모여서 낙동강으로 흘러든다. 『세종실록지리지』에서는 낙동강의 발원지를 태백산 황지潢池, 문경현 초점草岾, 순흥 소백산小白山이라고 했다. 이 세 발원지의 하천, 곧 낙동강·영천·내성천이 하나로 모이는 데가 용궁이니, 예천은 상류 지역의 모든 물을 모아서 낙동강 본류의 몸집을 키워냈던 터였다. 물의 고장인 예천의 역사가 낙동강과 떼려야 뗄 수 없는 까닭이 여기에 있다.

낙동강의 물길은 단순히 상류에서 하류로 한쪽으로 흘러내렸던 것만은 아니었다. 세상의 모든 강이 그러하듯이 산에서 바다로 흘러들었던 강물은 대기 순환을 통해 다시 육지로 옮겨지고, 다시 물길을 따라 바다로 흘러드는 거대한 생태순환이 해마다 반복되고 있다. 봄이 되면 그 물길을 따라 은어나 황어 같은 물고기가 거슬러 올라왔고, 그 물고기를 따라 낙동강 하류의 소금을 비롯한 해산물이 선박에 실려 상류까지 유통되었다. 예천 사람들의 삶도 낙동강의 이러한 생태적 순환에 맞춰 오랫동안 이어져 왔다. 우리 집필진이 주목했던 것도 바로 이 점이었다.

예천 사람들의 삶은 낙동강과 어떻게 얽혀 있었을까? 첫 번째 글이 이 질문에 관한 답을 말해 준다. 강의 고을인 예천과 예천 사람들이 강과 어떻게 어울려 살았는지를 개관한다. 예천 마을을 찾아 그 삶을 들여다보고, 근대 이후 물과 뭍을 연결하는 교통 요지로써 예천의 위상을 확인했다. 두 번째 글은 낙동강으로 연결되었던 물고기의 역사를 이야기한다. 근대 이전에 예천을 비롯한 낙동강 상류를 대표했던 민물고기들은 무엇이었을까? 낙동강 물길을 통해서 어떤 물고기들이 유통되었을까? 산업화와 도시화 이후에 이뤄진 거대한 낙동강의 생태변화를 역사를 통해서 되돌아보았다. 세 번째 글은 물길에 가장 민감하게 반응했던 예천의 농업 문제를 살펴본다. 근대 이후 국가 주도의 수리망과 수리체제의 재편에 따라서 농업공동체가 어떻게 변화되었는지를 규명했다. 제목처럼 물길의 정치가 들판의 기억을 어떻게 재조직했는지를 볼 수 있다. 마지막 글은 낙동강 나루터에서 이뤄졌던 수신 신앙을 살펴보았다. 도로교통의 발달로 낙동강 물길을 통해 이뤄졌던 선운과 그 연결고리였던 나루터에 대한 기억을 급속도로 사라지고 있다. 예천 지역의 나루터를 직접 찾아가며, 사라져 가는 기억들을 채집하여 기록했다. 이런 기억을 남기는 일은 이 책을 쓰게 된 중요한 계기의 하나였다.

낙동강 상류의 예천을 연구하는 일은 우리 집필진에게도 퍽 인상적인 경험이었다. 예천과 관련된 고문서를 뒤지고, 또 뜨거운 여름날 틈틈이 예천 곳곳을 탐방하며 조사했다. 내성천과 낙동강을 따라 물길을 더듬고, 옛 나루의 흔적을 찾고, 마을 사람들을 만나 인터뷰했다. 강가 마을과 강에서 멀리 떨어진 마을의 문화가 많이 달랐던 부분도 흥미로웠다. 원고를 쓰는 동안 집필진들은 각자의 끌림에 따라 낙동강과 예천의 역사를 복원하는 데에 진력했다. 다들 열정적이었고, 다들 애정이 넘쳤다.

개인적으로 인상적이었던 일은 2월에 있었던 삼강마을의 동신제 참관이었다. 마침 그날 하늘에는 눈이 쏟아져서 삼강마을과 낙동강을 하얗게 덮었다. 예천 출신 안도현 시인의 시 '겨울 강가에서'가 생각나는 풍경이었다. 그날 허허한 삼강 나루의 겨울 풍경을 떠올리며, 시의 마지막 구절로 아스라한 마음을 대신한다.

그런 줄도 모르고/ 계속 철없이 철없이 눈은 내려,/

강은,/ 어젯밤부터/ 눈을 제 몸으로 받으려고/

강의 가장자리부터 살얼음을 깔기 시작한 것이었다.

2025년 11월 25일

집필자들을 대표해서 김문기 씀

차례

Ⅰ.

예천 사람들의 삶과 문화

차철욱
부산대학교

예천 사람들의 삶과 문화

1. 물이 만든 예천

1) 강의 고을, 예천

예천은 물의 고을이라 불러도 과언이 아니다. 낙동강과 내성천, 한천, 금천 등 굵직한 하천들이 이 땅을 관통한다. 낙동강은 강원도 태백에서 발원해 영남의 중심부를 휘돌아 부산 앞바다로 흘러가는데, 그 물줄기가 태백과 안동, 의성 북서쪽을 지나 예천군 풍양면과 지보면 사이를 통과한 뒤 상주 낙동으로 향한다. 내성천은 봉화 문수산에서 시작되어 보문면과 호명읍을 관통해 내려오는 도중에 감천면 장산리에서 옥계천과 개포면 경진리에서 한천을 만난다. 한천은 예천 북쪽 묘적봉에서 발원해 내려오다가 용문면을 지나는 금곡천과 합해져 예천읍을 지나 유천면을 관통하는 유등천을 더한 뒤 개포면 경진에서 내성천으로 들어간다. 또 문경과의 경계에서는 금천이 용궁면 서쪽으로 흘러내린다. 이렇게 낙동강, 내성천, 금천이 풍양면 삼강에서 만나 더욱 크고 깊은 낙동강을 이루는 것이다.[1]

예천은 소백산맥 자락의 해발 200m 이상 산지를 배후에 두고 있다. 이곳에서 발원하는

1 예천군지편찬위원회, 『예천군지(상권)』, 예천군, 2005, 11~13쪽.

한천과 금곡천은 기름진 토지를 적셨고, 이를 바탕으로 마을들이 들어섰다. 특히 내성천과 한천이 합류하는 예천읍 일대, 즉 남본리 · 상동리 · 왕신리 · 고평리와 호명면 내신리에는 비교적 넓은 충적평야가 형성되어 농사짓기에 좋은 조건을 제공했다.[2]

임진왜란 이후 양반들은 지방 곳곳에 집성촌을 세웠는데, 배산임수를 기본으로 삼으면서도 농업 생산에 적합한 터를 골랐다. 예천의 전통적인 마을 대부분이 한천과 내성천 줄기를 따라 자리 잡은 것도 이런 맥락에서 이해할 수 있다.

오늘날 우리나라의 곡창지대가 주로 강 하류에 위치한 것과는 다른 모습이다. 이는 일제강점기 일제는 미곡 수탈을 위해 대규모 경작지가 필요했기 때문에, 하구를 중심으로 평야가 개간된 결과였다. 그러나 예천 낙동강 유역은 당시 수리시설이 제대로 갖춰지지 않아 넓은 농경지를 일찍이 조성하지는 못했다. 낙동강 주변에서 본격적으로 풍부한 농산물이 생산되기 시작한 것은 1970년대 말, 제방이 생기고 농업용수가 안정적으로 공급되면서부터였다.

예천의 물줄기가 사람들의 삶에 어떤 영향을 주었는지 잘 보여주는 당시의 기록을 하나 소개한다.

> 강은 일사천리로 남선南鮮에서 가장 큰 낙동강이 남방을 관류하야 주즙舟楫의 편리도 있으며 그 상류인 내성천 한천 연안에는 토지가 아주 비옥하야 농작에 적당하다. 그리고 읍 중앙에는 면적이 약 2만 2천 평되는 큰 연못[大池]이 잇섯는데 매년 연꽃이 성개盛開하면 향기가 전군에 충만하야 마치 신선의 땅에 들어섬과 다름이 업슬만치 절경을 일워 오고 가는 손님의 발자최를 멈추게 하엿슬뿐 아니라 군자의 예천이라고 별명까지 듯는 곳이다. 그러나 그 반면에는 읍민의 고통도 어지간하지 아니하엿다. 하절상우夏節霜雨에 읍 앞에 흘러나린

2 대구경북학회, 『낙동강 고대 문명사(2)』, 정문출판사, 2017, 63쪽.

> 한천이 범람하면 지면과 상련相連하야 읍내가 수국水國을 이룸으로 웃고 울고 하든 읍민의 가슴이야말로 엇더한 경우에 잇섯겟는가. 4천여 주민의 애태운 곳도 이곳이다.[3]

예천의 강은 언제나 두 얼굴을 지니고 있었다. 한편으로는 풍요와 아름다움을 선사했지만, 다른 한편으로는 범람과 재난으로 주민을 괴롭히기도 했다. 바로 그 자연과 맞서면서 예천 사람들은 자신들의 삶의 터전을 일구어 왔다.

2) 강을 이용한 예천 사람들

조선시대 예천의 집성촌은 대체로 강과 하천의 중상류에 자리 잡았다. 마을을 세울 때는 농사에 필요한 물을 끌어올 수 있는지가 무엇보다 중요했기 때문이다. 우리 전통의 수리시설은 크게 제언堤堰과 보洑로 나뉜다. 제언은 마을을 지나는 하천을 가로막아 농업용수를 저장하고 관리하는 대규모 시설이었다. 강바닥을 파내고, 돌과 흙으로 둑을 쌓아 만드는 방식이어서 큰 노력이 필요했다. 이에 비해 조선 후기에 급증한 보는 규모가 작지만, 인력 부담이 적고, 계곡이나 하천의 물을 쉽게 끌어올릴 수 있어 실용적이었다. 특히 제언에 비해 바닥이 낮아 수해 위험이 줄어드는 장점이 있었다.[4] 이런 이유로 권력 있는 집안의 농장은 홍수 피해가 적고 물 확보가 용이한 하천의 중·상류에 집중되었다.

반대로 큰 강의 중·하류나 넓은 평야 지대는 조선시대까지는 농업 생산지로 각광받지 못했다. 제방과 대규모 수리시설이 부족했기 때문에 홍수와 가뭄이 잦아 농사에 불리했기 때문이다. 예천읍의 남본리, 노하리, 동본리 일대는 범람이 심한 늪지대였다. 이를 극복하기 위해 사람들은 다양한 시도를 했다. 예컨대 1919년 서본리 굴모롱이에서는 삼익수도三益

3 『조선일보』 1927.06.09. '지방소개 학가산의 승경 낙동관류 예천군(1)'

4 예천군지편찬위원회, 앞의 책(상권), 162~163쪽.

隧道를 확장해 배수를 원활히 했고,[5] 1925년에는 남본동의 큰 연못을 메워 시장을 옮겼다.[6] 하지만 완전히 늪지를 벗어나지 못해 해방 이후까지 매립이 이어졌고, 사람들은 그곳을 '매립지'라 불렀다. 지금의 NH농협은행 예천군지부와 예천중앙시장이 그 자리에 들어서 있다. 또 동본리는 원래 미나리밭이었으나 1970년대 들어 주택지로 변했다.

강이 많은 예천은 수해도 빈번했다. 사람들의 기억 속에 가장 크게 남은 사건은 1934년 갑술년 홍수였다. 당시를 직접 겪지 못한 세대조차 '홍수' 하면 자연스레 갑술년 이야기를 떠올릴 정도다. 1934년 여름 장마로 시작된 홍수는 7월 전국적인 집중호우로 이어졌고, 특히 경북 지역이 큰 피해를 입었다. 예천군에서는 7월 23일 읍내 철교 제방이 무너지고, 경북선 철도가 침수되며 주변 농경지가 물에 잠겼다. 이 홍수로 풍양면 낙상리, 용궁면 향석리, 지보면 마전리 같은 마을이 통째로 사라졌고, 개포면 경진리와 호명면 월포리도 마을의 많은 부분이 큰 피해를 입었다. 가옥 파괴와 농경지 수몰도 적지 않았다.[7] 피해가 큰 마을은 아예 높은 지대로 옮겨야 했다. 조선시대 용궁현의 읍치였던 향석리는 1856년 홍수로 그 기능을 지금의 읍부리에 뺏겼는데, 갑술년에 또다시 엄청난 물난리를 경험했다. 지보면 마전시장과 풍양면 낙상시장도 이전할 수밖에 없었다. 당시 예천군 전체 이재민은 1만 5천 명, 그 가운데 집을 잃은 사람이 6천 명에 달했다.

하지만 재난 속에도 감동적인 이야기가 있었다. 안동에서 다리 공사를 하던 인부들이 급류에 휩쓸렸을 때, 지보면 앞섬 송림에 걸려 간신히 목숨을 건졌다. 이들이 도움을 청하자, 마을 청년들이 목숨을 걸고 건너가 구조했는데, 무려 48명을 살려냈다.[8] 마을 사람들은 그 섬을 '활인도活人島', 즉 '사람을 살린 섬'이라 불렀다.

근대에 들어와 조선총독부가 미곡 단작 정책을 추진하면서 강 유역은 대규모 농경지로

---

5 경북향토사연구협의회, 『慶北마을誌(하권)』, 경상북도, 1992, 609쪽.

6 『동아일보』 1925.09.16. '예천시장 이전'

7 『조선일보』 1934.07.23. '철교제방이 붕렬'; 『동아일보』 1934.08.03. '예천군내 오개동 전멸'

8 『조선일보』 1934.07.27. '안동서 실종된 재민 48명은 구조'

개간되었다. 예천읍 일대의 충적평야는 일제강점기 제방과 수리시설이 갖추어지며 비로소 안정적인 농경지로 자리 잡았다. 그러나 낙동강변 저습지는 여전히 수리시설이 부족해, 농사는 가능했지만, 하늘의 비에 의존할 수밖에 없었다.

일제강점기 예천의 산업은 농업 중심이었다. 1917년 인구 8만 3,119명 가운데 7만 2,871명이, 1928년에는 인구 10만 1,345명 중 9만 2,142명이 농업에 종사했다.[9] 조선인 90% 이상이 농업에 종사한 반면, 일본인들은 상업과 공무 · 자유업의 비중이 더 높았다.

예천의 평야 지대는 내성천과 낙동강 유역을 따라 형성되었다. 1970년 예천군 각 면별 농가 호수와 논농사 종사 호수를 비교하면 다음과 같다.

표 1. 1970년 예천군 각면 농가 및 답작 호수

	총 호수(A)	농가 호수(B)	B/A	답작 호수(C)	C/B
예천면	5,046	2,084	41.3	574	27.5
용문면	2,186	2,103	96.2	1,857	88.3
상리면	1,098	1,047	95.4	621	59.3
하리면	1,132	1,021	90.2	720	70.5
감천면	2,237	1,961	87.7	1,149	58.6
보문면	1,985	1,795	90.4	741	41.3
호명면	1,864	1,654	88.7	1,390	84.0
유천면	1,946	1,719	88.3	1,381	80.3
용궁면	2,007	1,601	79.8	1,248	78.0
개포면	1,567	1,500	95.7	993	66.2
지보면	2,664	2,507	94.1	2,015	80.4
풍양면	2,491	2,060	82.7	1,836	89.1

경상북도 예천군, 『통계연보』, 1971, 27쪽, 34쪽.

9 경상북도 편, 『조선총독부경상북도통계년보』, 1917, 1930.

1970년 자료를 보면, 예천면은 다른 지역과 마찬가지로 농업 비중이 높았지만, 과수, 채소, 특용작물, 원예, 축산, 양잠 등 상품 작물이 상대적으로 많았다. 또 임금 노동에 종사하는 농민도 적지 않았다. 북쪽의 상리면 · 하리면 · 감천면 · 보문면 · 개포면은 밭농사가 많았고, 용문면 · 호명면 · 유천면 · 용궁면 · 지보면 · 풍양면 등 강과 접한 지역은 논농사가 주를 이루었다.

3) 야누스의 얼굴, 낙동강

예천의 강은 사람들에게 여러 모습으로 기억된다. 학문과 권위를 지녔던 대학자와 명망가들이 강변에 세운 정자에 서면, 예천 문화의 깊이를 짐작할 수 있다. 정자 안에는 강변 풍경을 노래한 편액이 걸려 있는데, 그 글귀 속에서 흐르는 물은 언제나 고요하고 아름답다. 그러나 정자 아래 언덕에서 홍수와 가뭄에 맞서 고단한 삶을 살아가야 했던 농민들의 눈에는 그 풍경이 또 어떻게 보였을까.

강을 찾는 이들의 시선도 다르다. 잠시 예천의 자연을 즐기려는 관광객에게 강가의 평야는 넉넉한 인심과 풍요로운 농촌의 상징처럼 다가온다. 하지만 평생을 이곳에서 살아온 주민들에게 그 들판은 웃음과 눈물이 교차한 삶의 현장이었다. 값싼 곡식과 채소를 머리에 이고 지며 기차에 올라 장터로 향하던 농민들에게, 텔레비전 속에서 풍년을 자랑스럽게 인터뷰하는 농부의 모습은 결코 단순히 기쁨만으로 다가오지 않았을 것이다.

강은 예천 사람들에게 풍요만 준 것이 아니었다. 1934년 갑술년 홍수처럼 범람으로 삶의 터전이 무너지는 해도 있었고, 반대로 비 한 방울 내리지 않아 하늘만 바라보아야 하는 가뭄의 해도 있었다. 당시 농민들에게 스스로 해결책을 마련하는 일은 쉽지 않았다. 양수기가 없어 메마른 논에 물을 끌어올 수 없었고, 제방을 쌓을 경제적 여력도 부족해 해마다 신의 도움만을 바랄 수밖에 없었다. 그러던 중 1979년 삼강양수장이 준공되면서 비로소 농업용수 공급이 한결 수월해졌다.

사진 1. 풍양정수장(출처: 2025년 필자 촬영)

그러나 근래 들어 추진된 4대강 사업은 명암을 동시에 남겼다. 강둑이 높아져 범람이 줄고 농업 경영이 안정되었지만, 마을과 강을 오가며 살았던 마을 사람들의 연결망은 단절되었다. 강에 살던 피리, 은어, 모래무지 같은 물고기들은 더 이상 주민들의 밥상에 오르지 못하게 되었다. 특히 풍양면 낙상리와 하풍리 주민들은 상주보 건설로 강바닥이 깊어지면서 오랫동안 이어온 어로 행위를 중단해야 했다. 한때 강 한가운데 모래톱에서 펼치던 봄맞이 놀이도 사라져 이제는 추억으로만 남았다. 예천 사람들에게 강은 이렇게 다양하게 기억된다.

2. 물과 어울린 마을

1) 삼청당이 지키는 삼탄마을

삼탄마을의 탄생

낙상1리는 풍양면 소재지에서 서쪽 상풍교 방면으로 가다 보면, 낙동강변 들판 뒤편에 자리한 마을이다. 지금은 1994년 경지 정리된 논 사이로 난 길을 따라 들어가면 마을회관에 닿을 수 있다.

행정구역상 이름은 풍양면 낙상1리이지만, 세밀細密, 삼청三淸, 삼여울, 삼탄三灘 등 여러 이름으로 불려 왔다. 예부터 상주 사벌 퇴강, 물미나루로 건너던 세밀나루가 있었다. '낙상洛上'이란 명칭은 상주 낙동장의 상대 개념에서 비롯된 것으로, 낙동의 상류 쪽에서 큰 장이 서던 곳[세밀장]을 가리킨다. 특히 세밀장은 개항기 무렵 소금 배가 올라와 물물교환이 활발히 이루어지던 곳으로, 상주 낙동과 함께 중요한 경제적 위상을 지녀 '낙상'이라 불렸다.[10] 삼청이라는 이름은 1914년 행정구역 개편 전, 이곳이 문경군 소속이던 시절부터 불려졌다. 그 배경에 대해서는 여러 설이 있다. 삼강三江·삼탄·삼여울이 삼청을 가리키는데 상주 영강, 삼탄마을 앞 여울, 상주 매호 운성나루 위쪽 여울을 일컫는다는 설이 있다.[11] 다음 『경북마을지』에는 영강과 낙동강이 합류하는 아래쪽에 세 여울이 있고, 물이 맑아 붙은 이름이라 설명한다.[12] 또 삼여울이 변형되어 세멸, 세밀이 되었다는 설도 있다.[13] 해석은 다양하지만, 이곳이 여러 물줄기가 만나는 자리라는 사실만은 분명하다. 더 나아가 이는 물길만이 아니라 다양한 상품유통이 이루어지는 지점이었다는 의미로도 읽힌다.

---

10 예천군지편찬위원회, 『예천군지(중권)』, 예천군, 2005, 167쪽.

11 김봉우, 『낙동강 옛나루』, 도서출판 경남, 2016; 경북향토사연구협의회, 앞의 책(하), 747쪽.

12 경북향토사연구협의회, 앞의 책(하권), 747쪽.

13 대구경북학회, 『낙동강 고대 문명사(3)』, 정문출판사, 2017, 425쪽.

삼탄마을은 여러 성씨들이 모여 이룬 공동체였다. 파평윤씨 분서芬瑞가 중동 간상肝上에서, 동복오씨 대삼大參이 1730년경 의성 단밀 조암에서, 경주최씨 청淸의 15세손 영진이 중동 월상에서, 안동김씨 현곤이 1850년경 안동 예산 회곡에서 이주해 정착했다.[14] 이후 후손들이 뿌리를 내리며 마을을 이루었다. 2025년 현재 28가구, 35명 정도가 살고 있는데, 1인 가구가 많다.

마을 사람들은 자신들의 뿌리를 어디에 두고 있을까. 그 단서는 2024년 삼청당 뒤편에 세워진 〈낙상1리 삼탄마을 유래비〉에서 확인할 수 있다.

> 낙동강 700리가 이곳에서 시작되는 시원지로 삼여울이 모여 흐르고 영남대로 옛길의 한 갈래에 위치하여 삼청동 또는 세밀이라고 부른다. 예로부터 산자수명한 강촌으로 일찍이 고려의 대문호 이규보가 1196년 하풍진에서 용궁 장안사까지 낙동강 뱃놀이를 하였고 1792년에는 안동 도산서원에서 도산 별시가 있을 때 영호남 선비들이 주민들과 배를 만들어 강을 건넜다고 한다. 서동에는 백담 구봉령의 제자인 유학자 손흥지 선생이 고평리에서 이곳으로 와 용두정을 짓고 후학을 양성하는 등 명가의 후예들이 차례로 입향하였다.
>
> - 〈낙상1리 삼탄마을 유래비〉

마을 사람들은 자신들의 터전을 고려의 대문장가 이규보가 뱃놀이를 하던 공간, 영호남 선비들이 도산서원 시험길에 들르던 길목으로 기억한다. 또 용두정을 세운 손흥지가 이웃 서동에 정착한 사실을 학문적 감화와 연결해, 삼탄마을을 유교적 정통성을 지닌 마을로 자리매김하려 한다. 이처럼 마을의 유래비와 전승은 삼탄마을의 위상을 드러내고 있다.

14 경북향토사연구협의회, 앞의 책(하권), 747쪽.

사진 2. 낙상1리 경로당
(출처: 2025년 필자 촬영)

사진 3. 삼청당수건기
(출처: 2025년 필자 촬영)

교통과 상업의 요지

삼탄마을의 정체성을 가장 잘 드러내는 공간 중 하나는 삼청당이다. 마을회관 앞에 세워진 〈삼청당수건기三淸堂修建記〉에는 "…삼청은 세 가지가 맑다는 의미이다. 강물이 맑고, 공기가 맑고, 인심이 맑음을 이름이다…." 삼청당은 마을에서 강 나루터로 나가는 길목에 자리 잡고 있다. 이곳은 강과 마을의 관계를 상징적으로 보여주며, 강을 매개로 살아가는 주민들의 안전과 풍요를 지켜주는 신의 공간이었다. 예전에는 교통이 발달하면서 낯선 이들이 자주 드나들었는데, 그중에는 도둑질을 하거나 여성들에게 해를 끼치는 사람들도 있었다고 한다. 전해지는 이야기로는 그런 이들이 삼청당 앞에만 오면 발이 붙어 꼼짝할 수 없었다고 한다.[15] 마을 사람들은 삼청당을 마을과 자신들을 지켜주는 안전망이라고 여겼다. 이는 교통과 물자의 흐름이 활발했던 당시 마을 풍경을 보여주는 단서이면서, 다른 한편으로는 안전한 마을임을 드러내기도 한다.

15 대구경북학회, 앞의 책(3), 431쪽.

사진 4. 삼청당
(출처: 2025년 필자 촬영)

사진 5. 삼청당 내 세워진 삼탄마을 유래비
(출처: 2025년 필자 촬영)

삼청당과 관련된 전설은 삼탄마을이 교통과 상업의 중심지였음을 잘 보여준다. 낙상은 안동·의성과, 또 서쪽으로는 상주와 점촌으로 이어지는 길목이었다. 상주 퇴강리와 연결된 퇴강나루, 상주 매호리와 이어진 운성나루는 1980년대까지도 마을 사람들에게 중요한 교통수단이었다. 그러나 1987년 하풍리에 영풍교가, 1995년 상풍교가 건설되면서 나룻배는 점차 사라졌다. 더 나아가 4대강 사업이 진행되면서 옛 나루터의 흔적마저 없어졌다.

마을 이장의 말에서도 교통의 변화가 드러난다.

> 젊은 사람들은 다 나가죠. 풍양이 예전에는 거의 고립돼 있으니까 못 나가니까 풍양시장이 컸으나… 지금은 교통이 좋으니까 다 차 있으니까 (풍양장)이 그냥 잘 안되지.[16]

---

16 2025년 7월 12일 낙상1리 마을회관에서 오종주(남, 53세) 인터뷰.

사진 6. 1934년 갑술년 홍수 이전까지 존재했던 세밀장(출처: 2025년 필자 촬영)

교통망 발달은 풍양의 시장을 위축시키는 한편, 젊은이들을 상주나 점촌 같은 더 큰 도시로 이끌었다.

삼탄마을이 교통의 요지였던 까닭에 세밀장이 유명했다. 이 장터는 개항기와 일제 초기까지 번성했으며, 남쪽에서 낙동강을 따라 올라온 상선들이 소금과 해산물을 싣고 와 머물렀다. 그러나 1934년 갑술년 대홍수로 세밀장은 흔적도 없이 쓸려 내려갔고, 결국 풍양면 소재지로 옮겨졌다. 낙상2리는 1931년 11월 우망리에서 면사무소를 옮겨온 데 이어, 갑술년 홍수로 장시까지 옮겨오면서 오늘날까지 풍양면의 행정 · 경제의 중심지가 되었다.

그럼에도 불구하고 나룻배의 역할은 쉽게 사라지지 않았다. 삼탄마을 사람들은 여전히 곡식과 채소를 이고 지고 나룻배를 이용해 상주장(2일 · 7일)이나 점촌장(3일 · 8일)을 찾았다. 반대로 상주 사람들은 낙동강변에서 재배한 배추 등 채소를 팔기 위해 나룻배를 타고 삼탄마을로 건너왔다. 낙동강변의 기름지고 밀가루처럼 부드러운 흙이 맛있는 채소를 만들었다.[17]

나룻배 이용객은 장꾼들만이 아니었다. 상주나 점촌으로 상급학교를 진학한 학생들이 나룻배를 이용했다. 특히 점촌은 해방 이후 광산 개발을 배경으로 빠르게 성장한 도시였다. 인구가 늘고 서비스 산업이 발달하면서, 삼탄마을 학생들에게는 더 넓은 세상으로 향하는 통로가 되었다.

'연안개발'과 재난 극복

삼탄마을 사람들의 주된 생업은 쌀 · 보리 · 콩 농사였다. 여기에 1960~70년대에는 누에치기가 부업으로 자리 잡았다. 당시 집집마다 농사용 소를 기르는 것은 흔한 풍경이었다. 그러다가 1970년대 초부터는 경운기, 트랙터, 이앙기 등 근대적 농기계가 도입되면서 농사 방식이 빠르게 달라졌다. 마을 주민들은 대부분 자신들의 땅을 일구는 자작농이었지만, 경제적 어려움 속에서 누에치기는 빼놓을 수 없는 부업이었다. 모내기가 끝난 뒤 비교적 한가한 시기에 집집마다 누에를 키웠고, 이를 위해 논밭 경계나 밭에 뽕나무를 심었다. 밭농사로 얻는 수익보다 뽕잎을 따서 누에를 키우는 편이 더 이득이었기 때문이다.

낙동강변에 자리한 삼탄마을 농경지는 지금처럼 제방이 튼튼하기 전까지는 해마다 홍수 피해를 입었다.

> 매년 들어요. 매년 장마철에 매년 들어. 뭐 거쳐가는 건 없어. 매년 들어요. 연안 개발할 때 제방이 이제 그때 좀 낮았단 말이야. 제방이 연안 개발해 놓고… 이걸 이제 이명박 대통령 할 때 지금 둑은… 그때는 장비도 없고 아무것도 없는데 뭔 둑을 해요. 이 장비가 있어 뭐가

17 이보영 외, 『낙동강을 품은 상주 문화』, 민속원, 2012, 112쪽.

있어야 둑을 하지. 물 들어오고 강 쳐다보고 있지 뭐 장비가 있어?[18]

당시 장마철마다 강물이 범람해 농사를 망치기 일쑤였다. 제대로 된 장비도 없어 둑을 쌓을 수도 없었다. 마을 사람들이 힘을 모아 제방을 축조하기 시작한 것은 1978년 무렵, 이른바 '연안 개발'이라 불린 사업 때였다. 물론 강둑이 지금처럼 높지 않아 이전보다는 홍수 피해를 덜 입었으나 그래도 약간만 큰비가 오면 피해는 여전했다. 본격적으로 홍수 피해가 줄어든 것은 4대강 사업으로 강둑이 보강된 이후였다.

그런 환경 속에서 오직 농사에 의존해 살아간다는 것은 무척 힘든 일이었다. 당시 마을 사람들의 생활은 곤궁했다. 직접 재배한 밀로 국수를 뽑아 먹거나 수제비를 끓여 먹는 것이 흔한 풍경이었다. 1960~70년대 아이들은 경제 사정 때문에 학교를 제대로 다니기 어려웠다. 초등학교만 졸업하면 생계를 위해 외지로 나가 일해야 했고, 여자아이들 중에는 아예 학교 문턱조차 밟지 못한 경우도 많았다.

오늘날 삼탄마을에서는 일부 주민이 소규모 축산업에 종사하지만, 대다수는 여전히 벼농사에 의존한다. 다만 농기계의 발달 덕분에 예전보다 노동력이 줄었고, 노령화가 진행된 마을 상황에서도 그나마 유지 가능한 업종이 되었다. 마을회관은 이제 농사와 생업으로 지친 주민들이 모여 서로 기대고 쉬는 공간, 곧 안식처 역할을 하고 있다.

2) 동래 정씨의 보금자리, 우망마을

우망에 뿌리내린 동래 정씨

2025년 9월 25일 풍양면 별실에서 '동래 정씨 12세조 삼수공 포내 입향 600주년 기념행사'가 열렸다. 동래 정씨 후손들 약 600여 명이 삼수정 아래에 모여 입향조를 기억하는 행사

18 2025년 7월 12일 낙상1리 마을회관에서 김영태(남, 73세) 인터뷰.

이다. 그리고 예천박물관에서는 〈예천지역 동래정씨의 역사와 문화〉라는 학술행사가 개최되었다.

우망마을은 동래 정씨의 집성촌으로 잘 알려져 있다. 그 기원은 조선 세종 때까지 거슬러 올라간다. 세종 7년(1425), 결성현감을 지낸 동래 정씨 정귀령龜齡이 안동 풍천면 구담에서 이주해 와 이곳 포내浦內에 터를 잡았다. 그는 청곡리에 회화나무 세 그루를 심고 삼수정을 세웠으며, 후손들은 별실과 우망에 나누어 정착했다. 이후 인조 5년(1627) 정묘호란 때는 영양 남씨 융달隆達이 안동 일직의 안골에서 포내 안골로 이주해 와 세거했다. 현재도 우망1리에는 광산 김씨, 안동 권씨, 경주 이씨 등이, 우망2리에는 상산 김씨, 영양 남씨, 평해 황씨 등이 살고 있지만, 1992년 당시 기준으로 우망1리 60가구 중 34가구, 우망2리 99가구 중 69가구가 동래 정씨였다. 따라서 우망은 동래 정씨의 집성촌이라 불러도 손색이 없다.[19]

사진 7. 쌍절각
(출처: 2025년 필자 촬영)

사진 8. 쌍절암
(출처: 2025년 필자 촬영)

19 경북향토사연구협의회, 앞의 책(하권), 748쪽.

마을에는 동래 정씨와 관련된 유적이 여럿 남아 있다. 입향조 정귀령이 세운 삼수정을 비롯해 매오정, 낙빈정 같은 재실과 정자들은 이 마을의 정신적 뿌리를 보여준다. 마을회관 앞에 세워진 쌍절각은 임진왜란 때의 비극을 기리는 정려각이다. 매오공 정영후의 아내 청주 한씨가 그의 시누이와 함께 왜군의 침입을 피해 낙동강의 쌍절암에서 몸을 던져 순절한 사건을 기념하기 위해 세워졌다. 정려는 광해군 때 내려졌다고 전해진다.

당시 왜군이 마을로 들이닥치자 주민들은 마을 뒤 대동산으로 피신했다. 그러나 왜군의 공격이 거세져 피난지를 옮기자는 의견이 나오자, 정영후의 아내와 여동생은 이를 반대하며 굳건한 태도를 보였다.

> 이 무슨 잘못된 계책이요. 적병의 분탕과 노략질이 사방에서 일어나고 있는데 그들을 잘 피하기는 어렵고 중도에서 적병을 만나기라도 한다면 적병의 손에 죽게 될 터인데 어찌 스스로 깊은 물에 몸을 던져 순결을 온전히 함만 하리오. 이제 여기를 버리고 어디로 가려합니까" 이튿날(임진 5월 초 2일) 적병이 가까이 오자 두 분이 강물에 몸을 던져 목숨을 마쳤다. 어허 슬프고녀.[20]

우망마을에는 근대 이후의 역사도 새겨져 있다. 1910년 국권 피탈 이후에는 비밀결사 풍기광복단과 조선국권회복단을 결성해 항일운동을 전개한 정진화 선생의 비가 마을 한가운데 세워졌다. 또한 만주에서 독립운동을 하다가 순국한 추산 정훈모 선생을 기리는 기념비도 낙동강 둑을 따라 쌍절암으로 가는 길목에 세워져 있다.

마을 이름의 유래도 흥미롭다. 본래는 마을 형국이 '서우망월형犀牛望月形', 즉 소가 달을 바라보는 형국이라 하여 '우망牛望'이라 불렸다. 그러나 '근심을 잊고 살 만한 마을'이라는 뜻을 담아 '우망憂忘'으로 바꿔 부르게 되었다.[21] 행정구역상으로는 1914년 용궁면 남하면의

---

20 예천문화원, 『禮泉의 金石文(1)』, 2003, 1371쪽.

우망리 · 운교동 · 별곡동과 남상면 오지동 일부가 통폐합되면서 풍양면 우망리가 되었다. 한때 면 소재지가 이곳에 있었으나, 1931년 행정 중심지는 낙상2동으로 옮겨갔다.

물이 많아서 걱정, 없어서 걱정

우망리는 낙동강을 끼고 있지만, 4대강 사업 이전까지는 제방 같은 인공 둑이 없어 매년 여름이면 큰 피해를 겪었다. 강둑은 고작 밭두렁 수준이어서 1년에 한두 번은 마을 전체가 물에 잠기곤 했다. 홍수가 얼마나 심했는지를 두고 마을 사람들은 지금도 "종갓집 처마까지 물이 들어왔는가 아닌가"를 기준으로 말한다. 이는 전통 마을의 문중 의식이 여전히 강하게 남아 있음을 보여준다.

우망2리는 주민들 사이에서 '새동네'라 불린다. 본래 우망1리보다 강에서 멀리 떨어져 약간 높은 지대에 자리한 곳으로, 1934년 갑술년 대홍수 때 마을 집들이 무너지자 이곳에 새로 마을을 조성했다. 해방 후 우망초등학교가 이곳에 세워진 것도 수해가 덜한 지형 덕분이었다. 홍수철이면 마을은 사흘 동안 물에 잠겼고, 물이 빠지고 나면 진흙 속에 담겼던 가재도구를 씻고 논에 앉은 벼싹을 일일이 닦아내야 했다. 그 고단함은 주민들의 일상 일부였다.

정광환 씨의 회고는 당시의 실정을 잘 보여준다.

> 저런 장강이 흘러도 벼 못 심어요. 저기 관개시설이 되기 전에는 여기 막 진짜 못 살아요. … 양수기가 없을 때 양수기가 뭔지 모를 때 여기는 참 살기가 힘들었습니다. … 그때는 여기는 용궁장을 봤어요. 그래 용궁에서 오신 어머니가 하는 말이 '야야 야야, 풍양 사람들은 대부분 보면 안다. 목이 들리는 사람은 풍양 사람이다'라고 했죠.[22]

---

21 예천군지편찬위원회, 앞의 책(중권), 152쪽. 『경북마을지』에는 우망리라는 지명이 1914년 처음 생겨난 것처럼 서술하고 있으나, 그렇지 않다. 1914년 군면 통폐합 때 이미 우망리라는 지명은 존재했었다.

22 2025년 7월 12일 우망리마을회관에서 정광환(남, 80세) 인터뷰.

낙동강을 곁에 두고 살았지만 정작 농사에는 활용하지 못했던 주민들의 삶은 이렇게 씁쓸한 별명으로 남았다. 비가 오기를 하늘만 바라봐야 했던 그들의 어려움을 짐작할 수 있다.

낙동강을 건너다닌 사람들

우망리에는 청곡리 삼수정 아래에서 지보면 마산리 완담서원까지 이어지는 나루터가 있었다. 올해 91세 을해생(1935년생) 정상호 어르신은 20대 후반부터 60대까지 나룻배를 운영했다고 회고한다. 강을 가로지르는 다리가 놓이고 자동차 교통이 편리해지자 나룻배는 사라졌지만, 그의 삶은 오랫동안 강과 함께였다. 그는 나룻배 운영으로 얻는 '모곡募穀'으

사진 9. 폐교된 우망초등학교(출처: 2025년 필자 촬영)

로 생계를 이어갔다. 모곡은 마을 사람들뿐 아니라 외지로 나간 우망 출신에게서도 거두었는데, 일일이 찾아다니며 받았다고 한다.

삼강교 · 지인교 · 상풍교가 놓이기 전, 우망은 용궁과 풍양을 잇는 가장 가까운 교통로였다. 마을 뒤 홍국재를 넘어 삼강까지 4㎞만 가면 용궁에 닿을 수 있었고, 지보면 마산리와 이어지는 우망나루는 더욱 중요한 길목이었다. 이 나루터는 우망초등학교에 다니던 마산리 아이들, 풍양장을 오가던 마산리 주민들, 그리고 완담서원과 조상 묘소가 있는 마산리로 가던 우망마을의 동래 정씨 후손들이 즐겨 이용했다.

우망마을에는 일제강점기 간이학교가 세워졌지만 초등교육은 4년제에 불과했다. 해방 후에는 새동네에 우망초등학교가 개교했다. 홍국재 너머 삼강과 낙동강 건너편 마산리 아이들은 분교가 생기기 전까지 이 학교로 통학했다. 당시 학생들의 기억은 생생하다.

> 배 타고 비가 많이 오면은 학교를 안 오고 늦게 올 때도 있고 또 와서 못 건너갈 때도 있고 그래가지고 마을에서 재워주기도 하고 이제 그런 현상이 많았죠. 우리 동기들은 전적으로 그때는 분교가 없었고 우리 밑에 분교가 있었고 우리 때는 마산 동기들이 많죠.[23]

학생뿐 아니라 마산 사람들도 풍양장을 자주 찾았다. 용궁장은 규모가 컸지만 거리가 멀어, 대부분은 가까운 풍양장을 이용했다.

동래 정씨는 강 건너 마산리에 완담서원을 세워 자제들을 교육시켰다. 지금은 교육 기능은 사라졌지만, 제사 기능과 가문의 회합 장소로 쓰인다. 동래 정씨의 묘소도 마산리와 지보면 일대에 많아, 후손들이 성묫길에 나룻배를 자주 이용했다. 이곳은 낙동강 때문에 이동에 불편이 많았을 것임에도 불구하고 조상의 숭배공간을 조성한 것은 그 시절 사람들에게 가문이 번창해질 수 있다면 약간의 불편은 중요하지 않았던 모양이다.

---

23 2025년 7월 12일 우망리 마을회관에서 정철영(남, 63세) 인터뷰.

마을의 문화적 삶도 강과 밀접했다. 우망 사람들은 매년 봄이면 강 건너 완담서원에서 화전놀이를 열었다. 딸과 며느리까지 한자리에 모여 음식을 만들고 놀았으며, 그 비용은 정월 대보름 윷놀이에서 모은 마을 기금이나 주민들의 분담금으로 충당했다. 강은 단순한 생업의 터전이 아니라, 공동체의 유희와 결속을 다지는 무대이기도 했던 셈이다.

대통령 하사금과 마을회관

우망마을은 홍수의 위협 속에서도 기본적으로 논농사가 중심이었다. 그러나 가뭄이 들어 물이 부족해지면 쌀밥은 언감생심, 보리농사밖에 지을 수 없었다. 마을 어른들은 풍양 일대를 '가뭄이 잦은 곳'으로 기억한다. 이 지역 농사에 전환점을 가져온 것은 1979년 완공된 삼강의 풍양양수장이었다. 마을 사람들은 이 양수장 덕분에 "살기가 한결 좋아졌다"고 말한다. 그 배경에는 우망 출신 정치인 정진동 국회의원의 역할이 있었다. 그는 1963년부터 1971년까지 제6 · 7대 국회의원을 지냈고, 특히 7대 국회에서 교통체신위원장을 맡았다. 주민들은 풍양면의 숙원 사업이었던 양수장 건설이 그의 힘으로 가능해졌다고 기억한다.

1992년 기준으로 우망마을의 주요 생산물은 쌀과 보리를 중심으로 고추, 땅콩, 사과, 담배였으나,[24] 현재는 사과와 담배 농사는 사라졌다. 그중 땅콩은 물을 많이 필요로 하지 않아 강변에서도 잘 자랐고, 물이 귀하던 시절 마을 사람들은 땅콩 농사를 통해 생계를 이어갔다.

우망리 마을회관 앞에는 2014년에 세운 〈우망리 마을회관 준공 기념비〉가 서 있다. 그 내용은 이렇게 기록돼 있다.

> 이곳 우망리 387-1번지 165평의 대지 위에 지난 1975년에 순수한 새마을 사업으로 대통령 하사금 1백만 원을 제외한 총 공사비 전액을 주민이 부담하여 철근콘크리트로 1, 2층 40여 평의 마을회관을 시공하여 이용하였으나 건물이 오래되고 낡아 사용할 수 없게 되자 많은

---

24 경북향토사연구협의회, 앞의 책(하권), 748쪽.

주민들이 아쉬워하던 중… 구 건물을 헐고 새로 아름다운 다목적 회관을 신축하게 되었습니다.

1975년의 마을회관 건립은 새마을운동의 상징적 성과였다. 당시 예천군의 예산을 바탕으로 마을 출향 인사들의 성금이 더해져 가능했고, 대통령 하사금 덕분에 처음으로 2층 철근콘크리트 건물을 세울 수 있었다. 경북에서 여섯 번째로 2층 마을회관을 지은 사례였다고 한다.

사진 10. 우망리 마을회관(출처: 2025년 필자 촬영)

새마을운동은 단순한 회관 건립에 그치지 않았다. 마을 주민들은 직접 강변에서 모래를 날라와 길과 농로를 포장했다. 부엌을 지을 때도 처음으로 시멘트를 사용했다. 길이 시멘트로 정비되자 맨발로도 편히 걸을 수 있었고, 자전거가 마을 안을 자유롭게 다닐 수 있게 되었다. 마을 이장은 시멘트와 모래의 적정 비율을 교육받아 주민들에게 전했고, 주민들은 힘을 모아 마을을 새롭게 가꿔나갔다. 마을 사람들 스스로 자기 마을을 만드는데 참여했다.

이처럼 우망마을은 새마을운동에 적극적으로 참여한 덕분에 대통령 하사금으로 회관을 세웠고, 마을 이장은 국무총리상을 받는 영예를 안았다. 그 시절 새마을운동은 단순한 국가사업이 아니라, 마을을 변화시키는 공동체의 힘으로 작동했던 것이다.

3) 예천삼강문화단지, 삼강마을

청주 정씨 동족마을, 삼강

삼강마을은 오랜 역사를 가진 마을이다. 신라 말기에는 용궁 전씨가 들어와 살았고, 선조 25년(1592) 임진왜란 때는 나주 정씨가 이주해왔다. 그러나 오늘날 삼강마을을 대표하는 집성은 청주 정씨다. 약포 정탁의 셋째 아들인 청풍자淸風子 정윤목允穆이 광해군 6년(1614) 고평에서 용궁 장야평을 거쳐 몽촌(현 성당)으로 옮겨왔고, 그의 아들들이 인조 8년(1630)에 지금의 마을에 정착하면서 뿌리를 내렸다. 현재 삼강마을은 30여 가구, 약 45명이 살고 있는 청주 정씨 집성촌이다.[25]

마을 사람들은 자신들이 청풍자 윤목의 후손이라는 자부심을 강하게 간직하고 있다. 한 할아버지 아래 후손이라는 동족 의식은 마을의 중대사를 결정할 때 큰 힘을 발휘했다. 예컨대 1970년대 새마을운동 당시 마을 길을 넓히기 위해 개인 소유지를 내놓아야 했을 때, 객지로 나간 출향민들까지 나서서 적극적으로 동참했다. 2002년 처음으로 문화마을 사업을

---

25 경북향토사연구협의회, 앞의 책(하권), 753쪽.

사진 11. 삼강마을의 전통적인 교육기관인 삼강강당(출처: 2025년 필자 촬영)

사진 12. 1960년대 임시 교사로 사용된 정씨 종택(출처: 2025년 필자 촬영)

추진할 때에도, 단순한 주거환경 개선이 아니라 버스가 드나들 수 있는 도로를 만들기 위해 사유지를 기부했다. 이어 체험마을 사업을 준비하면서 삼강주막을 민속자료로 지정하는 데 필요한 부지도 소유자가 흔쾌히 제공했다. 그 덕분에 삼강주막은 2005년 경상북도 민속자료로 지정될 수 있었다.

이처럼 삼강마을 사람들의 정신은 교육과 유교적 전통을 통해 더욱 강화되었다. 마을에는 인조 21년(1643) 세워진 삼강서원이 있었는데, 포은 정몽주, 퇴계 이황, 서애 류성룡을 제향했다. 비록 고종 5년(1868) 서원철폐령으로 훼철되었지만, 지금도 단소가 남아 있고 삼강교 입구에는 표지석이 세워져 옛 학문의 자취를 알리고 있다.

근대적 교육으로는 우망분교가 있었다. 해방 직후 삼강의 아이들은 10리 길을 걸어 우망초등학교로 통학해야 했다. 그러다가 1965년 6월 20일, 우망초등학교 삼강분교가 설치되었다. 처음에는 정씨 종택 건물을 임시 교실로 사용했지만, 정재호 씨가 3칸짜리 교실을 신축해 기부하면서 학교다운 모습을 갖췄다. 정재호는 삼호그룹을 일으킨 인물이기도 하다. 삼강분교는 저학년까지만 운영되었기 때문에 고학년이 되면 우망 본교로 가야 했다. 그러나 1996년 우망초등학교 본교가 폐교되면서 분교 역시 문을 닫았다. 이런 교육의 경험 또한 마을 사람들에게 강한 동족 의식과 자부심을 이어주는 계기가 되었다.

삼강나루터를 이용하는 사람들

삼강나루터는 동쪽으로 안동과 의성, 서쪽으로 용궁과 점촌을 잇는 교통의 요지였다. 삼강은 낙동강이 크게 휘돌아 흐르고, 풍양면 쪽은 산이 가로막고 있어 마치 섬처럼 고립된 지형이었다. 이 때문에 전통적으로 강을 통한 교통이 발달했다. 정재윤 씨의 기억에 따르면 1960~70년대까지만 해도 사람 15명 정도가 탈 수 있는 나룻배 한 척과 소 네 마리를 실을 수 있는 나룻배 한 척이 다녔다. 뱃사공은 진씨 형제가 맡아 왔으며, 마지막 사공은 유영하라는 인물이었다.

안동댐이 들어서기 전에는 비만 오면 수량이 많아 배를 운행하기가 쉬웠다. 반면 가뭄으로 물이 부족하면 강에 배를 고정시켜 임시 '배다리'를 놓고 사람들이 건너다니게 했다. 겨울철 강이 얼어붙으면 배 대신 걸어서 건넜는데, 맨발로 얼음을 밟으면 피부가 갈라져 피가 나는 일도 흔했다. 삼강을 건너 용궁으로 가려면 다시 금천을 건너야 했는데, 신발이 귀하던 시절이라 모래와 얼음이 들러붙은 신발을 갈아 신을 여유조차 없었다.

삼강 사람들이 나루를 건넌 이유는 여러 가지였다. 마을은 지대가 높아 논농사보다 밭농사가 많았고, 쌀밥을 먹기 어려웠다. 그래서 금천 주변의 논을 사들여 농사를 지으며 생계를 이어갔다. 이곳 논들은 금천보다 낮아 물대기가 쉬웠기 때문이다. 따라서 금천으로 논농사를 지으러 다니는 삼강 사람들이 나루를 건너다녔다.

삼강 사람들이 나루를 이용하는 중요한 이유 가운데 하나는 용궁장이었다. 용궁장은 삼강 일대에서 가장 큰 장이었다. 1970년대 용궁장은 발 디딜 틈이 없을 정도로 성황을 이뤘다. 삼강 사람들을 비롯해 삼강나루를 건너 용궁장으로 향하는 사람들은 주로 곡물을 가져갔다. 이 시절 쌀은 오늘날처럼 무게를 달지 않고 '되강구'라는 되질하는 사람을 거쳐 유통되었다. 쌀을 팔고 가족들이 필요한 생필품을 구입해 왔다. 평소에는 접할 수 없는 다양한 문화를 경험하는 기회였다. 용궁장에 다녀온 날이면 가족들이 모두 모여 시장에서 사 온 재료로 음식을 만들어 나누는 즐거움이 있었다. 마을 사람들에게 장날은 일상에 깊숙이 자리잡고 있었다. 겨울철 물이 줄어 나룻배 운행이 어려울 때 자식들이 부모를 등에 업고 강을 건네줄 정도로 장날은 빠뜨릴 수 없는 생활이었다.

사진 13. 오늘날 용궁 장날 풍경
(출처: 2025년 필자 촬영)

용궁 우시장은 특히 유명했다. 풍양을 비롯한 지역 주민들은 소를 집집마다 한 마리씩 키웠는데, 식용이 아니라 농사일을 위한 '일소'였다. 목돈이 필요할 때는 이 소를 용궁장에 내다 팔았다. 1990년대 초까지 예천, 용궁, 풍양에 우시장이 있었지만, 거래량은 용궁이 단연 가장 많았다.[26]

삼강 사람들이 자주 오가던 곳은 점촌이었다. 원래 문경군 점촌읍이던 이곳은 1986년 시로 승격되었다. 1950년대 이후 시멘트 광산업을 바탕으로 크게 성장했기 때문이다. 1956년 이정림이 운크라 자금으로 대한양회 문경공장을 세웠는데, 1962년 김성곤이 이를 인수해 쌍용양회를 설립하고 국내 최초로 레미콘 사업에 진출했다. 광산업 덕분에 점촌은 돈이 도는 도시가 되었고, 다양한 문화 시설이 들어섰다. 점촌은 "진짜 비싼 거 해야 팔리고 싼건 안 팔릴 정도로 돈이 많은" 곳이라는 유행어가 만들어졌다. 풍양 청소년들 가운데는 점촌고등학교에 진학하는 경우도 많았다. 그러나 광산업이 쇠퇴하면서 1995년 문경시에 편입되었다.

삼강나루터는 지보면, 풍양면, 의성 사람들까지 이용하는 중요한 길목이었다. 그러나 1987년 하풍리에 영풍교가 건설되면서 나룻배는 설 자리를 잃었다. 처음에는 마을 청년들이 배를 놀리지 않겠다며 교대로 운영했으나, 곧 역사의 뒤안길로 사라지고 말았다.

논농사에 부적합한 마을

삼강마을을 둘러보면 논은 거의 없고 대부분 밭이다. 세 갈래 큰 강이 만나는 지점임에도 불구하고, 이곳은 논농사에 적합하지 않았다. 마을의 지형이 낙동강보다 높아 강물을 끌어올리기 어렵기 때문이었다. 양수 시설이 없던 시절에는 강을 바라보며 살아도 논농사는 사실상 불가능했다. 설령 논이 있더라도 강물을 대는 것이 아니라 비만 바라보는 천수답에 불과했다.

마을 어르신들의 회고는 이를 잘 보여준다.

---

26 안동대학교 민속학연구소, 『禮泉의 牛市場』, 영남사, 1991, 58~60쪽.

> 이게 섬 아닌 섬 아닙니까? 우리는 이 삼강이 저기 산이잖아요. …저희 동네는 강을 옆에 끼고도 쌀밥을 못 먹었잖아요. 물을 가져올 능력이 없잖아요. 그때는 그러니까 강 건너 농사를 지어야 쌀밥을 먹어. 강 건너는 금천이 농지보다 높아 그러니까 그 보를 이래 막으면 물이 자동으로 와요. 그래서 거기서 농사를 지어야 쌀밥을 먹는 거예요.[27]

강 건너 금천 지역의 논 가운데 절반가량은 삼강 사람들 소유였다. 반면 삼강 쪽 논은 천수답이라 가뭄이 들면 모가 다 타버렸다. 벼가 말라버린 논에는 메밀을 심어 겨우 수확을 이어갔다. 상황이 달라진 것은 1979년 완공된 풍양양수장 덕분이었다. 낙동강 물을 끌어들여 풍양면 1,379헥타르의 논에 공급하면서 비로소 전천후 벼농사가 가능해졌다.

마을 사람들의 휴식처, 삼강주막

삼강마을의 삶을 이야기할 때 주막을 빼놓을 수 없다. 주막 앞에는 강둑을 따라 팽나무가 가득 심겨 있었는데, 1934년 갑술년 대홍수와 1959년 사라호 태풍 때 강물이 불어나 주막까지 차올랐다. 어른들은 당시 상황을 "지금 둑에 심은 팽나무 뿌리가 드러난 자리까지 물이 올라왔다"고 기억한다. 사라호 때는 물이 차올라 주막이 기울어지자 주모가 나무로 지붕을 괴어 버텼다고 한다.

주막은 단순한 술집을 넘어 사람들의 쉼터였다. 아침에 막걸리 한 되만 받아 놓으면 하루 종일 술자리가 이어졌다. 지나가는 이에게 한 잔씩 권하다 보면 마지막 잔을 마신 이가 미안한 마음에 다시 한 되를 받아주었고, 그렇게 술은 끊이지 않았다. 손님들은 차례로 술값을 보태며 하루 종일 주막에 머물렀다.

---

27 2025년 7월 12일 삼강주막에서 정재윤(남, 77세) 인터뷰.

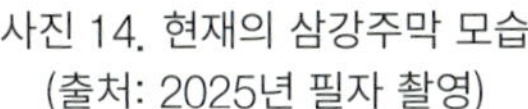
사진 14. 현재의 삼강주막 모습
(출처: 2025년 필자 촬영)

사진 15. 삼강문화단지 표지판
(출처: 2025년 필자 촬영)

삼강주막의 명성 뒤에는 주모의 역할도 컸다. 주모는 기계 유씨였는데, 신랑은 배씨라 하기도 하고 우망 사람이라 하기도 했다. 키가 크고 미인이었으나 손님을 상대로 결코 함부로 말하지 않았고, 술자리에서 다툼이 일어나는 일도 없었다고 한다. 그 덕분에 삼강주막은 단순한 장터 시설을 넘어, 강을 오가는 사람들과 마을 주민들의 일상적 휴식처로 오래 기억되었다. 하지만 70여 년 동안 주막을 지켜온 유씨 할머니가 2005년 10월 돌아가신 후 주막의 관리는 부실해지고 훼손되었다.

경상북도는 삼강주막을 민속자료로 지정하고 2008년 복원해 관광객을 맞이했다. 예천군은 2010년 '삼강주막 나루터 축제'를 만들었고, 2019년 경상북도 지정축제로 선정되었다. 이 축제는 삼강나루와 삼강주막의 역사적 의미를 재해석하고 있는데, 지역예술인들의 공연, 스탬프 투어, 보부상 운동회, 염색체험, 카약 체험 등 다양한 세대들이 즐길 수 있는 콘텐츠를 활용한다.

예천군은 2015년 '삼강문화단지' 조성을 계획하고 2019년까지 보부상문화체험촌, 낙동강역사전시마당, 생태공원, 숙박시설 등 가족형 문화체험 관광지를 조성할 계획을 세웠다. 강문화전시관, 삼강나루캠핑장, 삼강문화단지 생태공원 등이 들어섰다.

국가유산청은 2025년 9월 29일 삼강나루 주막을 국가민속유산으로 지정 예고했다. 주막 건물이 지닌 구조, 1934년 갑술년 대홍수에도 불구하고 원형을 잘 보존하고 있으며, 나룻배를 운영하기 위해 마을 사람들이 결성한 '삼강도선계' 관련 기록 등이 중요한 자산으로 평가받았기 때문이다.

4) 옛 용궁의 중심지 향석리

홍수 잦은 향석1리

향석1리는 내성천의 끝자락에서 위치한 마을이다. 마을에는 안동 권씨, 영일 정씨, 김해 김씨, 경주 이씨, 경주 최씨 등 여러 성씨가 모여 살지만, 그중 안동 권씨가 약 3분의 1을 차지한다.[28]

사진 16. 폐교된 향석초등학교
(출처: 2025년 필자 촬영)

이곳은 1413년부터 1856년까지 용궁현청이 있었던 옛 읍치였다. 향석초등학교 자리에는 과거 객사가 있었고, 그 옆에는 동헌이 있었다. 마을 앞에는 옥獄터가 있었는데, 지금은 마을회관 자리가 되었다. 낙동강을 거슬러 올라온 소금배가 닿던 지잣걸도 이곳에 있었다. 그러나 1856년 홍수로 현청이 떠내려가면서 읍치는 읍부리로 옮겨갔고, 향석1리는 구읍면舊邑面이라는 이름으로 불리게 되었다. 이때 홍수가

28 경북향토사연구협의회, 앞의 책(하권), 715~716쪽.

마을의 위상을 바꾸어 놓았다.

1934년 갑술년 홍수 때에도 마을이 완전히 사라졌다고 보도될 만큼 피해가 컸다. 이후에도 해마다 한두 번씩 홍수에 시달렸고, 큰물이 나면 마을회관의 3분의 1 정도가 잠기기도 했다. 강변의 농토는 반복적으로 손실을 입었다. 1970년대 후반에 이르러서야 둑을 쌓기 시작했는데, 한 번에 완공한 것이 아니라 자금 사정에 따라 조금씩 진행됐다. 이 과정에서 미국 원조 물자인 밀가루가 지급되면서 마을 사람들은 '구제사업' 형식으로 둑쌓기에 참여했다. 당시 식량 사정을 감안하면 힘든 노동도 달갑게 받아들일 수밖에 없었다. 이후 1989년 경지 정리, 그리고 4대강 사업으로 이어진 제방 축조 덕분에 오늘날 향석1리는 큰물에도 비교적 안전한 마을이 되었다.[29]

향석1리 사람들의 수박 농사

향석리 사람들의 생업은 기본적으로 벼와 보리 2모작이었다. 감자, 무, 배추 등을 심어 현금을 마련했고, 1960~70년대에는 누에치기 역시 중요한 부업이었다. 그러나 양잠은 1970년대 들어 사양산업이 되었다.

이후 마을 경제를 크게 변화시킨 것은 수박 농사였다. 성주 출신 조씨라는 인물이 이주해 오면서 수박 재배가 시작되었다. 마을 사람들은 그에게 농토를 제공하는 대신 수박 재배법을 배웠다. 주민들이 조씨의 농사일을 거들면서 수박 재배를 익히게 된 것이다. 다만 제방이 제대로 갖춰지지 않아 홍수가 나면 농사가 망치는 일이 잦았다.

그럼에도 수박 농사는 벼농사보다 4~5배 많은 소득을 올릴 수 있었다. 하지만 노동 강도는 훨씬 높았다. 윤기순(77) 할머니는 "수박하면서 별 보고 나가서 별 보고 들어왔다. 골병이 들었다"고 회고했다. 과거에는 벌 대신 농민들이 직접 붓으로 수정 작업을 했고, 여성들은 집안일과 농사일을 함께 떠맡아야 했다.

---

29 2025년 7월 22일 향석1리 마을회관에서 이윤석(남, 81세) 인터뷰.

수박 재배 방식은 점차 변했다. 노지 재배에서 하우스 재배로 옮겨갔고, 유통도 달라졌다. 처음에는 농민들이 직접 영주 장터에 가서 수박을 팔았으나, 서울 가락동시장이 개장한 뒤에는 직접 트럭에 실어 팔러 다녔다. 목돈을 쥔 농민들 가운데 일부는 서울에서 문화를 접하고 술자리에 탕진하는 경우도 있었다. 오늘날에는 중간 상인이 계약을 통해 수박을 수매해 간다. 수박이 일정 크기 이상 자랐을 때 계약을 맺지만, 출하 시 상품 상태에 따라 가격이 낮아지기도 해 농민들의 마음을 무겁게 하기도 한다.

안동 권씨 집안의 희사

향석1리는 여러 성씨가 어울려 살지만, 주민의 3분의 1을 차지하는 안동 권씨 집안이 특히 위세를 떨쳤다. 마을 안에 자리한 대궐 같은 기와집은 그 위세를 잘 보여준다. 한때는 "향석에서 용궁으로 가려면 반드시 이 집안 땅을 밟아야 한다"는 말이 있을 정도였다.

안동 권씨는 마을을 위해 재산을 기부하기도 했다. 마을 소공원 앞에는 〈醫學博士 后菴 權五錫 配度陀圓 丹陽張氏 畢延 施恩不忘碑〉가 서 있다. 권오석은 향석 출신으로, 세브란스 의전과 일본 교토京都부립의전을 졸업한 뒤 대구에서 의사로 활동했다. 1987년 마을에 상수도를 놓을 때 공동 재원이 필요했는데, 그는 이를 위해 거금을 기부해 주민들의 생활을 크게 편리하게 만들었다. 이에 보답하고자 주민들은 불망비를 세워 그의 은혜를 기리고 있다.

오늘날에도 정월 대보름이면 마을 주민들이 모여 동회를 열고 안녕을 기원한다. 다른 마을의 동제와 달리 향석의 동회는 함께 음식을 나누며 인사를 나누는 자리에 가깝다. 하지만 이때 마을 대표가 불망비 앞에 술잔을 올리는 의식은 빠지지 않는다. 이는 세월이 흘러도 권오석의 선행을 잊지 않겠다는 공동체의 다짐이다.[30]

---

30 2025년 7월 22일 향석1리 마을회관에서 권오수(남, 82세) 인터뷰.

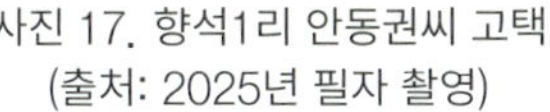

사진 17. 향석1리 안동권씨 고택
(출처: 2025년 필자 촬영)

사진 18. 醫學博士 后菴 權五錫
配度陀圓 丹陽張氏 畢延 施恩不忘碑
(출처: 2025년 필자 촬영)

섬마을, 성저마을 사람들

향석1리와 2리 사이에는 내성천이 흐른다. 강 건너 비룡산 아래에 자리한 향석2리는 '성저마을'로 불리는데, 이는 마을을 감싸고 있는 원산성 때문이다. 원산성은 둘레 871척, 높이 7척의 석성으로, 지금도 성 안에는 군사시설 흔적과 우물이 남아 있다. 기록에 따르면 이는 마한의 마지막 산성으로, 백제 온조왕 7년에 함락된 것으로 전한다. 현재 마을에는 경주 이씨, 파평 윤씨, 한산 이씨 등이 살고 있으며, 그중 절반가량은 경주 이씨다.

노인회장 권상덕은 어린 시절 원산성에서 친구들과 놀던 기억을 생생히 전한다. 고분 내부에 들어가거나 토기와 유물을 주워 본 경험은 직접 살아낸 세대만이 할 수 있는 이야기다.[31] 이처럼 원산성은 세대를 이어 공유되는 마을의 집단 기억으로 남아 있다.

---

31 2025년 7월 22일 성저마을회관에서 권상덕(남, 88세) 인터뷰.

성저마을 사람들은 생활권이 용궁에 가까웠다. 학생들도 향석1리 학교보다는 용궁으로 다녔고, 장날이면 용궁장을 이용했다. 내성천을 건너는 방법은 오래전에는 나룻배와 외나무다리였다. 겨울철 강물이 얼거나 수량이 줄면 마을 사람들은 나무를 베어와 엮고 모래를 덮어 외나무다리를 만들었다. 11월에 설치해 이듬해 4월에 철거하는 방식이었다.

> 외지에서 처음 온 사람들은 처음 다리 건너면은 서서 못 건너요. 이래 비가(보여서-인용자 주) 오는데 그것도 어지러우니까 툭 빠져…제가(이장) 다녔을 때는 한 100m에서 그 정도…(폭은) 한 50cm 아니면 60cm 됐는데…[32]

외나무다리는 1981년 현 성저교 자리에 잠수교가 놓이면서 사라졌다. 이후 잠수교는 2019년 새 성저교가 건설되면서 철거되었다. 강을 건너는 방식은 바뀌었지만, 외나무다리를 오가던 기억은 여전히 마을 사람들의 삶 속에 남아 있다.

한국전쟁의 상처

성저마을에도 한국전쟁의 상흔은 깊게 남아 있다. 권상덕 노인회장은 당시의 기억을 더듬으며 이렇게 회고한다. 전쟁 초기에는 문경 쪽에서 들려오는 총소리를 들을 수 있었고, 인민군이 퇴각할 때는 성저마을 인근을 거쳐 갔다. 어느 날 인민군 병사들이 그의 집에 들러 먹을 것을 요구했고, 그는 땅콩을 내주었던 일을 아직도 기억하고 있다. 당시 마을에는 7명 가량의 인민군이 들어왔는데, 강을 건너던 중 총격을 받아 모두 사망했다고 한다.

마을에는 보도연맹원으로 활동했던 사람들도 적지 않았다. 인민군 점령 시기에는 마을 주민이 인민위원장을 맡기도 했다. 좌익 활동을 했던 주민 중 일부는 전쟁 중 인민군을 따라 북으로 넘어갔고, 다시 돌아오지 못했다. 주민들 사이에서는 “○○이 할아버지도 넘어가셨

32 2025년 7월 22일 성저마을회관에서 윤철수(남, 68세) 인터뷰.

잖아. 결국 못 돌아오셨잖아"라는 말이 전해진다. 이는 마을 안팎에 남아 있던 좌우 갈등의 상처를 보여준다.

성저마을과 가까운 용궁면 산택리 원당고개, 이른바 벼락고개는 보도연맹 학살지로 알려져 있다. 그 시절 벌어진 비극은 마을 사람들의 지워지지 않는 기억이다.

3. 물과 뭍을 연결하는 교통망

1) 육로 교통의 변화

영남대로

전근대 시대의 교통은 단순한 이동 수단을 넘어, 중앙과 지방을 연결하고 국가의 중앙집권을 강화하는 중요한 장치였다. 교통로는 정치적 · 군사적 · 경제적 · 사회적 필요에 따라 조성되기도 하고 때로는 폐지되기도 했다. 우리나라에서는 일찍부터 말을 이용한 역도驛道가 마련되어, 중앙과 지방 사이의 공문서 전달이나 진상품 운송과 같은 국가적 기능을 담당했다.

고려시대 예천 일대에는 지보역, 통명역, 수산역(풍양면 고산리), 유동역(감천면 유동)이 설치되었고, 조선시대에도 대은역(용궁면 대은), 지보역, 수산역, 유동역, 통명역이 운영되었다. 역과 함께 숙소 기능을 하는 원院도 세워져 관리와 여행자들이 이용할 수 있었다.

조선시대 간선도로망의 하나인 영남대로 속에서 예천은 동쪽으로 안동, 동남쪽으로 비안, 남쪽으로 다인, 서쪽으로 상주 · 함창, 서북쪽으로 문경, 북쪽으로 단양 등과 연결되었다. 하지만 예천은 강이 많은 지역이어서 도로망은 교량이나 나룻배를 통해 이어졌다. 19세기 초 제작된 읍지에는 예천의 교량으로 광천교, 양천교, 남사천교, 동사천교, 용궁의 석루교 등이 기록되어 있다. 특히 동사천교는 가을에 설치했다가 이듬해 봄철 비가 많아지면 철거했다고 하니, 나무로 만든 임시교였던 것으로 보인다.

교량은 백성들의 생활에 꼭 필요했지만 동시에 큰 부담이기도 했다. 교량 건설과 유지 비용을 주민들이 분담해야 했기 때문이었다. 예천에서는 관료들이 매년 교량 건설 비용을 거두어 민폐가 컸으며, 1909년에도 교량 경비 징수와 동원으로 지역민들의 원성이 높았다는 기록이 대한매일신보 기사에 전한다.[33] 당시 교량 재료는 나무나 흙이 대부분이어서 해마다 새로 설치해야 했고, 백성들의 고통은 그만큼 컸다. 그럼에도 간혹 석교를 마련한 지방 관리가 있을 경우, 주민들은 불망비를 세워 감사의 뜻을 전하기도 했다.

근대 도로

전근대 시기의 고지도를 보면, '길'은 어디까지나 국가가 지방을 통제하기 위해 표시한 선에 불과했다. 대부분은 각 지방의 관아를 잇는 노선이었고, 이것이 훗날 일제강점기의 근대적 도로망을 구축하는 기반이 되었다.

조선 후기 도로 사정은 열악했다. 마차가 다닐 만큼 넓은 길은 드물었고, 그마저도 비포장이어서 비가 오면 진흙탕으로 변하거나 바닥이 패여 굴곡이 심했다. 작은 하천은 걸어서 건너고, 큰 강은 나룻배에 의존할 수밖에 없었다.[34] 이러한 상황은 러일전쟁 이후 통감부 지배 시기부터 바뀌기 시작했다. 일본은 의병을 토벌하고 자원 수탈을 원활히 하기 위하여 근대식 교통수단을 도입하기 위한 도로 정비를 서둘렀다. 조선총독부는 1911년 '도로규칙'을 공포하고, 1915년 이를 개정하여 도로를 1등 · 2등 · 3등 · 등외로 구분했다.[35]

경상북도 도로망은 크게 세 축으로 나뉘었다. 동부선은 하양 · 영천을 거쳐 경주와 포항으로, 중앙선은 대구에서 남으로 창녕 · 합천, 북으로 군위 · 의성 · 안동을 거쳐 충북 단양으로

33 『대한매일신보』 1909.02.03. '禮民呼怨'

34 朝鮮民報社編輯局, 『慶北産業誌』, 1920, 47쪽.

35 조병로, 「일제 식민지시기의 도로교통에 대한 연구」, 『한국민족운동사연구』 59, 2009, 12~17쪽.

이어졌으며, 서부선은 선산 · 상주 · 문경을 지나 충북 충주로 연결되었다. 서부선은 김천역을 거점으로 상주-예천 북부 지역과 남쪽 거창 방면을 아우르는 도로망을 구상했다.[36]

예천에 근대식 도로망이 집중된 데에는 몇 가지 이유가 있었다. 무엇보다 1896년부터 본격화된 의병 활동이 컸다. 안동 · 풍기 · 영주 · 상주 등 경북 북부의 유림과 향리들은 내성천 평야와 소백산맥을 배경으로 치열한 항전을 벌였고, 일본군은 이를 신속히 진압하기 위해 도로 정비를 서둘렀다. 1910년 강제 병합 전후에는 일본인 이주가 늘어나 잡화상, 전당포, 쌀 수집상 등이 활동했는데,[37] 이들의 경제활동 역시 근대식 도로를 필요로 했다. 더불어 토지조사사업, 세금 징수, 경찰 · 관료의 지방 시찰 등 식민지 통치 체계 유지에도 도로는 필수였다.

> 김천 상주간 9리의 도로는 지난 테라우치총독의 순시 유세를 전해 들으면 당사자가 적극적으로 해당 도로를 대수선했기 때문에 완전한 도로가 되었고 또 도로의 양측에 포플라 나무를 심었기 때문에 한층 모습을 새롭게 하고…함창에 이르는 교량은 아직 개수改修하지 않았지만 도로는 완전히 개수되고…함창에서 문경에 이르는 6리의 도로는 종래 일본 말[馬]의 통행이 불가능했지만 일등도로로서 지금 개착 중에 있어 그 동원된 인부는 무려 1만여 명을 사용하고 조만간 개통되면 이익을 균점할 것이다. 개통되면 충청북도에 연결되어 마차 자동차의 왕래가 자유로울 뿐 아니라 종래 한산한 문경도 크게 청색을 드러낼 것이다. 함창에서 예천에 통하는 2등도로도 지금 공사 중이지만 조만간 완공할 것이라 한다.[38]

36 朝鮮民報社編輯局, 『慶北産業誌』, 1920, 48~49쪽.

37 『대한매일신보』 1909.02.10. '이민증가'; 일본인 山口銀三郎이 1910년 3월 26일 예천군 동남쪽 지방 한 시장에서 유숙하다가 강모(의병장)의 부하에게 참살당했다(『皇城新聞』 1910.03.31. '日人殺害')

38 『부산일보』 1915.04.07. '地方視察談片'

1915년 4월 무렵 김천-상주 구간은 테라우치 총독의 순시에 맞춰 대대적으로 수선되어 포플라 나무까지 심어졌고, 함창-문경 구간은 '1만여 명'을 동원해 1등도로로 개착 중이었다. 동시에 함창-예천 구간은 2등도로로 공사 중이었다. 기록에 따르면 예천-용궁 구간은 1915년 6월, 용궁-함창 구간은 7월에 준공 예정이었고,[39] 예천-영주 구간은 1915년 11월 착공하여 1916년 2월 완공되었다.[40] 1915년 지도를 보면, 서쪽은 함창-용궁-예천, 북쪽은 예천-영주, 동쪽은 예천-안동, 남쪽은 낙동-다인-예천/안동 구간이 연결되어 있었다.

특히 함창-예천간 도로는 1910년 지도에 '중로中路'로 표기되었으나, 1915년 지도에 2등도로가 표기되었다. 이렇게 보면 예천의 2등도로는 1915년 이전에 건설되었으며, 전근대 시대 길의 연장을 바탕으로 새롭게 정비된 것이다. 2등도로는 예천 읍내 중앙에 영주행 도로가 관통했고, 종횡으로 각 면을 잇는 도로가 새로 뚫리면서 예천 시가지의 구조 자체가 크게 변했다.

총독부는 대로뿐 아니라 작은 길까지 조사해 민중의 일상까지 통제하려 했다. 1915년 개정 도로규칙에 따른 지도에는 1 · 2등도로 외에도 달로達路, 연로聯路, 간로間路(샛길), 소로, 하차가 지날 수 없는 길 등 세분화된 길이 표시되었다. 마을과 마을을 잇는 연로는 특히 오일장과 관련이 컸다. 예천의 오일장은 생필품을 구입하고 화폐를 마련하는 중요한 공간이었기에, 주민들은 지형과 상관없이 가장 짧은 길을 택해 다녔다. 자연마을을 잇는 소로는 이런 생활 동선을 반영한 흔적이다.

1915년 예천을 통과하는 2등도로가 개통되자 곧 자동차가 등장했다. 김천-예천 간 노선은 1915년 6월에 정기운전을 시작했고, 1917년에는 영주, 1918년에는 봉화 내성까지 연장되었다. 이어 김천-예천 간 운행 횟수가 늘어나고, 또 다른 회사도 김천-내성, 김천-상주 노선에 뛰어들었다. 1915년에서 1918년 사이, 김천-상주-함창-예천-영주-봉화를 잇는 도로망

---

39 『부산일보』 1915.06.23. '禮泉より'
40 『매일신보』 1916.02.08. '영주 예천간 도로 준공'

과 자동차 운행은 교통체계를 근본적으로 바꾸는 새로운 변수로 작용했다.[41]

강을 건너는 교량

일제강점기에 들어서면서 도로망이 확장되고 자동차가 운행되었지만, 낙동강과 내성천을 비롯한 하천이 많은 예천에서는 교량 건설이 절실했다. 1915년 지도에는 예천 지역에 교량이 하나도 없는 것으로 나타난다. 목교木橋조차 표기되지 않았고, 도보로 건너는 도교徒橋만 표시되었는데, 이는 수심이 얕은 곳을 걸어서 건넜음을 보여준다. 다만 조사 시기에 따라 차이가 있었을 수 있으며, 겨울철에는 임시 목교가 설치되었을 가능성도 있다.

예천에서 본격적인 교량 건설이 이루어진 것은 1920년대 후반부터다. 1928년 10월 우계교(예천 우계)와 갈구교(예천 갈구)가 준공되었고, 이어 1929년 11월 착공해 같은 해 12월 18일 완공된 예천교는 길이 108m, 폭 8m 규모의 대형 교량이었다. 이 다리는 예천과 안동을 잇는 자동차 도로용으로 건설되었으며, 공사비는 3만5천 원에 달했다.[42]

이후에도 교량 건설은 이어졌다. 1932년 12월 영주·봉화 방면을 연결하는 한천교가 완공되어 초도식을 열었고,[43] 1933년 5월에는 영주행 도로에 위치한 하리면 우곡교가 준공되어 낙성식이 열렸다.[44] 이렇게 일제강점기 교량 건설은 주로 한천을 중심으로 진행되었는데, 이는 예천-영주 구간에 철도가 놓이지 못했기 때문에 육로 교통의 필요성이 더욱 컸기 때문이다.

또한 예천-안동 간 도로에서도 중요한 변화가 있었다. 이 구간은 아직 철도가 건설되지 못해 육로 교통이 절실했다. 호명면 오천梧川은 평소에는 도보로 건너는 곳이었지만, 수량이

---

41 朝鮮民報社編輯局, 『慶北産業誌』, 1920, 67쪽.
42 『조선일보』 1929.12.22. '예천교 준공 공비 삼만오천원'; 『매일신보』 1929.11.09. '이재민 구조 가교공사'
43 『부산일보』 1930.02.09. '예천교 초도식' 이 기사에서 언급한 예천교는 영주행 도로에 위치한 '한천교'로 보인다. 예천교는 1929년 이미 가설되었다.
44 『동아일보』 1933.05.20. '예천 하리교 낙성'

조금만 늘어도 교통이 마비되었다. 이에 1928년 11월 60칸 규모의 잠수교가 설치되어 보행자뿐 아니라 화물 운송까지 가능해졌다.[45] 이는 예천 지역 교통 여건을 크게 개선한 조치였다.

2) 수운과 나루터

낙동강 수운의 변화

전근대 시기의 낙동강은 조운漕運과 상업, 대외 교역을 아우르는 중요한 교통로였다. 물자를 수송하기에는 험한 육로보다 수로가 훨씬 유리했기 때문이다. 낙동강 본류뿐 아니라 수많은 지류는 내륙 깊숙한 곳까지 이어져 물자 운송에 큰 역할을 했다.

수운이 발달하면서 배가 닿는 나루를 중심으로 취락이 형성되었고, 나루는 사방의 육로와 연결되어 교통의 요지로 성장했다. 이러한 지리적 이점 덕분에 사람 · 말 · 수레 · 선박이 모이는 종합 교통망이 자리 잡을 수 있었다.

낙동강을 통한 유통 화물의 핵심은 세곡이었다. 세곡을 서울로 올리는 조운이 주로 활용되었는데, 해상사고 위험은 있었으나 육로보다 훨씬 효율적이었다. 조선 전기에는 낙동강을 거슬러 올라가 조령을 넘어 충주를 거쳐 한강으로 이어지는 육운-수운 혼합 방식이 일반적이었다. 그러나 조선 후기에는 세곡을 낙동강 하류로 내려보내 바닷길을 이용해 한양으로 운송하는 체계로 바뀌었다.

낙동강에서는 세곡 외에도 어염선이 오가며 해산물과 농산물 교역을 활발히 했다. 산악지대가 많은 경상도의 특성상 수레 사용이 제한적이었기 때문에, 선박은 상품 유통에 가장 효율적인 수단이었다. 조선 후기에는 지역민이 소유한 선박이 세곡 운송에 동원되었고, 이들은 어로활동뿐 아니라 곡물 · 생선 · 소금 · 목재 · 시탄 등 다양한 물자를 함께 유통시켰다.

---

45 『朝鮮新聞』 1928.11.28. '예천 안동간 교통이 편리'

또한 낙동강 수운은 대일 교역로의 기능도 했다. 조선 전기 일본 사신과 상인들은 서울까지 올라갈 수 있었고, 진상품과 무역품은 낙동강을 거슬러 상주에 이른 뒤 조령을 넘어 충주에서 한강을 통해 한양으로 실어 날랐다.

조선 후기 장시의 발달과 함께 상품 유통이 확대되자 낙동강 수운은 더욱 중요해졌다. 내륙에서는 쌀 · 콩 같은 곡물과 면포 · 마포 등 직물이, 해안에서는 소금과 어물이 주요 품목이었다. 낙동강 연안의 집산지는 수운을 바탕으로 주요 유통지역으로 발전했다. 이 과정에서 경북 지역에서는 미작과 면작이 크게 발달했다.

개항기에도 낙동강 수운은 활발히 이어졌다. 이 시기 운송 품목은 쌀, 콩, 소금, 무명, 옥양목, 석유 등이 중심이었으며, 부산과 경상도 내륙을 잇는 물자 교류가 강화되었다. 화물 운송의 기본 패턴은 하류에서 소금 · 건어물 · 수입 직물 · 석유가 상류로 올라가고, 돌아오는 배에는 곡물이 실려 내려오는 방식이었다. 낙동강을 따라 내려온 곡물은 일본으로 수출되기도 했고, 곡물이 부족한 함경도로 유통되기도 했다.

일제강점기 들어 철도와 도로 교통이 발달하면서 낙동강 수운의 비중은 점차 줄어들었다. 그러나 산악지대가 많아 근대 교통망이 제대로 닿지 못한 지역에서는 여전히 수운에 의존했다. 예천 역시 점촌 · 안동 · 영주로 연결되는 도로망과 경북선 철도가 놓였지만, 낙동강이 흐르는 풍양면 · 지보면 일대는 근대 교통망에서 소외되었다. 이 때문에 낙동강 수운은 1980년대까지 이어졌다.

예천 지방의 수운

예천 지역에서 수운을 통해 가장 널리 유통된 물자는 소금이었다. 소금의 주요 수요기는 봄과 가을이었는데, 봄은 갈수기에 해당하고, 가을은 우기가 끝난 뒤 증수기와 평수기에 해당했다. 평수기에는 낙동강을 따라 북쪽으로 문경, 예천, 영주, 봉화 내성까지 소금이 유통되었다. 그러나 갈수기에는 상주 이북의 문경, 함창, 용궁, 예천, 영주, 안동, 봉화, 풍기, 순흥 지역에는 남한강 수운을 통해 들어온 소금이 유통되기도 했다. 또한 겨울철에는 낙동강 삼랑진 이북이 얼어붙었기 때문에, 경상도 북부 지역에는 동해안에서 들어온 소금이 공급되었다.

개항기 무렵 낙동강 하류에서 출발한 상선은 풍양 낙상, 하풍진, 상주 퇴강 광대정까지 올라와 화물을 풀었다. 당시를 기억하는 노인들의 증언에 따르면, 큰 배에는 선원 6명이 있었고 돛을 달아 항해했다. 배 안에는 방과 부엌까지 갖추고 있어, 단순한 운송 수단을 넘어 생활 공간의 성격도 지녔다고 한다.[46]

낙동강을 거슬러 올라온 소금배는 예천의 내성천과 낙동강변 곳곳을 돌며 소금을 팔았다. 내성천 연안에서는 신월리, 경진(서울나드리), 의성포(회룡포), 용궁면 용두진, 향석리 지잣걸市巷이, 낙동강 연안에서는 구마전(삼밭나드리 · 마산리), 마산리 삼거리, 매창리 문정자, 지보리, 풍양면 낙상리 등이 주요 판매처였다.

그러나 이러한 소금 수운은 1934년 갑술년 대홍수를 계기로 큰 전환점을 맞았다. 홍수 이후 소금배가 더 이상 낙동강 상류까지 올라오지 않게 되었고, 예천 지역 수운의 위상도 크게 달라졌다.

내성천은 수심이 얕아 대부분 1m를 넘지 않았던 반면, 낙동강은 평균 수심이 1m 이상이었고 1910년에는 3m를 넘기도 했다. 이 차이로 인해 강을 건너는 방식도 달랐다. 내성천은 얕은 수심 덕분에 도보로 건널 수 있었고, 특별한 시설 없이 '도교徒橋'로 표기되었다. 1910년대까지만 해도 내성천에는 근대식 콘크리트 교량이 설치되지 않았다.

> 옛날 하천의 이용이 아주 왕성해서, 금일 고갈해 있는 하천의 대다수는 나룻배의 편리를 가지고 그 계류지에 시장을 구성해서 성대한 거래를 하고 있다. 금일 경북 내에서 나룻배가 편리한 하천은 겨우 낙동강과 형산강 뿐이다. 낙동강 나룻배 거리는 81리, 그 중 38리는 경북에 속하고 안동군 영호진까지 나룻배가 통과할 수 있다. 기항지로서 물자 집산의 주요

46 이보영 외, 앞의 책, 111쪽.

> 한 곳은 고령군 개포, 달성군 사문진, 칠곡군 왜관, 상주군 낙동과 신촌, 예천군 達池津(일명 삼강)과 마전, 안동군의 영호진이지만, 겨울 결빙 중에는 항행이 불가능할 뿐만 아니라 여름이라도 물 흐름이 너무 많으면 또 물 넘칠 때마다 모래가 쌓여 점차 수심이 낮아지는 경향이 있고, 근래 육상 운수방법의 진척과 함께 수운이 쇠퇴할 우려가 있지만, 수량이 충분할 경우에는 크게 이용되고 있다. …주요 기항지는 배후 육상교통이 상당한 설비를 가지고 수륙 연락을 확보하고 있다. 달지는 용궁과 1리 거리에 3등도로로 연결하고, 마전은 용궁과 예천읍에서 등외도로의 개수선이 있다.[47]

위 인용문은 1920년 무렵 예천의 수운과 근대적 도로망이 어떻게 연결되었는지를 잘 설명하고 있다. 당시 주요 기항지는 배후에 육상 교통로가 연결되어 수륙 교통이 맞물려 있었다. 달지(삼강)는 용궁으로 이어지는 3등도로와 연결되었고, 낙동강변의 지보면 마전은 예천읍과 용궁에서 연결되는 등외도로의 개수선과 이어졌다. 특히 마전면은 교통의 요충지였다. 마전나루(과거 문정자 나루)라는 수운 거점이 있었을 뿐 아니라, 이곳에는 남쪽으로 풍양·의성 다인, 서쪽으로 용궁, 동쪽으로 안동, 북쪽으로 예천으로 향하는 삼거리가 위치해 있었다. 다시 말해, 마전은 수운과 육로가 교차하는 핵심 거점이었다.

이처럼 1920년대 예천의 교통망은 근대식 도로가 확충되고 자동차 운행이 시작되면서 수운의 쇠퇴가 예견되었으나, 여전히 불완전한 육로망을 보완하는 수단으로서 수운과 육로가 긴밀하게 연결되고 있었다.

예천 나루터

예천 지역의 하천 가운데 한천과 내성천에는 전통적으로 교량이 설치되어 있었다. 그러나 수량이 풍부한 낙동강은 사정이 달랐다. 강의 규모가 워낙 커서 교량을 놓기 어렵기 때문

---

47 朝鮮民報社編輯局, 『慶北産業誌』, 1920, 72~73쪽.

에, 나룻배가 사람과 물자의 수송을 전담했다.

18세기에 제작된 『해동지도』(용궁현)에는 하풍진선河豊津船, 삼강진선三江津船, 지보진선知保津船 등이 표시되어 있다.[48] 이는 당시 주요 나루터와 나룻배의 위치를 확인할 수 있는 귀중한 자료다.

개항 이후 사람과 물자의 이동이 증가하면서 교통망은 더욱 다양하게 요구되었다. 조선총독부가 1910년과 1915년에 제작한 지도에는 강을 건너는 교통수단이 표기되어 있는데, 교량은 주로 내성천에 설치되었고, 낙동강에는 나룻배만이 운영되었다. 즉, 예천을 흐르는 낙동강 구간에서는 나룻배가 유일한 도강 수단이었다.

〈지도 1〉은 1918년 예천 부근의 교통망을 잘 보여준다. 이 지도에 따르면 나루터는 육로와 연결이 필요한 지점마다 설치되었음을 알 수 있다. 특히 일제강점기 나룻배는 육로와 철도의 보완재로서 기능했다. 예천군 전체 교통망을 보면, 용궁과 예천-안동·영주를 잇는 2등도로는 북쪽에 위치했으며, 1928년 개통된 경북선 철도 또한 이 노선을 따라 설치되었다. 반면 남쪽 지보면과 풍양면을 지나는 낙동강 일대에는 등외도로가 주를 이루었고, 이를 보완하기 위해 나룻배가 운영되었다.

이 지도에 표시된 나루터들은 단순히 강을 건너는 지점이 아니라, 육상 교통로와 이어지는 중요한 연결 고리이자 교통망의 요충지였다.

---

48 예천박물관, 『예천의 고지도 지도 속의 예천』, 2021, 43쪽.

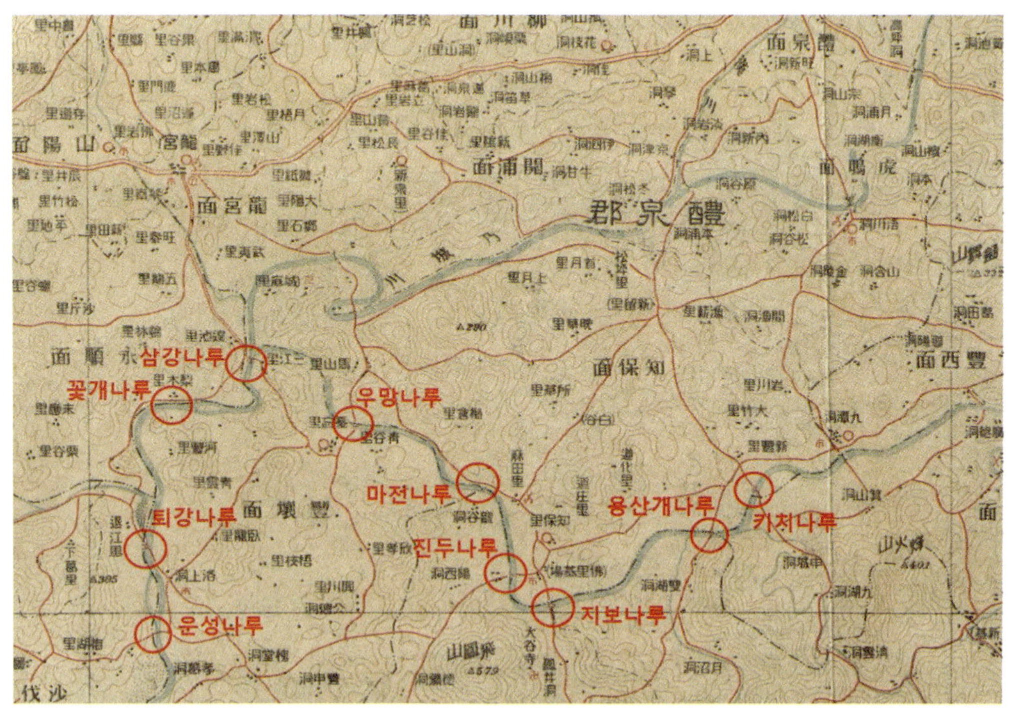

지도 1. 1918년 현재 예천군 나루터 위치(출처: 임시토지조사국, 『상주』, 1918)

표 2. 예천군 나루터 명칭과 위치

나루터 명칭	위치	비고
키치나루	지보면 신풍리와 안동시 풍천면 신성리	-의성과 안동 신평 사람들이 구담과 풍산, 안동으로 이동하던 나루터 -한국전쟁 때 국군이 건너던 나루
용산개나루	지보면 도화2리(용산개)와 의성 쌍호리	-이 나루를 건너 경진을 거쳐 용궁이나 예천으로 이동. 용궁현 시절 사창이 존재.
지보나루	지보면 지보리와 의성군 안사면 봉정리	-비안현의 안계역참과 용궁현의 지보역참을 연결하는 나루 -지보역을 건너 용궁현을 거쳐 문경, 충주로 연결

진두나루	지보면 지보리와 의성군 다인면 양서리 진두	-의성 쪽의 양서, 덕미리 사람들이 예천이나 용궁, 안동 등으로 이동하는 나루 -지보장이나 예천장, 구담장을 보기 위해 장배가 드나들던 곳
마전나루	의성 다인면 용곡리 반룡마을과 지보면 내포마을, 마전리	-문정자 나루란 이름으로 유명 -낙동강 하류에서 올라온 어염선과 석유, 포목, 연초, 성냥 등을 실은 짐배가 닿던 곳 -소백산 이남의 가장 큰 물화집산지였던 구마전시장이 1934년 갑술년 홍수로 사라졌음 - 1972년 풍지교 건설로 운행중단
우망나루	삼수정 아래와 마산리	-마산리 주민들이 주로 이용 -우망리 동래 정씨 문중에서 마산리에 위치한 완담서원과 조상 산소 행에 이용
삼강나루	풍양면 삼강과 영순면 원달지	-낙동강 하류에서 올라온 화물선과 문경, 서울로 향하는 육로교통의 결절점 -용궁장, 점촌장, 예천장 등 주요 장시와 연결
꽃개나루	풍양면 하풍리 양지마에서 문경 영순면 이목리	-풍양 사람들이 점촌과 용궁으로 가는 지름길 -1987년 영풍교 건설로 사라짐
퇴강나루	상주 퇴강(광대정)과 풍양 낙상1리	-조선시대 세곡선이 닿던 곳, 생선과 소금배 집결지 -원래 낙상1리에 풍양장이 위치했으나 1934년 갑술년 홍수로 면소재지로 이전함
운성나루	상주 사벌면 매호리와 풍양 낙상	-1995년 상풍교 건설로 운행 중단

낙동강 뱃사공

나룻배 운영에는 두 가지가 중요했다. 하나는 배를 마련하는 주체였고, 다른 하나는 배를 운전하는 사공의 선정을 어떻게 하느냐였다. 삼강나루, 하풍진나루, 퇴강나루에서는 예천군이 배를 준비했으며, 운영자는 마을회의를 통해 뽑았다. 운영권은 개인이나 집단이 응찰하는 방식으로 정해졌지만, 대체로 기존 경험자가 계속 맡는 경우가 많았다.

운영자의 인건비는 '모곡募穀'이라는 마을 공동부담으로 마련되었다. 마을 주민들은 1년에 두 차례, 봄에는 보리, 가을에는 쌀을 모아 사공에게 제공했고, 무료로 배를 이용할 수 있었다. 다른 마을 사람들이 배를 이용할 때는 별도의 운임을 내야 했다. 낙상리 뱃사공 김영태 씨는 가끔 술 한 잔으로 운임을 대신하기도 했다고 회상한다.

우망마을의 정상호 씨는 1960년대부터 30년 가까이 나룻배를 운영했다. 물론 마을 사람을 상대로 모곡을 하는 것이 원칙이었는데, 이 마을이 동래 정씨 집성촌이었던 탓에 객지에 나가 있던 친척들을 상대로 모곡을 하기도 했다. 또 건너편 마산리 주민들 - 우망초등학교 학생들과 풍양장을 오가는 이들 - 도 나룻배를 자주 이용해 모곡 대상이었다.

낙상마을 역시 퇴강나루터를 오가는 배가 있었다. 1970년대 사공을 맡았던 김영태 씨의 기억에 따르면, 마을 사람들이 군에서 운영권을 낙찰받아 돌아가며 배를 몰았다. 모곡은 봄과 가을에 거뒀는데, "많이 타는 사람은 많이, 적게 타는 사람은 적게" 내고, "농사가 잘된 집은 조금 더, 힘든 집은 덜" 내는 식으로 융통성 있게 운영되었다. 다른 마을 사람이라도 낙상마을 친척이면 운임이 면제되었다. 다만 강이 얼어 30㎝ 이상 두께가 되면 사람들이

사진 19. 성저마을 앞에 전시된 나룻배 모형
(출처: 2025년 필자 촬영)

사진 20. 1975년 무렵 성저마을 젊은이와 나룻배
(출처: 윤철수 이장님 제공)

걸어서 건널 수 있었지만, 그렇지 않은 경우 사공은 추위에도 운행을 멈출 수 없었다.

삼강나루에는 1970년대에도 두 척의 배가 있었다. 하나는 사람 15명을 실을 수 있는 배였고, 다른 하나는 소 네 마리를 태울 수 있는 큰 배였다. 이곳은 오랫동안 진 씨 형제가 배를 몰았고, 마지막으로는 강릉 유씨 유영하가 사공을 맡았다. 그러나 1980년대 들어 나룻배 이용이 줄면서 그도 그만두었고, 이후에는 마을 청년들이 교대로 운영하다가 결국 중단되었다.

내성천 끝자락의 성저마을(용궁면 향석2리)에서도 건너편 무이리로 오가는 나룻배가 있었다. 이 마을은 생활권이 용궁과 맞닿아 있었기 때문에 학생과 장 보러 다니는 주민들이 자주 이용했다. 특이하게도 겨울에는 강이 얼면 외나무다리를 만들어 건넜고, 봄에 얼음이 녹고 수량이 불어나면 다시 나룻배를 띄웠다. 마을 사람들 기억 속의 나룻배는 사람은 물론 소 몇 마리도 함께 실을 수 있을 만큼 컸다. 사공은 마을 사람이 맡았으며, 역시 매년 쌀과 보리를 모곡으로 받았다. 그러나 1981년대 성저교 자리에 잠수교가 만들어지면서, 나룻배와 외나무다리는 모두 사라지고 말았다.

나룻배 '도선계渡船契'

전근대 사회에서 마을은 개인이 감당하기 어려운 문제를 공동으로 해결하는 생활 단위였다. 마을 공동체는 장례를 위한 상여계, 땔감을 관리하는 산림계, 술을 빚어 판매하는 소주계, 그리고 마을 전체의 활동을 책임지는 동계 등 다양한 조직을 두어 안전망 역할을 했다. 오늘날에는 인구 감소와 생활 방식의 변화로 대부분 해체되었지만, 예천군 풍양면 삼강마을에서는 비교적 늦은 시기까지 공동체 전통이 이어졌다. 이곳에서는 주민들의 이동을 지원하기 위해 '삼강도선계'가 조직되었는데, 그 내용을 살펴보면 다음과 같다.

삼강도선계는 1972년 1월에 발족했다. 현존하는 장부의 첫 장에는 계칙契則이 정리되어 있다.

1. 본계는 삼강도선계라 칭함.
2. 본계의 기금은 매년 (봄)가을 모곡으로 함.
3. 본계의 목적은 도선 신축 및 도선 수리비에 한정될 것이며 다른 곳에 사용을 엄금함.
4. 본계의 (봄)가을 모곡과 도선 특별 사용시 수금은 유사가 책임을 진다.
5. 본계원은 본동에 거주하는 동민으로 함.
6. 본계의 기금은 계원이 이사갈 때에도 배부할 수 없다.
7. 본계의 유사는 계원 순회로 한다.
8. 본계의 계원 명단은 1976년 정월 16일 현 거주자로 한다.
9. 본계 계일은 매년 12월 20일(12일)로 정한다.

1972년 3월 일

1. 수수료는 (통일계) 백미 3승으로 정한다.
2. 이식利息(이자)는 1.5보로 정함.

* 참고: ( )는 1973년 삭제됨.

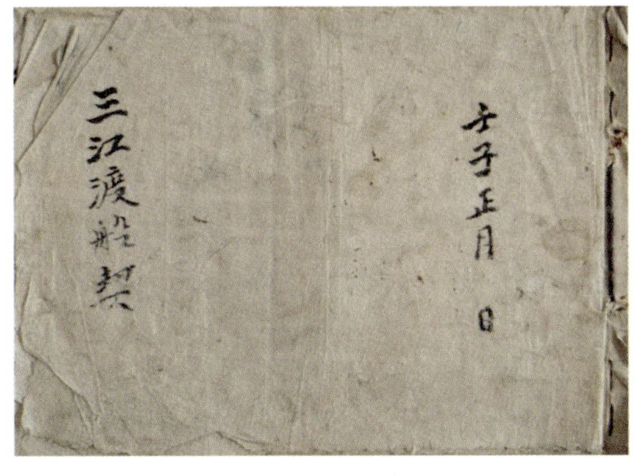

사진 21. 삼강도선계 표지
(출처: 2025년 문혜진 촬영)

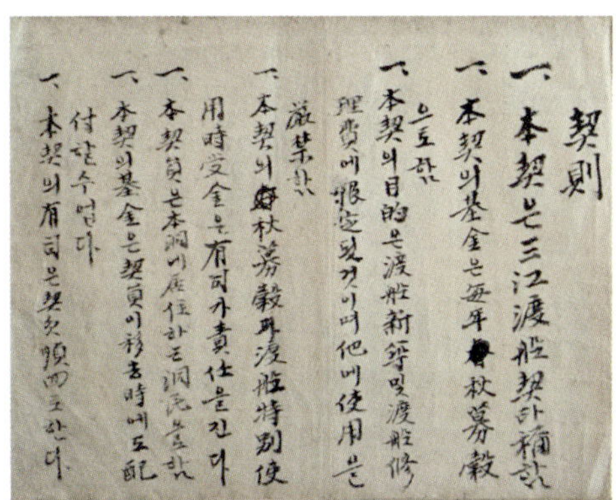

契則
一. 本契는三江渡船契라稱함
一. 本契의基金은每年春秋募穀으로함
一. 本契의目的은渡船新築및渡船修理費에限定될것이며他에使用을嚴禁함
一. 本契의春秋募穀과渡船特別使用時受金은有司가責任을진다
一. 本契員은本洞에居住하는洞民으로함
一. 本契의基金은契員이移去時에도配付할수없다
一. 本契의有司는契員順回로한다

사진 22. 삼강도선계 계칙
(출처: 2025년 문혜진 촬영)

계칙의 내용을 보면 삼강나루터 운영이 꽤 체계적으로 이루어졌음을 알 수 있다. 계칙은 명칭, 기금의 마련 방식, 사용 목적, 징수 시기, 계원의 범위, 유사의 임명 방법, 계일 등을 상세히 규정했다. 시작 당시 계원은 63명이었고, 학교와 교회를 포함해 총 65단위였다. 이 가운데 8명만 타성이었고, 나머지는 모두 청주 정씨 청풍자 선생의 후손으로 같은 일가였다.

계칙은 시간이 흐르며 바뀌었다. 예컨대 1972년에는 봄·가을 두 차례 모곡을 거뒀으나, 1973년에는 '백미 3되'를 수수료로 정하면서 봄 모곡을 삭제하고 가을에만 쌀을 거두도록 수정했다.[49] 이때 사용된 필기구가 1973년 장부 기재에 사용한 것과 동일해 같은 시점에 이루어진 변경임을 알 수 있다.

도선계를 조직하면서 '원조元租'라 불린 기금 1천 되[升]를 마련했으며, 이후 매년 징수한 모곡 중 필요 경비를 제외한 현물은 마을 사람들에게 빌려주고 이자를 받아 계금을 불렸다. 이렇게 마련된 기금은 도선을 새로 만들거나 수리하는 데 사용되었다.

1975년부터는 모곡을 쌀로 거두어 판매 후 화폐화했고, 1976년에는 도선세 5천 원과 배 수리비 3천 원을 화폐로 지불했다. 1977년부터는 아예 화폐로 모곡을 받았다. 이는 1970년대까지 쌀이 귀하던 시절 쌀이 화폐로서 역할을 할 수 있어, 화폐가 필요할 때 쌀을 파는 것이 이익이었다. 그러나 1970년대 중반 이후 쌀 생산량이 늘어나 가치가 떨어지면서 화폐로 계금을 운영하게 되었다. 1971년부터 시작된 '통일벼' 재배로 수확량이 급증했고, 정부는 1977년 '녹색혁명 성취'를 선언했다. 삼강도선계의 모곡이 현물에서 화폐로 바뀐 흐름은 이와 맞물려 있었다는 점에서 흥미롭다.

도선계비의 사용처는 처음에는 도선 신축과 수리비용에 국한되었으나, 1980년대 들어 청암서원 부조, 뱃고사, 배분 경비, 장화 구입, 연화산 제실 건축비 등으로 확대되었다. 그러나 1987년 하풍리에 영풍교가 건설되면서 삼강나루터의 역할이 사라지자 도선계 역시 변화를 맞았다. 1991년부터는 본래의 목적을 벗어나 문중 사업에 자금이 쓰였다. 원금 687만

---

49 계칙 수정 필기구의 종류가 1973년 기재시 사용한 것과 동일하다.

9천 4백 원 가운데 652만 6천 원이 연화산 제실 건축비로, 1992년에는 함창 청암서원 복원비로도 일부가 사용되었다. 이후에도 계금은 청암서원 향사비, 여비, 재산세 납부 등으로 활용되었다. 1998년에는 도선계금은 도정서원 건립 기금으로 지출되었고, 서류는 강당보존계로 이관되면서 삼강도선계의 운영은 막을 내렸다.

추억이 된 나루터

예천군에서 낙동강이 흐르는 지역은 풍양면, 지보면, 용궁면이다. 강줄기가 마을을 휘감아 흐르는 풍양면은 사실상 섬과 같아, 서쪽 상주와 서북쪽 점촌·문경, 북쪽 예천읍으로 나가려면 반드시 나룻배를 이용해야 했다. 그러나 근대화 과정에서 사람과 물자, 정보의 이동을 빠르게 하려는 필요가 커지면서, 나룻배 대신 교량이 하나둘 세워졌다.

사진 23. 1972년 준공된 풍지교(출처: 2025년 필자 촬영)

가장 먼저 등장한 교량은 풍지교였다. 1966년에 착공해 1972년 완공된 이 다리는 길이 480m, 폭 7.5m 규모로 풍양면과 지보면 내포를 연결했다. 하지만 시간이 흐르며 노후화되자 1994년에는 인근에 지보면과 의성 다인면을 잇는 지인교가 새로 개통되었다. 풍지교는 차량 통행이 중단된 뒤 자전거와 보행자만 오갈 수 있게 되었고, 이와 동시에 지보나루 · 진두나루 · 우망나루 등 주변 나루터도 사라졌다.

사진 24. 1987년 준공된 영풍교
(출처: 2025년 필자 촬영)

1987년에는 문경 영순면과 풍양면을 연결하는 영풍교가 세워졌다. 영풍교는 풍양 주민들의 생활권을 점촌과 가깝게 만들었고, 학생들의 점촌 진학도 활발해졌다. 그러나 그 결과 삼강나루와 퇴강나루는 점차 쇠퇴했다. 영풍교 입구에서 오랫동안 메기탕으로 손님을 모으던 식당이 이제는 텅 빈 공간으로 남아, 세월의 변화를 보여주고 있다.

삼강나루는 풍양과 용궁을 오가는 사람들이 많았던 곳이라, 영풍교가 놓인 뒤에도 청년들이 자발적으로 배를 운영했지만 오래 이어지지는 못했다. 2005년 삼강교가 건설되자 풍양 · 용궁 · 점촌을 잇는 거리가 더욱 가까워졌다. 퇴강나루와 운성나루 역시 영풍교 건설로 위축되었고, 결정적으로 1995년 상풍교가 완공되면서 완전히 자취를 감췄다. 상풍교는 풍양 주민들을 상주 생활권에 편입시키는 계기가 되었으며, 다리 끝에는 과거 상주 사람들이 나룻배를 타고 와 민물회를 즐기던 횟집이 지금도 옛 추억을 간직하고 있다.

이처럼 낙동강 나루터는 교량 건설로 하나둘 사라졌지만, 사람들의 기억 속에는 여전히 선명하다. 삼강 출신 정재윤 씨(77)는 “나루터는 낯선 이와 막걸리 한잔 나누며 정을 쌓던 곳”이었으며, “나룻배를 타고 용궁장에 다녀온 날 가족이 둘러앉아 장에서 사 온 생선을 구워 먹던 기억”[50]이 잊히지 않는다고 회상한다.

사진 25. 휴업 중인 영풍교 앞 민물고기 식당
(출처: 2025년 필자 촬영)

사진 26. 휴업 중인 영풍교 앞
민물고기 식당 간판
(출처: 2025년 필자 촬영)

오늘날에도 나루터의 흔적은 남아 있다. 삼강나루터 앞과 향석2리 성저마을회관 앞에는 실제보다 작은 규모지만 나룻배 모형이 만들어져, 마을 사람들의 경험을 이어가고 있다. 자동차보다 느리고 불편했을지라도, 나룻배는 그 시절 생활과 문화를 만들어낸 소중한 존재였기에 쉽게 잊을 수 없는 추억으로 남아 있다.

50 2025년 7월 13일 삼강주막에서 정재윤(남, 77세) 인터뷰.

3) 경북선과 '제2의 개성'

사설철도의 등장

철도가 세상에 처음 모습을 드러낸 것은 1814~1815년 무렵이었다. 조지 스티븐슨George Stephenson은 1797년 리처드 트레비식Richard Trevithick이 고안한 증기기관차 실험을 이어받아, 약 10여 년 뒤 증기기관차와 철도를 상업화하는 데 성공했다. 철도는 영국 산업혁명기의 상징이었으며, 석탄과 공산품을 신속하게 운송하는 핵심 수단으로 자리 잡았다. 이는 마차 중심의 수송체계를 근본적으로 바꾸는 혁명적 전환이었다.[51] 곧 프랑스와 독일도 경쟁적으로 철도를 확장했고, 이 교통망은 아프리카와 아시아의 식민지 개척, 제국주의적 수탈을 가능하게 했다. 다만 유럽에서의 철도 건설은 민간 자본이 주도했으며, 철도회사는 물자 유통망을 장악하며 성장했다.

아시아에서 일본은 빠른 속도로 철도를 받아들였다. 1872년 도쿄 신바시와 요코하마 사이에 상업용 철도가 개통되었는데, 이는 인도 뭄바이 이후 아시아에서 두 번째였다. 일본은 곧 조선의 개항을 계기로 철도 건설을 추진했다. 대표적인 재계 인물인 시부사와 에이치渋沢栄一는 청일전쟁 이후 열강 사이에서 조선 철도 부설권을 차지했고, 1897년 경인철도를 인수한 뒤 1903년에는 경부철도주식회사를 세웠다. 그해 부산에서 의주까지 이어지는 철도 계획을 완성해, 만주철도와 연결되는 대륙 종단 노선을 장악했다. 일제가 한반도에 철도를 깐 궁극적 목적은 일본과 만주를 연결해 군수와 물자 수송을 원활히 하는 데 있었다.[52]

1906년 일본 정부는 '철도국유법'을 공포해 간선철도를 국유화했다. 하지만 조선에서의 철도 부설은 '국책회사' 체제 아래 진행되었고, 사설철도 또한 조선총독부의 계획과 일본 대장성의 승인을 거쳐야 했다. 총독부는 수익성이 낮은 노선에는 보조금을 지급하며 일본

---

51 정태헌, 『한반도철도의 정치경제학』, 도서출판 선인, 2017, 22쪽.
52 정태헌, 위의 책, 36~45쪽.

자본을 끌어들였고, 그 결과 대부분의 철도는 일본인 자본가들의 손에 들어갔다.

1910년대 들어 조선 전역에서 10여 개의 사설철도회사가 난립했는데, 경북선을 건설한 조선산업철도주식회사는 1918년에 설립되었다. 이후 1923년 다섯 개 사설철도가 합병되어 최대 규모의 조선철도주식회사가 출범했고,[53] 충북선(1919), 경북선(1920), 황해선(1919), 함남선(1920), 함북선(1920) 등 주요 노선을 운영했다. 그러나 이 사설철도들도 결국 1930년대 후반 전쟁 수행 체제로 전환되면서 국유화되었다.[54]

사설철도는 내륙 깊숙이 뻗어 미곡과 광산물 등 주요 자원을 수송하며, 조선 경제를 일본 경제 구조에 종속시키는 수단이 되었다. 그러나 지역 유지들에게 철도는 또 다른 의미가 있었다. 그들은 철도를 지역 개발의 기회로 보고 적극적으로 유치하려 했다. 조선 각지에 정착한 일본인들 역시 생활 기반을 확장하기 위해 사설철도 건설을 요구했다.

경북선은 이러한 맥락에서 등장했다. 김천의 일본인 자본가 와타나베 에이타로渡邊榮太郎는 1918년 8월 자본금 2천만 엔을 투자해 조선산업철도주식회사를 세우고, 김천-점촌-안동 구간 철도 부설권을 획득했다. 1922년 4월 착공한 이 노선은 경북 내륙의 농산물과 광산물을 김천에서 환적할 필요 없이 곧장 경부선과 연결시켰다. 그 결과 김천 자체가 지역 거점으로 성장하기보다는, 부산항과 내륙을 직접 연결하는 효율적인 운송망으로 기능했다. 이는 경북 내륙 교통망이 식민지 경제 구조 속에서 어떻게 재편되었는지를 잘 보여준다.[55]

경북선 개통

경북선 건설은 1921년 8월 15일, 조선산업철도주식회사가 김천-예천 구간 50리 철도 부설을 추진하기로 하면서 본격화되었다. 김천학교조합 사무실에 김천건설사무소를 두고

---

53 조선철도주식회사 설립에 참여한 사설철도는 朝鮮森林, 朝鮮産業鐵道, 兩江拓林, 南朝鮮, 西鮮殖産의 5개 회사였다(『동아일보』 1923.04.17. '사철합동실현').

54 정태헌, 앞의 책, 185~192쪽.

55 정태헌, 앞의 책, 197~201쪽.

부지 재측량, 용지 매수, 공사 청부 입찰 등을 시작했다.[56] 회사는 1923년 1월, 김천-예천 구간을 1924년 10월까지 개통한다는 계획을 세웠다.[57]

그러나 1923년 4월, 조선 내 5개 사설철도가 경영난으로 합병해 조선철도주식회사가 출범하면서 경북선 예천 구간 건설은 불확실해졌다. 다행히 1924년 2월 28일 열린 조선철도주식회사 중역회의에서 점촌-예천-안동 구간 연장 공사를 재개하기로 결정했지만,[58] 공사는 당초 예상보다 지체되었다.

1924년 10월 1일, 경북선 김천-상주 구간이 먼저 개통되었고, 두 지역에서는 성대한 축하연이 열렸다. 이어 같은 해 12월 25일에는 함창-점촌 구간이 개통되었다.[59] 이때 함창역 개통 소식은 언론에 크게 보도되었다.

> 조철朝鐵 경북 함창역은 지난 25일에 개통식을 거행하고 운수 영업을 개시하는 동시에 지난 23일부터 당지에서 미곡검사를 행하얏는데 함창고물상조합원은 각각 수검하기 위하야 구내 소정 장소에 미곡을 운반하야 그 집적 수는 약 6천 가마에 달함으로 장내 수개소는 미곡이 산과 가티 적재하얏는데 종래에는 각각 마차로 상주와 김천에 수송하야 불편이 심한 까닭으로 이와 가티 적적積積함을 본적이 없는데 금후는 미곡 운반에 매우 편의를 주리라더라[60]

기사에서 볼 수 있듯, 철도의 개통은 경북 내륙의 미곡 유통에 큰 변화를 가져왔다. 이전에는 마차에 의존하던 곡물 운송이 철도로 전환되면서 물량 처리 속도가 빨라지고, 유통의

56 『동아일보』 1921.09.13. '신철선로신설'
57 『동아일보』 1921.09.13. '신철선로신설'
58 『조선일보』 1923.01.10. '사설철도 상황'
59 『조선일보』 1924.05.08. '경북선 개통연기'; 『조선일보』 1924.09.20. '경북선 개통 축하'; 『조선일보』 1924.10.03. '경북선 개통식'; 『조선일보』 1924.12.24. '경북선 상주 점촌간 개통은 25일에'
60 『조선일보』 1924.12.27. '함창에 積米如山'

편리함도 커졌다. 철도 운행은 자동차 운임 인하로도 이어져 운송 비용을 낮췄다.

언론은 경북선의 주요 화물과 수입을 수시로 기사화하며, 철도가 가져온 경제 효과를 강조했다. 하지만 이러한 변화가 모두에게 긍정적이지만은 않았다. 근대적 교통망은 사람과 물자의 이동을 빠르고 안전하게 만들어 주었으나, 동시에 마차와 같은 전통적인 운송수단에 의존하던 조선인 업자들의 생계를 위협하기도 했다. 경북선 개통은 경북 내륙 경제를 식민지 교통망에 깊이 편입시키는 동시에, 지역사회의 생활 구조에도 크고 작은 균열을 남겼다.

점촌-예천 구간 건설

1925년 2월, 조선철도주식회사는 중역회의에서 점촌-예천-안동 구간 연장 공사를 추진하기로 결정했다. 이 소식이 전해지자 예천 지역에서는 다가올 변화에 대비해 적극적인 준비에 나섰다.

> 경북 예천군 읍내 시장은 자래自來로 경북에서 굴지하는 대시장으로 장차 김천으로부터 조철朝鐵이 개통될 시에는 시장의 번창은 물론 영남 북부지방의 물산 집중지가 될터임으로 일반 시민은 예천 시가 확장을 희망하며 따라서는 군 당국에서도 각 방면으로 시가 발전책을 강구하던 바 제1차로 읍내 전면 지소池所를 매립하야 시장을 확장시키려고 이미 지소 매립공사에 착수 진행하야 오던바 금추에 만여 평의 지소를 매립하야 공사가 준공되었음으로 지난 11월부터 종래 2등도로에서 개설하던 시장을 전부 매립지에 이전하야 시장 구역이 크게 확장하엿는데 …[61]

당시 예천읍은 이미 경북의 대표적 시장 중 하나였고, 철도가 개통되면 시장이 더욱 번성

---

61 『조선일보』 1925.12.30. '禮泉市商人陳情'

하며 영남 북부의 물산이 집중될 것이라 기대되었다. 예천군 당국은 시장 확장을 위해 읍내 연못을 메우는 대규모 매립 공사를 단행했다. 1924년 가을까지 약 만 평을 매립해 종래 2등 도로에서 열리던 장을 새 부지로 이전했고, 시장 구역은 크게 확장되었다.

그러나 철도 연장 공사는 회사의 예산 사정과 조선총독부 보조금 문제로 지체되었다. 이에 예천군 유지들은 1926년 2월 14일 '경북선예천연장기성회'를 조직하고, 인근 군에도 격문을 보내 연장 촉구 운동을 벌였다.[62] 당시 예천은 인구 10만 명, 경작지 2만여 정보, 미곡 생산량 11만 석을 자랑했으며, "경북선이 수익을 내려면 예천까지 연장해야 한다"는 논리를 내세웠다. 기성회는 선언문에서 철도 연장이 "문화 계발의 대사명"이라 강조하며, 지체 없는 착공을 요구했다.[63]

이 같은 지역사회의 움직임은 철도회사에도 전달되었다. 1926년 11월, 예천의 유지들과 도평의원, 학교평의원 등이 일본에서 조선철도주식회사 주주총회에 참석키 위해 일본에서 조선으로 건너온 사장 오오카와 헤사부로大川平三郎를 만나 예천 시찰을 안내했다. 오오카와 사장은 지역 대표에게 점촌-예천 구간 연장을 공식화하고, 1927년 공사 착수를 약속했다.[64]

> 경북 예천은 천호에 달하는 대읍으로서 불원한 장래에 경북선 철도가 개통될 시에는 경북 지방의 일 대도시가 되겟슴은 물론 현상으로만 보아도 알 것이며 매립지에 시장을 증설 이래 시내 전화도 이미 개통되여서 시가는 점차 발전됨에 따라 시내에 전등 가설의 필요를 일반이 느끼여 군 당국에서는 이에 감하야 이미 해당 전문 기수로 하야금 실지 조사케 한 바, 하리면 송월동에 수원이 풍부함으로 이를 인용하야 시내에 수력전기를 사용코저 하야 각양 탐구한 결과…[65]

---

62 『경성일보』 1926.02.14. '조철 경북선 연장을 요구, 예천에서 기성회 개최'; 『경성일보』 1926.02.18. '경북선 연장 속성의 결행을 철도국장에게'

63 『조선일보』 1926.02.18. '경북선 철도 연장운동 구체화'

64 『동아일보』 1926.11.07. '경북선=연장계획'; 『동아일보』 1926.11.11. '경북선=연장 확정 대천사장 성명'

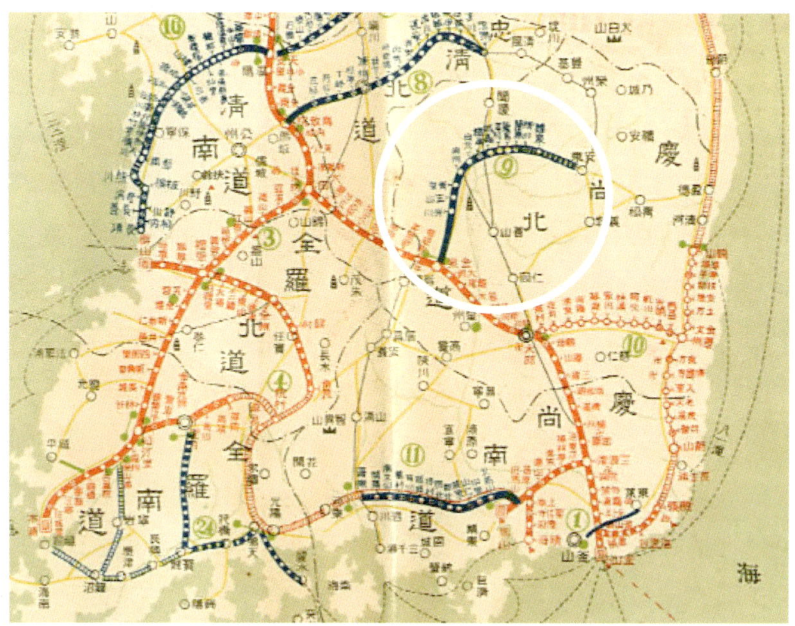

지도 2. 1930년 현재 경북선
(출처: 朝鮮總督府鐵道局, 『朝鮮鐵道狀況 21회』, 1930)

경북선 연장이 가시화되자 예천의 시가지 변화는 눈에 띄게 빨라졌다. 시장이 새로 조성되었을 뿐 아니라, 시내 전화가 개통되었고, 가로등 설치를 위한 발전소 건립 계획까지 세워졌다. 철도가 도시 발전을 견인하는 핵심 인프라임을 보여주는 사례였다.

그러나 실제 공사는 토지 매수 지연으로 늦어졌다. 결국 1928년 1월 16일, 용궁공립보통학교에서 기공식이 열리며 본격 착공에 들어갔다. 이 과정에서 용궁과 예천에는 정차장이, 개포와 유천에는 간이역이 설치가 계획되었다.[66] 1927년 12월, 공사비 65만 원 규모로 경성

65 『동아일보』 1926.08.22. '예천에 수력전기'
66 『조선일보』 1927.05.07. '조철사업 계획'; 『조선일보』 1927.07.31. '조선철도회사의 금년도 건설 계획'; 『동

의 코데라쿠미小寺組가 시공을 맡았으며, 1928년 11월 1일 용궁에서 개통식이 열렸다.

이후 철도는 안동까지 연장되었다. 1930년 하반기부터 토지 매입이 순조롭게 진행되었고, 같은 해 9월 중순 공사에 착수했다. 안동 구간은 1931년 10월 완공되어 16일부터 운행을 시작했다.[67] 1934년부터 영주 주민들이 경북선 연장을 촉구했고, 영덕-안동 간 연장안도 논의되었다. 예천군 유천면에 설치된 간이역은 1936년 9월 1일 역사 신축과 함께 정차장으로 격상되었다.[68]

경북선의 개통과 '제2의 개성' 예천

1928년 점촌-예천 구간이 개통되자, 경북선은 곧바로 소백산맥 일대의 삼림 개척과 일본 오사카 시장으로의 쌀 수출에 중요한 역할을 하게 되었다. 개통 직후 하루 네 차례 왕복하던 열차는 다섯 차례로 증편될 만큼 수요가 급증했다. 예천역은 승객과 화물 모두에서 취급량이 크게 늘었고, 예천은 경상북도 북부의 새로운 상업 중심지로 부상했다.

1932년 통계에 따르면 예천역은 경북선 전체에서 객차 수입이 2위를 차지했으며, 화차 수입은 1위에 오를 정도였다.[69] 곡물상조합, 포목상조합 등 다양한 경제 단체가 생겨났고, 언론은 발전하는 예천을 두고 '제2의 개성'이라는 별명을 붙였다.

이러한 변화에 지역 유지들도 능동적으로 대응했다. 1929년 1월 18일, 강정희 · 김주정 · 이자헌 · 김석희 등 11명은 자본금 10만 원으로 선인흥업주식회사를 설립했다. 이 회사는 곡물과 목재 유통을 지역 상인들이 직접 장악해 이윤을 "타인에게 뺏기지 말고 우리 손으로"라는 구호를 내걸었다.[70] 철도가 불러온 경제 변화에 지역사회가 자발적으로 대응한 사례였다.

아일보』 1928.01.19. '경북선 연장 기공식 거행'; 『朝鮮時報』 1928.01.17. '점촌 예천간 철도부설 기공식'

67 『조선일보』 1931.10.11. '경북선 개통 예천 경북 안동'

68 『동아일보』 1936.08.23. '예천군 유천 정거장 신축'; 『조선일보』 1936.08.26. '유천 정차장 준공'

69 『조선일보』 1932.02.03. '예천역 수입이 경북선에 1위'

70 『조선일보』 1929.01.23. '예천에서 선일운송점 창립총회'

조선철도주식회사 역시 개통에 발맞춰 교통망 확충을 추진했다. 사이토齋藤자동차상회와 경북자동차상회를 인수해 상주·점촌·김천 등 주요 역과 인근 오지를 연결하는 자동차 노선을 운영했을 뿐 아니라, 경북선이 닿지 않은 영주·봉화·안동 지역까지 철도와 연계하는 수송망을 구축하려 했다.[71]

예천에서는 전기 보급을 위한 움직임도 일어났다. 1929년 장기생 등을 중심으로 전기시설 기성회가 조직되어 체신국에 허가원을 제출했고, 이후 대흥전기주식회사를 설립해 함창·점촌·용궁·예천 일대에 전기를 공급하려 했다. 계획은 지연되었지만, 1934년 11월 허가를 받고 1935년 말 시설 공사를 완료하면서 마침내 등잔불을 대신한 전등불이 켜졌다.[72]

한편, 예천-안동 구간 연장 공사 과정에서는 뜻밖의 발견도 있었다. 예천 읍내 류정들에서 온천이 발견되면서, 지역은 이를 새로운 관광자원으로 개발하기 시작했다.[73]

경북선의 폐지와 복구

1937년 일본 철도국은 사설철도 매수를 추진하기 시작했고, 총독부는 경북선 김천-안동 구간인수 계획안을 의회에 제출했다. 결국 1940년 3월, 경북선은 8백여만 원에 매수되었다. 앞서 1939년 8월에는 봉화의 목재와 광석 반출을 목적으로 예천·봉화·영주 유지들이 모여 '3군연합기성발기인회'를 조직, 강원도 도계를 통과하는 경북선 부설을 촉구하기도 했다. 이후 1940년 3월 1일부터 철도국이 직접 경영을 맡게 되었다.[74]

같은 해 5월 16일에는 종래 여객·소화물만 취급하던 개포역이 차와 화물까지 취급하게 되었다.[75] 그러나 태평양전쟁이 격화되던 1944년, 일본은 군수물자 부족을 보완하기 위해

---

71 『조선일보』 1928.01.22. '경북선의 배양기관으로 자동차 회사 설립'; 『조선일보』 1928.04.06. '경북선 연변에 자동차임 변경'

72 『동아일보』 1935.12.10. '예천 전기 착공 금월내로 점화'

73 『조선일보』 1931.02.26. '경북선 예천 온정을 발견'

74 『조선일보』 1940.01.24. '경북선 3월 1일부터 국영으로 차임도 현재 보다 4할 5푼 인하'; 『동아일보』 1940.03.01. '조철 경북선은 1일 정식 인계'

점촌-안동 60㎞ 구간의 철로를 철거해 버렸다.

해방 이후 미군정 교통국은 이 철로를 복구할 계획을 세웠으나 실행은 더뎠다.[76] 1947년 예천군수 남정구와 주민들이 직접 운수부를 찾아가 부설을 진정했지만, 본격적인 복구는 이루어지지 않았다. 1956년 정부가 FOA 원조 자금으로 광산자원 수송망을 확충하며 점촌-안동 구간을 준공할 계획을 세웠으나 성사되지 못했고, 1958년에는 안동 군민 수천 명이 "경북선 복구에 총궐기하자"는 구호 아래 시가행진을 벌이며 복구추진위원회를 결성했다. 이날 예천 군민들은 대통령, 국회의장, 교통부장관, 재무부장관, OEC당국에 보내는 메시지를 발표하고 시가행진을 했다.[77]

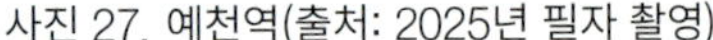
사진 27. 예천역(출처: 2025년 필자 촬영)

사진 28. 용궁역(출처: 2025년 필자 촬영)

---

75 『조선일보』 1940.05.11. '경북선 개포역 차급화물 취급'

76 『동아일보』 1945.12.26. '철훼햇던 철로 9지선 복구, 38이남의 교통망 완비'

77 『조선일보』 1958.01.13. '경북선 복구에 주민들이 궐기'

1961년 12월 21일 교통부가 현지 측량을 마치면서 사업은 구체화되었다. 점촌-영주 53.6㎞를 3개년 계획으로 착공하여 동해안 묵호·삼척 등지에서 태백산맥과 중앙선(영주)을 거쳐 경부선으로 연결되는 횡단선으로 개발하려 한 것이다.[78]

그 결과 1966년 1월 27일 점촌-예천 구간이 먼저 개통되어 여섯 편의 열차가 투입되었다. 개통식은 박정희 대통령과 외교사절, 군민들이 참석해 대규모로 치러졌다. 같은 해 11월 9일에는 예천-영주 구간도 개통되어 영주역에서 축하식을 가졌다. 1960년대 복구된 경북선은 내륙과 동해안을 연결하며 수산물과 지하자원 수송을 담당했고,[79] 경상북도 내륙 주민들에게 경부선과 연결되는 이동 기회를 제공했다. 그리고 예천 영주 구간도 1966년 11월 9일 개통되었는데, 영주역에서 개통식을 가졌다.[80]

그러나 근대화 시기에 제 역할을 했던 경북선은 이후 지역 인구 감소와 도로교통 발달로 점차 쇠퇴했다. 중부내륙고속도로와 국도망이 확충되면서 철도의 이용도가 줄었고, 현재는 국내 철도 노선 가운데 수요가 가장 적은 노선으로 전락했다. 결국 2001년에는 예천군 내 용궁역·개포역·예천역을 제외한 간이역들이 모두 폐역되었다.

고평역과 고평들 사람들

고평마을은 뒤로는 산을, 앞으로는 내성천을 끼고 자리 잡았다. 마을 초입에 들어서면 큼직한 정미소와 농협창고가 먼저 눈에 띈다. 이 건물들의 규모만 보아도 예전 마을 살림살이가 넉넉했음을 짐작할 수 있다. 마을 어귀에는 또 하나의 이정표가 있다. 바로 〈약포 정탁 선생 고평동계 약조문〉 안내판이다. 안내판에는 약포 정탁 선생이 1601년 벼슬에서 물러난 뒤 고평에 거주하면서, 마을 사람들의 요청으로 고평동계 운영 규정을 만들었다는 사실이

---

78 『경향신문』 1961.12.23. '경북선 신설공사 명년초부터 착공'
79 『경향신문』 1966.01.26. '점촌 예천간 6개 열차 운행'; 『동아일보』 1966.01.27. '경북선 점촌 예천간 개통'
80 『경향신문』 1966.11.08. '경북선 9일 개통'

기록돼 있다. 임진왜란 직후 향촌 사회가 큰 혼란에 빠져 있던 시기, 마을 사람들이 선생에게 요청해 여씨향약과 당시 변화하는 풍속을 반영한 규범을 제정한 것이다. 흥미로운 점은 이 동계가 신분의 구분 없이 양반과 평민이 함께 참여한 '상하합계'였다는 사실이다. 또한 한자를 모르는 서민을 위해 한글로도 내용을 보급했다 하니, 그만큼 생활 속 실천을 중시했던 규약이었다.

안내판을 지나 마을로 들어서면 약포 선생의 유고와 문서를 보관한 정충사, 옛 처가 터에 만든 용알샘, 그리고 충절을 기리기 위해 세운 반려 정려각 등이 남아 있어 마을의 긴 시간을 증언한다.

고평마을은 예천 일대에서도 손꼽히는 쌀 생산지였다. 일제강점기 예천의 대표적 곡창지대는 고평평야와 한천변 서정평야였다. 이 때문에 예천-안동을 잇는 2등도로가 이곳을 지나도록 개설되었고, 1931년 개통된 경북선 역시 고평을 관통했다. 특히 내성천을 가로지르는 장대 교량 건설은 막대한 비용이 들어 공사가 지체되었는데, 당시 예천 유지들이 후원회를 조직해 공사를 지원하기도 했다.

사진 29. 고평리 정충사
(출처: 2025년 필자 촬영)

당시 고평역은 현재의 마을 서쪽, 34번 국도 동예천 교차로와 내성천 고평대교 사이에 위치했다. 그러나 1940년 일제가 전쟁을 이유로 경북선 선로를 철거하면서 사라졌고, 1966년 예천-영주 구간이 복구되면서 마을 앞에 간이역으로 다시 문을 열었다. 하지만 이용객 감소로 1972년 무배치 간이역으로 격하되었고, 1998년 여객 취급이 중단된 데 이어 2001년 7월 1일 결국 폐역의 운명을 맞았다.

고평들은 비옥하고 넓어 예로부터 부유한 마을로 이름났다. 이곳은 대지주보다는 자작농이 많았던 것 같다. 지금도 농지를 직접 경작하는 집이 많다. 하지만 일제강점기에는 일본인 자산가들이 조선 각지에서 농지를 매입했는데, 고평들도 예외가 아니었다. 지금도 불하되지 못한 일본인 명의의 토지가 일부 남아 있다고 한다.

내성천을 낀 고평들은 큰비가 내리면 종종 범람했다. 특히 1934년 갑술년 대홍수 때 큰 피해를 입자, 지주 120여 명이 기성회를 조직해 제방 축조를 추진했다. 지주들은 논 1평당 3전씩 비용을 갹출했고, 경상북도 당국에도 지원을 요청했다. 그렇게 완성된 제방은 이후 큰 홍수에도 무너지지 않아 마을을 지켜주었다.[81]

고평2리 입구에는 옛 고평정미소와 1970년대에 세워진 농협창고가 여전히 남아 있다.

사진 30. 고평들
(출처: 2025년 필자 촬영)

사진 31. 고평리를 지나는 경북선 열차
(출처: 2025년 필자 촬영)

81 『동아일보』 1934.08.25. '고평제방수축, 예천지주대회 결의'; 『동아일보』 1934.12.04. '서정평과 고평 양제방 계획'; 『조선일보』 1934.12.04. '예천의 중대문제인 제방 개수 착수'

고평들의 쌀은 양뿐 아니라 질에서도 최고로 꼽혔다. 사방을 막는 산이 없어 햇볕이 넉넉히 들어 벼가 잘 여물었기 때문이다. 어느 경로당 할머니는 "이 마을로 시집온 이유가 쌀밥 먹으려고 왔다"며 웃으며 회상한다.

현재 마을 주민들 가운데 일제강점기 안동으로 다니던 열차를 기억하는 이는 드물지만, 1966년 재개통된 경북선은 선명히 기억한다. 국가 차원에서는 이 노선이 경북 산악지대의 산림자원 수송을 위한 철도였지만, 고평·호명·청복·통명 사람들에게는 생활비를 마련하는 중요한 길이었다.

역이 열리자 주민들은 채소 재배에 힘썼다. 특히 쪽파는 영주장에 내다 팔며 이름을 날렸다. 고평들에서 나는 쌀은 영주장은 물론 강원도에서도 찾으러 올 정도로 인기가 있었다. 그러나 역이 폐역되고 주민들이 고령화되면서 곡물과 채소 판매는 농협에 맡기게 되었고, 직접 농사도 경영자에게 위탁하는 경우가 늘어났다.

4. 물과 함께한 문화

1) 강에서 쉬다

강을 삶의 배경으로 삼아온 사람들에게 강변의 하얀 모래는 그 자체로 쉼터이자 놀이터였다. 오늘날 에어컨이 가득한 생활환경과 비교하면 더욱 두드러지는 차이였다. 낙상1리 마을회관에서 만난 김영태 씨는 어린 시절 강에서의 여름을 이렇게 회상했다.

> 강이라도 가면 뭐 옷이라도 있어? 바지 바람으로 쫓아다니다가 목욕하고 놀다가…강변에 소 풀어놓고…소 몰고 강에 나가 밤새 자고 아침에 돌어오고 백사장이 따뜻하고 모래 따뜻하고…[82]

삼탄마을 사람들에게 낙동강은 여름날에는 수영장이었고, 밤에는 모기와 더위를 피해 쉴 수 있는 잠자리였다. 강변 백사장은 모기 없는 깨끗하고 시원한 공간이었다. 아이들은 모래밭에서 수건돌리기 같은 벌칙놀이를 하며 강 문화를 익혔고, 배고프면 참외나 수박을 '슬쩍' 해먹기도 했다. 밭주인에게 들켜도 크게 야단맞는 일이 없었으니, 강변에서 자란 아이들만이 간직할 수 있는 추억이었다.

강은 또한 계절마다 놀이의 무대였다. 봄에는 삼월 삼짇날 화전花煎놀이가 있었다. 화류花柳, 회취會聚로도 불렸다. 여성들이 진달래꽃으로 전을 부쳐 먹고 노래와 춤을 즐기는 자리였다. 우망마을에서는 해마다 3~4월이면 화전놀이가 열렸다. 목적지는 강 건너 마산리의 동래 정씨 완담서원이었다. 외지에 나간 딸과 며느리들도 이날만큼은 고향을 찾았다. 여성들은 한복을 곱게 차려입고 양산을 쓰고, 삼수정 앞에서 나룻배를 타고 강을 건넜다. 완담서원에 모여 음식을 나누고, 남녀가 함께 어울리기도 했다.

삼탄마을에서는 화전놀이를 '희초'라 불렀다. 아마 화전놀이를 회취會聚라고도 한 데서 연유한 듯하다. 강 가운데 생겨난 하중도가 무대였다. 어느 주민이 미루나무 몇 그루를 꽂아두자 모래가 쌓여 작은 섬이 되었고, 이곳은 훌륭한 휴양지이자 밭으로도 활용되었다. 주민들은 배를 타고 들어가 소풍을 즐겼고, 젊은 여성들은 시댁 어른의 허락을 받아 술잔을 나누며 흥겨운 시간을 보냈다. 삼탄마을의 '희초'는 여성들만의 야유회였다는 설과 그렇지 않고 남녀가 모두 참가했다는 기억도 있다.

겨울철에도 강변은 놀이마당이었다. 정월 대보름에는 깡통에 불씨를 담아 돌리는 쥐불놀이가 백사장에서 펼쳐졌다. 불씨가 흩날려도 화재 위험이 적어 안성맞춤이었다. 같은 날 달집태우기도 함께 진행되었다. 또한 성저마을 아이들은 썰매를 타고 삼강까지 내려갔다. 깊은 낙동강까지는 위험해 갈 수 없었지만, 내성천 끝자락까지 내려갔다가 다시 올라오는 것이 큰 즐거움이었다.

---

82 2025년 7월 12일 낙상1리 마을회관에서 김영태(남, 73세) 인터뷰.

사진 32. 낙동강종주자전거길(낙상1리 부근)
(출처: 2025년 필자 촬영)

오늘날은 상황이 달라졌다. 낙동강의 수량이 줄고 수초가 무성해 예전처럼 강물에서 놀기 어려워졌다. 4대강 사업으로 수심이 깊어져 안전도 문제가 되었고, 삼탄마을 앞 하중도는 강바닥 준설로 사라졌다. 튼튼한 제방은 홍수로부터 마을을 지켜주었지만, 동시에 노령화된 주민들에게는 강으로 나아가는 길을 막아버렸다. 지금 강둑은 낙동강 자전거길을 달리는 사람들의 차지가 되었고, 강가에서 뛰놀던 마을 사람들의 경험은 이제 추억으로만 남아 있다.

2) 고기를 잡다

조선 전기에 편찬된 『신증동국여지승람』에는 예천군의 특산물로 은어銀口魚와 붕어鯽魚가 기록되어 있다. 이 두 어종에 대한 기록은 1940년대 『예천군지』까지 이어진다. 실제로 강가에 살던 사람들의 기억 속에도 "고기 천지였다"는 회상이 자주 등장한다.

주로 잡힌 물고기는 은어, 피라미, 모래무지, 메기, 잉어, 자라 등이었다. 『경북마을지』(1992)에 따르면, 하풍리 마을 앞 하풍진의 양소兩沼에서는 잉어·메기·뱀장어 등이 잡혀 주민들이 이를 팔아 생계를 유지했으며, 여울에서는 은어가 많이 잡혔다고 한다.[83] 실제로 하풍진 나루터는 잉어의 명산지로 알려졌다. 봄철 하지 전에는 피라미가 흔했고, 여름이 되면 은어가 제철이었다. 지금은 영업이 중단된 영풍교 끝단의 민물고기 요리점이 당시의 흔적을 간직하고 있다.

마을마다 고기잡이 방법은 조금씩 달랐다. 삼탄마을 사람들은 투망을 던져 고기를 잡았지만, 오늘날은 낙동보 건실로 강바닥이 깊어져 투망질이 불가능해졌다. 내성천 하류 성저마을 사람들은 삼베를 그물처럼 이용했는데, 얕은 물에서는 손쉽게 많은 고기를 잡을 수 있었다. 향석1리 박종옥 이장은 강바닥을 지팡이로 두드려 피라미를 몰아 지치게 한 뒤 잡았다고 회상한다. 우망마을에서는 '반두'라 불리는 장비를 사용했다. 반두를 고기가 지나는 길목에 설치하고, 동무들이 몰아넣으면 손쉽게 피라미를 잡을 수 있었다. 삼강마을은 물길만 막아도 물고기를 잡을 수 있을 만큼 풍부했으며, 더운 날 은어가 수온에 지쳐 죽기도 했다. 성저마을 권상덕 노인회장은 삼강나루터 주모 할머니의 독특한 고기잡이를 이렇게 기억한다.

---

83 경북향토사연구협의회, 앞의 책(하권), 753쪽.

> 이제 강물 자갈밭에 그릇을 갖다 요래 묻어가지고 이렇게 이제 위에 하고 그냥 (공간이) 뜨니까 고기가 들어가대요. 그러면 손님들이 오면 거기서 들어다가 매운탕 끓이고…

이처럼 강바닥이 얕고 물고기가 많은 강에서만 가능한 방식이었다. 물고기 가운데 가장 귀한 것은 단연 은어였다. 은어는 회 · 매운탕 · 구이로 다양하게 먹었다. 성저마을 사람들은 은어를 호박잎에 싸 구워 먹은 기억도 가지고 있다. 은어는 일제강점기 조선총독부가 특별히 주목한 어종이었다. 1910년대 밀양에 양어장을 설치하고, 1929년 진해양어장에서 농가 부업용 양식까지 시도했다. 또 '은어 절임鮎粕漬'으로 가공해 대도시나 만주로 유통했고, 1918년에는 하세가와 요시미치長谷川好道 총독이 밀양 은어를 '염소鹽燒[소금구이]'로 만들어 일왕에게 바친 일화도 있다.[84] 이 때문에 일제강점기에는 은어를 잡으면 행정기관에 신고해야 했던 듯하다. 성저마을 권상덕 노인회장은 은어를 잡으면 "가마니(몰래) 먹었다"고 웃으며 회상했다.

그러나 은어는 1980년대 후반 낙동강 하구둑 건설 이후 회유가 막히면서 급격히 줄어들었다. 하구둑 건설 10여 년이 지난 1996년 조사 결과, 낙동강 상류와 지천에 피라미는 여전히 많았으나, 은어는 안동댐과 영강에만 일부 발견되고 내성천에서는 자취를 감췄다.[85] 이미 4대강 사업 이전에 은어는 거의 멸종 단계에 이른 셈이다.

이 지역에서는 자라도 흔한 식재료였다. 특별한 조리법은 없었고, 삶아서 그대로 먹거나 잉어와 함께 끓여 먹었다. 여성들의 보양식으로 애용되었으며, 피까지 섭취했다고 한다. 어떤 자라는 직경이 30㎝가 넘을 만큼 컸다.

필자가 부산에서 온 이방인으로서 '재첩'이나 조개류가 있었는지 묻자, 낙상1리 이장은 이렇게 답했다.

---

84 차철욱, 「근현대 낙동강 하류의 개발과 담수 어업의 몰락」, 『로컬리티 인문학』 32, 2024, 60~68쪽.
85 영남자연생태보존회 자연생태연구소, 『낙동강생태보고서』, 1996, 294~318쪽.

> 참 많았어요. 그래 우리는 먹을 줄을 몰라 가지고 그걸 재미로 많이 잡았어요. 많이 잡긴 잡았는데 그거는 아무도 먹는 법을 몰랐던 것 같아요. 그래 (강에서)나올 때는 다시 다 풀어 주고 나오고[86]

1960~70년대 부산 사람들에게 낙동강 재첩국은 강렬한 기억으로 남아 있지만, 예천에서는 먹는 문화가 정착되지 않았음을 알 수 있다.

당시 강에는 민물고기가 워낙 풍부했기에, 영풍교 양끝에는 이를 재료로 삼은 음식점이 즐비했다. 다리가 없던 시절에는 나룻배를 타고 건너와 매운탕과 회를 즐겼다. 풍성한 강물과 함께 했던 옛 사람들의 삶과 여유가 그 풍경 속에 담겨 있었다.

3) 백사장에서 비[雨]를 빌다

예천의 강 문화 가운데 흥미로운 장면 중 하나는 바로 기우제祈雨祭이다. 가뭄이 들었을 때 비를 기원하는 이 의례는 국가나 지방 관청, 혹은 마을 단위에서 행해졌다. 조선시대 읍지에도 예천군에서 기우제를 지냈다는 기록이 확인된다. 당시 읍지에 따르면, 대체로 산에 기우단을 마련해 제사를 올린 경우가 많았다. 그런데 『축산승람』에는 특이한 기록이 보인다. "삼강진 하류의 못에는 용혈龍穴이 있어 이곳에서 비를 빌면 효험이 있었다"는 것이다. 이는 강과 연관된 기우 신앙의 한 단면을 보여준다.

공식 기록 외에도 민간에서는 다양한 기우제가 전해졌다. 장소로 보면 크게 산에서 지내는 기우제와 강에서 지내는 기우제로 나뉘었다. 그중에서도 예천에서 특히 두드러진 것은 '사시徙市기우제'였다. '사시'는 말 그대로 시장을 옮기는 행위로, 면 단위에서 강가로 장터를 옮겨 열며 비를 기원하는 의례였다. '사시기우제'는 '장 내다 보이기', '도랑장보기', '강변장

86 2025년 7월 12일 낙상1리 마을회관에서 오종주(남, 53세) 인터뷰.

보기' 등 다양한 이름으로 불렸다.[87]

이 의례에 대해서는 여러 해석이 존재한다. 시장을 남쪽으로 옮기고, 동시에 양기의 통로인 남문을 닫으며, 비와 연결된 음기의 통로인 북문을 연다는 점에서 음양 사상과 연결해 이해하기도 한다. 또 많은 사람이 모이는 시장을 구름에 빗대어, 사람들의 이동이 곧 구름의 이동을 상징한다는 유감주술적 해석도 있다. 시장을 옮기는 극적인 행위 자체가 가뭄의 심각성을 알리고, 평소에는 물에 잠기는 강가에서 장을 열어 '물이 마른 상황'을 과장하는 효과를 노렸다는 해석도 있다. 또한 시장의 소음이 비를 내리게 하는 신을 깨운다는 연상법적 해석도 있다. 김재호는 특히 '시장'이 지닌 소통의 상징성에 주목했다. 가뭄은 곧 음양의 소통이 막힌 상태인데, 시장이라는 교환과 소통의 공간을 옮겨 기우제를 지냄으로써 끊어진 음양의 질서를 회복하고, 다시 비가 내리도록 염원한 것이라는 설명이다.[88]

2005년 간행된 『예천군지』는 사시기우제를 정리하며 지보면 지보장, 풍양면 풍양장, 호명면 오천장, 용궁면 용궁장, 예천읍 읍내장 등이 가까운 강가로 옮겨 열렸음을 전한다. 면 단위의 오일장이 활용된 만큼, 행정당국이 나서서 조직적으로 추진한 의례였다. 면민들은 집집마다 처마 밑에 버드나무 가지를 꽂아 정성을 표했고, 씨름 같은 민속놀이와 문화행사도 함께 열려 대규모 축제 분위기를 만들어 사람을 모았다.

일제강점기에도 예천 지역은 가뭄과 홍수가 빈번했다. 1924년 풍양면의 상황을 전한 신문 기사이다.

> (풍양면) 금년(1924년)에는 전에 업든 재앙을 당하야 본군 십이면 중에 한재 충재 풍재가 유독심하야 예년에 비하면 수확이 육할 이상이 감소되얏슴으로 남의 땅 마직이나 어더가지고 일년 동안 죽을 힘을 드려 지은 농사가 씨갑도 빼지 못하고 초가을부터 나물죽으로

87 김재호, 「기우제의 지역간 비교와 기우문화의 지역성」, 『비교민속학』 33, 2007, 507~521쪽.
88 김재호, 「사시(徙市) 기우제의 기우 원리와 시장의 소통성」, 『한국민속학』 50, 2009, 274쪽.

> 겨우 연명을 하다가 그것도 할 수가 업서 저서 지금은 주린 창자를 움켜쥐고 어린 자식들을 앞뒤에 세우고 류리걸식하는 자가 날을 따라 더하야 삼백여 명이라는 걸객들이 그 면내를 방황하게 되얏다.[89]

이처럼 가뭄이 심하면 주민들은 생계를 위해 고향을 떠나 일본이나 만주로 일자리를 찾아 나서기도 했다. 당시 예천의 이재민은 6천 명에 달했다고 한다. 이 때문에 1930년대 중반 예천을 비롯해 남부지방 농촌 농민들이 기차를 타고 만주에서 새로운 정착지를 찾기 위해 떠났다.

가뭄으로 농촌 사회가 위기에 빠지자, 군과 면 단위에서 기우제를 더욱 적극적으로 지냈다. 원래 일제는 조선의 전통 민속을 폐지하려 했지만, 가뭄으로 인한 민심 동요를 잠재우기 위해서는 기우제를 허용하고 때로는 장려하기도 했다. 보통 봄철 이앙기를 전후해 논에 금이 갈 정도로 메마르면 군수가 직접 기우제를 주재하는 것이 관례였고, 각 면에서도 군과 발맞춰 같은 시기에 의례를 올렸다.

> 예천군 각면에서 행여나 엇들가 하고 지난 20일에 기우제를 일제히 지내는 중에도 더욱이 예천면에서 흑응산 장군대 미테서 착실이 기우제를 지내고 동시에 그날 장부터 구관습에 의하야 한천 백사장에다 장을 옮겨 보이며 이에 시민들은 집집마다 검구를 치고 황토를 깔고 빌고 잇다고 한다.[90]

예천군 각 면에서 동시에 기우제를 지냈고, 특히 예천읍은 흑응산 장군대와 한천 백사장에서 나란히 제사를 올렸다. 지보장 · 풍양장 · 오천장 · 용궁장 등 낙동강변 장터들은 강가로

---

89 『조선일보』 1924.12.17. '기근에 우는 예천 풍양면민'
90 『조선일보』 1935.08.23. '예천 전군에서 각면마다 기우제'

옮겨 장을 열고 정성을 다했다. 강과 시장, 그리고 공동체의 신앙이 맞물린 예천의 기우제는 자연과 사람의 관계를 보여주는 상징적인 문화였다.

4) 정자에서 강을 즐기다

예천 지역의 정자는 대부분 산과 하천을 따라 자리 잡고 있다. 문경 · 안동과 더불어 예천은 우리나라에서 정자가 가장 많이 남아 있는 고장으로, 현재 약 150여 곳의 정자가 확인된다. 정자는 단순한 휴식처가 아니라, 자연과 인간이 조화를 이루는 공간이자 학문과 사유의 무대였다. 중앙의 벼슬길에서 물러나거나 낙향한 관료와 학자들이 머무르며 자연과 교유하고 학문을 이어간 장소이기도 했다.[91]

정자를 아무나 지을 수 없었다. 벼슬이나 학문에서 일정한 공적을 인정받은 인물이 공동체로부터 인정을 받을 때에야 비로소 정자 건립이 가능했다. 따라서 정자는 개인의 사유공간으로만 머물지 않고 가문을 넘어 마을의 상징이기도 했다. 예천에 정자가 유난히 많은 이유는 이곳이 산수가 아름다울 뿐 아니라, 벼슬과 학문으로 이름을 떨친 인물들이 많았기 때문이다.

정자 터를 고르는 일은 중요했다. 풍수의 원리를 따르되, 탁 트인 전망과 경관이 아름다운 장소가 좋은 장소였다. 이는 자연의 경관을 감상하며 자신만의 세계로 끌어들이는 행위이자, 동시에 자연을 사회적 관계 속에 포섭하는 일이었다. 그러나 정자는 단지 개인의 사유물이 아니라 마을과 주변 사람들이 모여 시를 읊고 학문을 논하며 교류하는 공적 공간이기도 했다. 이름난 정자에는 이름난 인물들이 찾았고, 그러한 기록은 곧 마을과 정자의 위상을 높이는 자산이 되었다. 결국 정자는 자연의 아름다움, 학문의 상징, 가문의 명예, 공동체의

91 김성균, 「덜 알려진 한국의 좋은 곳과 좋은 건축: 경상지역-禮泉地方의 山水와 亭子」, 『건축』 42-4, 대한건축학회, 1998.

자부심이 함께 어우러진 복합적 장소였다.

정자를 짓는 목적은 대체로 노년에 이르러 벼슬에서 물러나 은거하며 여생을 보내기 위한 장수지소長守之所를 마련하거나, 학문을 이어가고 제자를 가르치는 강학지소講學之所로 활용하는 것이 일반적이었다.[92] 따라서 예천의 정자들은 강과 산을 배경으로 하여 자연과 더불어 살아가려는 선비들의 삶의 태도, 그리고 공동체 속에서 학문과 교류를 이어가려는 전통을 고스란히 품고 있다. 여기서는 강의 풍경을 배경으로 만들어진 정자들의 의미를 살펴본다.

선몽대仙夢臺

선몽대는 예천군 호명읍 백송리의 내성천변에 자리한 정자로, 퇴계 이황의 학맥을 잇는 예천의 대표적 정자이다. 퇴계의 종손이자 제자인 문정량文貞良 우암 이열도(1538~1591)가 스물여섯 살이던 명종 18년(1563)에 처음 세웠다. 그러나 광해군 9년(1623) 홍수로 무너졌고, 현종 12년(1671)에 다시 세워졌다. 이후에도 1922년과 1968년에 중수되어 명맥을 이어왔다.

이열도는 퇴계의 종손자이자 조카인 이교, 손자 이종도, 권호문 등과 함께 퇴계의 문하에서 학문을 수학했다. 퇴계는 직접 '선몽대'라는 편액을 써주었으며, 퇴계 친필 현판과 한시가 지금까지 전한다. 또한 약포 정탁, 서애 류성룡, 학봉 김성일, 한음 이덕형, 청음 김상헌 등 당대 명사들이 퇴계의 시에 차운한 작품이 목각으로 새겨져 선몽대의 위상을 드러낸다.[93]

정자의 입구에는 울창한 소나무 숲이 병풍처럼 펼쳐져 있다. 숲을 지나 약간 높은 언덕 위에 선몽대가 자리하며, 앞으로는 내성천의 맑은 물줄기와 넓은 백사장이 한눈에 들어온다. 정자 안에는 이덕형, 정호선, 김상헌 등의 시판이 걸려 있는데, 이들의 시는 대부분 내성

---

92 황만기, 「禮泉 仙夢臺의 장소성과 그 의미」, 『영남학』 79, 2021.
93 예천문화원, 『예천누정록』, 2010, 193쪽.

사진 33. 내성천에서 바라본 선몽대(출처: 2025년 필자 촬영)

사진 34. 선몽대에서 바라본 내성천(출처: 2025년 필자 촬영)

천의 맑은 물빛과 모래사장을 노래하며 정자가 위치한 경관의 아름다움을 묘사한다.

정자와 주변의 풍경은 문학적 기록으로도 전해진다. 19세의 정약용이 부친과 함께 선몽대를 찾아 남긴 『여유당전서』에는 내성천과 어우러진 정자의 절경이 생생히 남아 있다.[94]

> 예천에서 동쪽으로 10여 리 되는 곳에 가면 한 냇가에 닿는다. 그 시내는 넘실대며 구불구불 이어져 흐르는데, 깊은 곳은 매우 푸르고 낮은 곳은 맑은 파란색이었다. 시냇가는 모두 깨끗한 모래와 흰 돌로 되어 있었으며, 바람에 흩어지는 노을의 아름다운 모습이 사람의 눈에 비쳐 들어온다. 시냇물을 따라 몇 리쯤 되는 곳에 이르면, 깍아지른 높은 절벽이 서 있는데 다시 그 벼랑을 따라 올라가면 한 정자를 볼 수 있으며 그 정자에 '선몽대仙夢臺'라는 방이 붙어 있다. 선몽대의 좌우에는 우거진 수풀과 긴 대나무가 있는데, 시냇물에 비치는 햇빛과 돌의 색이 숲 그늘에 가리어 보일락 말락 하니, 참으로 이색적인 풍경이었다.

선몽대는 단순한 건축물이 아니라, 학문과 문학, 그리고 자연이 하나로 어우러진 예천의 대표적 정자이다. 퇴계의 학통이 이어지고, 당대의 명사들이 시로 교유하며, 강과 숲이 함께 호흡하던 이곳은 오늘날에도 그때의 아름다움과 정신을 간직하고 있다.

초간정草澗亭

초간정은 예천군 용문면 죽림리에 자리한 정자로, 조선 중기의 대학자 초간 권문해(1534~1591)가 선조 15년(1582)에 세운 것이다. 도승지 박승임이 '초간정사草澗精舍'라 이름 붙였으나, 임진왜란 때 화재로 소실되었다. 이후 인조 4년(1626) 아들 권별이 초가 몇 칸으로 복원했지만, 인조 14년(1636) 병자호란 때 다시 무너졌다. 영조 15년(1739) 후손 권봉의가 세 번째로 중건하면서 오늘날의 모습을 갖추게 되었으며, 정면 3칸, 측면 2칸의 팔작지붕

94 황만기, 「禮泉 仙夢臺의 장소성과 그 의미」, 『영남학』 79, 2021.

구조로 남아 있다.

정자는 용문산에서 발원한 금곡천가의 바위와 축대 위에 자리한다. 『초간일기』에 따르면, 터 닦기 공사는 용문사 승려와 지역 주민, 그리고 노복들이 담당했다. 주변에는 소나무를 심고 물길을 끌어들여 정자 주변 경관을 가꾸어 오늘날의 풍치를 완성했다.

권문해는 조선 중기의 대표적 문신이자 학자였다. 그는 『초간일기』와 『대동운부군옥』이라는 두 저술을 남겼다. 『초간일기』는 조선 전기 일상의 모습을 담은 귀중한 생활사 자료이며, 『대동운부군옥』은 우리나라 최초의 백과사전류로 평가받는다. 두 저작 모두 현재 국가유산으로 지정되어 있다. 그는 명종 14년(1560) 문과에 급제해 청주목사와 공주목사 등을 역임했고, 좌부승지에까지 올랐으나 선조 24년(1591) 58세로 세상을 떠났다.

선조 13년(1580) 공주목사로 부임했던 권문해는 다음 해 파직되어 고향으로 돌아왔다. 낙향한 그는 선조 15년(1582) 초간정을 짓고 학문과 저술에 전념했다. 『초간일기』에는 '초간정사'와 '초간정'이라는 이름이 번갈아 등장한다. 비록 임진왜란과 병자호란을 거치며 두 차례나 무너졌으나, 후손들이 영조 15년(1739)에 다시 세워 오늘날까지 이어오고 있다.[95]

정조 2년(1778) 박손경이 쓴 「초간정사중수기」는 당시의 중수 과정을 자세히 기록하고 있다.

> 마침내 조금 비워두었던 공간의 서쪽 물가에다 못을 굽어보도록 기둥을 죽 세워서 정자를 지었다. 승료僧寮의 동쪽에는 무너진 늪을 발견하고, 흙을 파고 돌을 깎아서 새롭게 만들었다. 나머지 미처 정비하지 못했던 임원林園의 물색物色도 또한 모두 환하게 면모를 일신하였다. 그 흥하고 폐한 것을 돌아보니, 기쁘면서도 한편으로는 슬픈 생각이 든다.

---

95 김세호, 「權文海가 경영한 禮泉 草澗亭의 변천사」, 『大東漢文學』 74, 2023.

사진 35. 금곡천에서 올려다본 초간정(출처: 2025년 필자 촬영)

사진 36. 초간정 마루에서 바라본 금곡천(출처: 2025년 필자 촬영)

처음 초간정이 위치한 장소에서 약간 서쪽 물가 위에 정자를 새로 만들었다. 과거 노복들이 만들었던 연못을 찾아 정돈하고 숲 정원도 재정비해 중수했다. 오늘날 우리가 마주하는 초간정이 이렇게 만들어졌다. 또 권용의 「초간정사사실」에는 정자에서 바라본 풍광이 실려 있다.

> 시험 삼아 올라 바라보니 산천은 예전 그대로이고 물색은 병들지 않았다. 의연하게 푸른 풀과 파란 냇물의 물가에서 친히 궤장을 받드니 사숙私淑의 여부를 논할 것도 없이 높은 산을 우러르는 감회가 생겨나지 않을 수 없었다.

초간정은 이렇게 흐르는 금곡천과 소나무 숲, 그리고 병풍처럼 둘러싼 산세와 어우러져, 학문과 은거, 그리고 자연의 미학을 함께 담아낸 예천의 대표적인 정자로 자리하고 있다.

읍호정挹湖亭

읍호정은 예천군 호명면 황지리, 내성천이 굽이쳐 흐르는 언덕 위에 자리한 정자이다. 조선 중기의 명신 약포 정탁(1526~1605)을 추모하기 위해 그의 손자가 효종 4년(1653)에 처음 세웠으며, 세월이 흐르며 원래의 건물이 사라진 뒤 1964년 후손들이 당초의 모습을 복원하여 오늘날까지 이어지고 있다.[96] 정자는 앞면이 누각 형태로 꾸며져 있으며, 정면 3칸 · 측면 2칸의 팔작지붕 단층 구조를 갖추고 있다. 전면은 돌기둥 위에 올려져 지형을 살린 형태로 세워졌기 때문에, 정자에 오르면 내성천을 굽어보는 시야가 시원하게 펼쳐진다.

읍호정으로 향하는 길목에는 도정서원이 자리한다. 이는 약포가 세상을 떠난 뒤, 제자와 후손들이 그의 학문과 덕을 기리기 위해 세운 서원이다. 서원을 지나 읍호정으로 오르는 길에는 수백 년의 나이를 먹어 보이는 거대한 느티나무 한 그루가 서 있다. 보호수로 지정된

96 예천문화원, 앞의 책(2010), 227쪽.

사진 37. 읍호정 정면(출처: 2025년 필자 촬영)

사진 38. 읍호정 뒤편에서 바라본 내성천(출처: 2025년 필자 촬영)

이 나무는 서원과 정자 사이를 자연스럽게 구분하며, 마치 오랜 세월을 함께한 증인처럼 그 자리를 지켜왔다. 정자 담장 아래에는 작은 비석 하나가 세워져 있는데, 2020년 약포 탄신 494주년을 맞아 약포선생기념사업회가 세운 것이다. 비석에는 "좌의정 약포 정탁선생 소요하시던 곳"이라는 문구가 새겨져 있어, 이 일대가 약포의 발자취와 기억을 간직한 공간임을 말해준다.

약포 정탁은 조선 중기를 대표하는 대학자로, 퇴계 이황과 남명 조식 두 거장의 문하에서 학문을 닦았다. 명종 13년(1558) 식년문과에 급제한 뒤 벼슬길에 올라 좌의정과 영중추부사에 이르렀다. 특히 선조 30년(1597) 정유재란 때 왕명을 어겼다는 이유로 옥에 갇힌 이순신 장군을 변호해 구명한 일로 널리 알려져 있다. 학문적 성취와 충의로운 행적은 후대에 큰 울림을 주었으며, 읍호정은 그러한 정신을 기리기 위해 세워진 상징적 공간이다.

오늘날 읍호정은 단순한 정자가 아니라, 약포 정탁의 학문과 충절을 기억하는 역사적 기념비이자, 내성천과 어우러진 예천의 대표적 문화경관으로 남아 있다. 정자에 서면 강물과 언덕, 그리고 느티나무가 어우러진 풍경 속에서, 시대를 넘어 전해지는 선비정신의 품격이 조용히 느껴진다.

청원정淸遠亭

청원정은 예천군 용궁면 무이리에 자리한 정자로, 고려 후기의 문신 전원발全元發이 만년에 지어 노닐던 곳이다. 전원발은 충숙왕 2년(1315)에 과거에 장원급제하고, 이후 원나라에 파견되어 고려 조공의 폐단을 시정하는 노력을 했다. 그는 문경에서 발원한 금천가에 이 정자를 세우고, 여생을 학문과 교유 속에서 보냈다.[97]

세월이 흐르며 정자는 훼손되었으나, 1918년 지역의 뜻있는 인사들과 후손들의 노력으로 정면 3칸, 측면 2칸의 팔작기와집으로 다시 세워졌다. 정자 내부에는 퇴계 이황의 시가

---

97 예천문화원, 앞의 책(2010), 252쪽.

사진 39. 청원정 정면(출처: 2025년 필자 촬영)

사진 40. 청원정과 금천(출처: 2025년 필자 촬영)

걸려 있으며, 곁의 바위에는 전원발의 벗인 척약재 김구용이 전서체로 쓴 '淸遠亭'이라는 글씨가 새겨져 있다.

전원발의 후손 전상원이 쓴 『청원정고증』에는 정자의 설립과 관련된 이야기가 전한다. 이에 따르면 청원정은 전원발이 노년에 지인들과 함께 학문과 시문을 나누며 쉬던 장소로, 익재 이재현, 난계 김득배, 척약재 김구용 등 당대 명사들이 즐겨 찾던 곳이었다. 선생의 8세손은 사우당 전찬이 도산陶山의 문하였고, 사우당이 퇴계선생에게 2절의 시를 얻어 판에 걸어 두었으나 임진왜란 때 폐허가 되었다.[98] 숙종 27년(1701) 서원을 세웠으나 조선 시대 말 서원이 철폐되고, 1918년 정자를 다시 세웠다.

숙종 27년(1701)에는 전원발의 학문과 덕을 추모하기 위해 서원이 세워졌으나, 조선 말기 서원 철폐령으로 훼철되었다. 이후 1918년 정자가 다시 세워지면서 그 정신이 이어졌다.

청원정 인근에는 1692년 지방 유림이 전원발의 덕행을 기리기 위해 세운 소천서원이 있다. 서원은 대원군의 서원철폐령으로 무너졌다가 1968년에 복원되었으며, 그 앞에는 소천재가 자리하고 있다. 부근에는 국파전선생 신도비와 후손들이 조성한 추모 공간도 함께 남아 있다.

청원정은 이렇게 고려 후기 선비의 학문과 인격, 그리고 자연 속에서의 은거와 교유의 전통을 간직한 예천의 대표 정자 가운데 하나로, 금천의 맑은 물과 함께 오랜 세월 그 자리를 지켜오고 있다.

---

98 최종호, 「병산서원의 역할과 위상」, 『大東漢文學』 67, 2021, 138~139쪽.

사진 41. 척약재 김구용이 전서로 쓴 '淸遠亭'(출처: 2025년 필자 촬영)

사진 42. 소천서원(출처: 2025년 필자 촬영)

삼수정三樹亭

삼수정은 풍양면 청곡리에 위치하고 있다. 정면 3칸, 측면 2칸의 목조 기와 팔작지붕 정자이다. 동래를 본향으로 둔 삼수정 정귀령이 세종의 특채로 충청도 결성 현감을 역임하고 1425년(세종 7)에 관직에서 물러나 청곡리 798번지인 낙동강 남안 기슭에 회화나무 3그루를 심고 정자를 지어 지역의 인재를 양성하면서 여생을 즐기던 곳이다. 현 건물은 1800년에 동래정씨 종친회에서 중건한 것인데 2008년 보수했다.[99]

정귀령이 정자 건축 당시 심었다는 회화나무 3그루 중 두 그루는 죽어 소실되어 한 그루만 남았다고 한다. 이후 소나무 세 그루가 더해 네 그루의 나무가 삼수정을 자연과 어울리게 했다. 회화나무는 학자나 벼슬을 상징하는 나무로, 학자수學者樹로도 불렸다. 그래서인지 삼수 정귀령 후손들 가운데 많은 인재들이 정승에 올랐다.

삼수 정귀령의 후손 낙빈공 정지가 지은 〈삼수정원운三樹亭原韻〉이 삼수정 현판에 새겨져 있다. 삼수정과 낙동강이 어우러져 있는 인간과 자연의 공존을 감상해 본다.

> 낙동강 맑고 넓어 멀리까지 통해 아득한데
> 우리 선조 여기 지령에 점지하셨네
> 자연에서 성정 길러 평소의 조행을 편안히 하셨고
> 당시 이름 추천되어 조정을 밟으셨네
> 어느 해 마악에 묘소 드려졌을까
> 높은 산 우러러 보며 선조의 정신 생각하네
> 어찌해야 선조의 사업을 넓힐 수 있어
> 세 그루 회화나무 다시 심구 삼수당 현판 새겨두게 될지

---

99 예천문화원, 앞의 책(2010), 351쪽.

사진 43. 삼수정 외관(출처: 2025년 필자 촬영)

사진 44. 삼수정 내부(출처: 2025년 필자 촬영)

> 조상의 선행이 있는데도 잣손들이 알아 본받지 못함은 자손들이 현명치 못함이요, 알면서도 전하지 않음은 자손이 어질지 못한 탓이다.
>
> - 정지집, 〈삼수정원운三樹亭原韻〉

삼수정은 낙동강의 유려한 흐름과 세 그루 회화나무가 어우러져, 인간과 자연이 함께 숨 쉬는 공간으로 남아 있다. 정귀령이 실천했던 학문과 덕행의 정신, 그리고 그를 기리는 후손들의 마음이 지금도 정자와 나무들 속에 전해온다.

낙빈정落濱亭

낙빈정은 예천군 풍양면 우망리에 자리한 정자로, 동래 정씨 입향조 삼수 정귀령鄭貴齡의 6세손인 낙빈 정지鄭地(1563~1642)가 만년에 머물며 휴양하던 곳이다. 그의 덕행을 기리기 위해 후손들이 고종 27년(1890)에 정자 건립을 의논하고, 1902년 4월 말에 완공했다. 건물은 정면 4칸, 측면 1칸 반 규모의 목조 기와 팔작지붕으로 지어졌다.[100]

낙빈공의 행적은 「낙빈 동래정공 묘갈문」과 「낙빈 정선생 신도비명」(1905)에 잘 나타나 있다. 그는 임진왜란 당시 우망마을과 동래 정씨 집안을 지켜낸 인물로 전해진다. 전란이 닥쳤을 때 관군이 모두 피신하고 왜군이 마을 근처까지 접근하자, 낙빈공은 집안 식솔은 물론 동네 주민들과 함께 피란했다. 먼저 강을 건너 마산으로 갔으나 안전하지 않아 다시 마을 뒤에 위치한 대동산으로 옮겼다. 하지만 그곳에서도 피란 생활이 어렵자 다른 은신처를 찾아야 했다. 그러던 중 왜군이 근처에 들이닥치자 장질부 한씨와 질녀가 강물에 몸을 던져 순절했다.

낙빈공은 그 후 가족들을 데리고 용문산으로 피신하여 조카들에게 학문을 가르치며, 조상의 제사를 정성껏 이어갔다. 또 전란 속에서 죽은 친족의 시신을 찾아 장례를 치르고,

100 예천문화원, 앞의 책(2010), 368쪽.

사진 45. 낙빈정(출처: 2025년 필자 촬영)

사진 46. 낙빈정에서 바라본 낙동강 방면(출처: 2025년 필자 촬영)

난리가 끝난 뒤에는 고향으로 돌아와 집안을 재건했다. 이러한 낙빈공의 공적을 기리기 위해 후손들이 정자를 지었다.

낙빈정은 마을의 가파른 언덕 위에 자리해 있어 정면으로는 입향조가 지은 삼수정이 바라다보이고, 왼편으로는 낙동강의 잔잔한 흐름이 한눈에 내려다보인다. 난세 속에서 가족 공동체를 지킨 낙빈공의 삶과 정신을 상징하는 공간으로 남아 있다.

참고문헌

『경성일보』, 『경향신문』, 『대한매일신보』, 『동아일보』, 『매일신보』, 『부산일보』, 『朝鮮新聞』, 『朝鮮時報』, 『조선일보』, 『皇城新聞』

경북향토사연구협의회, 『慶北마을誌(하권)』, 경상북도, 1992.
김봉우, 『낙동강 옛나루』, 도서출판 경남, 2016.
김성균, 「덜 알려진 한국의 좋은 곳과 좋은 건축: 경상지역-禮泉地方의 山水와 亭子」, 『건축』 42-4, 대한건축학회, 1998.
김세호, 「權文海가 경영한 禮泉 草澗亭의 변천사」, 『大東漢文學』 74, 2023.
김재호, 「기우제의 지역간 비교와 기우문화의 지역성」, 『비교민속학』 33, 2007.
______, 「사시(徙市) 기우제의 기우 원리와 시장의 소통성」, 『한국민속학』 50, 2009.
대구경북학회, 『낙동강 고대 문명사(2)』, 정문출판사, 2017.
___________, 『낙동강 고대 문명사(3)』, 정문출판사, 2017.
안동대학교 민속학연구소, 『禮泉의 牛市場』, 영남사, 1991.
영남자연생태보존회 자연생태연구소, 『낙동강생태보고서』, 1996.
예천군지편찬위원회, 『예천군지(상권)』, 예천군, 2005.
________________, 『예천군지(중권)』, 예천군, 2005.
예천문화원, 『禮泉의 金石文(1)』, 2003.
_________, 『예천누정록』, 2010.
예천박물관, 『예천의 고지도 지도 속의 예천』, 2021.
이보영 외, 『낙동강을 품은 상주 문화』, 민속원, 2012.
정태헌, 『한반도철도의 정치경제학』, 도서출판 선인, 2017.
조병로, 「일제 식민지시기의 도로교통에 대한 연구」, 『한국민족운동사연구』 59, 2009.
朝鮮民報社編輯局, 『慶北産業誌』, 1920.
차철욱, 「근현대 낙동강 하류의 개발과 담수 어업의 몰락」, 『로컬리티 인문학』 32, 2024.
최종호, 「병산서원의 역할과 위상」, 『大東漢文學』 67, 2021.
황만기, 「禮泉 仙夢臺의 장소성과 그 의미」, 『영남학』 79, 2021.

II.

낙동강 물길과 수산물 유통: 은어, 청어, 명태를 중심으로

김문기
국립부경대학교

낙동강 물길과 수산물 유통 : 은어, 청어, 명태를 중심으로

1. 삼강마을 동신제, 130년의 기억

19세기 예천禮泉 용문龍門에 세거하던 김회수金會壽(1802~1873)는 자신의 삶을 담담하게 담은 『경운재일기景雲齋日記』를 남겼다. 현재 일기는 두 편이 남아있다. 전자는 20대 후반에서 30대 전반까지, 후자는 60년대 후반의 일을 기록하고 있다.[1] 점차로 기울어가던 국운國運처럼, 김회수의 노년기 삶도 녹록하지 않았다. 그의 일기에 따르면, 1868년에서 1870년까지 예천과 안동 등의 낙동강 상류 지역은 소나무 껍질을 벗겨 먹을 정도로 심각한 흉년이 들었다. 활기찼던 젊은 시절과 달리, 노년기에는 가난을 한탄하는 일이 잦았다. 김회수는 쇠락해 가는 자신의 처지를 이렇게 표현했다.

> 내일이 바로 초정初丁이기 때문에 막내며느리 연제사練祭祀를 치러야 하니 마음에 생각나고 또 일상의 일이 삼추三秋와 같다. 한 마리 생선도 갖추지 못해 마음이 더욱 몹시 막막하다.[2]

---

1 김회수의 『경운재일기』는 2023년 예천박물관에서 번역하여 출간했다. 현존하는 일기에는 1826년에서 1834년까지의 젊은 시절과 1868년에서 1870년까지 노년의 기록이 남아 있다. 구체적으로 1826년 5월~12월, 1827년 1월~5월, 1830년 1월, 1834년 1월의 일기와 1868년 4월~12월, 1870년 1월~12월의 일기이다.

2 김회수, 『경운재일기』, 예천박물관 엮음, 한국학술정보, 2023, 고종 5년(1868) 7월 6일.

며느리의 연제사를 맞이했는데도, 궁핍하여 제수로 쓸 생선을 갖출 수 없어 마음 아파하는 모습이다. 이런 장면은 한 달 뒤에도 다시 보인다. 친척의 부의賻儀에 쓸 생선을 구하지 못해, "궁핍한 살림에 모든 일이 갈수록 막히어 몇 마리 생선도 보낼 수 없으니 슬픔이 더욱 배가 된다."라고 했다.[3] 생선을 구하기 어려운 현실이 궁핍함의 상징이었다. 생선이 제수품을 대표할 정도로 19세기 낙동강 상류 지역에서 장례나 제사 같은 관혼상제에 물고기는 이미 필수품으로 자리하고 있었던 터였다.

김회수가 말하는 '생선'은 청어, 명태, 조기 같은 바닷물고기를 가리킨다. 조선 시대에도 바다와 멀리 떨어진 낙동강 상류 지역에 다양한 해산물이 풍부하게 유통되었다. 이런 사실은 16세기 성주星州에 유배 왔던 이문건李文楗(1497~1567)의 『묵재일기默齋日記』나 19세기 중후반에서 20세기 전반까지 지속하여 '가계출납부'를 기록했던 『예천 맛질 박씨가 일기』에서 확인할 수 있다. 낙동강 상류 지역의 해산물은 연일延日, 영덕寧德, 울진蔚珍 등에서 육로로도 운송했지만, 더욱 중요한 유통로는 낙동강 수로였다. 김해에서 거슬러 올라가던 해산물은 낙동강 수로를 따라 멀리는 상주와 용궁을 거쳐 안동까지 운송되었다. 조선 시대에 낙동강은 세곡稅穀은 물론이고 사람과 물자, 정보가 이동했고, 육지의 산물과 바다의 산물이 교환되었다. 김회수가 기억하듯이, 낙동강 상류 지역까지 유통되던 해산물은 이곳의 일상생활을 더욱 풍요롭게 했다.

낙동강 상류 지역에는 어떤 물고기가 유통되었으며, 그 가운데 가장 중요했던 물고기는 무엇이었을까? 그 단서를 보여주는 기록이 예천 풍양면豐壤面의 삼강三江 마을에 있다. '삼강주막'으로 널리 알려진 삼강마을은 마을을 지켜주는 수령 수백 년이 넘는 회화나무에 지금도 정월 보름날 동신제洞神祭를 지내고 있다. 흥미로운 일은 삼강마을이 동신제를 지내는 데에 쓰였던 제비祭費의 수입과 지출을 1백여 년이 넘게 기록해 왔다는 사실이다. 삼강마을에 소장하고 있는 『동신계책洞神契冊』이 그것이다.[4]

3 김회수, 『경운재일기』, 고종 5년(1868) 8월 20일.

『동신계책』의 표지에는 '병신丙申'이라는 표기가 있어서 건양 원년(1896)부터 합본하기 시작했음을 알 수 있다. 실제 내용을 살펴보면, 갑오년(1894)부터 신유년(1981)까지 88년 동안의 제비祭費와 제물祭物의 목록을 담고 있다. 이후에도 임술년(1982)부터 오늘날까지 별도의 책자로 계속 기록을 이어오고 있다. 그렇다면 청일전쟁이 발생했던 1894년부터 올해(2025)까지 장장 131년 동안 삼강마을 동신제 경비와 제물 현황이 전해지고 있는 셈이다.[5]

사진 1. 예천 삼강마을의『동신계책(洞神契冊)』
(출처: 2025년 필자 촬영)

제물 구매 기록은 무오년(1898)부터 등장하기 시작한다. 거기에는 시루甑 · 사기沙器 · 백지白紙 · 누룩曲子 등과 함께 '청어靑魚'와 '북어北魚'가 실렸다.[6] 이후의 기록을 보더라도 대추棗 · 밤栗 · 곶감乾柿 같은 과일을 제외하면, 단백질을 제공하는 음식으로는 청어와 북어가 유일했다. 청어와 북어가 가장 중요한 제물이었음을 알 수 있다.[7] 어떤 해에는 북어 대신에 '명태明太'

4 2025년 2월 11일과 12일 삼강마을 동제를 조사하러 갔을 때, 마을에서 소장하고 있는『동신계책』을 볼 수 있었다. 130여 년 동안의 동제 재무를 담고 있다는 점에서 중요한 기록이다.

5 『동신계책』에는 매년 '추수기(秋收記)', '봉상기(捧上記)', '추도기(秋賭記)', '흥성기(興成記)' 등의 이름으로 소요 경비의 수입과 지출을 기록했다. 다만 지출, 곧 제물의 구매 기록은 빠진 경우가 많아 일률적이지 않다.

6 청어 · 북어와 함께 시루 · 사기 · 누룩 · 백지는 매년 구매하고 있었다. 그 가운데 시루와 사기를 매년 구매하는 일은 얼핏 이해하기 어려웠다. 예천 촌락 조사에 따르면, 삼강마을은 동제를 지낼 때 "제기는 매년 새로 구입하고, 사용하고 나면 집사가 갖는다."라고 했다. 매년 구매했던 시루와 사기는 집사가 가졌을 터이다. 예천향토문화연구회,『예천촌락사』, 예천군, 1992, 439쪽.

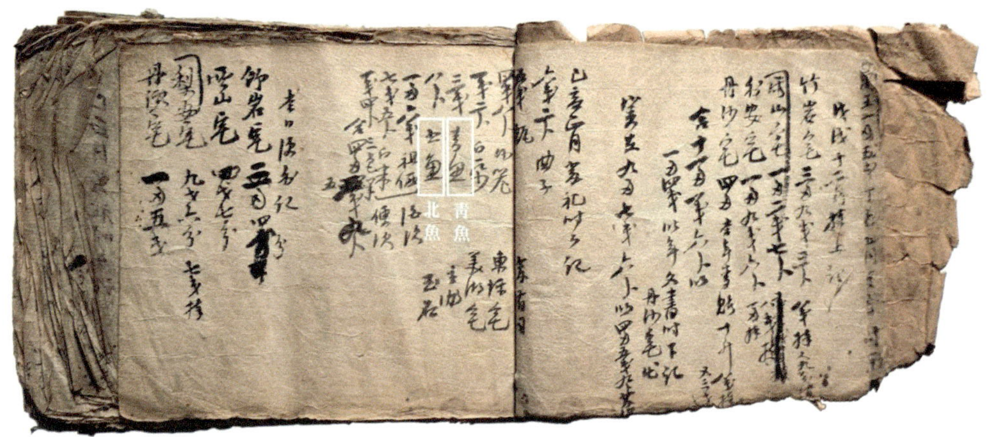

사진 2. 『동신계책』 무술년(1898) 「봉상기(捧上記)」에 보이는 '청어'와 '북어'
(출처: 2025년 필자 촬영)

가 표기되어서, 건명태인 '북어'와 생명태인 '명태'가 구분되었음을 알 수 있다.[8] 청어는 무인년(1938)까지 기록이 보이더니, 이후에는 더 나타나지 않는다. 1940년대와 1950년대 태평양전쟁, 해방, 한국전쟁을 경험하면서 청어나 북어 같은 제물은 확인할 수 없다. 경자년(1960)부터 제물로 북어가 다시 등장하지만, 청어는 보이지 않고 이것을 대신해서 멸치幾魚가 올라왔다. 계묘년(1963)부터는 과일과 어물을 '어과魚果'로 뭉텅이 지게 기록하여 개개의 물고기 이름은 볼 수 없다. 다만 2025년 정월 대보름 동제 때도 북어가 쓰이고 있어, 제물로써 북어의 역사는 지금까지 이어진다고 하겠다.

문제는 청어였다. 1930년대까지 쓰이던 청어가 1940년대부터 보이지 않더니, 오늘날에

7 『동신계책』을 살펴보면 일제강점기까지 동제의 제수 물품은 대부분 시루 · 사기 · 백지 · 누룩, 대추 · 밤 · 곶감, 청어 · 북어로 구성되었음을 볼 수 있다.

8 명태로 표기된 사례는 병진년(1916)과 무인년(1938) 두 해였다.

는 아예 제물의 대상이 되지도 못하고 있다. 오히려 20세기 전반까지 청어가 제물로 쓰였다는 사실은 삼강마을 주민들도 의아해하는 실정이다.[9] 실제로 오늘날 청어는 '구룡포 과메기'로 대표되듯이, 과메기의 형태로 일부 소비될 뿐이다. 그렇지만 조선 시대에는 이렇지 않았다. 조선 전시대를 통틀어 청어는 가장 많이 났고, 가장 많이 소비되었던 물고기였다. 청어의 명성에 도전했던 유일한 물고기가 명태였지만, 다만 그것은 조선 후기의 일이었다.[10] 삼강마을의 『동신계책』은 조선 시대에 낙동강 상류 지역 물고기 유통의 끝자락을 생생하게 담고 있는 것이었다.

청어처럼, 오늘날 낙동강 상류에서 볼 수 없는 물고기가 있다. 시간을 거슬러 조선 시대로 돌아간다면, 낙동강 상류 지역을 대표하는 물고기는 무엇일까? 두말할 필요도 없이 당시에는 '은구어銀口魚'라고 일컬었던 은어銀魚였다.[11] 회유성 어종인 은어는 수천 년 동안 낙동강이 키워낸 물고기였다. 안동이나 예천 사람들의 먼 기억 속에 간간이 남아 있지만, 사실상 사라져버린 물고기가 되어버렸다.[12] 이제 이런 마지막 흐릿한 기억마저 사라지려 한다. 낙동강 상류 지역에서 청어 · 명태 유통의 변화와 은어의 성쇠는 지구적인 기후변동과 산업화가 초래한 환경변화로 말미암았다. 이런 변화는 긴 역사적 맥락 속에서 규명할 필요가 있다. 은어 · 청어 · 명태를 중심으로 낙동강 상류 지역의 물고기와 해산물 유통을 살펴봄으로써 낙동강이 빚어낸 물고기와 문명의 역사를 따라가 보자.

---

9 삼강마을 동제를 조사하는 과정에서 『동신계책』에 있는 청어를 발견했을 때 마을의 고령자인 정수흠(1939년생) 씨는 "옛날에는 청어도 썼는 모양인데, 청어는 그거는 한 번도 안 썼고"라고 증언했다. 20세기 후반에는 사실상 청어가 제물 목록에서 사라졌음을 알 수 있다.

10 김문기, 「청어, 대구, 명태: 소빙기와 한류성어류의 박물학」, 『대구사학』 115, 2014, 245~246쪽.

11 김문기, 「은어, 황어, 열목어: 15세기 이후 낙동강 상류의 어류 분포와 생태변화」, 한국생태환경사학회 · 실천민속학회 연합학술대회, 『생태역사와 생태민속: 환경사와 민속학의 조우』, 2025, 38~40쪽.

12 2024년 8월 안동댐 수몰 지역 현지 조사와 2025년 2월 삼강마을 현지 조사에서 1970년대까지 은어잡이가 활발하게 행해졌음을 들을 수 있었다. 현지인들은 안동댐이 세워진 이후에 은어가 사라졌다고 했는데, 실제로는 1987년 낙동강 하굿둑이 완공된 것이 결정적인 요인이었다. 오늘날 안동댐에 육봉형 은어가 일부 서식하고 있지만, 낙동강을 거슬러 올라오는 은어는 사라진 상태이다.

2. 상류 지역의 민물고기와 해산물 소비

1) 민물고기들: 은어, 황어, 열목어

한국의 강들 가운데 낙동강은 매우 특이한 강이다. 태백에서 발원하여 영남을 관통해 흐르는 낙동강은 영남 지역 대부분 물길이 하나로 모여 바다로 흘러간다. 일찍이 이익李瀷(1681~1763)은 이런 영남의 지세에 주목했다. 그는 산으로 말하자면 태백산太白山과 불함산不咸山의 큰 줄기가 갈라졌다가 다시 합쳐지니, 마치 두 어깨로 감싸 안고 있어서 중앙부는 너른 데 입구는 묶여 있는 모습이며, 강으로 말하자면 낙동강이 천 리를 흘러 하나로 만나서 바다로 모여드니 한 방울, 한 줄기도 모두 옆으로 새는 데가 없다고 했다.[13] 이중환李重煥(1690~1752)도 낙동강의 이런 특성을 잘 알고 있었다. 이중환은 『택리지擇里志』에서 낙동강을 다음처럼 설명했다.

지도 1. 「여지도」 '경상도'(규장각 古4709-78)
낙동강을 잘 드러내기 위해 원본에 파란색을 입혔다. "劃居一道中央", "七十州同一水口"의 모습을 잘 보여 준다.

13 李瀷, 『星湖全集』 第52卷 序, 耕魯齋序, "試爲子說嶺南. 其岳曰太白不咸之大幹, 歧而復合, 若兩臂圍抱, 腹寬而口束也. 其瀆曰洛東, 千里會同, 匯于海門, 一滴一淙, 都無旁洩也."

> 황지潢池는 하늘이 만든 연못으로 태백산 상봉上峯 밑에 있다. 산을 뚫어서 나가는데 북쪽에서 남쪽으로 흐른다. 예안禮安에 이르러 동쪽으로 꺾였다가, 안동安東 남쪽에서 서쪽으로 따라 흐른다. 용궁龍宮과 함창咸昌 경계에 이르러야 비로소 남쪽으로 꺾여서 낙동강洛東江이 된다. '낙동洛東'이란 상주尙州(上洛)의 동쪽을 일컫는다. 낙동강은 김해金海로 흘러들기까지 한 도道의 한가운데를 가로질러 가니, 강의 동쪽을 '좌도左道'라고 하며 강의 서쪽을 '우도右道'라고 한다. 양쪽으로 갈라진 지맥이 또 김해에서 크게 합해지니, 70주가 하나의 수구水口를 공유하여 거대한 형국을 이루고 있다.[14]

황지에서 발원한 낙동강이 예안, 안동을 거쳐 용궁과 함창의 경계에 이르러 남쪽으로 꺾이면서 본격적으로 '낙동강'이 시작된다고 했다. 상주의 옛 이름이 '상낙上洛'이었으니, 이 '상낙의 동쪽'을 흐른다는 의미에서 '낙동강'이 되었던 터였다.

낙동강의 발원지는 일반적으로 태백의 '황지潢池'로 알려졌지만, 조선 초기에는 발원지를 세 군데로 보는 의견도 있었다. 「세종실록지리지」에서는 경상도를 설명하면서 큰 강이 세 개 있는데, 그 첫 번째로 낙동강을 뽑았다.

> 큰 하천이 세 개 있다. 하나는 낙동강인데, 그 근원이 세 군데이다. 하나는 봉화현奉化縣 북쪽 태백산太白山 황지潢池에서 나온다. 하나는 문경현聞慶縣 북쪽 초점草岾에서 발원한다. 하나는 순흥順興 소백산小白山에서 나온다. 물길들이 합해져서 상주尙州에 이르러 낙동강이 된다.[15]

---

14 李重煥, 『擇里志』 八道論, 慶尙道, "潢池, 天成之澤, 在太白山上峯下. 穿山而出, 自北南下, 至禮安東折, 而西循安東之南, 至龍宮咸昌界, 始南折而爲洛東江. 洛東者, 謂尙州之東也. 江入于金海, 劃居一道中央, 江東謂之左道, 江西謂之右道, 兩枝又大合於金海, 七十州同一水口, 作大局."

15 『世宗實錄』 卷150 地理志, 慶尙道, "大川三, 一曰洛東江. 其源有三, 一出奉化縣北太伯山 黃池, 一出聞慶縣 北草岾, 一出順興小白山, 合流至尙州爲洛東江." 나머지 두 하천은 '晉州 南江', '草溪 黃芚津'인데, 남강과 황강을 가리킨다. 이 두 강도 모두 낙동강으로 합류함으로, 실제로는 낙동강 지류라고 할 수 있다.

태백산 황지에서 내려오는 강은 낙동강 본류이다. 순흥 소백산에서 흘러나온 강은 내성천乃城川을, 문경현 초점에서 발원한 강은 영강潁江을 가리킨다. 황지에서 발원한 낙동강 본류가 내성천과 영강을 만나면서 본격적인 '낙동강'이 시작되는 터였다. 이들 세 강이 합류하는 데는 용궁龍宮으로, 오늘날 예천禮泉이다.[16] 봉화, 예안, 안동을 거쳐온 낙동강은 용궁의 삼강三江에서 순흥, 영천, 예천을 지나온 내성천을 만난다. 예천을 관통하는 내성천은 낙동강을 만나기 전에 한천漢川과 금천錦川을 끌어모은다. 이렇게 몸집을 키운 낙동강은 얼마 지나지 않아 삼탄三灘에서 문경, 함창에서 흘러드는 영강을 품에 안는다. 낙동강 본류와 영강이 합류하는 데는 용궁 쪽은 삼탄, 상주 쪽은 퇴강退江이다. 하여 세 발원지의 물길이 합해진 상주에서 본격적으로 낙동강이 시작된다고 할 수 있겠지만, 엄격한 의미에서 세 발원지의 물길이 합해지는 데는 오늘날의 예천이라고 할 터이다.

위의 「여지도」를 보면 황지에서 세 발원지가 모이는 용궁·상주까지의 거리는 그다지 길다고 느껴지지 않는다. 그렇지만 오늘날 실측 지형을 살펴보면 매우 긴 거리이다. 낙동강이 1,300리이고 낙동강 하구에서 상주 퇴강까지 700리라고 하면, 황지에서 상주 퇴강까지는 장장 600리이다. 대체로 세 발원지의 물길이 합해지는 곳까지를 낙동강 상류라고 할 수 있겠다. 20세기 전반까지 낙동강 하구를 출발한 선박은 상주의 낙동洛東 및 신촌新村, 예천의 삼강 및 마전麻田을 거쳐 안동의 영호루映湖樓까지 올라왔다.[17] 낙동강 물길을 따라 하류 지역의 소금·어물 등의 해산물이 안동·예천·문경 등의 상류 지역까지 공급되었고, 다시 그 물길을 따라 상류 지역의 쌀·콩·면포·담배 등의 산물이 하류 지역으로 유통되었다. 영남에서 낙동강은 사람과 물산, 정보가 교류하는 중요한 물길이었다.

낙동강은 단지 사람과 물산, 정보가 교류하는 교통로만은 아니었다. 낙동강은 수많은

16 현재의 예천군 지역은 조선 시대에 예천과 용궁은 나뉘어 있었다. 1913년 12월에 공포되고 이듬해 3월부터 시행된 행정구역 개편·통합에 따라 과거의 예천군 일원, 용궁군 일원, 비안군 현서면을 통할하게 되었다. 예천군지편찬위원회, 『예천군지(상권)』, 예천군, 2005, 354쪽.

17 朝鮮民報社編輯局, 『慶北産業誌』, 朝鮮民報社, 1920, 72~73쪽.

생명이 살아 숨 쉬는 생명의 물길이었다. 바다와 민물을 오가는 연어나 황어, 큰가시고기, 칠성장어, 뱀장어 등의 회유성 물고기에게 낙동강은 바다와 산을 이어주는 거대한 자연의 순환이었다. 산업화 이전에 낙동강에 서식하는 다양한 물고기는 낙동강의 생태적 건강함을 무엇보다 잘 보여주었다. 1970년대 낙동강 어류를 조사했던 양홍준은 낙동강에 분포하는 민물고기는 23과 60속 82종이라고 보고했다. 1930년대 모리 타메조森爲三가 한국 담수어종 전체를 29과 150종으로 파악했던 일을 비교하면, 낙동강 수계에 서식하는 어류는 한국산 민물고기의 약 54.7%를 차지하여 낙동강이 풍부한 담수어 자원을 가졌다고 평가했다.[18] 주일영 · 전상린은 낙동강 상류의 봉화, 안동, 상주의 7곳에서 채집 조사하면서, 그 전의 연구와 종합하여 낙동강 상류 지역의 어류를 24과 91종으로 조정했다. 봉화에서 24종, 안동에서 36종, 상주에서 36종을 채집하였는데, 중복된 공통종을 정리하면 전체 47종이라고 했다.[19]

1980년대에는 내성천의 어류에 관한 연구도 진행되었다. 1988년 4월부터 10월까지 내성천이 흐르는 봉화, 영주, 예천의 13곳을 조사한 결과, 내성천의 어종은 8과 23속 29종으로 낙동강 전체 어종의 31.9%에 해당한다. 그 가운데 내성천의 우점종은 버들치, 갈겨니, 긴몰개 등 3종이었으며, 희소종인 다묵장어의 출현빈도가 높은 것이 특징이었다.[20] 2000년대에는 지역별로 어류 분포 조사가 이뤄졌다. 경상북도수산자원개발연구소 민물고기연구센터는 2000년 4월부터 11월까지 8개월에 걸쳐 경상북도 주요 하천 생태계를 조사하면서 민물고기의 서식 분포를 정리했다. 그 가운데 낙동강 상류에 속하는 봉화, 안동, 영주, 예천, 문경을 살펴보면 아래와 같다.

18 양홍준, 「낙동강산 어류의 조사: 목록과 분포에 대하여」, 『한국육수학회지』 6(1/2), 1973, 3쪽.
19 주일영 · 전상린, 「낙동강의 어류상에 관한 연구: 제1보 상주, 안동을 중심으로」, 『한국육수학회지』 10(3/4), 1977, 27쪽.
20 양홍준 · 권오택, 「내성천의 어류상과 어류군집 구조」, 『환경과학연구소론문집』 6(1), 1992, 4쪽, 13쪽.

표 1. 『하천생태계조사보고서』(2002): 낙동강 상류 지역의 민물고기

지역	어류	조사 시기
봉화	갈겨니, 돌마자, 돌고기, 피라미, 모래무지, 몰개, 참마자, 붕어, 쉬리, 퉁가리, 꺽지, 열목어, 참종개, 종개, 동사리, 수수미꾸리	2000.9.7.~13.
안동	돌마자, 피라미, 갈겨니, 몰개, 돌고기, 붕어, 점몰개, 종개, 퉁가리, 동사리, 끄리, 누치, 쉬리, 잉어, 참종개, 배스, 쏘가리	2000.9.13.~15.
영주	붕어, 점몰개, 돌마자, 버들치, 피라미, 갈겨니, 끄리, 점줄종개	2000.10.16.~18.
문경	갈겨니, 점몰개, 피라미, 묵납자루, 돌고기, 붕어, 동사리, 꺽지, 끄리, 잉어, 종개, 퉁가리, 동사리, 납자루, 모래무지, 누치, 쉬리, 점줄종개, 메기	2000.10.18.~19.
예천	피라미, 참종개, 갈겨니, 돌고기, 붕어, 납자루, 점몰개	2000.8.11.~13.

예천은 8월, 봉화와 안동은 9월, 영주와 문경은 10월에 조사가 이뤄졌다. 봉화는 16종, 안동은 17종, 영주는 8종, 문명은 19종, 예천은 7종, 중복을 정리하면 전체 26종이었다.[21] 예천의 경우 삼강, 내성천, 한천, 중평천, 옥계천, 석관천 등 6개 수역에서 조사를 진행하여 1목 2과 7종의 어류를 채집했다. 그 가운데는 한국 특산종인 점몰개와 참종개 2종이 포함되어 있다. 하천의 개발보다는 지속적인 보존으로 하천이 비교적 원형 그대로 유지되고 있지만, 수량 부족으로 어류 자원량이 빈약한 실정이라고 평가했다.

> 본 조사 수역 6개소 중, 농사용 보는 3개가 시설되어 있었으나, 어도가 없어 낙동강 지류를 통해 소상 하는 소하성어류인 은어 등의 소상은 매우 어려워 보였다. 그러므로 보가 시설되어 있는 곳에는 그 지역 서식 어종을 고려한 어도를 시설해야 하며, 이후 어떠한 하천의 전유폭을 차단하는 시설물에 대하여는 법령상 정하고 있는 어도를 시설하여 소하성 어류

---

21 경상북도수산자원개발연구소 민물고기연구센터, 『하천생태계조사보고서』, 2002, 101~102쪽, 141~142쪽, 192~193쪽, 407~408쪽, 433~434쪽.

및 회유성 어류의 소상 통로를 확보하고, 기존 시설된 공작물에 대하여도 개설 또는 개선해 야 할 것이다.[22]

이들 지역의 어류 조사에는 발견되지 않았지만, 어도를 만들어 은어를 소상하게 하자는 제안은 흥미롭다. 나아가 잉어 · 붕어 · 은어 같은 수산자원을 방류하여 자원을 조성하고, 불법어로를 단속하면 어업인의 소득증대에 도움을 줄 것이라고 했다.[23]

물론 이들 지역에서 어류가 전체 26종에 지나지는 않을 터이다. 여름과 가을에, 비교적 짧은 기간에 조사가 이뤄져 이것만으로 전부라고 말하기에는 성급한 면이 있다. 실제로 2016년 4월부터 2017년 10월까지 19개월에 걸쳐 경상북도 낙동강 수계의 어류에 대한 더욱 상세한 조사가 진행되었다. 그 결과 24개 하천에서 전체 10목 19과 48속 70종의 어류를 확인했다.[24] 그 가운데 낙동강 상류 지역의 어류 분포를 지역별로 살펴보면 봉화는 25종, 안동은 34종, 영주는 25종, 문경은 32종, 예천은 27종이 채집되었다. 채집된 상류 지역의 어종에는 멸종위기야생생물 Ⅰ급인 흰수마자와 얼룩새코미꾸리, Ⅱ급인 다묵장어와 열목어가 포함되어 있다. 외래종으로 배스와 블루길 2종이 확인되었다. 봉화와 안동에는 2000년 조사에는 보이지 않았던 은어가 출현하고 있음도 주목할 만하다.[25]

낙동강 상류의 민물고기 분포가 시기에 따라 큰 차이를 보이는 데는 조사 방법의 차이도 있겠지만, 지난 반세기 동안 진행된 산업화와 공업화로 낙동강의 생태가 급격하게 변화했

22 경상북도수산자원개발연구소 민물고기연구센터, 위의 책, 2002, 406쪽.

23 경상북도수산자원개발연구소 민물고기연구센터, 위의 책, 2002, 407쪽.

24 경상북도수산자원연구소 토속어류산업화센터, 『낙동강 어자원 생태계 조사』, 경상북도수자원연구소, 2017, 31쪽.

25 경상북도수산자원연구소 토속어류산업화센터, 위의 책, 2017, 137~138쪽, 143~144쪽, 152~153쪽, 178~179쪽, 181~182쪽. 예천의 민물고기 27종은 잉어, 붕어, 납지리, 쉬리, 돌고기, 참붕어, 참몰개, 긴몰개, 참마자, 모래무지, 흰수마자, 버들치, 왜몰개, 피라미 R형, 끄리, 강준치, 미꾸리, 기름종개, 메기, 눈동자개, 대농갱이, 송사리, 꺽지, 배스, 동사리, 얼룩동사리, 밀어 등이다.

던 사실도 중요한 요인이었다. 낙동강 물고기의 변화는 낙동강 생태의 변화를 보여준다. 그렇다면 역사적으로 낙동강 상류의 어류 분포에는 어떤 변화가 있었던 것일까? 조선 시대에 낙동강 상류 지역에서 가장 중요한 민물고기는 무엇이었을까?

조선은 건립 초기부터 중앙정부에서 전국의 산물產物을 파악하고 있었다. 먼저 세종 7년(1425)에 편찬된 『경상도지리지』가 주목된다. 『경상도지리지』에는 경상도의 토산土産과 공물貢物이 기록되어 있다. 그 가운데는 23종의 수산물과 5종의 수산가공품도 있다. 수산물에서 물고기는 은어銀口魚 · 상어沙魚 · 대구大口魚 · 청어青魚 · 넙치廣魚 · 쌍어雙魚 · 홍어洪魚 · 방어方魚 · 도미都音魚 · 연어年魚 · 황어黃魚 등 11종이 실려 있다.[26] 이들 가운데 은어는 황어와 함께 민물고기로써 가장 많이 등장한다. 은어는 경상도 전역에서 났는데, 그 가운데서도 가장 많이 났던 데는 낙동강이었다. 그 빈도수를 보건대, 은어는 조선 초기부터 경상도의 대표 물고기이자 낙동강을 대표하는 물고기였다.

이런 사실은 『경상도지리지』의 속편으로 편찬된 『경상도속찬지리지』(1469)에서도 확인된다. 『경상도속찬지리지』에는 여러 지방의 어량漁梁에서 잡혔던 수산물을 기록했는데, 대구 · 청어 · 전어錢魚 · 홍어洪魚 · 홍어紅魚 · 상어沙魚 · 고등어古都魚 · 조기石首魚 · 밴댕이蘇魚 · 웅어葦魚 · 숭어水魚 · 연어 · 송어松魚 · 은어 · 황어 · 뱅어白魚 · 붕어鮒魚 · 잉어鯉魚 및 문어文魚 등 어류 18종과 두족류 1종 등 『경상도지리지』 보다 훨씬 많은 어류가 실렸다. 붕어와 잉어를 비롯한 순수 민물고기뿐만 아니라, 뱅어 · 밴댕이 · 웅어 · 숭어 · 송어 등 회유성 민물고기가 대거 보태진 게 눈에 띈다. 이들 18종의 어류 가운데 가장 많이 등장한 물고기도 역시 은어였다.

『경상도지리지』와 『경상도속찬지리지』가 경상도만을 대상으로 했던 반면에, 1432년

---

26 수산물은 어류 10종 외에 두족류는 문어(文魚) 1종, 극피동물는 해삼(海蔘) 1종, 갑각류는 곤쟁이(紫蝦) 1종, 패류는 전복(生鰒), 홍합(紅蛤), 모시조개(黃蛤), 마른 백합(乾蛤) 4종, 해조류는 미역(藿), 김(海衣), 우뭇가사리(牛毛), 세모가사리(細毛), 해채(海菜), 청각(青角) 등 6종이며, 수산가공품은 부레풀(魚膠), 물고기 껍질(魚皮), 전자리상어 껍질(占察皮), 잉어 쓸개(鯉魚膽), 오징어 뼈(烏魚骨) 등 5종이다.

(세종 14)에 편찬된 『세종실록지리지』는 전국적인 규모로 물산을 파악했다. 『세종실록지리지』에는 44종의 어류를 포함하여, 70종이 넘는 수산 동물이 실려 있다. 이들 어류 가운데서 전국적으로 가장 많이 분포했던 것 또한 은어였다. 은어는 8도 가운데 경상도, 전라도, 충청도, 경기도, 황해도에서 났다. 전라도는 강진·남원 등 9곳, 충청도는 남포와 결성, 경기도는 광주, 황해도는 해주로 이것을 합치면 13곳이었다. 여기에 반해 경상도는 밀양·양산 등 35곳으로 절대적으로 다수를 차지했다. 그 가운데 영해·영덕·곤남·사천·하동 등 5곳을 제외한 30곳이 모두 낙동강을 끼고 있었다. 세종대에 파악한 전국의 수산물 가운데 은어는 가장 널리 분포했고, 그 가운데 낙동강이 절대다수를 차지했다.

이런 사실은 중종 26년(1531)에 완성된 『신증동국여지승람』에서 더욱 분명하게 드러난다. 『신증동국여지승람』에는 은어의 산지가 전국 8도에 모두 분포하고 있다. 함경도는 함흥·영흥 등 9곳, 강원도는 강릉·삼척 등 8곳, 전라도는 흥덕·부안 등 16곳, 충청도는 은진·연산 등 8곳, 경기도는 광주·남양 등 7곳, 황해도는 장련·해주 등 5곳, 평안도는 안주·정주 등 10곳이었다. 여기에서도 경상도는 양산·영천 등 43곳이었으며, 그 가운데 경주·울산 등 연해의 10곳을 제외한 33곳이 모두 낙동강의 본류 혹은 지류였다. 『신증동국여지승람』 이후에 『동국여지지』(1656)·『여지도서』(1757~1765)·『대동지지』(1861~1866) 등의 전국 지지地誌가 출현했지만, 은어의 산지는 약간의 증감을 제외하고 『신증동국여지승람』의 기록이 거의 그대로 반복된다. 조선 시대를 통틀어 전국적으로 낙동강 은어의 비중을 다시 확인할 수 있다.[27]

왜 은어는 조선 시대에 가장 중요한 민물고기가 되었을까? 조선 시대에 은어는 주로 '은구어銀口魚'라는 이름으로 불렸다. '은구어'는 입이 은색이었던 데에 연유한 것으로, 같은 의미로 입술이 은색이라고 '은순어銀脣魚'라고도 했다. 한편에서는 '은조어銀條魚'라고도 했는데, 이것은 허준이 『동의보감』에서 우리나라의 '은구어'를 중국의 '은조어'로 잘못 동정同定하

27 김문기, 앞의 논문, 2025, 31~40쪽.

면서 빚어진 오류이다. 중국에서 은조어는 '회잔어膾殘魚'로 일컬어지는 뱅어를 말한다.[28] 한편 조선 시대에 '은어銀魚'는 일반적으로 환목어還目魚, 혹은 환목어還木魚라고 기록되었던 도루묵을 가리켰다.[29] 다만 '은구어'를 줄여서 '은어'라고도 했는데, 근대 이후에는 은어가 대표 이름이 되었던 것이었다. 조선 시대의 기록을 볼 때는 이 둘을 구별할 필요가 있다.

은어는 민물고기 가운데서 산란에 상관없이 민물과 바다를 오가는 양측 회유성 물고기이다. 은어의 생태를 살펴보면, 갓 부화한 어린 은어는 바로 연안으로 내려가 동물성 플랑크톤을 섭식하면서 성장하여 월동한다. 3~4월에 하천으로 거슬러 올라가 바닥에 자갈이나 바위가 깔린 곳에 도달하면 세력권을 형성하고 정착한 후, 상류로 올라가던 은어는 9~10월의 산란기가 되면 방향을 바꾸어 하류로 내려오다가 하구 가까운 담수역 여울에 산란장을 만들어 산란, 방정하고 죽음을 맞이한다.[30] 이처럼 은어는 "봄에 나서, 여름에 자라고, 가을에 쇠해져서, 겨울에 죽기 때문에", 일본에서는 '연어年魚'라고 했다.[31] 이익李瀷도 "은구어는 봄을 맞이하면 바다에서 물길을 거슬러 올라온다. 여름과 가을에 이르면 살찌고 커진다. 가을이 깊어지면 살이 빠지고 쪼그라들다가 죽는다."라고 했다.[32] 봄에 바다에서 강으로 거슬러 올라갔다가, 가을이 되면 산란을 위해 다시 바다로 내려와서 끝내 죽음에 이르는 모습을 볼 수 있다.

은어는 돌에 붙은 돌말이나 파랑말 같은 조류藻類를 주식으로 해서 맛이 담백하고 비린내가 나지 않을 뿐만 아니라 오이 향이 난다. 조선 후기의 서유구도 은어의 이런 특성에 주목했다.

---

28 김문기, 「근세 일본의 『동의보감』 어류지식 연구(Ⅰ): 통신사 의원문답을 중심으로, 1636~1717」, 『역사와 경계』 111, 2019, 345쪽.

29 김문기, 「『전어지』의 어류박물학과 『화한삼재도회』」, 『명청사연구』 48, 2017, 136~138쪽.

30 김익수 · 박종영, 『한국의 민물고기』, 교학사, 2005, 264쪽.

31 寺島良安, 『倭漢三才圖會』 卷48 河湖有鱗魚類, 鰷, "春生夏長秋衰冬死, 故名年魚."

32 李睟光, 『芝峯類說』 卷20 禽蟲部, 鱗介, "銀口魚, 以春時自海遡流而上. 至夏秋肥大, 秋深則消縮而盡."

> 비늘은 잘고 등은 검으며 배는 회백색이다. 입술에는 광골匡骨이 있어 입술을 둘러싸는데 그 빛깔이 은처럼 희므로 '은구어銀口魚'라고 한다. 등뼈 사이의 기름肪脂을 굳게 하고 얼리면 맛이 담백하여 비리지 않다. 살아 있을 때는 오이黃瓜 향이 나서 물고기 가운데서 별미이다. 소금에 들여 멀리 보낼 수 있고 구워서 먹으면 향기롭고 맛있다. 큰놈은 1자 정도이고, 작은 놈은 5~6촌이다. 곳곳의 시내와 계곡에 있는데, 양주楊州 왕산탄王山灘에서 나는 놈이 가장 맛있다.[33]

서유구는 '은구어'라는 이름이 붙게 된 까닭과 함께 비리지 않고 오이 향이 나는 은어의 맛을 실감 나게 묘사했다. 많은 민물고기 가운데 은어는 그 향기와 맛에서 가장 뛰어난 별미였다. 조선 시대에 왜 다른 물고기가 아닌 은어가 중요했는지를 알려준다. 조정은 일찍부터 은어를 공물로 바치게 했으며, 종묘의 6월 천신薦新으로 수박西果·참외眞瓜 등과 함께 은어를 포함했다.[34] 성종 23년(1492)에는 경상도와 전라도에 명하여 어살로 잡은 은어 가운데 싱싱하고 큰 놈들을 골라서 얼음에 재거나 소금을 뿌려서 올리라고 했다.[35] 싱싱한 은어를 구하기 위해 경상도와 전라도에서 얼음을 재어서 진상하게 했던 것이었다. 실제로 조선 후기까지 낙동강에서 얼음을 잰 은어를 진상했던 일은 예안에 있었던 석빙고 사례에서도 알 수 있다.[36] 조선 시대에 낙동강 유역은 은어의 주요 생산지였는데, 특히 낙동강 상류 지역은 더욱 중요했다.

앞서 『세종실록지리지』에서 은어는 경상도, 전라도, 충청도, 경기도, 황해도의 5도에서 났는데, 경상도를 제외한 4도가 13곳인데 반해 경상도는 35곳, 그 가운데 낙동강 유역은 30곳

---

33 徐有榘, 『佃漁志』 卷4 魚名考, 江魚, 有鱗魚, 銀口魚.

34 『宗廟儀軌』 4冊 薦新, 6月.

35 『朝鮮王朝實錄』 成宗 23年 7月 19日.

36 예안의 석빙고는 영조 13년(1737) 현감 이매신(李梅臣)이 축조했던 것으로, 안동댐 건설로 안동민속촌 경내로 옮겨서 오늘날에는 '안동석빙고'로 널리 알려져 있다.

이었음을 살폈다. 낙동강 유역이 절대적인 비중을 차지했던 터였다. 『신증동국여지승람』에서는 다른 지역도 산지가 늘어서 전국 8도에서 모두 났는데 전체 105곳이 기재되었다. 그 가운데 경상도는 43곳이었고, 그 안에서 낙동강 유역은 33곳이었다. 낙동강 유역이 전체 산지의 30% 정도를 차지하고 있었던 셈이다. 낙동강 유역에서 은어는 가장 중요한 물고기였다.

조선 시대 지지에 보이는 낙동강 상류 지역의 민물고기를 살펴보면 아래 〈표 2〉와 같다. 낙동강 상류 지역에서 은어는 거의 전 지역에서 났고, 절대적인 위상을 차지했다. 『경상도지리지』에는 봉화 · 예안 · 안동 · 임하 · 예천 등 5곳이 기록되었는데, 『세종실록지리지』에

표 2. 조선 시대 지지地誌에 보이는 낙동강 상류 지역의 민물고기

합류 강	지류	지역	『경상지리』 1425	『세종지리』 1454	『신증승람』 1530	『동국여지』 1656	『여지도서』 1757~1765	『대동지지』 1864
본류		봉화	銀口魚	銀口魚	銀口魚	※卷4上 慶尙道 缺落	銀口魚	銀口魚
		예안	銀口魚	銀口魚	銀口魚		銀口魚	銀口魚
		안동	銀口魚	銀口魚	銀口魚		銀口魚	銀口魚
	반변천	임하	銀口魚					
내성천	본류	순흥		銀口魚				銀口魚
		풍기			銀口魚			銀口魚
		영천		銀口魚	銀口魚		銀口魚	銀口魚
	한천	예천	銀口魚	銀口魚	銀口魚, 鯽魚		銀口魚, 鯽魚	銀口, 鯽魚
	금천	용궁		銀口魚	銀口魚		銀口魚	銀口魚
영강		문경		銀口魚	銀口魚	銀口魚	銀口魚	銀口魚
		함창		銀口魚	銀口魚	鯽魚, 銀口魚	銀口魚	銀口魚, 鯽魚

- 『경상지리』=『경상도지리지』, 『세종지리』=『세종실록지리지』, 『신증승람』=『신증동국여지승람』, 『동국여지』=『동국여지지』를 말함
- 『동국여지지』는 권4상 경상도 부분이 빠져 있어, 안동도호부 소속 군현은 기록이 없음

는 봉화·예안·안동·순흥·영천·예천·용궁·문경·함창 등 9곳으로 늘었다. 『신증동국여지승람』에서는 순흥이, 『여지도서』에서는 순흥과 함께 풍기도 빠졌다. 『대동지지』에서는 순흥과 풍기가 다시 포함되어 사실상 전 지역에서 은어가 났음을 보여준다. 조선 시대에 매년 봄철이면 낙동강 하구에서 여정을 시작하던 은어가 늦봄과 여름이면 낙동강 상류까지 거슬러 올라왔던 터였다. 조선 시대의 지지는 낙동강에서 이뤄졌던 은어의 대여정을 여실 없이 보여준다고 하겠다.

낙동강 상류 지역의 은어 어업과 관련하여 『경상도속찬지리지』이 흥미롭다. 앞서 언급했듯이, 『경상도속찬지리지』는 바닷물고기뿐만 아니라 민물고기를 잡는 '어량漁梁'의 위치를 기록했다. 낙동강 유역에서 어량으로 잡는 민물고기는 은어를 제외하고 붕어·잉어·황어 정도였다. 은어가 20곳, 붕어 6곳, 잉어 4곳, 황어 1곳으로 은어가 압도적으로 많다.[37] 그 가운데 낙동강 상류는 봉화·예안·안동·영천·예천·용궁·함창 7곳에 어량이 있었는데 모두 은어를 잡았다. 예천은 "남천에 어살을 엮어 은어를 잡는다."라고 했고, 용궁은 "현의 서쪽 성화천 방전防箭에 은어가 난다."라고 해서 오늘날 예천지역에도 은어가 풍부했음을 보여준다.

표 3. 『경상도속찬지리지』 낙동강 상류 지역의 은어 어량

	『경상도속찬지리지』 1469
봉화	매토부곡의 남대천에 어살을 엮어 은어를 잡는다(買吐部曲南大川結箭, 捉銀口魚)
예안	소속 의인현 북천에 어살을 엮어 은어를 잡는다(兼宜仁縣北川結箭, 捉銀口魚)
안동	남천에 은어가 난다(南川, 産銀口魚)
영천	군의 남천에 어살을 엮어 은어를 잡는다(郡南川結箭, 捉銀口魚)

37 낙동강 하류의 김해는 붕어·잉어 외에 뱅어·밴댕이·웅어·숭어가 난다고 했다. 뱅어를 비롯한 4종은 바다와 기수역에서 잡히는 것이라서 민물고기로만 볼 수 없어 제외했다. 김문기, 앞의 발표문, 2025, 33쪽.

예천	남천에 어살을 엮어 은어를 잡는다(南川結箭, 捉銀口魚)
용궁	현의 서쪽 성화천 방전에 은어가 난다(縣西省火川防箭, 産銀口魚)
함창	현의 동쪽 가을며탄 방전에 은어가 난다(縣東加乙旀灘防箭, 産銀口魚)

물론 낙동강 상류 지역의 민물고기 기록이 은어만 남아 있는 것은 아니었다. 조선 시대 지지를 살펴보면, 〈표 2〉처럼 은어가 압도적으로 많음은 사실이다. 다만 『신증동국여지승람』에는 예천의 물산으로 은어와 함께 붕어가 소개된 것이 이채롭다. 17세기 『동국여지지』에는 함창의 물산으로 은어와 함께 붕어가 기록되었고, 19세기의 『대동지지』에는 예천과 함창의 앞의 기록이 함께 실렸다. 대체로 지지에는 낙동강 상류의 물고기로 은어가 절대적이었고, 예천과 함창의 붕어가 언급되는 정도이다.

조선 시대 낙동강 상류 지역의 민물고기를 살피는 데 있어 주목되는 기록이 있다. 선조 41년(1608) 안동의 권기權紀가 편찬한 『영가지永嘉志』가 그것이다. 『영가지』는 오늘날 안동은 물론이고 봉화군 일부도 포함하고 있다. 권기는 안동부의 물산으로 은어銀口魚 · 황어黃魚 · 누치訥魚 · 잉어鯉魚 · 쏘가리錦鱗魚 · 열목어餘項魚 등 6종의 물고기를 소개했다.[38] 주목할 만한 물고기는 황어와 열목어이다.

황어는 은어처럼 같은 회유성 어종이지만, 바다에서 성장한 뒤 민물로 올라와 알을 낳고 부화한 새끼가 바다로 가서 성장하는 '소하성 물고기'라는 점에서 '양측 회유성 물고기'인 은어와는 다르다. 황어는 대부분 바다에서 생활하다가 산란기인 3월 중순께 하천을 거슬러 올라가 3~4월 산란을 한다.[39] 『영가지』의 기록은 이런 황어가 낙동강을 거슬러 안동과 봉화까지 거슬러 올라왔음을 말해 준다. 이런 사실은 낙동강 어류 조사 때는 물론이고, 안동이나 예천에 있는 현지인들도 모르는 오래된 기억이다.

---

38 權紀, 『永嘉誌』 卷2 物産.

39 김익수 · 박종영, 앞의 책, 2005, 160쪽.

더욱 중요한 것은 열목어이다. 『영가지』에는 '소천부곡小川部曲'의 물산으로 은어 · 누치와 함께 열목어를 기록했다. 소천부곡은 오늘날의 봉화군 소천면 · 석포면 및 강원도 태백시 일부를 포함한다. 열목어는 육봉형 물고기라고 하지만, 너무 오랫동안 민물에 적응했기에 사실상 순수 민물고기에 가깝다. 1급수 어종인 열목어는 한여름에도 수온 20℃ 이하를 유지해야 해서 지금도 한반도는 열목어 서식의 남방한계이다. 조선 시대의 지지에는 함경도, 강원도, 평안도에 열목어가 난다고 했다. 실제로 20세기 초만 해도 수산학자들은 열목어가 북한 전역, 강원도, 충청도 일부 지역에 서식한다고 조사했다. 그러던 중에 1937년 조선총독부 수산시험장의 우치다 케이타로內田惠太郞가 낙동강 상류에서 열목어 서식지를 발견한 일은 학계에 커다란 반향을 일으켰다. 20세기 후반에 『영가지』의 위 기록이 재조명되면서, 이미 400여 년 전에 낙동강 상류에 열목어가 서식했음을 밝혀주는 귀중한 증언이 있었음을 알게 되었다.[40] 낙동강 상류의 봉화는 세계적인 열목어 서식의 최남단으로, 놀랍게도 『영가지』는 이런 사실을 말해 주는 최초의 기록이었던 셈이다.[41]

당연한 일이지만, 조선 시대 기록에 있는 물고기가 낙동강의 물고기 전체이지는 않다. 다만 기록으로 남겨진 것은 당시 사람들의 관심을 끌었거나 나름 중요했기 때문일 터이다. 낙동강 상류 지역에 등장하는 물고기는 은어 · 황어 · 잉어 · 붕어 · 누치 · 쏘가리 · 빙어 · 드렁허리 · 가물치 · 꺽지 그리고 열목어 등이다. 열목어가 낙동강 상류 가운데서도 최상류인 봉화나 태백 부근에 서식했던, 반면에 다른 물고기들은 상류 지역에 풍부하게 났다. 이들 민물고기 가운데서, 특히 주목할 물고기는 은어 · 황어 · 열목어였다. 『영가지』의 열목어 기록은 낙동강 상류 지역에 열목어가 서식했음을 보여주는 중요한 기록으로, 낙동강의 생태적 의미를 보여주었다. 조선 시대 은어와 황어가 낙동강 상류에서 났다는 일은 회유성 물고기인 이 두 물고기가 낙동강 하구에서 출발하여 낙동강 곳곳까지 올라갔다는 사실을

40 최기철, 『민물고기를 찾아서』, 한길사, 1991, 49~53.
41 김문기, 앞의 발표문, 2025, 43~45쪽.

말해 준다. 낙동강의 생태적 순환과 건강성을 보여준다고 하겠다. 이 두 물고기를 오늘날 더 이상 보기 어렵게 된 것은 어떻게 해석해야 할까? 낙동강이 우리에게 던지는 물음이다.

2) 해산물 소비: 소금과 청어, 명태

오늘날에 반해 도로교통이 발전하지 않았던 조선 시대에는 내륙의 산골 깊숙한 곳까지 해산물이 활발하게 유통되었음을 짐작하기는 쉽지 않을 터이다. 조선 후기에 상품경제의 발전에 따라 포구 간 상품유통이 발달하고, 전국적인 시장권이 형성되면서 해산물의 교역이 활발했음은 그나마 잘 알려져 있다.[42] 흥미롭게 조선 전기에도 의외로 해산물이 다채롭게 유통되었음을 보여주는 자료가 있다. 16세기 중후반을 살았던 유희춘柳希春(1513~1577)의 『미암일기眉巖日記』[43]와 임진왜란 때 피난 생활을 기록한 오희문吳希文(1539~1613)의 『쇄미록鎖尾錄』이 대표적이다.[44] 『미암일기』는 1567년부터 1577년까지 10여 년을, 『쇄미록』은

42 이영학, 「조선후기 어물의 유통」, 『한국문화』 27, 2001; 고동환, 「18세기 서울에서의 어물유통구조」, 『한국사론』 28, 1992; 고동환, 「조선 후기 선상활동과 포구간 상품유통의 양상: 표류관계기록을 중심으로」, 『한국문화』 14, 1993.

43 중종 · 선조대의 대표적인 학자 미암(眉庵) 유희춘(1513~1577)은 해남(海南) 출신으로 중종 33년(1538) 별시 문과에 병과로 급제하였다. 중종 39년(1544) 사가독서(賜暇讀書)를 한 뒤에 수찬 · 정언 등을 역임하였다. 명종 원년(1546) 을사사화 때 관인으로 충절을 지키다가 파직당했다. 이듬해 양재역(良才驛)의 벽서사건에 무고하게 연루되어, 제주도에 유배되었다가 곧 함경도 종성에 안치되어 19년의 세월을 보냈다. 명종 20년(1565) 충청도 은진(恩津)으로 이배되었다. 1567년 선조가 즉위하면서 유배에서 풀려 관직에 복귀했다. 직강 · 응교 · 교리 등을 거쳐 지제교(知製敎)를 겸임했으며, 장령 · 집의 · 사인 · 전한 · 대사성 · 부제학 · 전라도 관찰사 등을 지냈다. 선조 8년(1575) 예조 · 공조의 참판을 거쳐 이조참판을 지내다가 사직하고 낙향했다. 『미암일기』는 은진 배소(配所)에 있던 명종 45년(1567) 10월 1일부터 선조 10년(1577) 5월 13일까지 기록하고 있다. 『미암일기』에 관해서는 송재용, 「『미암일기』의 서지와 사료적 가치」, 『퇴계학연구』 12, 1998 참조.

44 오희문(1539~1613)은 본관은 해주(海州)로 중종 34년(1539)에 태어났다. 자신은 과거에 급제하지 못했으나 아들 오윤겸(吳允謙)이 영의정에 올랐고, 손자 오달제(吳達濟)가 삼학사(三學士)의 한 사람이었고, 증손자 오도일(吳道一)은 숙종대에 소론의 중심인물로 조선 후기 서인에서 소론을 대표하는 명문가로 자리 잡았다. 임진왜란이 발생하자 피난 생활을 하면서 틈틈이 일기인 『쇄미록』을 남겼다. 『쇄미록』은 선조 24년(1591)

1591년부터 1601년까지 10여 년을 기록하고 있다. 이 두 일기는 16세기 조선의 일상 생활사를 연구하는 데 매우 중요한 자료이다.

『미암일기』와 『쇄미록』을 살펴보면 '선물膳物'의 형태로 다양한 물품이 증여되었음을 확인할 수 있다.[45] 장시를 통한 교환, 거래 외에 정치적 혹은 정서적 호혜에 기반한 선물 제공이 중요한 경제 활동이었다. 당시 양반 사족들이 받은 선물은 의식주 및 일상 의례와 관련된 음식물 및 수공품이 다수를 차지했으며, 여기에 일시적인 노동력 제공과 물품 대여 등의 호혜도 포함하고 있었다.[46] 선물은 지방관, 친인척, 지인 간에 광범위하게 수수되었다. 선물은 곡물류부터 면포, 어류, 문방구류, 육류, 과채류, 약재류에 이르기까지 다양했는데, 그 가운데 수산물도 중요한 항목을 차지했다.[47]

『미암일기』 가운데 선조 즉위년(1567) 10월부터 선조 원년(1568) 9월까지 1년 동안을 분석한 연구에 따르면, 겨울철(1567년 11월~1568년 1월) 3개월 동안 유희춘이 받은 식품의 수입 건수는 대략 212건 정도인데 곡류가 78건으로 가장 많고 다음으로 어패류 66건, 육류 36건, 과실류 14건, 해조류 10건, 양념류 8건이었다. 당시 어패류는 청어 · 조기 · 민어 · 숭어 · 준치 · 은어 · 문어 · 낙지 · 오징어 · 해삼 · 전복 · 홍합 · 굴 등이 포함되었고, 해조류는 감태, 미역, 김 등이었다. 여름철(1568년 5월~7월) 3개월 동안 유희춘의 식품 수입 건수는 대략 118건 정도인데 곡류 13건, 채소류 17건, 육류 16건, 어패류 53건, 해조류 3건, 과실류 14건, 양념류 2건이었다. 그 가운데 어패류 선물이 45%를 차지할 정도로 비중이 높았다. 어패류로는 청어 · 조기 · 민어 · 도미 · 전어 · 준치 · 숭어 · 연어 · 문어 · 오징어 · 해삼 · 전복 · 홍합을 비롯하여 정체를 확정할 수 없는 청설어淸雪魚 등이 포함되었다. 어패류는 주로

11월부터 선조 34년(1601) 2월까지 9년 3개월 동안의 내용을 담고 있다. 신병주, 「16세기 일기 자료 『쇄미록』 연구: 저자 오희문의 피난기 생활상을 중심으로」, 『조선시대사학보』 60, 2012, 39~41쪽.

45 이성임, 「16세기 양반사회의 '선물경제'」, 『한국사연구』 130, 2005, 58~77쪽.

46 최주희, 「16세기 양반관료의 선물관행과 경제적 성격」, 『역사와 현실』 71, 2009, 247쪽.

47 이성임, 앞의 논문, 2005, 77쪽.

말린 포脯나 발효시킨 젓갈의 형태로 유통되었다.[48] 이것들을 포함하여 『미암일기』에서 확인되는 수산물로는 다음과 같은 것들이 있었다. 바닷물고기로는 청어 · 대구 · 조기 · 민어 · 고등어 · 방어 · 도미 · 삼치 · 준치 · 공치 · 홍어 · 전어 · 상어 · 병어 · 넙치 · 까나리 · 전어 · 숭어 · 농어 · 밴댕이 · 웅어 · 뱅어 등이 있었고, 두족류로는 문어, 낙지, 오징어가 있었다. 민물고기로는 잉어 · 붕어 · 쏘가리 · 누치 · 눈불개 같은 순수 민물고기 외에도 은어 · 황어 · 연어 · 송어와 같은 회유성 어종이나 양측성 어종이 포함되어 있다. 이 외에도 극피동물인 해삼, 갑각류인 전복 · 새우 · 게 등도 보이고, 미역과 김도 빈번하게 만날 수 있다.[49] 비록 양반 사대부에 한정되지만, 도로교통이 충분히 발전하지 않은 상황에서도 다양한 해산물이 유통되었음을 짐작할 수 있다.

어떤 면에서 오희문의 『쇄미록』에 보이는 해산물 기록은 훨씬 흥미롭다. 임진왜란을 당하여 경기도, 전라도, 충청도, 강원도로 피난 생활을 하면서 쓴 일기이기 때문이다. 전쟁이 발발하기 전인 선조 24년(1591) 11월 서울에서 출발했던 그는 경기도 용인 · 양산, 충청도 목천을 거쳐 전라도 순천 · 강진 · 장수 · 무주 · 곡성 · 순창 · 보성 · 영암 · 화순 · 남원 등으로 피난했다가, 가족을 만나 전라도 장수와 충청도 홍주 · 임천, 강원도 평강으로 옮기면서 피난 생활을 했다. 『쇄미록』을 살펴보면 위급한 피난 상황에서도 각종 절사節祀를 챙기는 모습이 곳곳에서 보인다. 5월 5일 단양절端陽節에는 차좁쌀 · 목미 등의 곡류, 잣 · 개암 같은 견과류, 문어 · 조기 · 대구 · 해삼 · 가자미 같은 생선류, 그밖에 채소류가 제수로 쓰였다. 제물로는 다른 물품과 함께 뱅어젓 · 민어구이 등이 올라갔다. 동지의 제수로는 백미 · 찹쌀 · 콩과 같은 곡식류, 꿩과 같은 육류, 조기 · 건민어 · 민어 · 숭어 · 홍어 · 정어리 같은 생선류 및 뱅어젓 · 새우젓과 같은 양념류, 홍시 등의 과일 등이 기록되어 있다. 이처럼 위급한 상황

48 김미혜, 「『미암일기』 분석을 통한 16세기 사대부가 음식문화 연구: 정묘년(1567) 10월~무진년(1568) 9월」, 『한국식생활문화학회지』 28(5), 2013, 427~434쪽.

49 뒤편의 〈표 11〉 참조. 전어 · 숭어 · 농어 · 밴댕이 · 웅어 · 뱅어 등도 양측성 어류이다.

에서도 각종 절사에 다양한 해산물이 사용되었음을 볼 수 있다.[50]

『쇄미록』에는 어떤 해산물이 등장할까? 『쇄미록』에 보이는 16세기 동물성 식품의 소비 현황을 연구했던 차경희에 의하면 수육류는 소 · 돼지 · 사슴 · 노루 · 양 · 곰 · 여우 · 참새 · 말 등 9종이었고, 조육류는 닭과 꿩 등 2종이었다. 어류는 가자미 · 갈치 · 고등어 · 넙치廣魚 · 쏘가리錦鱗魚 · 농어 · 누치訥魚 · 대구 · 도미 · 망둥어 · 명태 · 민어 · 방어 · 병어 · 밴댕이 · 붕어 · 상어 · 송어 · 숭어 · 열목어 · 연어 · 웅어 · 오징어 · 잉어 · 장어 · 정어리 · 정어 · 준치 · 청어 · 천어 · 황어 · 홍어 등 44종이다. 더불어 오징어 · 낙지 · 문어 · 해삼 등 연체류 4종, 게 · 전복 · 새우 · 굴 · 홍합 · 조개 등 패류 6종이 있었고, 달걀을 비롯한 가자미 · 대구 · 삼치 · 숭어 · 송어 등의 생선알로 기록되어 있다고 했다.[51] 다만 44종의 어류 가운데 '정어丁魚'는 정어리를 말하니 중복이며, '천어川魚'는 하천에서 서식하는 민물고기를 가리키니, 하나의 물고기로 지칭하기는 어렵다. 오징어는 연체류로 다시 소개되어 있다. 특히 『쇄미록』에 '명태'가 실렸다고 하는 부분은 오해가 있는 듯하다. 주지하듯이 '명태明太'라는 단어는 17세기가 되어서야 출현한다. 오희문이 피난했던 지역만 살펴보더라도 명태가 등장하는 일은 부자연스럽다.[52] 이런 상황을 고려하여 44종의 어류를 다시 정리하면 바닷물고기 21종, 민물고기 11종, 정체불명 5종, 일반명사 2종이다.[53] 바닷물고기 21종에 문어 · 낙지 · 오징어

---

50 김미혜, 「『쇄미록』에 기록된 16세기 사대부가 節祀와 세시음식 연구」, 『한국식생활문화학회지』 35(10), 2020, 15~25쪽.

51 차경희, 「『쇄미록』을 통해 본 16세기 동물성 식품의 소비 현황」, 『한국식품조리과학회지』 23(5), 2007, 127쪽.

52 한편 『鎖尾錄』의 1598년 기록에는 '북어(北魚)'로 보이는 한자가 등장한다. 마찬가지로 이것을 명태의 다른 이름인 '北魚'로 이해하는 데는 맥락적으로 무리가 있다. 이 부분은 앞으로 검토가 필요할 터이다. 吳希文, 『鎖尾錄』 6冊, 戊戌年日錄 5月 23日.

53 차경희, 앞의 논문, 2007, 129쪽, Table 2. 「『쇄미록』에 기록된 어패류의 소비현황」에 44종의 어류, 연체류 4종, 패류 6종의 목록이 있다. 그 가운데 정체가 분명한 바닷물고기는 가자미(加佐味) · 갈치(刀魚/葛魚) · 고등어(古刀魚) · 넙치(廣魚) · 농어(蘆魚) · 대구(大口) · 민어(民魚) · 방어(魴魚) · 밴딩이(蘇魚) · 뱅어(白魚) · 청어(青魚/碧魚) · 병어(拼魚) · 삼치(亡魚) · 상어(雙魚) · 송어(松魚) · 숭어(秀魚/毛致魚) · 연어(連魚) · 전어(錢魚/箭魚) · 정어리(丁魚) · 조기(石首魚) · 준치(眞魚) 등 21종, 민물고기는 붕어(鮒魚) · 쏘가리(錦鱗魚) · 누치(訥魚) · 빙어(氷魚) · 열목어(餘杭魚) · 웅어(葦魚) · 은어(銀口魚/銀魚) · 잉어(鯉魚) · 장어

· 해삼을 보태면 25종에 달한다. 피난 시기에도 오희문은 해산물을 구매하려 가까운 지방 장시는 물론이고 서울에도 노비를 보냈다. 멀리는 충청도 서천 · 비인 · 남포 · 안면도, 강원도 고성 · 통천 · 안변 · 안협 등, 황해도 연안 · 해주에서도 해산물을 구매했다.[54] 시장경제가 충분히 발전하지 않은 상태에서 양반 사대부를 중심으로 바닷가의 해산물이 활발하게 유통되고 있었음이 이 시기의 특징이었다. 조선 후기에 화폐경제가 발전하면서 전국적으로 장시가 만들어지면서 이러한 유통을 대체해 나갔던 터였다. 역사가들은 이러한 변화를 '선물경제'에서 '시장경제'로 전환된다고 평가했다.[55]

이제 시선을 돌려 낙동강으로 돌려보자. 조선 시대에 낙동강 상류 지역의 해산물 유통은 어떠했을까? 조선 전기에 낙동강 상류 지역에도 적잖은 일기가 남아 있다. 대표적으로 예천禮泉에는 『대동운부군옥大東韻府群玉』의 저자로 유명한 권문해權文海(1534~1591)의 『초간일기草澗日記』가 있었고, 예안禮安에는 금난수琴蘭秀(1530~1604)의 『성재일기惺齋日記』를 들 수 있겠다. 『초간일기』는 선조 13년(1580) 11월부터 선조 24년(1591) 10월까지 10여 년간의 기록인데, 사이사이에 빠진 부분이 있다.[56] 『성재일기』는 금난수가 25세였던 명종 9년(1554) 10월

(長魚) · 피라미(鰷魚) · 황어(黃魚) 등 11종이다. 명태(太), 마항어(馬項魚) · 은절어(銀節魚) · 조리어(鳥鯉魚) · 조어(潮魚) 등 5종은 정체가 불분명하고, 천어(川魚) · 해어(海魚) 등 2종은 일반명사였다. 『쇄미록』과 『미암일기』 등의 일기에는 같은 어류가 각기 다른 한자명으로 표기되는 경우가 많다. 『쇄미록』에서 벽어(碧魚)는 청어의 다른 표현이며, 갈어(葛魚)는 갈치(刀魚)의 다른 표현이며, 전어(錢魚)는 전어(箭魚)로도 등장한다. 모치어(毛致魚)는 숭어 작은 것을 말한다. 조선 시대에 '은어(銀魚)'는 일반적으로 도루묵을 말하지만, 『쇄미록』에서는 '은어(銀口魚)'의 다른 표현이다. 한류성 어종인 도루묵이 전라도와 충청도 지역에 흔히 유통하기 어렵기 때문이다. 실제로 '銀口魚'보다 '銀魚'가 더 많이 등장한다는 사실도 이것을 뒷받침한다.

54 이성임, 「조선중기 오희문가의 상행위와 그 성격」, 『조선시대사학보』 8, 1999, 62쪽.

55 신동원, 「조선 후기 의약생활의 변화: 선물경제에서 시장경제로: 『미암일기』, 『쇄미록』, 『이재난고』, 『흠영』의 분석」, 『역사비평』 75, 2006, 390쪽. 이런 전환을 경제인류학적 관점에서 접근한 오창현의 연구도 참고할 만하다. 오창현, 「조선 중기 선물 관행에 관한 경제인류학적 시론: 의례적 산물과 사회의 재생산」, 『지방사와 지방문화』 25(2), 2022.

56 중종 29년(1534) 예천군 용문면 죽림리에서 태어난 권문해는 명종 7년(1552) 향시에서 장원하고, 명종 15년(1560) 별시 문과에 급제하여 권지성균관학유(權知成均館學諭)가 되었다. 명종 17년(1562) 퇴계를 찾아뵙고 1달관 수학했다. 이후에 형조좌랑, 예조정랑 등의 관직을 거쳤다. 선조 3년(1570) 문신정시에서 장원을

부터 75세였던 선조 37년(1604) 2월까지 50년 동안 기록이다.[57] 불행히도 이 두 일기에는 바닷물고기에 관한 기록이 거의 보이지 않는다. 『성재일기』에 대구, 청어, 농어 정도가 보일 뿐이다. 그렇다면 조선 전기 낙동강 중/상류 지역의 해산물 유통을 보여주는 자료는 없을까?

낙동강 상류 지역은 아니지만, 중류 지역의 해산물 유통을 보여주는 흥미로운 기록이 있다. 성주星州에 유배되었던 이문건李文楗(1494~1567)이 남긴 『묵재일기』가 그것이다. 현존하는 『묵재일기』는 이문건이 41세였던 중종 30년(1535) 11월부터 73세에 사망하기 몇 달 앞둔 명종 22년(1567) 2월까지 32년에 걸친 생활 일기이다. 다만 중종 32년(1535) 6월부터 중종 39년(1544)까지는 결락되어 있다. 초반의 1년 7개월을 제외하면, 나머지는 명종 즉위년(1545)부터 구성되어 실제로는 17년 8개월의 기록이다.[58] 그가 을사사화로 성주로

하고 영천 군수가 되었고, 사간원 정언 등을 거쳐 안동부사, 청주 목사, 공주 목사 등을 역임했다. 선조 14년(1581) 파직되어 귀향했다. 이듬해 초간정사(草澗精舍)를 지었고 그해 말에 사헌부 장령에 제수되었고, 이후에 사간원 헌납, 사헌부 장령 등을 역임했다. 선조 17년(1584) 대구 부사에 제수되었는데 선조 22년(1580) 정월에 『대동운부군옥』을 완성했다. 이후에 승문원참교, 사간원 사간, 승정원 동부승지, 좌부승지 등을 역임하다가 선조 24년(1591) 11월 서울에서 사망했다. 『초간일기』는 선조 22년(1580) 11월 1일부터 선조 24년(1591) 10월 6일까지 총 10년 2,187일에 대한 기록이다. 그 가운데 1582년 11월과 12월, 1583년 8월 1일부터 1587년 6월 말일까지, 1590년 4월 7일부터 1591년 7월 8일까지, 1591년 8월 5일부터 9월 18일까지 빠져 있다. 이상의 내용은 장재석, 「『초간일기』 해제」, 장재석 등 옮김, 『초간일기』, 한국국학진흥원, 2012 참조.

57 금난수는 본관이 봉화(奉化)로 집안이 대대로 봉화에 세거하다가, 고조부 금숙(琴淑)이 처향(妻鄕)인 예안현 부라원(浮羅院), 현재의 부포 마을로 입향했다. 금난수는 처남 조목(趙穆)의 인도로 퇴계 문하에 수학했다. 명종 16년(1561) 사마시에 합격했으나, 실제 관직 생활은 선조 12년(1579)부터 시작되었다. 제릉 참봉, 집경전 참봉, 경릉 참봉, 장흥고 봉사, 직장 등을 거쳐 선조 22년(1589) 장예원 사평을 마지막으로 관직 생활을 마무리하고, 이듬해 귀향했다. 선조 33년(1599) 봉화 현감에 제수되었으나, 이듬해 벼슬을 그만두고 귀향했는데, 선조 37년(1604) 세상을 떠났다. 『성재일기』는 명종 9년(1554) 10월 30일부터 선조 37년(1604) 2월 13일까지 50년 동안 기록했다. 현재 남아 있는 『성재일기』는 금난수가 직접 기록한 원본이 아니라 그 아들이 베껴 쓴 필사본이다. 임진왜란과 정유재란을 거치면서 유실되어 누락된 부분이 적지 않다. 이상의 내용은 박종천, 「『성재일기』 해제」, 한국국학진흥원 연구부 고전국역팀, 『성재일기』, 한국국학진흥원, 2019 참조.

58 이문건은 성종 25년(1494) 서울에서 태어나 유배지인 성주에서 74세에 사망했다. 조선의 개국공신이었던 이직(李稷)의 직계 후손이다. 이문건의 부인은 관찰사를 역임한 안동 김씨 김자행의 딸이다. 이문건은 처가와 긴밀한 관계를 맺었는데, 성주로 유배 가면서 처가가 있는 괴산에 토지와 가옥을 마련하여 가족이 입향

유배되었던 때가 명종 즉위년(1545)이었고, 또 끝내 해배를 맞지 못하고 성주에서 생애를 마쳤으니, 성주에서 생활만 12년이었다. 이처럼 『묵재일기』의 대부분 내용은 이문건이 성주에서 유배하면서 남기 기록이다.

조선 시대에 성주는 낙동강 중류에 속하지만, 인동仁同—선산善山—상주尙州를 거쳐 낙동강 상류 지역으로 연결되는 교통의 요지였다. 이문건이 성주로 유배한 이듬해에 가족이 처가가 있는 괴산槐山으로 옮겨 살게 됨에 따라 유배지인 성주에서 인동—선산—상주—함창—문경을 거쳐 조령鳥嶺을 넘어 괴산까지 활발한 인적, 물적 네트워크를 구축했다.[59] 특히 조광조의 문인이었던 이문건은 예안의 퇴계 이황李滉을 비롯한 낙동강 중상류 지역의 재지 사족과 광범위한 교유 관계를 형성했다.[60] 비록 낙동강 중류인 성주의 사례이지만, 『묵재일기』는 조선 전기 낙동강 유역의 해산물 유통을 보여주는 좋은 사례이다.

다행히 17세기와 18세기에는 낙동강 상류 지역의 해산물 유통을 보여주는 일기가 있지만, 기록이 그다지 상세한 편은 아니다. 이런 점에서 19세기 전반에서 20세기 전반까지 115년 동안 집안 대대로 일기를 남기고 있는 『예천 맛질 박씨가 일기』(이후에 『박씨가 일기』로 줄여서 부르겠음)를 주목할 만하다. 『박씨가 일기』는 예천 용문면 대저리 함양박씨 집안에서 소장하고 있는 『소택일기小宅日記』, 『대택방계일기大宅傍系日記』, 『대택일기大宅日記』, 『저상일용渚上日用』 등 네 개의 일기를 통칭한다. 이 가운데 앞의 두 일기는 생활 일기에 가깝고, 뒤의 두 일기는 가계출납부 성격의 일용기日用記에 해당한다. 이들 일기는 가계의 수입·지출

(入鄕)하게 되었다. 중종 8년(1515)에 사마시에 합격했는데, 조광조의 문하였던 까닭에 중종 14년(1519) 기묘사화로 9년 동안 과거를 볼 수 없었다. 중종 22년(1527) 사면되어 이듬해에 문과에 급제하여 승문원 박사, 사간원 정은 등을 지냈다. 중종 30년(1535)부터 중종 32년(1537)까지 모친상으로 치르고, 그해 4월에 사간원 정언으로 복귀하여 동부승지까지 승진했지만, 명종 즉위년(1545) 을사사화로 성주로 유배하여 해배를 보지 못하고 명종 22년(1567) 73세로 별세했다. 이상의 내용은 김인규, 「해제」, 『역주 묵재일기(1)』, 민속원, 2018, 18~19쪽 참조.

59 김소은, 「이문건가의 경제 운영과 지출: 槐山入鄕을 관련하여」, 『고문서연구』 21, 2002, 35~44쪽.

60 김현영, 「16세기 한 양반의 일상과 재지사족: 『묵재일기』를 중심으로」, 『조선시대사학보』 18, 2001, 85~93쪽.

에 대한 꼼꼼한 기록을 남기고 있는데 해산물에 관해서도 비교적 풍부한 정보를 얻을 수 있다.[61] 순조 33년(1833)부터 한국전쟁 한 해 전인 1949년까지 기록이 이어지고 있어서 일제강점기와 해방 정국의 정보도 포함되었지만, 조선 후기의 정보를 얻는 데도 매우 유용하다. 하여 『묵재일기』와 『박씨가 일기』를 비교하면 조선 전기와 조선 후기 낙동강 상류 지역의 해산물 유통의 변화를 파악하는 데 도움이 될 터이다.

그럼 『묵재일기』와 『박씨가 일기』에 실린 민물고기와 해산물을 함께 살펴보자. 두 일기에 실린 수산물을 비교하면 아래 〈표 4〉와 같다. 먼저 민물고기부터 검토해 보자. 『묵재일기』에는 은어 · 황어 · 누치 · 백조어 · 잉어 · 붕어 · 쏘가리 · 빙어 · 살치 등 대략 9종의 민물고기가 보인다. 이 가운데 잉어 · 붕어 · 쏘가리 · 빙어는 『박씨가 일기』에도 공통으로 보인다. 다만 은어 · 황어 · 누치 · 백조어는 『박씨가 일기』에는 보이지 않고, 대신 드렁허리 · 가물치 · 꺽지는 『박씨가 일기』에만 보인다. 낙동강 중 · 상류에서 은어 · 황어 · 누치 · 백조어 등이 나고 있었음에도 『박씨가 일기』에 따로 보이지 않는 까닭은 『박씨가 일기』가 주로 수입과 지출을 기록했기 때문일 터이다. 한편, 드렁허리와 가물치는 『소택일기』에 등장하는데, 모두 약재로 사용되고 있음이 주목된다.[62] 『묵재일기』와 『박씨가 일기』를 종합하면, 적어도 12종의 민물고기를 확인할 수 있다.

---

61 『예천 맛질 박씨가 일기』는 박한광(朴漢光)의 사후에 작은집인 차남인 박득녕(朴得寧) 집안에서 전해지는 두 종류의 일기, 이후에 큰집인 장남인 박현영(朴縣寧) 집안의 장손 박의철(朴義鐵)로부터 시작되는 일기, 큰집의 방계 인물인 박조수(朴祖洙)가 남긴 일기, 이렇게 네 편을 통칭한다. 박득녕 집안은 1834~1949년 동안 4대에 걸친 생활 일기를 남겼다. 『저상일월(渚上日月)』이라고 일컬었던 이 일기를 오늘날에는 『소택일기』라고 한다. 박득녕 집안은 일종의 가계출납부를 독립하여 서술했는데, 그것을 『저상일용(渚上日用)』이라고 한다. 큰집 박현녕 집안은 1869~1876년, 1901~1904년, 1909~1933년 동안 2대에 걸친 일기를 보관하고 있는데, 이것을 『대택일기』라고 부른다. 큰집의 방계인 박조수는 1897~1946년 동안 충실하게 생활 일기를 남겼다. 여기에는 일용기가 분화되지 않은 채로 있어 풍부한 경제기록을 담고 있다. 이것을 『대택방계일기』라고 일컫는다. 『예천 맛질 박씨가 일기』에 관해서는 이헌창, 「박득영 일기의 해제」, 『예천 맛질 박씨가 일기(2): 일기편』, 한국정신문화연구원, 2004 참조.

62 『小宅日記』 光武 2年(1898) 6月 19日, "堤用烏洞池鱔, 用藥三貼."; 『小宅日記』 高宗 4年(1867) 10月 23日, "買烏魚三尾, 一養後井, 二爲藥餌."

표 4. 『묵재일기』와 『예천 맛질 박씨가 일기』에 보이는 수산물[63]

	『묵재일기』	공통	『예천 맛질 박씨가 일기』
		『묵재일기』·『예천 맛질 박씨가 일기』	
민물고기	은어, 누치, 황어, 백조어, 살치	잉어, 붕어, 쏘가리, 빙어	드렁허리, 가물치, 꺽지
바닷물고기	밴댕이, 웅어, 준치, 도루묵, 뱅어, 연어, 송어, 학공치	청어, 조기, 민어, 멸치, 고등어, 가자미, 대구, 방어, 도미, 삼치, 꽁치, 숭어, 전어, 넙치, 농어	명태, 홍어, 상어
연체/극피	오징어, 굴	문어, 낙지, 전복, 해삼	
갑각		조개, 게, 새우	
광물/해초	우모가사리, 참가사리	소금, 미역, 김	

- 『묵재일기』의 '시어矢魚'는 말 그대로 '살치'로 보임. 정문기는 '矢魚'가 압록강에 서식하는 '사루기'라고 했는데, 사루기는 압록강 이남에는 서식하지 않음. 정어釘魚는 학공치임.
- 『박씨가 일기』의 '거구어巨口魚'는 꺽지로 해석함

이제 『묵재일기』와 『박씨가 일기』에 있는 해산물을 살펴보자. 바닷물고기부터 살펴보면 예상보다 다양한 물고기가 유통되었음을 볼 수 있다. 일단 『묵재일기』와 『박씨가 일기』에 모두 보이는 물고기는 청어 · 조기 · 민어 · 멸치 · 고등어 · 가자미 · 대구 · 방어 · 도미 · 삼치 · 꽁치 · 숭어 · 전어 · 넙치 · 농어 등 15종이 있었다. 청어는 조선 시대 통틀어 가장 많이 났던 물고기였는데 낙동강 상류까지 널리 유통되고 있음이 확인된다. 조기와 민어는 주로 서해에서 나는데 낙동강 상류까지 유통되었음은 흥미롭다. 근대 이후에 광범위하게

63 뒤에도 설명하겠지만, 『묵재일기』와 『박씨가 일기』는 분량이 방대하여서 '디지털 장서각(https://jsg.aks.ac.kr/)' 사이트에서 검색을 통해서 수산물 목록을 정리할 수 있었다. 같은 물고기라도 한자 이름이 다양하여 검색에 일정한 한계가 있을 수 있음은 미리 밝힌다. 이런 한계에도 불구하고 대체적인 수산물 유통 상황을 이해하는 데는 큰 무리가 없을 터이다.

유통되었던 멸치가 이미 조선 전기와 후기에 모두 쓰이고 있음도 주목할 만하다. 일제강점기의 기록에 조선인들이 그다지 식용으로 삼지 않았다고 했던 도미와 삼치가 『묵재일기』와 『박씨가 일기』에 모두 보여서 이런 평가를 무색하게 한다.

『묵재일기』에만 보이는 물고기는 밴댕이 · 웅어 · 뱅어 · 준치 · 연어 · 송어 · 학공치 · 도루묵 등이 있었다. 이 가운데 연어 · 송어는 소하성어류로 조선 시대에는 낙동강을 거슬러 올라왔다. 밴댕이 · 웅어 · 뱅어 · 준치 등은 양측성 어류로써 기수역인 밀양 위쪽까지 오던 물고기였다. 낙동강 중류 지역인 성주에서 상대적으로 구하기 쉬운 물고기였을 터이다. 기록이 많이 등장하지 않지만, 동해에서 나는 도루묵이 보이는 것도 특이하다. 『박씨가 일기』에만 보이는 물고기로는 명태 · 홍어 · 상어가 있다. '돔배기'로 상징되듯이, 경상북도 지역은 다른 데보다 상어 음식이 발전했는데,[64] 『박씨가 일기』는 그런 연원의 한 가닥을 보여주는 듯하여 흥미롭다.

물고기를 제외한 대부분 해산물은 『묵재일기』와 『박씨가 일기』에서 공통으로 보인다. 문어 · 낙지 · 전복 · 해삼은 조선 전기부터 후기까지 낙동강 상류 지역에 활발하게 유통되었음을 짐작해볼 수 있다. 특히 해삼은 주목할 만하다. 일제강점기에 일본인 관찰자는 조선인이 해삼을 식용하지 않다가 일본인이 조선에 진출하면서 그 맛과 가치를 알게 되었다고 했는데,[65] 이런 평가가 얼마나 터무니없는지를 알 수 있다.[66] 『묵재일기』와 『박씨가 일기』를 살펴보면, 낙동강 중상류 지역에 조개 · 게 · 새우 같은 해산물도 널리 소비되었음을 볼 수 있다. 게나 새우는 주로 젓갈 형태로 유통되었다. 물론 해산물 가운데 가장 중요했던 것은 소금이었다. 조선 시대에 낙동강 선운船運에서 가장 중요한 물품이었던 소금은 낙동강 하류와 상류를 연결하는 교역망의 핵심이었다.[67] 『묵재일기』와 『박씨가 일기』에는 소금

---

64 배영동, 「한국인의 상어고기 먹는 문화」, 국립대구박물관, 『상어, 그리고 돔배기』, 2015, 172~173쪽.
65 佐藤榮枝, 『朝鮮の特産: どこに何があるか』, 朝鮮鐵道協會, 1933, 138~139쪽.
66 김문기, 「동아시아 해삼의 박물학 I : '사손(沙噀)'은 어떻게 해삼(海參)이 되었나?」, 『도서문화』 63, 2024, 129~136쪽.

구매와 이용에 관한 풍부한 내용이 담겨 있다. 다른 해산물로 미역과 김도 광범위하게 소비되고 있었음도 주목된다. 『묵재일기』에만 있는 해산물로는 오징어 · 굴 · 우모 가사리 · 참가사리가 발견된다. 조선 시대에는 바다와 멀리 떨어진 낙동강 중상류 지역에도 다양한 해산물이 유통되고 있었던 것이었다.

『묵재일기』와 『박씨가 일기』는 각각 16세기와 19~20세기 전반까지의 정황을 담고 있다. 조선 시대에 낙동강 상류 지역의 해산물 유통을 보완하기 위해 16세기와 17세기 안동의 음식 조리서를 살펴보았다. 중종 연간인 1540년경 안동의 김유金綏(1491~1555)가 저술한 『수운잡방需雲雜方』과 숙종 연간인 1670년경 사대부 집안의 음식을 담당했던 안동 장씨安東張氏 장계향張桂香(1598~1680)이 쓴 『음식디미방飮食知味方』이 그것이다.[68] 이 두 음식 조리서에 실려 있는 수산물만을 정리하면 아래 〈표 5〉와 같다.

표 5. 16~17세기 안동문화권 음식 조리서에 보이는 수산물[69]

	『수운잡방』 16세기	『음식디미방』 17세기
민물어패류	은어, 민물고기	붕어, 민물고기, 게, 자라
해산물	숭어, 대하, 다시마, 소금	청어, 대구, 방어, 숭어, 연어, 해삼, 새우, 전복, 대합, 모시조개, 가막조개, 소금

67 낙동강 유역의 소금 유통에 관해서는 김재완, 「19세기말 낙동강 유역의 염 유통 연구」, 『지리학논총』 별호 32, 1999 및 유승훈, 『낙동강 하구 제염업의 변천과 소금 관련 민속』, 고려대학교 대학원 박사학위논문, 2006 참조.

68 『수운잡방』과 『음식디미방』에 관해서는 배영동, 「16~17세기 안동문화권 음식 조리서의 등장 배경과 역사적 의의: 『수운잡방』과 『음식디미방』의 사례」, 『남도민속연구』 29, 2014 참조.

69 배영동, 위의 논문, 2014, 167쪽.

대체로 『수운잡방』에서 수산물 기록은 소략한 편이다. 민물고기로는 은어만이 기록되어 있다. 해산물은 대하 · 다시마 · 소금 정도이고 바닷물고기는 숭어만 실려 있다. 『음식디미방』에서 민물고기는 붕어만 기록되어 있고, 게와 자라도 실려 있다. 바닷물고기는 청어 · 대구 · 방어 · 숭어 · 연어가 있고, 다른 해산물로는 해삼 · 새우 · 전복 · 대합 · 모시조개 · 가막조개 및 소금이 실려 있다. 『수운잡방』과 『음식디미방』에 모두 숭어가 실려 있음이 주목된다. 해삼에 관해서는 해삼찜은 물론 해삼 달이는 법 및 해삼 다루는 법까지 기술하고 있어서, 당시 해삼 요리가 상당히 발달했음을 볼 수 있다. 바닷물고기 가운데는 청어 · 대구가 특히 중요했다. 이처럼 『음식디미방』을 보면, 17세기 낙동강 상류 지역의 사대부 집안에서 청어 · 대구 · 방어 · 숭어 · 연어와 더불어 해삼과 전복이 중요한 해산물이었음을 알 수 있다.[70]

이제 종합적으로 정리해 보자. 낙동강 상류/중류 지역에는 다양한 수산물이 유통되었다. 민물고기로는 은어 · 누치 · 황어 · 백조어 · 잉어 · 붕어 · 쏘가리 · 빙어 · 드렁허리 · 가물치 · 꺽지가 보인다. 민물고기 가운데는 은어가 가장 중요했지만 『박씨가 일기』에는 그 이름이 보이지 않는 게 흥미롭다. 바닷물고기는 16~17세기와 19세기의 기록에서 흥미로운 차이를 보인다. 공동으로 등장하는 것은 청어 · 조기 · 민어 · 멸치 · 고등어 · 가자미 · 대구 · 방어 · 도미 · 삼치 · 꽁치 · 숭어 · 전어 · 넙치 · 농어였다. 밴댕이 · 웅어 · 준치 · 도루묵 · 뱅어 · 연어 · 송어 · 정어리는 16세기의 『묵재일기』에만, 명태 · 홍어 · 상어는 19세기의 『박씨가 일기』에만 보인다. 연체 · 극피동물로는 문어 · 낙지 · 오징어 · 전복 · 굴 · 해삼, 갑각류는 조개 · 게 · 새우가 유통되었다. 『음식디미방』에는 대합 · 모시조개 · 가막조개 등의 조개류도 보인다. 그 외의 해산물로는 소금 · 미역 · 다시마 · 김이 있었다. 특히 『묵재일기』에는 우모가사리 · 참가사리도 있어서 해조류도 널리 유통되었음을 알 수 있다.

70 정혜경 · 윤경수 · 김미혜, 「『수운잡방』과 『음식디미방』에 나타난 조리법 비교」, 『한국식생활문화학회지』 30(1), 2015, 42~51쪽.

물고기에 가려서 잘 드러나지 않았지만, 낙동강 상류지역에 유통되는 해산물에서 가장 중요했던 것은 뭐라 해도 소금이었다. 낙동강 하구의 명지도 등에서 생산되는 소금은 낙동강을 거슬러 올라가면서 영남 내륙 고을 곳곳으로 공급되었다. 소금이 생산되지 않는 내륙 지역은 김장과 된장 등의 일상생활에 필수적이었기에 낙동강 선운을 통해 소금을 공급받았다. 낙동강 하구에서 출발한 소금 배는 낙동강을 거슬러 멀리는 안동까지 올라갔다. 소금 배는 소금뿐만 아니라 어물 · 젓갈 · 해초류 등을 가지고 낙동강 상류까지 올라갔다가, 상류의 내륙에서 생산되는 곡물 · 과일 · 채소 등을 교환해서 내려왔다. 이처럼 낙동강의 선운을 통해서 영남의 내륙과 영남의 해안이 하나의 공동체로 연결될 수 있었다.[71]

그렇다면 물고기는 어떠했을까? 낙동강 상류 지역에 유통되는 바닷물고기 가운데 가장 중요했던 것은 청어와 명태였다. 이 두 물고기가 가장 많이 유통되었던 일은 낙동강 일원에만 한정된 게 아니었다. 서유구는 명태를 설명하면서, 우리나라 물고기 가운데 청어와 명태가 가장 많이 난다고 했다.

> 관북關北(함경도)에서 난다. 비늘이 없고, 등은 옅은 흑색이며, 배는 연한 흰색이다. 머리가 크고 길어서 거의 3분의 1을 차지한다. … 사시사철에 모두 잡을 수 있다. 매년 음력 12월부터 비로소 그물을 쳐서 그것을 잡는다. 배를 갈라 알을 취하면 그 색깔이 정황색正黃色인데, 소금에 절이면 홍적색紅赤色이 된다. 명태의 살은 머리와 꼬리가 붙은 상태로 햇볕에 말려서 담백한 건어물로 만든다. 정월에 말린 것은 살이 물러서 상품이고, 2~3월에 말린 것은 그다음이고, 4월 이후에 말린 것은 육질이 단단해져서 하품이다. 말린 명태는 모두 남쪽으로 원산에 운반하니, 원산은 사방의 상인들이 모이는 곳이다. 배로 실은 것은 동해를 돌아가고, 말에 실은 것은 철령을 넘어간다. 밤낮으로 끊이지 않고 이어져서 팔도에 넘친다. 대개 우리나라 해산물 가운데 번성하기는 이 물고기와 청어가 가장 많다.[72]

71 유승훈, 『우리나라 제염업과 소금 민속』, 민속원, 2012, 190쪽.

서유구는 함경도에서 말린 명태가 원산에 모였다가 한 편으로는 해로로, 한 편으로는 육로로 전국으로 유통되고 있는 모습을 생생하게 묘사했다. 그는 명태와 청어가 조선에서 가장 많이 나는 물고기라고 했다. 다만 그의 이런 지적은 조선 후기에 한정해야 한다. 왜냐하면, 명태는 조선 후기에야 전국적으로 유통되었기 때문이다. 이에 반해 청어는 조선 시대를 통틀어 가장 많이 났던 물고기였다.[73] 이런 사실은 낙동강 상류 및 중류 지역의 기록에서 확연하게 드러난다. 16~17세기의 『묵재일기』와 『음식디미방』에 청어는 발견되지만, 명태가 보이지 않는다. 이것은 19세기 『박씨가 일기』에서 청어와 함께 명태가 중요한 물고기로 기록된 이유이기도 했다. 그렇다면 낙동강 상류 지역에서 명태의 기록은 왜 19세기가 되어서야 나타났을까? 이 질문에 대한 해답은 지구적인 기후변동에서 찾아야 할 터이다.

3. 은어의 길, 북어의 길 : 물길, 장시, 수산물

1) 『예규지倪圭志』와 낙동강 수산물

『묵재일기』와 『박씨가 일기』를 살펴보면 흥미로운 사실을 볼 수 있다. 『박씨가 일기』에서 해산물 구매는 대부분 장시場市를 통해서 이뤄지고 있다. 여기에 반하여 『묵재일기』는 주변의 장시를 통해 구매하는 사례도 있지만, 많은 경우에 영남의 여러 지방관과 친인척·지인들로부터 '선물膳物'의 형태로 대량의 해산물을 얻고 있었다. 거기에는 일종의 청탁을 담은 '칭념稱念'도 포함되어 있다.[74] 조광조의 문인으로 중앙관료를 지냈던 이문건이 신원복

72 徐有榘, 『佃漁志』 卷4 魚名考, 海魚, 無鱗魚, 明鮐魚.

73 김문기, 「소빙기와 청어: 천·해·인의 관점에서」, 『역사와 경계』 89, 2013, 89쪽; 김문기, 앞의 논문, 2014, 246쪽 참조.

74 이성임, 「조선 중기 양반 관료의 '稱念'에 대하여」, 『조선시대사학보』 29, 2004. 이성임은 칭념은 부탁, 의

권 되었을 경우를 염두에 둔 경우였다. 16세기 양반 사대부가 선물의 형태로 물품을 획득하는 모습은 유희춘의 『미암일기』과 오희문의 『쇄미록』에서도 볼 수 있다. 일찍부터 이 부분에 주목했던 이성임은 16세기 양반 관료의 선물수수 행위는 상당히 보편화한 경제형태였다고 했다. 여기에 따르면 관직을 매개로 한 선물형태는 지방관이 양관 관료에게 지급하는 것이었으며, 관직을 배경으로 하고 재원을 지방관아에서 출연하고 있다는 게 특징이었다. 선물은 국가가 일정 부분 관여하고 있다는 측면에서 국가재분배체제의 일환으로 볼 수 있다고 평가했다.[75] 16세기의 『묵재일기』는 조선 전기까지의 이른바 '선물경제'의 모습을 잘 보여주고 있는 것이었다.

조선 후기에는 화폐경제의 발전에 따라 전국적으로 장시가 광범위하게 개설되었다. 선물경제가 완전히 사라졌던 것은 아니지만, 대세는 이미 시장경제로 넘어가고 있었다. 18세기 문경·예천·함창·용궁과 인접한 상주 근암리에 살았던 권상일權相一(1679~1759)의 『청대일기淸臺日記』는 이런 변화를 잘 보여주었다.[76] 19세기 예천의 『박씨가 일기』에서는 해산물을 대부분 장시에서 얻고 있었다. 이런 변화를 '선물경제'에서 '시장경제'로 전환되었다고 말할 수 있을 터이다.[77]

조선 후기의 상품경제 발전을 잘 보여주는 사례가 포구를 중심으로 하는 전국적인 어물유통이다.[78] 18세기 이전에는 남해안과 서해안을 중심으로 뱃길이 열려 있었다. 낙동강 하구의 마산포에서 거제도를 거쳐 목포로 이어졌고, 다시 영산강 하구에서 은진의 강경포를

뢰, 염원 등의 의미를 지닌 용어로 노비 추쇄나 현물 수수와 관련되어 나타났다고 했다. 청념은 신임 지방관이 중앙에 있는 현직 관료의 부탁을 받아 부임지의 친인척·동료에게 물자를 전달하는 행위이다. 이런 과정을 통해 중앙과 지방의 양반 관료는 서로의 관계를 돈독히 할 수 있었다고 했다.

75 이성임, 「일기 자료를 통해 본 조선 사회의 또 다른 모습」, 『장서각』 33, 2015, 310쪽.

76 정수환, 「18세기 권상일의 시장접촉과 화폐경제생활: 권상일의 『청대일기』를 중심으로」, 『사학연구』 104, 2011, 58~73쪽.

77 신동원, 앞의 논문, 2006. 신동원은 조선 시대 의약품의 유통을 분석하면서 이런 변화를 포착했다.

78 고동환, 앞의 논문, 1993, 319~324쪽.

거쳐 안흥량을 지나고 강화를 거쳐 서울까지 연결되었다. 18세기 말에는 원산에서 강릉을 거쳐, 평해·울산·동래를 연결하는 뱃길이 열렸다. 원산의 상인들은 북어나 마포를 경상도 낙동강의 마산포, 충청도 은진의 강경포, 심지어 서울의 경강 포구로 운송하여 판매했다. 김해의 칠성포는 낙동강 하구에 위치하여 낙동강 선운과 남해안의 해운을 연결하는 지점으로, 낙동강의 여러 포구와 연결되었고 강원도와 전라도를 연결하는 중계지의 기능을 수행했다.[79]

18세기 중엽이 지나면서 전국적으로 지방 장시가 1천여 개 이상 생겼고, 5일장 체제를 갖추면서 상설적으로 물품이 거래되었다. 18세기 말에서 19세기 초가 되면 전국의 거의 모든 장시에서 어물이 유통되었다. 이영학은 쌀과 면포를 이어 가장 비중이 큰 물품이 어물이었다고 했다.[80] 조선 후기의 이런 변화를 잘 보여주는 것이 서유구徐有榘(1764~1845)의 『예규지倪圭志』이다. 『예규지』에서 서유구는 전국 팔도에서 생산되는 물산은 물론이고, 각 장시의 물품까지 상세하게 기록했다.[81] 당시 낙동강 상류 지역의 수산물 유통 현황을 살펴보기 위해 다음 세 가지로 정리했다.

먼저 낙동강 상류의 지역별 물산, 장시 분포, 시장의 물품의 전반적인 상황을 살펴보자.[82] 『예규지』의 물산 편은 『여지도서輿地圖書』의 내용을 거의 그대로 옮겨 실었다.[83] 봉화에서

---

79 이영학, 앞의 논문, 2001, 210~211쪽, 228쪽.

80 이영학, 위의 논문, 2001, 229쪽.

81 정명현, 「예규지 해제」, 서유구 지음, 임원경제연구소 옮김, 『임원경제지: 조선 최대의 실용백과사전』, 씨앗을 뿌리는 사람, 2019, 1453~1461쪽. 『임원경제지』의 맨 마지막인 제16지인 『예규지』는 상업을 통해 부를 획득하는 일을 긍정하고, 장사하려는 이들에게 실질적인 도움을 되는 정보를 담았다. '예규(倪圭)'는 춘추시대 월나라 사람 '계예(計倪)'와 전국시대 위나라 사람 '백규(白圭)'에서 따온 것으로, 이들은 모두 상업으로 재물을 늘렸던 인물들이었다. 『예규지』는 장사를 대하는 태도부터 전국 팔도의 물산, 각 지역의 시장 상황은 물론이고, 시장 간의 거리를 일목요연하게 정리하여 실제적인 경제 운영에 도움이 되게 했다.

82 『예규지』에서 물산은 권3 화식중, 팔역물산 편에, 시장과 시장 물품은 권4 화식하 팔역장시 편에 분리되어 실려 있다. 『예규지』는 2019년 임원경제연구소에서 번역하여 출간하였다. 이 글에서는 임원경제연구소의 번역본을 바탕으로 분석했다. 서유구, 『예규지(1)』, 임원경제연구소 옮김, 풍석문화재단, 2019; 서유구, 『예규지(2)』, 임원경제연구소 옮김, 풍석문화재단, 2019.

용궁·함창까지 상류 지역에는 잣·송이버섯·석이버섯·인삼·산무애뱀白花蛇·꿀 등 산지山地의 물산이 풍부한 게 특징이다. 안동은 철·자연석紫硯石·잣·오미자·송이버섯·석이버섯·인삼·복령 등 21종의 기록되어 물산이 가장 풍부하다. 예천은 철·잣·오미자·닥나무·자초·풀솜雪綿·왕골·인삼·산무애뱀·꿀·붕어·은어 등 12종의 물산이 보이고, 용궁은 철·배·잣·왕골·산무애뱀·은어 등 6종의 물산이 기록되었다. 민물고기는 은어와 붕어가 보이는데, 은어는 봉화·예안·안동·풍기·영천·예천·용궁·문경·함창 등 9곳이고, 붕어는 예천·함창 2곳이다. 당연히 다른 민물고기도 많았겠지만, 낙동강 상류 지역은 전국 지지地誌에서 은어와 붕어가 주목받았음을 알 수 있다.

『예규지』에서 가장 주목할 부분은 장시와 함께 장시에서 거래되는 물품을 기록했다는 점이다. 『예규지』에 소개된 낙동강 상류 지역의 열세 군현의 장시는 하나만 소개된 데도 있고, 안동처럼 큰 데는 8개의 장시가 소개되었다. 장시가 하나만 실린 데는 예안·영양·진보·순흥, 두 개가 실린 데는 용궁, 세 개가 실린 데는 풍기, 네 개가 실린 데는 청송·영천·함창, 다섯 개가 실린 데는 문경, 일곱 개가 실린 데는 예천, 여덟 개가 실린 데는 안동이다. 안동 다음으로 예천의 장시가 가장 많다는 사실이 흥미롭다. 안동은 부내장府內場·현내장縣內場(풍산읍)·편항장鞭巷場·산하리장山下里場·현재장縣內場(재산면)·옹천장甕泉場·구미장九尾場·포저장浦底場 등 여덟 군데로 오일장이 서는 날짜를 기록했다.[84] 구체적인 예로써, 예천과 용궁의 사례를 살펴보자. 먼저 예천에 관한 기록이다.

83 『예규지』의 물산 편은 18세기의 『여지도서』(1757~1765)를 인용하고 있지만, 그렇다고 전부를 그대로 인용하지는 않았다. 서종태의 분석에 따르면, 『예규지』에 실린 품목 중 전체의 34%는 인용문에 없던 물품으로 서유구가 새롭게 추가했다고 한다. 정명현, 「『예규지』 해제」(서유구 지음, 임원경제연구소 옮김, 『예규지(1)』, 2019), 28쪽.

84 徐有榘, 『倪圭志』 卷3 貨殖下, 八域場市, 慶尚道, 安東.

표 6. 『예규지』의 낙동강 상류 지역 장시의 물품

합류 강	지류	지역	물산	장시의 물품	
				장시	물품
본류		봉화	잣, 송이버섯, 석이버섯, 인삼, 수달, 산무애뱀, 석밀, 은어	가수장, 창평장	미곡, 생선·소금, 종이, 죽물竹物, 담배
		예안	철, 잣, 오미자, 송이버섯, 석이버섯, 옻, 자초, 풀솜, 인삼, 복령, 꿀, 은어	읍내장	쌀, 콩, 참깨, 들깨, 면포, 면화, 삼베, 명주, 생선·소금, 놋그릇鍮器, 자기, 토기, 대추, 밤, 배, 감, 꿩, 닭, 도라지, 담배, 소
		안동	철, 자연석紫硯石, 잣, 오미자, 송이버섯, 석이버섯, 인삼, 복령, 지황, 황금, 원지, 당귀, 시호, 천궁, 반하, 택사, 왕골, 풀솜雪綿, 산무애뱀, 꿀, 은어	부내장, 현내장, 편항장, 산하리장, 현내장, 옹천장, 구미장, 포저장	쌀, 콩, 맥류, 참깨, 들깨, 면포, 면화, 주단, 모시, 삼베, 미역, 생선·소금, 꿩, 닭, 대추, 밤, 배, 감, 종이, 놋그릇, 철물, 담배, 소
	반변천	영양	오미자, 송이버섯, 복령, 당귀, 삽주, 작약, 목적, 꿀	읍내장	맥류, 기장, 조, 면포, 삼베, 생선, 소금, 자초紫草, 담배, 꿩, 닭, 소
		청송	잣, 송이버섯, 석이버섯, 옻, 자초, 왕골, 인삼, 웅담, 영양각, 산무애뱀, 꿀	부내장, 소곡장, 천변장, 화목장	쌀, 콩, 맥류, 면포, 면화, 삼베, 말린 전복, 열합, 미역, 김, 소금, 꿩, 닭, 자초, 담배, 종이, 놋그릇, 자기, 토기, 유기柳器, 철물, 패랭이, 우립雨笠, 소
		진보	송이버섯, 석이버섯, 자초, 인삼, 복령, 삽주, 지황, 꿀	읍내장	쌀, 콩, 맥류, 면포, 삼베, 생선, 소금, 대추, 밤, 자초, 도라지, 꿩, 닭, 소
내성천	본류	순흥	산사山査, 송이버섯, 황기, 삽주, 당귀, 강활, 독활, 작약, 황백	성하리장	쌀, 콩, 맥류, 면포, 삼베, 명주, 견사, 생삼, 북어, 청어, 방어, 대구, 문어, 말린 전복, 미역, 소금, 호두, 대추, 송이버섯, 도라지, 고사리, 담배, 소
		풍기	수정, 곶감, 잣, 송이버섯, 석이버섯, 자초, 왕골, 닥나무, 인삼, 꿀, 은어	읍내장, 하성내리장, 은풍장	쌀, 콩, 맥류, 미역, 김, 소금, 면포, 면화, 삼베, 명주, 잠사, 곶감, 자리, 종이, 패랭이, 소

		영천 榮川	잣, 송이버섯, 석이버섯, 옻, 왕골, 인삼, 복령, 지황, 꿀, 종이, 은어	읍내장, 반구장, 우천장, 평은장	미곡, 면포, 생선 · 소금, 소
	한천	예천	철, 잣, 오미자, 닥나무, 자초, 풀솜, 왕골, 인삼, 산무애뱀, 꿀, 붕어, 은어	읍내장, 산운장, 오천장, 북면장, 적성장, 보통장, 사천장	미곡, 면포, 생선 · 소금, 소
	금천	용궁	철, 배, 잣, 왕골, 산무애뱀, 은어	읍내장, 지보장	쌀, 콩, 맥류, 참깨, 들깨, 생선 · 소금, 담배
영강		문경	잣, 송이버섯, 석이버섯, 산무애뱀, 웅담, 꿀, 종이, 은어	읍내상장, 읍내하장, 농암장, 가은장, 유곡장	쌀, 콩, 맥류, 참깨, 들깨, 면포, 삼베, 생선 · 소금, 자기, 토기, 곶감, 호두, 담배, 소
		함창	송이버섯, 산무애뱀, 꿀, 붕어, 은어	구향장, 구아장, 적지장, 시암장	쌀, 콩, 맥류, 면포, 면화, 명주, 대추, 밤, 배, 감, 놋그릇, 토기, 담배, 꿩, 닭

• 『임원경제지』 권111 「예규지」 권3 화식(중), 팔역물산, 경상도
• 『임원경제지』 권112 「예규지」 권4 화식(하), 팔역장시, 경상도

읍내장邑內場은 관문 밖에 있는데 2일 · 7일 날짜에 선다. 미곡米穀 · 면포 · 어염魚鹽 · 소牛犢가 풍부하다. 신운장信云場은 치소治所와 30리 떨어진 보문면普門面에 있는데 3일 · 8일 날짜에 선다. 오천장梧川場은 치소와 20리 떨어진 위라곡면位羅谷面에 있는데 5일 · 10일 날짜에 선다. 북면장北面場은 군치와 20리 떨어진 제곡면諸谷面에 있는데 1일 · 6일 날짜에 선다. 적성장赤城場은 군치와 50리 떨어진 동로소면冬老所面에 있는데 3일 · 8일 날짜에 선다. 보통장甫通場은 군치와 70리 떨어진 현남면縣南面에 있는데 5일 · 10일 날짜에 선다. 사천장沙川場은 군치와 60일 떨어진 현서면縣西面에 있는데 3일 · 8일 날짜에 선다.[85]

85 徐有榘, 『倪圭志』 卷3 貨殖下, 八域場市, 慶尚道, 禮泉.

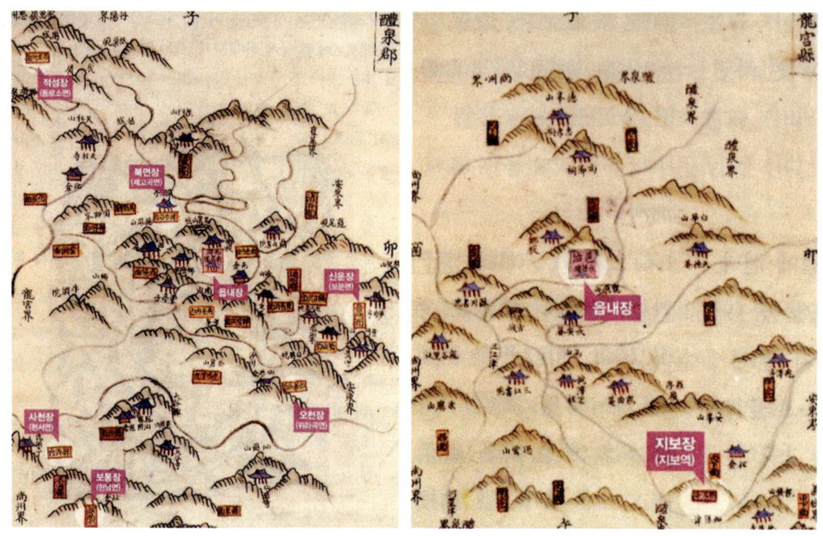

지도 2. 『예규지』에 보이는 예천과 용궁의 장시
(출처: 임원경제연구소 옮김, 『예규지(2)』, 풍석문화재단, 2019, 192쪽, 209쪽)

예천에는 읍내장 · 신운장 · 오천장 · 북면장 · 적성장 · 보통장 · 사천장 등 일곱 개의 장시가 기록되었다. 다음으로 용궁에는 읍내장 · 지보장 두 개의 장시가 있었다.

> 읍내장邑內場은 관문 밖에 있는데 4일 · 9일 날짜에 선다. 쌀 · 콩 · 맥류麰麥 · 참깨脂麻 · 들깨水蘇 · 어염 · 담배煙草가 풍부하다. 지보장知保場은 군치에서 30리 떨어진 현남면縣南面에 있는데 1일 · 6일 날짜에 선다.[86]

이처럼 『예규지』에는 장시의 이름, 위치, 열리는 날짜 및 대표적인 거래 물품이 기록되어 있다. 흥미로운 부분은 낙동강 상류 지역은 대부분 물산의 품목과 실제 장시에서 거래되는

86 徐有榘, 『倪圭志』 卷3 貨殖下, 八域場市, 慶尚道, 龍宮.

물품이 거의 일치하지 않는다는 점이다. 물산 자체가 상품이 되기보다는, 장시를 통해 필요한 물품의 거래가 더 중심이 되었음을 볼 수 있다.

이제 장시의 거래 물품 가운데 수산물 유통은 어떠했는지 살펴보자. 『예규지』는 낙동강 상류 지역에서 유통되었던 수산물을 낱낱이 언급하는 대신에 대부분 '생선 · 소금魚鹽'이라는 말로 통치고 있다. 이것만으로는 낙동강을 통한 수산물 유통을 알기 어려운 까닭에, 낙동강 유역 전체의 현황을 통해서, 낙동강 상류의 수산물 유통을 유추할 필요가 있다. 아래 〈표 7〉은 『예규지』에 기록된 낙동강 유역 장시에 유통되는 수산물 목록이다.

표 7. 『예규지』의 낙동강 유역 장시의 수산물

합류 강	지류	지역	낙동강 유역 장시의 수산물	
			어류	기타 해산물
본류		봉화	생선	소금
		예안	생선	소금
		안동	생선	소금, 미역
	반변천	영양	생선	소금
		청송		말린 전복, 열합裂蛤, 미역, 김
		진보	생선	소금
내성천	본류	순흥	북어, 청어, 방어, 대구, 문어	말린 전복, 미역, 소금
		풍기		미역, 김, 소금
		영천榮川	생선	소금
	한천	예천	생선	소금
	금천	용궁	생선	소금
영강		문경	생선	소금
		함창		

본류		상주	생선	소금
위천		의흥	생선	소금
		군위	생선	소금
		의성	생선	소금
		비안	생선	소금
감천		지례	생선	소금
		금산	생선	소금
		개녕	생선	소금
		선산	생선	소금
본류		인동	청어, 북어, 넙치, 대구, 조기, 문어【잉어, 붕어】	해삼, 홍합, 미역, 소금
		성주	숭어, 갑오징어, 천진어天眞魚【잉어, 붕어, 은어】	
금호강		신녕	생선	소금
		영천永川	홍어, 갑오징어, 문어, 조기, 북어, 상어, 청어, 도미, 복어, 넙치, 방어, 대구【잉어, 붕어, 은어, 쏘가리, 자라】	해삼, 말린 전복, 열합, 다시마, 김, 미역, 녹각채, 감태, 소금
		하양	-	-
		경산		해삼, 말린 전복, 홍합, 김, 다시마, 미역, 소금
		자인	생선	소금
		칠곡	생선	미역, 생선·소금
		대구	생선	소금
본류		현풍	생선	소금
회천		고령	-	-
황강	가야천	안의	생선	소금
		거창	조기, 대구, 문어, 넙치, 민어, 청어, 상어, 도미, 북어	말린 전복, 홍합, 미역, 김, 소금
	본류	합천	생선	소금
		초계	생선	소금

토평천		창녕	생선	소금
남강	경호강	함양	생선	소금
		산청	생선	소금
	남강	단성	생선	소금
		삼가	생선	소금
		진주	생선	소금
본류		의령	생선	소금
		함안	생선	소금
계성천		영산	-	-
광로천		칠원	조기, 도미, 문어	해삼, 말린 전복, 홍합, 미역
밀양강	청도천	청도	생선	미역, 생선 · 소금
	본류	밀양	생선	소금
양산천		양산	생선	미역, 말린 전복, 생선 · 소금
본류		김해	숭어, 웅어, 농어, 성어, 대구, 조기, 문어【잉어】	해삼, 백합, 홍합, 전복, 노해蘆蟹, 소금, 미역, 김
		동래	넙치, 상어, 청어, 북어, 대구, 문어	해삼, 말린 전복, 홍합, 김, 미역

• 어염魚鹽=생선 · 소금, 해채海菜=미역, 해의海衣=김, 담채淡菜=미역으로 번역, 팔초어八梢魚=문어, 세하細蝦=쌀새우, 독미어禿尾魚=도미, 공어鮮魚=홍어

• 【 】는 민물고기. 숭어, 웅어, 농어는 바닷물고기로, 은어, 황어는 민물고기로 분류함

낙동강 상류 지역을 살펴보면, 아예 유통되는 수산물이 기록되지 않는 데도 있다. 함창은 어류 및 기타 수산물 기록이 없다. 그렇다고 수산물이 유통되지 않았을 리는 없다. 아마 기록이 빠졌거나, 상대적으로 덜 중요한 물품일 테다. 『예규지』는 대체로 '풍부한饒' 물품을 기록했음을 유의할 필요가 있다. 앞서 언급했듯이, 대부분 지역은 '생선 · 소금'으로만 기록되어 있다. 안동은 미역, 풍기는 미역 · 김, 청송은 말린 전복 · 열합 · 미역 · 김 등 해산물이 기록되어 있다. 흥미롭게 순흥만이 어류는 북어 · 청어 · 방어 · 대구 · 문어, 기타 해산물로 말린 전복 · 미역 · 소금이 실려 있다. 낙동강 상류의 영남 내륙 산골 지역까지 북어 · 청어

· 대구 등의 바닷물고기가 유통되었음이 주목된다. 낙동강 중류와 하류 지역도 '생선 · 소금'으로만 기록된 지역이 대부분이다. 하양 · 고령 · 영산은 이런 기록마저 없지만, 함창의 예처럼 수산물이 유통되지 않았던 것은 아니었다. 성주는 숭어 · 갑오징어 및 정체불명의 '천진어天眞魚', 그리고 잉어 · 붕어 · 은어가 장시에서 유통되는 주요 수산물이었다. 칠원은 조기 · 도미 · 문어 같은 바닷물고기와 해삼 · 말린 전복 · 홍합 · 미역 같은 해산물이 유통되었다. 경산은 해삼 · 말린 전복 · 홍합 · 김 · 다시마 · 미역 · 소금 등 어류는 없고 기타 해산물만 기록되어 있다.

낙동강 중류 지역에서 주목할 데는 인동, 영천 · 거창이다. 인동은 바닷물고기로 청어 · 북어 · 넙치 · 대구 · 조기 · 문어를, 민물고기로는 잉어 · 붕어를, 기타 해산물로 해삼 · 홍합 · 미역 · 소금이 기록되어 있다. 낙동강 중류에서 인동이 수산물 유통에서 중요한 위치를 점하고 있음을 짐작할 수 있다. 거창의 수산물 기록도 흥미롭다. 거창에는 청어 · 북어 · 대구 · 조기 · 문어 · 넙치 · 민어 · 상어 · 도미 등 아홉 종의 바닷물고기와 말린 전복 · 홍합 · 미역 · 김 · 소금 등의 해산물이 풍부했다. 가야산 서남쪽, 지리산 동북쪽에 있는 깊은 산지이면서, 낙동강 지류인 황강의 발원지인 거창까지 이렇게 다양한 해산물이 유통되었다는 사실은 낙동강을 통한 해산물 유통이 대단히 활발했음을 짐작하게 한다. 낙동강 지류 금호강의 발원지인 영천永川은 더욱 흥미롭다. 영천에는 북어 · 조기 · 청어 · 대구는 물론이고 홍어 · 갑오징어 · 문어 · 상어 · 도미 · 복어 · 넙치 · 방어 등의 바닷물고기, 잉어 · 붕어 · 은어 · 쏘가리 같은 민물고기와 자라 같은 민물동물, 해삼 · 말린 전복 · 열합 · 다시마 · 김 · 미역 · 녹각채 · 감태 · 소금 같은 해산물이 실려 있다. 낙동강 유역의 여러 지방에서 가장 풍부하다. 왜 하필 영천이 특별하게 풍부한 수산물이 기록되어 있을까? 이것은 우연만은 아닐 것이다. 그 답을 찾기 위해서는 영남 연해의 물산을 함께 살필 필요가 있다.

낙동강 하구의 김해에는 순수 민물고기 잉어와 함께 숭어 · 웅어 · 농어 · 청어 · 대구 · 조기 · 문어 등의 바닷물고기가 풍부하게 유통되었다. 기타 해산물로는 해삼 · 백합 · 홍합 · 전복 · 노해蘆蟹 · 미역 · 김 · 소금이 기록되었다. 동래는 넙치 · 상어 · 청어 · 북어 · 대구

· 문어 등의 바닷물고기와 해삼 · 말린 전복 · 홍합 · 김 · 미역 등의 해산물이 있었다. 명지도鳴旨島의 소금처럼 낙동강 하구의 해산물들은 낙동강을 거슬러 올라 영남 곳곳으로 공급되었다. 물론 낙동강 유역에 유통되었던 해산물은 김해와 동래의 해산물만은 아니었다. 영남 지역 전체의 연해에서 나는 해산물이 다양할 경로를 통해 공급되었다. 낙동강 상류 지역에 유통되었던 해산물의 공급원을 이해하기 위해서는 영남 연해 지역의 '물산'과 장시의 '해산물'을 같이 살펴볼 필요가 있다.

표 8. 『예규지』에 보이는 영남 연해지역 장시의 수산물

지역	연해 '물산'의 수산물	연해 '장시'의 수산물	
		어류	기타 해산물
울진	연어, 송어, 방어, 넙치, 대구, 눈볼대赤魚, 도루묵, 고등어, 문어【은어, 황어】/ 해삼, 전복, 홍합, 대게, 미역, 김	생선	소금
평해	연어, 송어, 방어, 넙치, 대구, 눈볼대, 고등어, 삼치, 문어【은어, 황어】/ 해삼, 전복, 홍합, 대게, 김, 미역	생선	소금
영해	방어, 연어, 송어, 넙치, 대구, 홍어, 고등어, 문어/ 전복, 홍합, 대게, 미역, 김, 청각채	방어, 넙치, 홍어, 청어, 대구, 상어, 문어, 도미, 북어	해삼, 전복, 대게, 홍합, 김, 미역, 소금
영덕	연어, 방어, 송어, 넙치, 대구, 상어, 청어, 문어【은어, 황어, 백조어】/ 해삼, 전복, 홍합, 대게, 미역, 김	방어, 청어, 넙치, 상어, 대구, 도미, 문어【은어】	해삼, 대게, 말린 전복, 미역, 김, 소금
청하	넙치, 대구, 방어, 청어, 문어, 상어【백조어】/ 해삼, 전복, 홍합, 미역, 김	대구, 청어, 넙치, 문어, 상어, 홍어	해삼, 전복, 미역, 김
흥해	방어, 송어, 홍어, 대구, 상어, 넙치, 청어, 고등어,【은어】/ 해삼, 전복, 홍합, 미역, 김	대구, 도미, 문어, 방어, 넙치, 청어, 방어	해삼, 전복, 미역, 김, 소금
영일	연어, 방어, 넙치, 대구, 송어, 홍어, 상어, 청어, 전어, 고등어【은어, 황어】/ 전복, 홍합, 미역, 김	생선	소금

장기	방어, 송어, 넙치, 상어, 대구, 청어/ 전복, 홍합, 미역, 김	대구, 넙치, 청어	해삼, 홍합, 말린 전복, 미역
경주	농어, 방어, 송어, 넙치, 홍어, 대구, 청어, 문어【은어, 황어】/ 전복, 홍합, 미역, 김	대구, 넙치, 방어, 평어(平魚), 가자미(加三魚), 상어, 멸치, 준치, 문어	해삼, 말린 전복, 말린 조개, 김, 미역, 소금
울산	연어, 방어, 넙치, 대구, 홍어, 상어, 전자리상어, 청어, 고등어, 전어, 문어, 낙지【은어, 황어】/ 해삼, 홍합, 굴, 미역, 김, 해조海藻		전복, 김, 미역, 소금
기장	넙치, 대구, 전자리상어, 홍어, 상어, 청어, 전어, 고등어/ 해삼, 전복, 홍합, 미역, 김, 해조	넙치, 조기	해삼, 전복, 미역, 홍합, 소금
동래	숭어, 농어, 방어, 넙치, 대구, 전자리상어, 조기, 청어, 홍어, 전어, 고등어【은어】/ 해삼, 전복, 홍합, 굴, 게, 미역, 다시마, 해조, 김, 소금	넙치, 상어, 청어, 북어, 대구, 문어	해삼, 말린 전복, 홍합, 김, 미역
김해	숭어, 농어, 대구, 홍어, 청어, 웅어, 밴댕이, 문어, 뱅어【잉어, 붕어】/ 전복, 조개, 곤쟁이, 가리맛조개, 미역, 소금	숭어, 웅어, 농어, 청어, 대구, 조기, 문어【잉어】	해삼, 백합, 홍합, 전복, 노해蘆蟹, 소금, 미역, 김
웅천	숭어, 농어, 대구, 홍어, 상어, 조기, 청어, 전어, 갑오징어, 문어, 낙지/ 조개, 홍합, 전복, 굴, 소금	도미, 문어, 대구, 상어	해삼, 홍합, 굴, 미역
창원	숭어, 대구, 홍어, 조기, 청어, 갑오징어, 낙지, 웅어【붕어】/ 해삼, 가리맛조개, 소금	갑오징어, 숭어, 홍어, 넙치, 조기, 청어, 문어【붕어】	해삼, 말린 전복, 홍합, 미역
칠원	홍어, 조기, 청어【붕어】/ 해삼, 소금	조기, 도미, 문어	해삼, 말린 전복, 홍합, 미역
진해	대구, 상어, 홍어, 청어, 조기, 갑오징어, 문어, 낙지【은어, 황어】/ 전복, 조개, 굴, 소금	대구, 문어, 도미, 농어, 상어, 청어, 조기【은어】	해삼, 굴
거제	농어, 숭어, 대구, 홍어, 상어, 준치, 조기, 청어, 전어, 문어, 낙지/ 해삼, 전복, 조개, 미역, 소금	도미, 조기, 대구, 청어, 농어, 북어	해삼, 쌀새우, 말린 전복, 홍합, 미역, 소금
고성	숭어, 농어, 대구, 조기, 청어, 전어, 갑오징어, 문어, 낙지【황어】/ 해삼, 전복, 자합紫蛤, 홍합, 굴, 미역, 소금	생선	소금
사천	숭어, 홍어, 상어, 조기, 문어, 낙지【은어, 황어】/ 해삼, 전복, 조개, 굴, 게, 미역	생선	소금, 해삼, 홍합, 미역

진주	대구, 문어, 낙지【은어, 쏘가리, 누치】/ 해삼, 전복, 조개, 홍합, 굴, 가리맛조개, 게, 미역, 김, 청각채, 소금	생선	소금
곤양	숭어, 농어, 대구, 조기, 홍어, 전어, 문어, 낙지, 갑오징어【은어】/ 해삼, 전복, 홍합, 굴, 게, 미역, 김, 해조	농어	백합, 굴, 김, 소금
남해	숭어, 농어, 대구, 상어, 홍어, 준치, 조기, 청어, 문어, 낙지, 갑오징어/ 해삼, 전복, 조개, 홍합, 살조개, 미역, 소금	갑오징어, 문어, 조기, 상어, 숭어	해삼, 미역, 전복, 소금
하동	숭어, 농어, 홍어, 상어, 대구, 준치, 조기, 문어, 낙지【은어】/ 해삼, 전복, 조개, 굴, 게, 미역	청어, 대구, 북어, 문어【은어】	해삼, 홍합, 말린 전복, 미역, 백합, 김

• 조선 시대에 울진과 평해는 강원도 소속. •【】는 민물고기. • 적어赤魚=눈볼대 • 가삼어加三魚=가자미
• 문어, 낙지, 갑오징어는 조선 시대 분류에 따라 '바닷물고기'에 포함했음
• 경주에서 유통되는 평어平魚는 '가자미'과로 추정되지만, 확실치 않음

〈표 8〉에서는 조선 시대에는 강원도 소속이었던 울진과 평해까지 포함했고, 낙동강 하구인 김해와 동래, 그리고 진주는 중복이 있지만, 함께 살폈다. 영남 연해에는 대단히 풍부한 수산물이 생산되어 다양하게 유통되었음을 볼 수 있다. 은어는 울진 · 평해 · 영덕 · 흥해 · 영일 · 경주 · 울산 · 동래 · 진해 · 사천 · 진주 · 곤양 · 하동 등에서 많이 났다. 황어는 울진 · 평해 · 영덕 · 영일 · 경주 · 울산 · 진해 · 고성 · 사천 등이 생산지로 이름을 올렸다. 그 외에 영덕과 청하의 백조어, 김해 · 창원 · 칠원의 붕어, 진주의 쏘가리 · 누치, 김해의 잉어 등의 민물고기가 보인다. 영남의 연해 지역에도 은어와 황어가 풍부하게 났던 것이었다. 특히 은어는 낙동강 유역과 연해 지역 전체를 통틀어 영남에서 가장 많이 났던 민물고기였음을 한 번 더 확인할 수 있다. 영덕 · 진해 · 하동에서는 은어가 시장에서 풍부하게 유통되었음도 볼 수 있다.

해산물은 동래와 기장을 기준으로, 기장에서 울진까지의 동해 연안, 동래에서 하동까지 남해 연안으로 나누어 살펴보자. 동해 연안에서 났던 물고기를 빈도에 따라 살펴보면, 대구

와 넙치가 가장 넓게 났음을 알 수 있다. 대구와 넙치는 전체 대상 지역 11곳 모두에서 났다. 다음으로 방어(10곳), 청어 · 송어(8곳), 고등어 · 상어 · 문어(7곳), 연어 · 홍어(6곳), 전어 · 전자리상어(2곳), 도루묵 · 낙지 · 삼치(1곳)의 순서였다. 동해 연안으로는 대구 · 넙치 · 방어 · 청어 · 송어 · 고등어 · 상어 · 문어 등이 풍부하게 났음을 알 수 있다. 기타 해산물로는 홍합 · 미역 · 김이 11곳 모두에서 났고, 전복(10곳), 해삼(7곳), 대게(4곳), 해조(2곳), 청각채 · 굴(1곳)이 났다. 홍합 · 전복 · 해삼 및 미역과 김이 동해 연안에서 풍부했던 것이었다.

그렇다면 장시에 유통되는 해산물은 어떠했을까? 울진 · 평해 · 영일은 '생선 · 소금'으로만 기록되었고, 울산은 바닷물고기가 기재되지 않았다. 이것을 제외하고 출현빈도에 따르면 넙치(7곳), 대구(6곳), 청어 · 방어 · 문어(5곳), 상어(4곳), 도미(3곳), 홍어(2곳), 북어 · 가자미 · 멸치 · 조기 · 준치 · 평어(1곳)의 순서로 나온다. 넙치 · 대구 · 청어 · 방어 · 문어 · 상어 등이 널리 중요한 상품이었다. 짚고 넘어갈 부분은 북어 · 가자미 · 멸치 · 조기 · 준치는 동해 연안의 물산으로 기록되지 않았다는 점이다. 기타 해산물을 보면 전복과 미역(8곳), 해삼(7곳), 김과 소금(6곳), 홍합(3곳), 대개(2곳), 조개(1곳)가 나온다. 전복과 해삼, 김과 미역이 널리 유통되었음을 알 수 있다.

남해 연안에서 나는 해산물을 살펴보자. 동래부터 하동까지 모두 13곳에서 나는 바닷물고기를 살펴보면 다음과 같다. 대구 · 조기 · 홍어(11곳), 숭어 · 문어 · 낙지(10곳), 청어(9곳), 농어(8곳), 상어 · 갑오징어(6곳), 전어(5곳), 준치(3곳), 웅어(2곳), 고등어 · 넙치 · 방어 · 밴댕이 · 뱅어 · 전자리상어(1곳)의 순서이다. 대구 · 홍어와 함께, 동해 연안에는 나오지 않던 조기가 11곳이나 났다는 게 이채롭다. 기타 해산물은 전복(11곳), 해삼 · 소금(10곳), 미역(9곳), 굴 · 조개(8곳), 홍합(6곳), 게(5곳), 가리맛조개 · 김(3곳), 다시마 · 곤쟁이 · 살조개 · 자합 · 청각채(1곳)의 순서이다. 남해 연안에도 전복과 해삼이 매우 풍부했음을 볼 수 있다.

남해 연안의 장시에서 유통되는 해산물은 고성과 진주가 '생선 · 소금'으로 표기되었고, 사천은 거기에다 해삼 · 홍합 · 미역을 보탰다. 바닷물고기로는 문어(8곳), 대구 · 청어 ·

조기(6곳), 도미 · 농어 · 상어 · 숭어(4곳), 북어(3곳), 넙치 · 갑오징어(2곳), 홍어(1곳)가 있었다. 문어 · 대구 · 청어와 더불어 조기가 중요하게 유통되었다는 점이 주목된다. 기타 해산물로는 해삼이 10곳으로 가장 많다. 다음으로 미역(9곳), 홍합(8곳), 전복 · 소금(7곳), 김(4곳), 굴 · 백합(3곳), 쌀새우(1곳)의 순서이다. 해삼은 매우 풍부하게 나고, 또 널리 유통되었던 것이었다.

동해 연안과 남해 연안의 해산물을 종합하여 비교해 보자. 바닷물고기를 살펴보면 대구(22곳), 청어 · 홍어 · 문어(17곳), 상어(13곳), 넙치(12곳), 방어 · 낙지(11곳), 고등어 · 전어(7곳), 전자리상어(3곳) 등 10종은 양쪽에서 모두 났다. 반면에 송어 · 연어 · 도루묵 · 삼치는 동해 연안에서, 조기 · 숭어 · 농어 · 갑오징어 · 준치 · 웅어 · 밴댕이 · 뱅어는 남해 연안에만 기록되었다. 장시에서 유통되었던 바닷물고기를 종합하면 문어(13곳), 대구(12곳), 청어(11곳), 넙치(9곳), 상어(8곳), 도미 · 조기(7곳), 방어(5곳), 북어(4곳), 홍어(3곳)는 양쪽에서 모두 유통되었다. 반면에 가자미 · 준치 · 멸치 · 평어는 동해 연안에만, 농어 · 숭어 · 갑오징어는 남해 연안에만 기록되었다. 영남 연안에는 문어 · 대구 · 청어 · 넙치 등이 가장 많이 나고, 가장 널리 유통되었음을 짐작할 수 있다. 기타 해산물로는 전복(19곳), 해삼 · 미역(17곳), 소금(16곳), 조개 · 홍합 · 김(9곳)이 양쪽에서 유통되었다. 대개는 동해 연안에, 굴 · 게 · 가리맛조개 · 곤쟁이 · 다시마 · 살조개 · 자합 · 청각채는 남해 연안에만 기록되었다. 영남 지역에는 전복과 해삼, 미역과 소금이 광범위하게 생산되고 널리 유통되었던 것이었다.

영남 연안 지방에서 생산되고 유통되는 해산물들을 살펴보면, 낙동강 상류 지역에 소비되었던 해산물들이 어디에서 유입되었는지를 짐작할 수 있다. 예컨대 청어 · 대구 · 조기 · 고등어 · 도미 · 방어 등의 물고기는 영남 연안 지방에서 많이 났고, 그 가운데 일부는 낙동강 수로를 따라서, 일부는 육로를 통해서 예천 · 안동 등의 내륙 깊숙이까지 유통되었다. 물론 내륙에서 유통되는 모든 물고기가 영남 연안에서 공급되었던 것은 아니었다. 예컨대 민어는 좀 더 추적이 필요하다. 무엇보다 명태는 영남에서 전혀 나지 않는 물고기였다. 함경도와 강원도에서 났던 물고기가 어느 때부터인지 전국적인 해산물 네트워크를 통해서 낙동강 상류 지역까지 유입되었던 것이었다. 이렇게 유입되었던 해산물들이 낙동강 상류 지역 백성들에게 단백질을 제공하고, 음식 문화를 풍부하게 만들었음은 말할 필요가 없을 터였다.

2) 물길, 나루, 도로 : 수산물 유통 네트워크

조선 시대 낙동강 중류와 상류 지역에 의외로 다양한 해산물이 유통될 수 있었던 데는 낙동강 물길의 역할이 컸다. 실핏줄처럼 영남을 하나로 연결하는 낙동강은 바닷가의 풍부한 해산물을 상류 지역으로 공급하는 중요한 교통로였다. 험악한 산악지형을 이루는 지형적 특성으로 도로의 발전이 제한되었던 전 근대에 일반적인 화물은 수로로 운동하는 것이 훨씬 편리했다. 낙동강 하구의 소금이 낙동강 선운船運을 통해 영남 곳곳에 유통되는 과정을 규명했던 유승훈은 낙동강은 영남의 경제를 하나로 연결하는 역할을 했다고 평가했다. 내륙의 토산품인 곡물 · 과일 · 채소 등은 낙동강을 통하여 바닷가의 어물 · 소금 · 젓갈 · 해초류 등과 교환되었다. 낙동강 하구에서 출발한 운송선은 소금과 어물 · 젓갈 등을 가지고 올라갔으며, 내려올 때는 내륙에 생산된 곡류를 싣고 왔다. 낙동강의 선운을 통하여 영남의 해안과 내륙이 하나의 공동체로 연결될 수 있었던 것이었다.[87]

18세기 이중환李重煥은 낙동강 선운의 이런 역할을 일찍부터 주목하고 있었다. 선박의 이로움을 논하면서 영남에서 낙동강 물길의 중요성을 다음같이 지적했다.

> 출입하는 선상船商은 반드시 강과 바다가 만나는 곳에서 화물을 매매하여 이익을 얻는다. 경상도에서는 낙동강이 바다로 들어가는 곳이 김해 칠성포인데, 여기서 북쪽으로 거슬러

87 유승훈, 앞의 책, 2012, 188~196쪽.

> 올라가면 상주에 이르고, 서쪽으로 거슬러 올라가면 진주에 이른다. 길목에 있는 김해가 경상도 전체의 수구에 위치하여 남쪽과 북쪽, 바다와 육지의 이익을 모두 챙긴다. 여기서는 관청이나 개인이나 할 것 없이 소금을 판매하여 막대한 이익을 취한다.[88]

이중환은 선상船商이 북쪽으로는 상주尙州까지, 서쪽으로는 진주晋州까지 거슬러 올라간다고 했다. 특히 상주는 북쪽으로 문경새재와 가까워서 충청도와 경기도로 통하고, 동쪽으로 낙동강이 있어서 김해와 동래로 통하니, 물건을 말로 운반하고 배로 실어가며 남쪽과 북쪽에서 수로와 육로를 통해서 장사치가 모여든다고 했다. 영남대로라는 육로와 낙동강이라는 수로가 서로 연결되어 영남의 큰 상업 도시가 되었던 것이었다.[89] 18세기 후반의 『여지도서』는 상주와 낙동강의 관계를 다음 같이 말했다.

> 낙동강은 상주 동쪽 36리에 있다. 안동 태백산 황지潢池에서 발원하여, 소백산 아래의 물길들과 만난다. 상주 동쪽 경계에 이르러 조령 좌우의 물과 합쳐져서 삼탄三灘이 된다. 남쪽으로 흘러 회촌진回村津이 되고, 또 비란진飛鸞津이 되고, 또 죽암진竹巖津이 되어 위수渭水와 합쳐지고, 남쪽으로 흘러서 낙동진洛東津이 되어 선산善山 경계로 들어선다. 여기부터 바다로 들어가기까지 비록 지역에 따라 이름이 다르지만 총칭하여 낙동강이라고 하며, 또 가야진伽倻津이라고 한다.[90]

---

88 이중환 지음, 안대회 · 이승용 외 옮김, 『완역정본 택리지』, 휴머니스트, 2018, 236쪽.
89 이중환 지음, 안대회 · 이승용 외 옮김, 위의 책, 2018, 122쪽.
90 『輿地圖書』 慶尙道, 尙州牧, 山川, 洛東江.

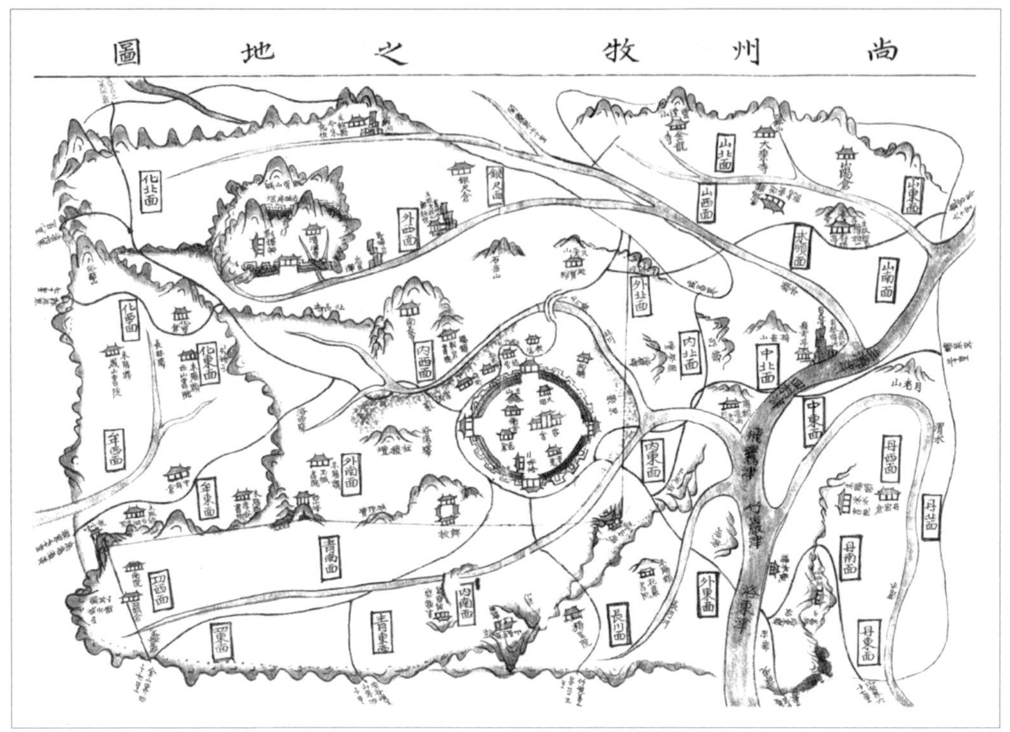

지도 3. 『여지도서』「상주목지지도」의 다섯 나루: 삼탄진, 회촌진, 비란진, 죽암진, 낙동진

낙동강 상류 수로 교통망의 핵심 도시답게 상주에는 여러 개의 중요한 나루가 있었다. 『여지도서』에는 회촌진 · 비란진 · 죽암진 · 낙동진 등 4개의 나루가 보인다. 그 가운데 낙동진은 현재 경상북도 상주군 낙동면 낙동리를 말한다. 조선 시대에 낙동진은 낙동강 상류에서 가장 큰 나루였다.[91] 다만 『여지도서』를 좀 더 면밀하게 살펴보면, 여기에 빠진 나루가 하나 있음을 알 수 있다. 바로 '삼탄진三灘津'이다. 본문에는 "조령 좌우의 물과 합쳐져서 삼탄이 된다."라고만 해서 삼탄은 나루가 아니라고 여기기 쉽지만, 바로 그 앞의 「상주목지지도

91 고동환, 『한국 전근대 교통사』, 들녘, 2015, 271쪽.

尙州牧之地圖」에는 앞의 네 나루와 더불어서 '삼탄진三灘津'이라는 이름이 있다.[92] 조선 후기의 상주지도에도 대부분 '삼탄'으로만 기록되어 있는데, 뒤에서 다시 살피겠지만, 「1872년 지방지도」의 「예천」 및 「용궁」 지도에는 '삼탄진'이라고 기록하여, 삼탄 나루의 존재를 분명하게 보여준다. 그렇다면 『여지도서』는 상주의 나루로 삼탄진 · 회촌진 · 비란진 · 죽암진 · 낙동진 등 5개를 싣고 있는 셈이다.

삼탄진은 오늘날 상주 사벌국면 퇴강리와 예천 풍양면 낙상리를 연결하는 나루였다. 상주 쪽은 이른바 낙동강 7백 리가 시작되는 기점인 퇴강진退江津으로, 물미 나루 혹은 광대정光大亭(廣大亭)으로도 불렸다. 퇴강은 영강이 낙동강과 합류하는 지점으로 강물이 부딪쳐 물러남으로써 '물미'라고 했다.[93] 퇴강진 건너편 풍양면 낙상리에는 삼탄진이라는 이름의 연원이 되는 삼탄 마을이 있다. 삼탄은 낙동강이 영강과 합해지면서 세 개의 여울이 생겨서 붙여진 이름이다. 삼여울, 삼청三淸, 세밀 등으로 불렸다.[94] 조선 시대에는 낙동강 상류 · 중류의 일부 세곡이 낙동강을 거슬러 상주까지 올라온 다음에 육로로 옮겨 문경새재를 넘어 충주 가흥창까지 옮겼다. 퇴강진은 이들 세곡선이 올라왔던 최종 시점이었다고 했다.

이런 사실은 19세기 후반의 기록에서도 확인할 수 있다. 고종 27년(1890) 통어사 박제관朴齊寬은 문경새재 방어의 중요성을 역설하면서, "충주의 달천㺚川은 조령에서 50리이고, 상주의 삼탄은 토잔兎棧에서 40리이니, 영북嶺北의 곡식은 금탄琴灘을 거슬러 달천에 댈 수 있고, 영남의 쌀은 낙동을 거슬러 삼탄에 도달할 수 있으니, 급한 일이 생기면 배로 운반할" 것을 강조했다.[95] 영남의 곡물을 문경새재에서도 가장 험난한 '토끼비리兎棧'까지 운반할 때 '삼탄'이 곡물 운송의 종착지였음을 확인해 준다. 위의 인용문에서 낙동강이 흘러서 소백산

---

92 『輿地圖書』 慶尙道, 尙州牧, 「尙州牧之地圖」.

93 경북향토사연구협의회, 『경북마을지(중권)』, 경상북도, 1992, 849쪽.

94 김봉우, 『낙동강 옛나루』, 경남, 2019, 70~71쪽. 낙동강과 영강이 합류하는 곳이 첫 번째 여울, 삼탄 마을 앞쪽이 두 번째 여울, 운성 나루 위에 있는 양수장 쪽이 세 번째 여울이었다. '삼청'은 삼탄의 물이 맑아서 붙여진 이름이었다.

95 『고종실록』 고종 27년 3월 27일.

아래의 물길들과 만나는 곳은 '삼강三江'을 가리킨다. 삼강진과 삼탄진은 모두 오늘날 예천에 속한다. 낙동강 선운에서 문경새재로 연결되는 상주의 중요성은 말할 것도 없지만, 동시에 예천이 가지는 의미 또한 크다고 할 터이다.

그렇다면 낙동강을 거슬러 올라가는 선운은 어디까지 가능했을까? 여기에 관해서는 니노우 유타카新納豊의 연구가 흥미롭다. 낙동강 본류의 물길은 대략 500km인데, 그 가운데 선박이 거슬러 올라오는 한계는 평수平水 때는 하구에서 290km 지점의 달지達地 부근까지며, 증수增水 때는 340km 지점의 안동까지였다. 다만 이것은 하천 자체의 조건이며, 철도개통 전의 상행선박은 대부분 하구에서 250km 지점의 낙동을 종착지로 했다. 이 구간에서도 하상河床이 급경사를 이루거나 얕은 곳 등 운행이 어려운 곳에서는 작은 배에 옮겨 싣지 않으면 안 되었다. 또 하구에서 42km 거리의 삼랑진 부근까지는 조수의 영향으로 거의 결빙되지 않아서 연중 항행이 가능했지만, 그 위쪽은 결빙기인 12월부터 2월까지 운항할 수 없었다. 이러한 자연조건은 대량 화물 및 저비용 운송을 안정성과 신속성 면에서 크게 제약했다고 평가했다.[96]

니노우 유타카가 지적했듯이, 19세기 말 낙동진은 수륙 운수의 요충지로 통상 낙동강을 거슬러 올라온 선박은 낙동진을 한계로 했다. 다만 우계雨季의 증수增水 때는 상류의 안동까지 갈 수 있었다. 낙동강 하구에서 "대선은 삼랑진三浪津, 중선은 사문진沙門津을 한계로 하고, 소선은 근근이 낙동진에 도달할 수 있었지만", 그나마 사문진과 낙동진 사이는 물의 깊이가 일정치 않아 강우량이 적을 때는 도저히 운항을 바랄 수 없다고 했다.[97] 낙동진은 낙동강을 거슬러 올라오는 선운의 '최종점最終點', 혹은 '극점極點'이었다.[98] 여기에서 육로로 조령을 넘

---

96 新納豊, 「철도개통 전후의 낙동강 선운」, 추언권병탁박사화갑기념논총 간행위원회, 『한국근대경제사연구의 성과』, 1989, 180~182쪽.

97 山中峯雄 編, 『朝鮮彙報』, 東邦協會, 1893, 195쪽, 212쪽.

98 地理研究會 編, 『朝鮮新地理』, 田中宋榮堂, 1910, 226쪽; 山上萬次郎, 『新撰大地誌前篇』, 富山房, 1898, 156쪽.

어 충청도의 가흥可興으로 이어지고, 가흥에서 다시 한강의 물길을 따라 경기도로 조운했다. 낙동강 상류에 공급되는 화물은 부산에서 이곳까지 수운으로 운반되어서 각 읍으로 분배되었다. 낙동진은 실로 수륙 운수의 요충지였다.[99]

개항기 일본인 관찰자에 따르면, 19세기 말 낙동진이 낙동강을 소상遡上하는 선운의 최종점이었음은 분명하다. 다만, 조선 시대도 그러했는지는 면밀한 검토가 필요하다. 낙동진 위쪽으로 죽암진 · 비란진 · 회촌진 · 삼탄진이 있었고, 용궁의 하풍진 · 삼강진, 예천의 다인진, 안동의 견항진 등의 포구들도 나름의 중요한 역할을 하고 있었다. 무엇보다 낙동강 선운을 결정하는 수량水量과 하상河床은 기후변화, 토지개발, 자연재해, 토사 유출 등으로 끊임없이 변화해 왔다. 조선 후기 낙동강 유역의 산림 황폐화가 낙동강의 수량과 하상에 악영향을 끼쳤다는 지적은 일본인 관찰자들도 제기한 바가 있다.[100] 특히 1905년 경부선 철도 개설은 낙동강 선운에 일대 혁신을 가져왔다. 이런 면에서 1920년에 간행된 『치수급수리답사서治水及水利踏査書』가 주목된다.

『치수급수리답사서』는 조선총독부가 조선의 주요 하천에 대한 치수계획과 수리사업을 위해 현장을 직접 답사하여 조사한 보고서이다. 거기에는 낙동강 · 금강 · 영산강 · 한강 등 한반도 13개 주요 하천의 현황을 면밀하게 조사했다. 관심을 끄는 것은 본류 · 지류 유역의 면적 및 길이, 유역의 상태, 하천의 상황, 강우량 및 우량계 설치 위치 등의 항목과 함께 당시의 '하천항행구역'도 중요한 항목이었다는 점이었다. 구체적인 항운 상황으로 조위潮位의 영향, 하진河津, 항행 선박의 종류 및 척수, 가항구역可航區域, 물자의 집산 및 종류 등을 파악했다.[101] 조사가 이뤄진 1910년대 조선의 하천 및 선운 현황을 이해하는 데에 매우 귀중한 자료이다.

---

99 田淵友彦, 『韓國新地理』, 博問館, 1895, 250~251쪽. 다부치 토모히코(田淵友彦)는 임진왜란과 청일전쟁 때에 낙동진을 일본군 병참의 중요한 근거지로 삼아 가흥까지 연결했다고 했다.

100 朝鮮民報社編輯局, 앞의 책, 1920, 72~73쪽.

101 朝鮮總督府官房土木部, 『治水及水利踏査書』, 朝鮮總督府, 1920, 2~3쪽. 13개의 주요 하천은 낙동강, 금강, 영산강, 한강, 임진강, 대동강, 청천강, 재령강, 섬진강, 대령강, 예성강, 성천강, 용흥강이다.

낙동강은 선운에서 가장 중요한 하천으로, 『치수급수리답사서』에서는 첫 번째로 다뤄졌다. 낙동강 선운에 관한 설명을 들어보자.

> 낙동강은 하상의 경사가 완만하여 하구에서 87리(340km) 위에 흐르는 안동까지 거슬러 운항할 수 있다. 상류 및 중류 지역은 낙동강의 선운을 이용하는 일이 자못 많아서 화물의 이출입 총액은 1년에 약 570만 원에 달하여 선운 상 중요한 하천이라 하겠다. 그렇지만 내성천, 병성천, 감천 및 황강 등의 지천支川은 유역 상태가 불량해서 홍수가 일어날 때마다 다량의 토사를 유출하여 본류의 하상을 융기시켜 유심流心을 일정치 않게 만들기 때문에 수심이 얕아져 항행이 곤란한 곳이 적지 않다.[102]

낙동강은 상류 및 중류 지역까지 선운 이용이 상당히 많았다는 사실을 말해 준다. 다만 내성천, 병성천, 감천, 황강 등의 지천에서 다량의 토사가 유출되어 낙동강 본류의 하상이 높아지는 일이 잦아 항행에 곤란함을 겪고 있다고 했다. 인용문에서처럼 당시 낙동강 본류의 수운 상황을 설명하면서 항행구역을 안동군 안동에서 강구江口까지 87.2리라고 했다.[103] '87.2리'는 일본의 '리里' 단위로 대체로 340km 정도이다.

그렇다면 당시의 나루河津 상황은 어떠했을까? 주요 기항지는 칠곡의 왜관倭館을 기준으로 상류는 안동安東·풍산豐山·구담九潭·마전麻田·달지達地·광대정光大亭·신촌新村·퇴진退津·낙동洛東·석현石峴·강정江亭·해평海坪·장촌場村·인동仁同·왜관倭館 등 15곳이라고 했고, 하류는 수문水門·개포開浦·적포赤浦·마수원馬首院·유포柳浦·거룡강踞龍江·상포上浦·송진松津·수산守山·삼랑진三浪津·원동院洞·물금勿琴·구포龜浦·하단下端 등 14곳이었다.[104] 1895년

102 朝鮮總督府官房土木部, 위의 책, 1920, 67쪽.
103 朝鮮總督府官房土木部, 위의 책, 1920, 144쪽.
104 朝鮮總督府官房土木部, 위의 책, 1920, 145~146쪽.

일본 부산항영사관의 낙동강 수로의 소금 유통에 관한 보고에 따르면, 소금 배鹽船가 정박할 만한 곳으로 밀양의 삼랑진, 의령의 박진泊津, 초계의 가무창加茂倉 · 율지栗旨, 현풍의 세암洗巖, 고령의 개포開浦, 성주의 명덕진明德津 · 무릉리武陵里 · 모전茅田, 대구의 사문沙門 · 구강창舊江倉, 칠곡의 석전石田, 인동의 왜관倭館 · 양촌楊村, 선산의 비산飛山 · 삽곡揷谷 · 용수동龍水洞 · 도미導尾 · 해평海坪 · 매정梅亭 · 남산南山 · 석현石峴 · 이곡梨谷, 상주의 낙동洛東 · 토진兎津 · 신촌新村을 꼽고, 그 가운데 개포 · 무릉 · 사문 · 왜관 · 매정 · 낙동 등이 거래가 가장 왕성하다고 했다.[105] 비록 소금 배의 사례이지만, 당시 낙동강의 선운은 대체로 상주의 낙동을 최종점으로 했다고 했는데, 실제로는 그 위쪽의 토진 · 신촌까지 포함하고 있었다. 이것과 비교해 보면, 『치수급수리답사서』에서는 신촌 위쪽으로 광대정 · 달지 · 마전 · 구담 · 풍산 · 안동까지 항행했다고 했다. 평수 때는 달지(삼강)까지 올라왔고, 증수 때는 안동까지 올라왔던 것이었다. 특히 낙동강 상류의 물길들이 합류하는 예천지역에는 조선 후기부터 20세기 초기까지 많은 나루가 있었음이 확인된다.

조선 시대에 예천지역은 대체로 예천군과 용궁현을 합친 범위이다. 예천지역의 나루는 기본적으로 『세종실록지리지』 · 『신증동국여지승람』 · 『여지도서』 등의 지지地誌, 『예천군지』 · 『축산승람』 등의 지방지를 통해서 찾을 수 있다.[106] 다만 지지와 지방지의 기록은 간략하여 보완이 필요하다. 의외로 중요한 정보를 얻을 수 있는 것이 「해동지도」나 「1872년 지방지도」 같은 군현 지도이다.[107] 여기에는 지지보다 더 많은 나루가 보인다. 또 하나 주목되는 자료가 20세기 전반 조선총독부가 제작한 정밀 측량 지도이다. 특히 1910년과 1915년

---

105 『通商彙纂』 第19號(1895.6.15.), 「朝鮮國慶尙道巡回報告」, 511쪽.

106 예천지역의 나류 정보를 담고 있는 지지는 『세종실록지리지』(1454), 『경상도속찬지리지』(1469), 『신증동국여지승람』(1530), 『여지도서』(1765), 『대동지지(1861~1866)』, 『여재촬요』(1893) 등이다. 예천지역 군현지는 19세기 들어서 등장한다. 『예천군읍지』(1841), 『용궁현읍지』(1875), 『예천군읍지』(1899), 『예천군지』(1938), 『교남지(嶠南誌)』의 「예천군」 · 「용궁군」, 『축산승람(竺山勝覽)』(1934) 등이 있다.

107 조선 시대의 지도 가운데 특히 주목할 만한 것이 「해동지도」와 「1872년 지방지도」의 예천군, 용궁현 지도이다. 거기에는 지지에서 볼 수 없었던 나루가 기록되어 있었다.

에 측도測圖한 5만분의 1「예천」 지도에는 도로와 나루의 연결점, 수심, 하상의 변화 등이 상세히 그려져 있어 20세기 초반의 정황을 파악하는 데에 매우 유용하다. 비록 경부선 철도의 개설로 낙동강 선운에도 변화가 나타나고 있지만, 아직 내륙의 교통망이 완전히 정비되기 전이라 구한말, 혹은 조선 후기의 원형을 어느 정도 짐작할 수 있다. 1918년 조선총독부 임시토지조사국에서 측도한 20만분의 1「상주」 지도도 주목된다. 상주를 중심으로 예천·안동·의성·김천·선산·군위 등이 포함되어 있는데, 거기에는 낙동강 물길에 따라 선박이 배치된 나루가 표시되어 있다.[108] 끝으로 최근 낙동강의 옛 나루를 조사했던 김봉우의 연구를 참고했다. 옛 나루터를 답사하며 지난날의 뱃사공, 현지 주민을 인터뷰해서 작성한 것으로 낙동강 물길에 존재했던 나루를 파악하는 데에 도움이 되었다.[109]

예천지역 나루에 관한 현존하는 최초 기록은 『경상도지리지』에서 보인다. 용궁현의 '대천大川'을 설명하면서 그 원류는 셋이니, 하나는 상주목 소속의 산양현山陽縣 사불산四佛山에서 나오고, 하나는 순흥부順興府 소백산小伯山에서 나오며, 하나는 태백산太伯山 황지黃池에서 나오는데, "용궁현 남쪽에서 합류하여, 하풍진河豐津으로 들어간다."라고 했다.[110] 『경상도지리지』는 하연河演이 세종 7년(1425)에 편찬했으므로, 예천의 나루 가운데 이름이 등장하는 가장 빠른 기록이라 하겠다. 다만 이것은 '하풍진'을 하나의 항목으로 설정한 것이 아니라, 낙동강을 설명하면서 나온 것이었다.

조선 시대 기록을 살펴보면, 18세기 이전까지 예천지역의 나루는 하풍진이 유일하게 등장한다. 『세종실록지리지』의 용궁현 조에는 하풍진을 설명하면서 "그 원류는 셋이니, 하나

---

108 이 지도들은 국립중앙박물관 소장 조선총독부 문서에서 발췌했다. 1910년 측도의 5만분의 1 지도는 1913년에 제판(製版)하고 인쇄했다. 저작권자 및 발행자는 육지측량부(陸地測量部)였다. 1915년 측도의 5만분의 1 지도는 1916년 제판하고, 1918년에 인쇄했다. 저작권자는 조선총독부, 발행자는 육지측량부였다. 1918년의 20만분의 1 지도는 임시토지조사국 편찬·제판했다. 같은 해에 제작된 50만분의 1「경상북도」 지도도 낙동강 상류의 교통을 이해하는 데에 도움이 된다.

109 김봉우, 앞의 책, 2019. 초판은 2016년에 출간되었다.

110 『慶尙道地理誌』 尙州道, 龍宮縣.

는 상주 소속의 산양현 사불산에서 나오고, 하나는 순흥 소백산에서 나오며, 하나는 봉화의 태백산 황지에서 나와서, 용궁현 남쪽에서 합류한다."라고 했다.[111] 『경상도지리지』의 내용을 그대로 인용한 것임을 알 수 있다. 『경상도속찬지리지』의 용궁현 도진渡津 편에는 "현 남쪽에 하풍진이 있는데, 항상 선척을 배치한다."라고 했다.[112] 하풍진을 국가가 관리했음을 알 수 있다.

16세기의 『신증동국여지승람』에서는 용궁현의 산천山川 조에서 하풍진을 설명하면서, "안동부의 견항진犬項津, 예천군의 사천沙川과 성화천省火川의 물이 용비산龍飛山 아래에서 합해서 하풍진이 된다."라고 했다.[113] 이후의 『여지도서』, 『대동지지』, 『여재촬요』 등의 지지에도 '하풍진'만 기록되어 있다.[114] 임진왜란 때에 경상 좌도로 침입한 왜군이 울산, 경주, 영천, 신령, 의흥, 군위, 비안을 지나 용궁의 하풍진을 건너 문경으로 진격했던 일은 잘 알려져 있다.[115] 16세기까지 하풍진은 영남에서 서울로 올라가는 중요한 길목의 하나였다. 기록상으로 하풍진은 조선 전기까지 용궁의 유일한 나루였다.

새로운 변화는 17세기 청주정씨가 삼강마을을 조성하면서 이뤄졌다. 약포 정탁鄭琢의 셋째 아들인 청풍자 정윤목이 1631년 이후에 삼강으로 이주하여 정착하면서 낙동강, 성화천, 내성천의 세 강이 합치는 곳이라고 해서 '삼강리三江里'로 개명했다고 한다.[116] 세 강이 합류하는 무흘탄無訖灘에 나루가 만들어지면서 '삼강진三江津'이 등장한 것이다. 실제로 무흘탄은 『세종실록지리지』, 『신증동국여지승람』에 이미 등장하지만,[117] '삼강'이라는 이름은 17세

111 『世宗實錄地理志』 慶尙道, 尙州牧, 龍宮縣, 河豐津.
112 『慶尙道續撰地理誌』 尙州道, 尙州牧, 龍宮縣, 渡津.
113 『新增東國輿地勝覽』 卷25 慶尙道, 龍宮縣, 山川, 河豐津.
114 『輿地圖書』 慶尙道, 龍宮縣, 山川, 河豐津; 『大東地志』 卷8 慶尙道, 龍宮, 津渡, 河豐津; 『輿載撮要』 卷6 慶尙道, 龍宮縣, 山川, 河豐津.
115 『宣祖修正實錄』 宣祖 25年 5月 1日.
116 예천향토문화연구회, 『예천향토사』, 예천군, 1992, 438쪽.
117 『世宗實錄地理志』 慶尙道, 尙州牧, 龍宮縣, 土宜; 『新增東國輿地勝覽』 卷25 慶尙道, 龍宮縣, 山川, 無訖灘.

기 이전까지 보이지 않는다. 더구나 '삼강진三江津'이라는 이름은 18세기가 되어서야 공식적으로 보인다.

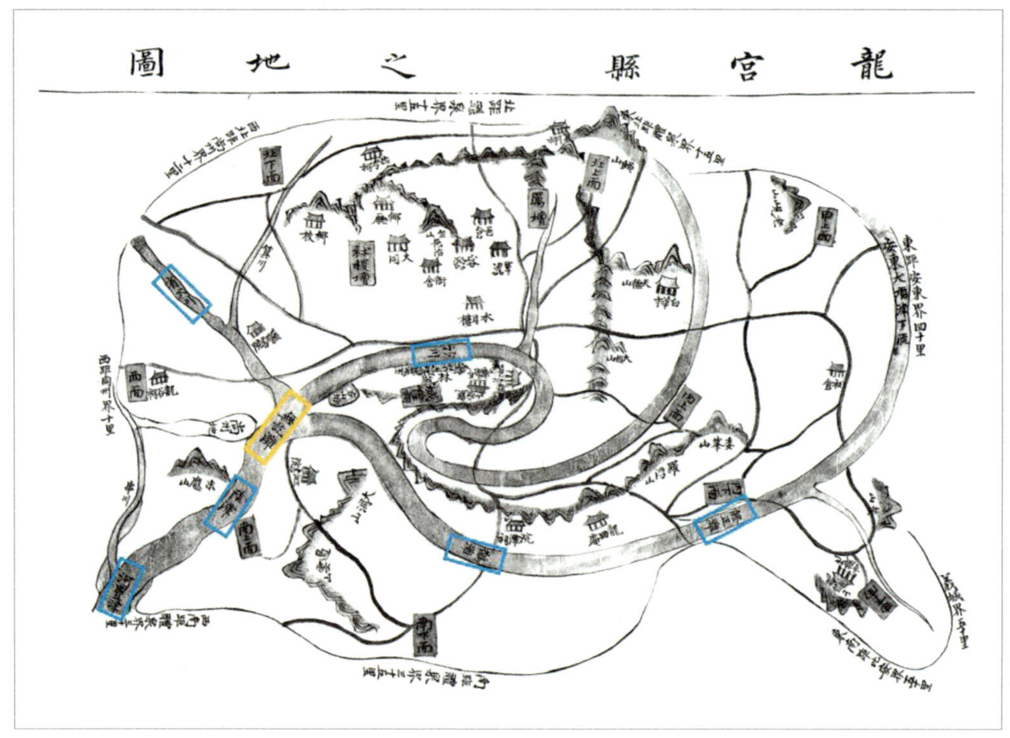

지도 4. 『여지도서』「용궁현지지도」.
무흘탄을 중심으로 수정탄, 작탄, 사천, 성화천, 음담, 하풍진의 모습이 보임

『여지도서』에서는 무흘탄을 설명하면서, "현 남쪽 7리에 있다. 사천, 성화천, 수정탄 등이 비룡산에서 합해져서 '삼강三江'이 된다. 몇 리 아래에 음담陰潭이 있는데 기우제를 지내는 곳이다."라고 했다.[118] 주목할 부분은 『여지도서』가 편찬되기 10여 년 전에 제작되었던 『해동지도』의 「용궁현」 지도에는 하풍진 외에도 삼강진三江津과 지보진知保津이 함께 그려져 있

다는 점이다.

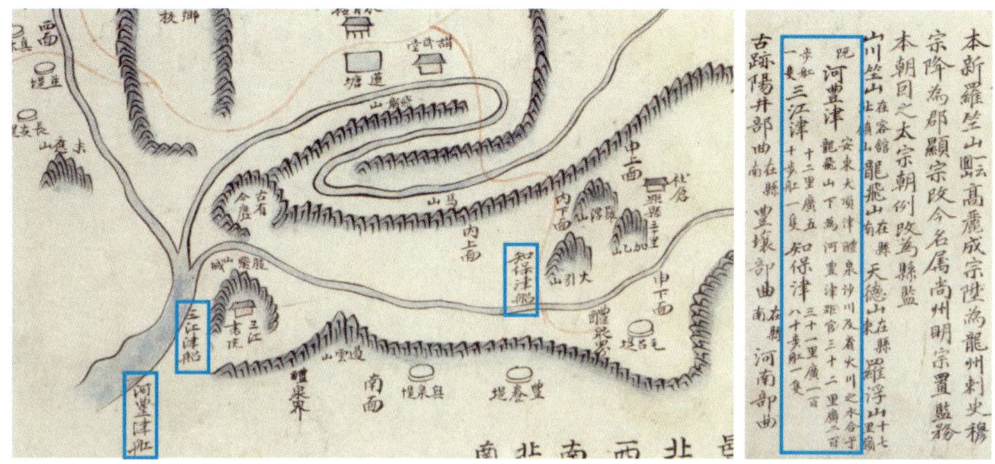

지도 5. 『해동지도』 「용궁현」의 세 나루: 지보진, 삼강진, 하풍진

주기注記를 보면, 하풍진은 "안동 견항진, 예천 사천 및 성화천의 물이 용비산 아래에서 합쳐져서 하풍진이 된다. 관아에서 32리 떨어져 있는데, 넓이는 200보이고 배 1척이 있다." 라고 했다. 삼강진은 "12리 떨어져 있는데, 넓이는 50보이고 배 1척이 있으며", 지보진은 "31리 떨어져 있는데, 넓이 180보이고 배 1척이 있다."라고 했다. 「예천군」 지도에는 그려지지 않았지만, 주기에는 다인진多仁津에 배 1척이 배치되어 있었다고 했다. 『해동지도』에는 예천과 용궁에 다인진 · 지보진 · 삼강진 · 하풍진 등 4개의 나루가 있었던 것이었다. 이 네 나루는 모두 배가 1척씩 배치되어 있을 정도로 중요했음을 짐작할 수 있다.

---

118 『輿地圖書』 慶尙道, 龍宮縣, 山川, 無訖灘.

지도 6. 『1872년 지방지도』「용궁」의 나루들: 지보진, 삼강진, 하풍진, 삼탄진

19세기 후반에 제작된 『1872년 지방지도』도 흥미롭다. 『1872년 지방지도』의 「예천」 지도에는 다인진과 함께 삼탄진三灘津이 나타난다. 「용궁」 지도에도 지보진 · 삼강진 · 하풍진 · 삼탄진이 그려져 있다. 19세기 후반 예천과 용궁에는 삼탄진이 보태져서 모두 다섯 개의 나루가 있었던 것이었다. 비슷한 시기에 편찬된 『용궁현읍지龍宮縣邑誌』(1875)에는 무흘탄을 "현 남쪽으로 10리에 있는데 삼강진이라고 한다."라고 했다. 무흘탄이 삼강진이라고 밝혔다.[119] 『여지도서』에서 「상주목지지도」에 표시되었던 삼탄진이 『1872년 지방지도』에서는 「예천」과 「용궁」 지도에 포함되었다는 점이 흥미롭다. 『여지도서』 이후로 『대동지지』 · 『여재촬요』 등의 지지에는 용궁현의 하풍진만 기록되었던 반면에, 『해동지도』와 『1872년 지방지도』 등의 지도에는 네 개 혹은 다섯 개의 나루가 기록되어 있다. 실제 필요에

119 『龍宮縣邑誌』 山川, 無訖灘.

따라 더 많은 나루가 있었을 가능성을 보여준다. 이런 점에서 일제강점 초기의 지도들이 주목된다.

대일본제국 육지측량부가 1910년에 측도測圖하고 1913년에 제판製版한 5만 분의 1 지도를 살펴보면, 낙동강 상류에 훨씬 많은 나루가 있었음이 확인된다. 봉화 · 예안 · 편항리에 모두 여섯 개의 나루가 보이며, 안동은 견항진에서 구담진까지 일곱 개의 나루가 확인된다. 예천은 맨 밑의 운성 나루까지 모두 열한 개의 나루가 보인다. 근대적인 실측을 통해 당시의 수심과 함께 선박의 숫자도 표시했다. 무엇보다 육로와 나루의 연결이 선명하게 보여서 조선 후기의 도로교통을 연구하는 데에도 매우 유용하다.[120]

조선총독부가 들어서고 업그레이드된 지도가 제작되었다. 육지측량부가 1915년에 측도하고, 이듬해에 제판한 5만 분의 1 지도에는 각각 한 개씩 나루가 늘어났다. 봉화 · 예안 · 편항리에는 일곱 개, 안동은 여덟 개, 예천은 열두 개의 나루가 보인다. 수심과 지형이 1910년 측도 지도와는 달라져서 실측이 다시 이뤄졌음을 알 수 있다. 임시토지조사국에서 1918년에 편찬한 20만 분의 1 지도도 주목된다. 「상주」 지도에서 예천의 나루를 살펴볼 수 있는데, 거기에는 여덟 개의 나루가 보인다. 실제로 나루가 없어졌다기보다는 중요도가 높은 지도 중심으로 그려졌을 가능성이 크다. 예컨대 1938년의 『예천군지』에는 다인진 · 삼강진 · 하풍진만 기록되어 있다. 이런 면에서 20세기를 지나면서 나루에 관한 기억이 희미해지고 있을 때, 직접 지역을 탐방하고 낙동강의 옛 나루를 추적했던 김봉우의 작업은 주목된다.[121] 이것들을 종합하여 예천지역 낙동강 수로의 나루를 정리하면 〈표 9〉와 같다.

120 지도는 국립중앙박물관 조선총독부박물관문서 지도를 활용했다.
(https://www.museum.go.kr/modern-history/map.do)

121 김봉우, 앞의 책, 2019.

표 9. 예천지역 낙동강 수로의 나루

번호	이름	세종지리 1454	경상속찬 1469	신증동국 1530	해동지도 1750	지방지도 1872	육지측량 1910	육지측량 1915	임시토지 1918	예천군지 1938	낙동나루 2019
①	신풍나루						○	○	○		
②	키치나루						○	○	○		○
③	용산나루						○	○			○
④	지보나루				○	○	○	○	○		○
⑤	진두나루						○	○	○		○
⑥	마전나루				○	○	○	○		○	○
⑦	우망나루						○	○	○		
⑧	삼강나루				○	○	○	○	○	○	○
⑨	하풍나루	○	○	○	○	○	○	○		○	○
⑩	영풍나루							○			
⑪	삼탄나루					○	○	○	○		○
⑫	운성나루						○	○	△		○

- 1915년 조선총독부 측도의 ①과 ⑩은 다른 정보가 없어 현재 지명을 참조하여 각국 '신풍나루', '영풍나루'로 이름을 붙임
- 마전나루=용곡나루=문정자나루=다인진
- 세종지리=『세종실록지리지』, 경상속찬=『경상도속찬지리지』, 신증동국=『신증동국여지승람』, 용궁읍지=『용궁현읍지』, 육지측량=『육지측량부 측도 지도』, 임시토지=『임시토지조사국 측도 지도』, 낙동나루=『낙동강 옛나루』(김봉우, 경남, 2019)
- 『세종실록지리지』, 『경상도속찬지리지』, 『신증동국여지승람』, 『여지도서』(1765), 『대동지지』(1861~1866), 『여재촬요』(1893)에는 용궁현의 '하풍진河豐津'만 기록
- 『해동지도』(1750) 예천군: 다인진, 용궁현: 지보진 · 삼강진 · 하풍진. • 『해동지도』 상주목: '삼탄三灘'으로 기록
- 『1872년 지방지도』 예천군: 다인진(마전나루), 용궁현: 지보진 · 삼강진 · 하풍진 · 삼탄진
- 『예천군지』 권1 산천: "三江…古一名河豐津." 『예천군지』 권1 도로: 다인진, 『예천군지』 권1 진도: 문정자文亭子
- 『예천군지』 권1 진도津渡: 문정자文亭子 · 오천浯川 · 호명虎鳴 · 고평高坪 · 경진京津 · 말곡末谷 · 산성山城 · 한천漢川 · 우계愚溪 · 나평羅坪 · 정산鼎山 · 화지花枝 · 대곡천大谷川 · 외룡삼중진回龍三重津. 문정자, 대곡천 외에는 낙동강 본류가 아님.
- 『용궁현읍지』(1875): 무흘탄無訖灘(云三江津) · 하풍진 • 『교남지嶠南誌』(1937) 용궁군: 하풍진, 무흘탄今稱三江津

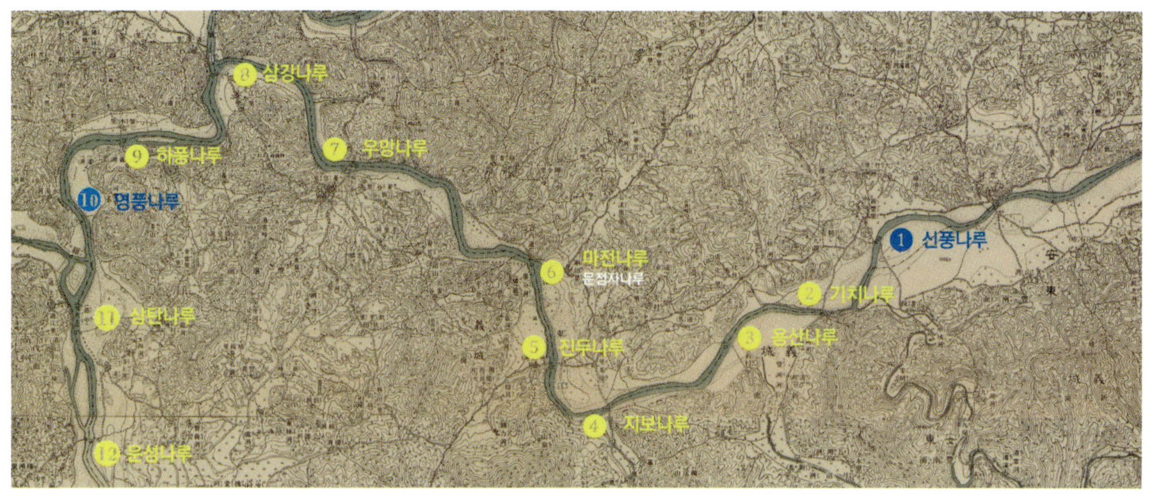

지도 7. 『1913년 측도 지도』에 보이는 예천지역의 나루들

이미 살폈듯이, 18세기 이전에는 하풍진만 기록이 남아 있었다. 18세기 중엽의 『해동지도』에는 지보진 · 다인진(마전나루) · 삼강진 · 하풍진 등 네 개의 나루가, 19세기 후반의 『1872년 지방지도』에는 삼탄진에 더 보태져 다섯 개의 나루가 보였다. 『1910년 측도 지도』에는 열한 개의 나루가, 『1913년 측도 지도』에는 열두 개의 나루가 표시되어 있었다. 『1918년도 측도 지도』에는 여덟 개의 나루가 있었고, 최근 김봉우의 조사에는 아홉 개의 나루가 열거되었다. 김봉우의 조사를 바탕으로, 가장 많은 나루가 표기된 『1913년 측도 지도』의 나루 이름을 검증하면 두 개의 나루가 확인되지 않는다. 여기에서는 ① 신풍나루, ⑩ 영풍나루라는 이름을 붙였다. 이 두 나루는 20세기를 거치면서, 예천 사람들의 기억 속에서도 사라졌음을 알 수 있다.

『1910년 측도 지도』와 『1913년 측도 지도』에 예천의 나루가 열한 개 혹은 열두 개로 기록된 부분은 주목할 만하다. 1910년과 1913년이면 조선 왕조가 멸망했다고는 해도 여전히 조선 말의 상황을 반영하고 있기 때문이다. 조선 말에 예천에는 적어도 열한 개, 혹은 열두 개의 나루가 있었음을 알 수 있다. 앞서 살폈듯이, 1920년에 출판된 『치수급수리답사서』에서는 낙동강의 선운이 낙동·퇴진·신촌 위쪽으로 광대정(삼탄)·달지(삼강)·마전(문정자/다인)·구담·풍산·안동까지 항행했으며 평수 때는 달지(삼강)까지 올라왔고, 증수 때는 안동까지 올라갔다고 했다.[122] 같은 해에 출판된 『경북산업지』에서도 예천의 달지와 마전이 주요 기착지였음을 증언했다.

> 옛날에는 하천의 이용이 매우 심했는데, 금일은 고갈된 하천 대부분은 선박의 편리함이 있어, 그 격류지擊留地에 시장을 구성하여 성대한 거래가 이뤄지고 있었다. 아울러 한 차례 정치 문란으로 산림 남벌의 폐해가 일어나자, 산하는 황폐해져 금일 경상북도 내에서 선박의 편리함이 있는 하천은 단지 낙동강洛東江과 형산강兄山江뿐이었다. 낙동강의 선운船運 연장은 81리인데, 이 가운데 38리는 경상북도에 속하는 안동군 영호루映湖樓까지 선박이 통할 수 있다. 기항지로써 물자 집산지의 주된 데는 고령군의 개포開浦, 달성군의 사문진沙門津, 칠곡군의 왜관倭館, 상주군의 낙동洛東 및 신촌新村, 예천군의 달지진達地津(일명 삼강三江) 및 마전麻田, 안동군의 영호루이지만, 겨울철 결빙기에는 항행 불가능할 뿐만이 아니라, 여름철에도 비록 물의 다과에 지배되고, 또 물이 불어날 때마다 유사流砂를 침전하고, 점차로 수심을 감소하는 경향이 있어서 근년에는 육상 운반 방법의 진보에 따라 선운의 쇠퇴를 불러올 염려가 있지만, 수량이 충분한 경우에는 지금도 여전히 크게 이용되고 있다. 장래에 산림의 정리에 적절함을 얻어 점차 수량이 증가하고 하저河底의 수심이 일정하게 되는 때에는 낙동강의 본류는 물론, 각 지류도 옛날처럼 선운의 편리함을 얻어 물자 운수상에 도움되는 바가 결단코 적지 않을 것이다.[123]

---

122 朝鮮總督府官房土木部, 위의 책, 1920, 145~146쪽.
123 朝鮮民報社編輯局, 앞의 책, 1920, 72~73쪽.

『경북산업지』에서는 하천의 수량 부족이 조선 후기부터 진행되었던 산림황폐 때문이라고 지적했다. 주된 기항지로는 고령의 개포, 달성의 사문진, 칠곡의 왜관, 상주의 낙동과 신촌, 예천의 달지와 마전, 안동의 영호루를 꼽았다. 근래에 육로 교통의 발달로 선운이 쇠퇴할 수도 있지만, 적절한 산림 정책으로 수량을 확보하면 옛날처럼 선운의 편리함을 얻을 수 있다고 강조했다.

나루의 발전에서 유의해야 할 부분은 수운 자체보다도 육로와의 연결이 더 결정적인 역할을 했다는 점이다. 전 근대사회에서 나루는 이쪽의 도로와 저쪽의 도로를 연결하는 다리 역할이 컸다. 이러한 교통의 이점 때문에, 하류에서 상류로 거슬러 올라온 선운이 이들 지역을 물류의 거점으로 삼았던 터였다. 예천의 달지와 마전이 주요 기항지가 되었던 것도 이 때문이었다.

> 주된 기항지에서 배후背後의 육상교통은 각각 상당한 설비를 갖춰 수륙의 연결을 유지하고 있다. 즉 개포—고령읍 간의 1리 정도는 등외 도로로써 차도車道를 통한다. 사문진부터는 19정町의 3등 도로에 의해 대구·통영선으로 연결되어 있다. 왜관은 경부선 왜관정차장의 소재지로 남쪽 3리는 3등 도로에 의해서 성주읍으로 통하고, 북쪽은 인동을 지나서 경성—부산 간의 1등 도로에 접속하고, 또 천안—대구 간의 1등 도로의 예정 통과지로 되어 있다. 낙동은 경부京釜 1등 도로의 통과 지점이고, 신촌 또한 상주읍에서 1리 정도로 경부 1등 도로에서 거리가 겨우 4정町, 차도를 통하고 있다. 달지達池는 용궁에서 거리가 1리 정도로 3등 도로로 연결되고, 마전麻田은 용궁 및 예천읍에서 각 등외 도로의 개수선改修線이 있다. 안동은 대구—안동 간의 2등 도로의 통과지이다. 각 기항지는 그 각각의 도로와 연결되어 운수의 편리함을 지니고 있다.[124]

124 朝鮮民報社編輯局, 앞의 책, 1920, 73쪽.

경부선이 부설되고 낙동강 선운의 중심지는 낙동에서 경부선이 지나는 왜관으로 옮겨갔다. 도로도 정비되면서 상품 소비의 배후지와 거리가 가까운 달지와 마전이 부상했던 것이었다. 나루의 발전은 곧 주변 도로의 발전과 함께 살펴야 한다. 마찬가지로 오늘날 다리가 대부분 옛 나루 위로 지나는 까닭도 이 때문이다.

이제 18세기 『여지도서』의 낙동강 유역 장시의 수산물 유통으로 되돌아 가보자. 순흥에 북어 · 청어 · 방어 · 대구 · 문어 등의 바닷물고기가 유통되었음은 놀라운 일이다. 경북 북부의 산골짜기까지 해산물이 공급되었던 것이었다. 인동에 유통되었던 청어 · 북어 · 넙치 · 대구 · 조기 · 문어 · 해삼 등의 해산물은 낙동강 선운으로 공급받았을 터이다. 마찬가지로 거창에서 유통되었던 조기 · 대구 · 청어 · 북어 · 문어 · 넙치 · 민어 · 상어 · 도미 등의 다양한 바닷물고기도 낙동강을 타고 왔을 것이다. 인동과 거창의 사례는 낙동강을 통한 해산물의 유통을 잘 보여준다. 다만 가장 많은 해산물이 기록된 영천은 조금 다르다. 영천에는 홍어 · 갑오징어 · 문어 · 조기 · 북어 · 상어 · 청어 · 도미 · 복어 · 넙치 · 방어 · 대구 · 해삼 등 다양한 해산물이 유통되었는데, 이것들은 낙동강을 통해서가 아니라 연일 · 장기 · 경주 · 울산 · 기장 등의 해산물이 육로로 영천에서 집산했음을 보여주는 장면이다. 또 영해 · 영덕에서 진보와 청송을 거쳐 안동으로 연결되는 육로로도 동해의 해산물이 유입되었다. 이처럼 낙동강 상류 지역은 남해안의 수산물이 낙동강을 거슬러 올라오는 수로 및 동해의 해산물이 영천이나 안동으로 집산하는 육로를 통해서 다양하게 공급되었던 것이었다.

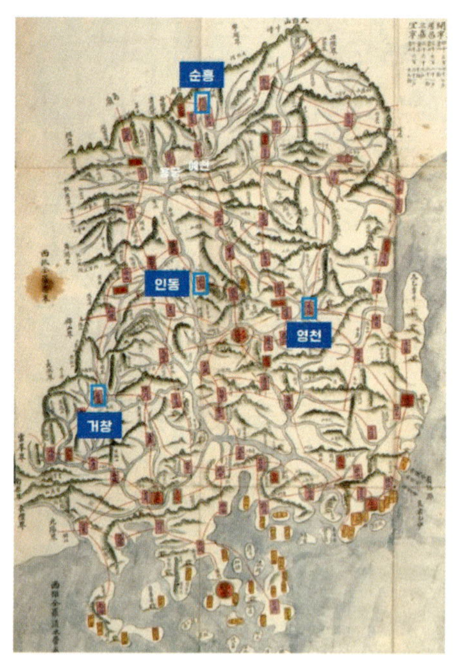

지도 8. 『팔도지도』 경상도의 순흥, 인동, 거창, 영천

4. 일기 속의 수산물 유통: 은어, 청어, 명태

1) 『묵재일기默齋日記』와 『계암일록溪巖日錄』

이제 낙동강 상류 지역의 수산물 유통을 구체적으로 살펴볼 차례이다. 조선 시대 낙동강 상류 지역의 수산물 유통을 보여주는 자료가 없을까? 안동과 예천을 중심으로 낙동강 상류 지역에는 조선 시대의 다양한 일기들이 남아 있다. 물론 일기는 작성자의 관심에 따라 수산물 기록의 등락이 심하다. 그 가운데는 당시 수산물 유통을 엿볼 수 있는 일기들이 제법 있다. 이 일기들은 아래 〈표 10〉으로 정리했다. 일기들은 16세기 중반에서 20세기 전반까지 분포한다.

지역별로 살펴보면, 예안과 예천의 일기가 대종을 이룬다. 다만 앞서 언급했듯이 16세기 성주의 유배 생활을 기록한 이문건의 『묵재일기』는 낙동강 유역의 수산물 유통을 잘 보여주고 있어 함께 살폈다. 『청대일기』의 저자 권상일은 상주의 근암리 출신인데, 근암리는 오늘날 문경시 산북면에 속한다. 권상일의 고향인 근암리는 예천과 가까우며, 그가 예안과 안동 등의 낙동강 상류 지역에서 주로 활동했기에 함께 살펴도 큰 무리가 없을 터이다. 여덟 편의 일기 가운데 예안이 네 편, 예천이 두 편이다.

시기별로 살펴보면, 16세기에는 『묵재일기』와 『성재일기』가 있다. 앞서 살폈듯이, 『묵재일기』는 중종 30년(1535)부터 시작되는데, 후반부는 을사사화로 명종 즉위년(1545) 성주로 유배 왔던 이문건이 사망했던 명종 22년(1567)까지 기록했다.[125] 『성재일기』는 예안 부포 마을의 금란수가 명종 9년(1554)부터 선조 37년(1604)까지 50년간의 삶을 기록한 일기이다.[126] 17세기 전반에는 김택룡金澤龍(1547~1627)의 『조성당일기操省堂日記』, 김령金坽

125 김인규, 「해제」, 앞의 책, 2018, 18~19쪽.
126 박종천, 「『성재일기』 해제」, 앞의 책, 2019, 17~26쪽.

(1577~1641)의 『계암일록鷄巖日錄』, 김광계金光繼(1580~1646)의 『매원일기梅園日記』 등 세 편의 일기가 있다. 김택룡 집안은 예안 한곡寒谷에 세거했는데, 『조성당일기』는 광해군 4년(1612), 광해군 8년(1616), 광해군 9년(1617)의 기록이 남아 있다.[127] 예안 오천리烏川里 출신인 김령은 광해군 6년(1614)과 7년(1615)을 통틀어 다섯 달 남짓한 벼슬살이와 인조 2년(1624)의 다섯 달 남짓한 벼슬살이를 제외하고 대부분 고향인 예안에서 생활했다. 『계암일록』은 선조 36년(1603)에서 인조 19년(1641)까지 거의 39년 동안의 일기로 17세기 전반 안동지역의 사회를 이해하는 데에 매우 귀중한 자료이다.[128] 『매원일기』를 남긴 김광계는 바로 김령의 재종질로, 마찬가지로 예안 오천리 출신이다. 『매원일기』는 선조 36년(1603)에서 인조 23년(1645)까지 43년 동안의 일기인데, 중간에 빠진 부분을 제외하면 대략 28년 정도의 기록이 남아 있다.[129] 이 세 일기는 모두 17세기 전반에 예산을 배경으로 기록되었다

---

127 하영휘, 「『조성당일기』 해제」, 하영휘 옮김, 『조성당일기』, 한국국학진흥원, 2010, 11~14쪽. 김택룡은 퇴계 이황의 고제(高弟) 조목(趙穆)의 문하로서, 학문적으로 퇴계 이황과 조목의 적통을 계승했다. 선조 9년(1576) 사마시에 합격하여 경릉 참봉을 제수받았고, 선조 21년(1588) 식년문과병과에 급제하여 승문원저작(承文院著作)을 시작으로 여러 벼슬을 지냈다. 선조 25년(1592) 임진왜란이 발생하자 의주까지 호가(扈駕)했으며, 호조좌랑·사헌부지평 등을 역임했다. 선조 35년(1602) 안동부교수(安東府敎授) 등을 거쳐 광해군 즉위년(1608) 영월군수를 마지막으로 관직 생활을 마감했다. 『조성당일기』는 그가 관직 생활을 마치고 고향에 돌아온 이후인 광해군 4년(1612), 광해군 8년(1616), 광해군 9년(1617)의 기록이 남아 있고, 그 안에서도 빠진 부분이 많다.

128 박현순, 「『계암일록』 해제」, 신상목·김용환 옮김, 『계암일록』, 한국국학진흥원, 2013, 9~27쪽. 선조 24년(1591) 15세의 어린 나이로 도산서원 원생이 되었던 김령은 이듬해 임진왜란이 발발하자 종형제들과 의병에 참여했다. 여러 차례 생원·진사시 초시나 문과 초시에 합격했지만, 번번이 회시에 고배를 마셨던 김령은 마침내 광해군 4년(1612) 증광시 문과에 급제했다. 광해군 6년(1614) 승문원권지정자(承文院權知正字)로 관직 생활을 시작했지만, 건강상의 이유로 낙향했다. 광해군 7년(1615) 승정원주서(承政院注書)가 되었으나 얼마 지나지 않고 다시 낙향했다. 북인정권 하에서 숨 고르기를 하던 김령은 인조반정이 일어나자 사헌부지평(司憲府持平)에 제수되었지만, 상경 길에 부상으로 되돌아 왔다. 이듬해 의주판관에 제수되어 5개월 정도 근무하고 돌아왔다. 비록 조정에 나가지 않았지만, 상당한 명성과 인망을 얻어 '영남의 첫 번째 인물'로 칭해졌다. 『계암일록』은 선조 36년(1603) 7월 1일부터 세상을 떠나기 직전인 인조 19년(1641) 3월 12일까지 기록했다. 중간에 빠진 부분이 있지만 거의 39년간의 일상을 기록했다.

129 박종천, 「『매원일기』 해제」, 신상목 옮김, 『매원일기』, 한국국학진흥원, 2018, 10~23쪽. 김령의 재종질이었던 김광계의 부친은 임진왜란 때 영남 좌도의 의병대장으로 활약하다 전쟁 중에 병사했던 김해(金垓)이다.

는 점에서 공통점이 있다. 김령과 김광계가 인척 관계로 연결되듯이, 퇴계학파에서 류성룡 계열에 가까웠던 김령은 조목趙穆 계열인 김택령과 반목했었다는 사실도 흥미롭다.[130] 이 세 일기가 시기적으로, 공간적으로 겹쳐 있다는 점은 주목할 만하다.

18세기의 전반과 중반에는 권상일의 『청대일기』가 남아 있다. 『청대일기』는 조선 후기 영조·영조 연간에 활동한 권상일이 24세였던 숙종 28년(1702)에서 81세로 세상을 떠난 영조 35년(1759)까지 58년 동안을 기록한 일기이다. 현존하는 일기에는 19년이 빠져 있어서 실제로는 43년의 기록이 남아 있다. 숙종 36년(1710) 증광문과에 병과로 급제하면서 관료 생활을 시작하여 영조 14년(1738)에 관직을 버리고 귀향했다. 영조 21년(1745)에 다시 관직에 나갔다가, 영조 24년(1748)에 벼슬을 물러났다.[131] 이처럼 오랜 관직 생활로 외지에 머무는 시간이 많았다. 이 때문에 낙동강 상류 지역은 수산물 기록은 영조 24년(1748) 후에 주로 보인다. 다만 『청대일기』 이후에 18세기 후반을 반영하는 자료가 없다는 점은 아쉽다.

김광계는 오천 마을과 예안 지역을 대표하는 지도층으로 인조 6년(1628) 도산서원에서 예안 읍지인 『선성지(宣城誌)』를 만드는 데 참여했다. 그는 도산서원과 역동서원의 원장을 역임하면서 향사를 치르거나 주변 서원을 방문하여 교류했으며, 수령들과 사족들을 만나 지역 현안을 처리하고 조정하기도 했다. 『매원일기』는 선조 36년(1603) 정월 1일부터 인조 23년(1645) 9월 30일까지 거의 43년 동안 기록했다. 다만 선조 37년(1604), 선조 39년(1606), 광해군 3년(1611)에서 광해군 5년(1613)까지, 광해군 10년(1618), 광해군 12년(1620)에서 인조 3년(1625)까지, 인조 6년(1628) 11월 1일에서 인조 7년(1629) 12월 말까지, 인조 10년(1632)에서 인조 11년(1633)까지, 인조 18년(1640) 등의 기록이 빠져 있다. 실제로 28년 정도의 기록이다.

130 박현순, 「『계암일록』 해제」, 앞의 책, 23~24쪽.

131 우인수, 「『청대일기』 해제」, 신상목 옮김, 『청대일기』, 한국국학진흥원, 2015, 10~22쪽. 상주 근암리 출신인 권상일은 36세이던 숙종 26년(1710) 증광문과 병과에 급제하여 승문원 권지부정사로 관직 생활을 시작했다. 이후에 성균관 전적, 성균관 직강, 예조 좌랑, 병조 좌랑, 병조 정랑 등을 역임했다. 영조 3년(1727)에는 만경 현령을 시작으로 영암 군수, 도산서원 원장, 울산부사 등의 외직도 거쳤다. 영조 14년(1738) 관직을 떠나 잠시 귀향했지만, 영조 21년(1745) 다시 관직에 나가 사헌부 헌납, 동부승지, 형조 참의 등을 역임하다 영조 24년(1748) 벼슬길에서 물러났다. 『청대일기』는 1702년부터 1759년까지 58년을 담고 있는데, 빠진 해도 적지 않다. 완전히 빠져버린 해는 1698~1701년, 1705년, 1714~1718년, 1726년, 1728년, 1730년, 1735년, 1740~1744년 등 17년이다.

표 10. 낙동강 상류 지역 수산물 정보를 기록한 일기

세기	일기	저자	지역	서술 기간 음력陰曆	비고
16세기	묵재일기 默齋日記	이문건 1494~1567	성주	1735~1567	• 1545년 을사사화로 성주로 유배
	성재일기 惺齋日記	금란수 1530~1604	예안	1554~1556 1560~1561 1575~1604	• 예안현 부포 마을 • 1554.10.30.~1604.2.13. 50년간 일기 • 누락: 1557~1560/ 1561.9~1575.5
17세기	조성당일기 操省堂日記	김택룡 1547~1627	예안	1612, 1616, 1617	• 예안현 한곡寒谷
	계암일록 鷄巖日錄	김령 1577~1641	예안	1603~1641	• 예안현 오천리烏川里
	매원일기 梅園日記	김광계 1580~1646	예안	1603~1645	• 예안현 오천리 • 빠진 해: 1604, 1606, 1611~1613, 1618, 1620~1625, 1628.11~1629.12, 1632~1633, 1640
18세기	청대일기 淸臺日記	권상일 1679~1759	상주	1702~1759	• 빠진 해: 1698~1701, 1705, 1714~1718, 1726, 1728, 1730, 1735, 1740~1744
19세기	경운재일기 景雲齋日記	김회수 1802~1873	예천	1826, 1827, 1830, 1834, 1868, 1870	• 1826.5.1~1827.5.28 • 1830.1.1.~1.23 • 1834.1.1~1.9 • 1868.3.5.~12.29 • 1870.1.1~12.15
19~20세기	예천 맛질 박씨가 일기				• 예천 용문면 맛질 함양박씨가
	대택일기	대택 가문	예천	1869~1933	• 가계출납부 성격의 일기
	대택방계일기	대택 방계	예천	1897~1946	• 생활 일기
	소택일기	소택 가문	예천	1834~1949	• 생활 일기
	저상일용	소택 가문	예천	1853~1935	• 가계출납부 성격의 일용기

• 이문건의 『묵재일기』는 주로 성주에서 지낸 유배 일기라서 낙동강 상류는 아니지만, 16세기 중후반 낙동강 중류 지역의 수산물 유통을 보여주는 귀중한 자료라서 함께 살핌

19세기에는 김회수의 『경운재일기』와 『박씨가 일기』가 있다. 앞서 살폈듯이, 『경운재일기』는 1826년에서 1834년까지 젊었을 때와 1868년에서 1870년까지 노년이었을 때의 기록이 남아 있다. 김회수 집안의 성쇠와 함께 수산물 소비에도 변화가 보여 흥미롭다. 『박씨가 일기』는 대택 가문의 『대택일기』(1869~1993), 대택 방계 가문의 『대택 방계 일기』(1897~1946), 소택 가문의 『소택일기』(1834~1949)와 『저상일용』(1853~1935)을 포함하고 있는데, 19세기 중반부터 20세기 중반까지 거의 100년 동안 한 집안의 수산물 소비를 담고 있다는 점에서 주목된다. 비록 간략한 생활 일기와 가계출납부 성격을 지니기에 수산물의 명칭과 가격이 대종을 이루고 있지만, 그 자체만으로도 중요한 정보를 제공한다.

여기에서는 16세기에서 18세기 전반까지, 곧 『묵재일기』에서 『청대일기』까지를 한 절로 묶고, 19세기의 『박씨가 일기』와 『경운재일기』를 한 절로 묶어 살펴보겠다. 이렇게 나누는 까닭은 전자와 후자 사이에 수산물 유통에서 커다란 변화가 보이기 때문이다. 전자와 후자를 가르는 어떤 '중요한 물고기'가 출현했던 터였다. 전자의 경우 『성재일기』·『조성당일기』 등이 있지만, 수산물 기록이 간략하여, 비교적 상세한 『묵재일기』와 『계암일록』을 중심으로 살펴보겠다.

이문건의 『묵재일기』은 성주를 배경으로 하고 있어서 낙동강 상류 지역에 해당하지 않지만, 선운을 통한 낙동강의 해산물 유통을 파악하는 데는 매우 유용하다. 뒤편의 〈표 11〉을 참조하면, 『묵재일기』 등장하는 다양한 수산물의 면모를 볼 수 있다. 바닷물고기부터 정리하면, 청어靑魚와 대구大口가 압도적으로 많다. 청어는 과메기貫目로도 유통되었음을 볼 수 있다. 다음으로 넙치廣魚와 조기石首魚가 뒤를 잇고 있고 밴댕이蘇魚, 연어鰱魚(連魚), 숭어秀魚(水魚), 방어方魚, 웅어葦魚, 고등어古刀魚·전어錢魚(箭魚), 준치眞魚·도루묵還項魚, 뱅어白魚·삼치麻魚, 민어民魚·농어鱸魚, 멸치旀魚·도미道尾, 송어松魚·학공치釘魚의 순서이다. 이처럼 『묵재일기』에 등장하는 바닷물고기만 20여 종에 이른다.[132]

---

132 이문건 지음, 『역주 묵재일기(1~4)』, 김인규 옮김, 민속원, 2018. 『묵재일기』의 수산물 기록과 통계는 디지

두족류인 문어文魚는 청어와 대구 다음으로 출현 빈도가 높아서 널리 유통되었음을 알 수 있다. 이외에 낙지絡蹄와 오징어烏賊魚도 간간이 보인다. 기타 해산물로는 전복全鰒(鰒 · 全蝮 · 全卜), 조개蛤, 홍합紅蛤이 널리 유통되었고, 게蟹와 새우鰕(蝦) 및 굴石花도 많이 이용되었다. 해삼海蔘(海參)도 가끔 등장하고 있다. 당연히 소금鹽은 출현 빈도가 가장 높았고, 미역藿과 김海衣도 널리 유통되었다. 또 우모가사리牛毛와 참가사리細毛도 등장하고 있어서 조선 전기부터 다양한 해조류들이 이용되었음을 알 수 있다.

『묵재일기』에는 바닷가에서 유입되는 해산물 외에도, 내륙에서 나는 민물고기도 여럿 등장한다. 출현 빈도가 가장 높은 물고기는 단연코 은어銀口魚(銀脣魚 · 銀魚)였다. 다음으로 붕어鮒魚(付魚 · 鯽魚)가 있고, 누치訥魚와 황어黃魚도 자주 등장한다. 그 외에 잉어鯉魚(里魚), 꺽지巨口魚, 쏘가리錦鱗魚, 살치矢魚 · 빙어氷魚 · 백조어白條魚 등이 있었다. 낙동강 유역에서 은어가 가장 중요한 민물고기였음을 『묵재일기』에서도 확인할 수 있다. 『묵재일기』에 등장하는 수산물들은 관리나 지인에게서 선물로 받거나, 혹은 그것을 선물로 주었던 기록들이었다. 비록 '선물경제'에 기반하지만, 조선 전기에 이토록 많은 수산물이 낙동강 유역에서 유통되었다는 사실은 흥미롭다.

금란수의 『성재일기』는 시기적으로 『묵재일기』와 일부 겹친다. 금란수가 살았던 예안 부포 마을은 낙동강을 끼고 있어 민물고기가 풍부했다. 금란수의 일기에는 낙동강에서 은어, 쏘가리, 잉어, 누치, 농어 등의 물고기를 천렵으로 잡았다는 기록이 종종 보인다. 예컨대 선조 29년(1596) 8월에는 "아이 개가 백운으로 올라가서 물고기 잡는 것을 감독하여 은어 수백 마리를 잡아 보냈다."라고 했고, 선조 36년(1603) 4월에는 "월명담에서 천렵하여 잉어 다섯 마리와 누치 한 마리를 잡았다."라고 했다.[133] 그 자신도 천렵을 즐겼던 것이었다. 바닷

텔 장서각(https://jsg.aks.ac.kr/)을 활용했다.

133 금란수, 『성재일기』, 신상목 등 옮김, 한국국학진흥원, 2019, 선조 30년(1597) 6월 1일; 선조 36년(1603) 4월 18일.

물고기로는 선물로 받은 청어가 2건, 대구가 3건 기록되었다.[134] 비록 숫자는 적지만, 청어와 대구가 거의 유일한 바닷물고기들로 기록된 것이 주목된다.

이제 17세기 전반의 세 일기를 살펴보자. 김택룡의 『조성당일기』, 김령의 『계암일록』, 김광계의 『매원일기』는 모두 예안을 배경으로 하고 있으면서, 서술 시기도 겹치고 있어 흥미롭다. 『조성당일기』에서 물고기는 은어 · 누치 · 피라미 · 청어 · 문어 · 오징어 등 6종이 나온다. 전복을 선물 받는 장면도 나온다. 주목할 부분은 은어를 잡아 제사 음식으로 쓰고, 또 청어도 사당에 올렸다는 대목이다. 낙동강 상류 지역에서 은어와 청어가 제수로 사용되었음을 볼 수 있다. 일기에는 '주거郰莒의 모임'이라는 이름으로, 물고기를 천렵하여 회식을 즐기는 모습이 자주 기록되었다.[135] 낙동강 상류, 특히 예안에서는 은어의 천렵이 일상생활이었던 터였다. 이런 사실은 『매원일기』와 『계암일록』에서 더욱 분명하게 드러난다.

『매원일기』에는 은어를 비롯하여 쏘가리 · 누치 · 농어 · 잉어 등의 물고기 천렵을 즐기는 모습이 곳곳에 묘사되어 있다. 안암鞍巖에서 쏘가리 · 누치를 잡고, 도산서원 앞에서 쏘가리를 잡기도 했다. 그렇지만 대부분 내용은 은어 천렵에 관한 것이었다. 예컨대 선조 36년(1603) 6월 "아재들과 형들을 모시고 강가에 놀러 나갔다. 그물을 쳐서 은어를 잡아 탁청정에 모여서 먹었다."라고 하던지, 인조 6년(1628) 7월에는 "동네의 여러 사람이 이실의 서당에 모여서 은어를 잡아 같이 먹었는데, 많이 잡아서 백여 마리나 되었다."라고 했다. 특히 광해군 11년(1619)에는 은어가 많이 났던 모양이다. 김광계는 "오랜 가뭄으로 물이 말라서 은어를 많이 잡을 수 있는데, 한 번 나가면 곧 수백 마리를 잡을 수 있으니 물려서 많이 먹을 수 없을 지경이다."라고 기록했다.[136] 예안에서 은어가 얼마나 많이 잡혔는지를 보여주었다.

---

134 금란수, 『성재일기』, 선조 12년(1579) 1월 22일; 선조 20년(1587) 1월 28일; 선조 25년(1592) 4월 7일; 선조 29년(1596) 12월 13일; 선조 30년(1597) 12월 3일. 참고로 은어 2건, 쏘가리 7건, 잉어 2건, 누치 1건, 농어 2건이다.

135 김택룡, 『조성당일기』, 하영휘 옮김, 한국국학진흥원, 2010, 광해군 4년(1612) 3월 18일, 6월 25일; 광해군 8년(1616) 5월 4일.

136 김광택, 『매원일기』, 신상목 옮김, 한국국학진흥원, 2018, 선조 36년(1603) 6월 26일; 광해군 11년(1619) 5월

김령의 『계암일록』은 낙동강 상류에서 은어라는 물고기를 둘러싼 민간과 국가권력의 갈등, 생태환경 변화에 따른 은어 작황의 성쇠, 어로 기술과 천렵 문화 등 흥미로운 주제들을 살펴볼 수 있다. 이런 주제들은 깊이 있는 분석이 필요하므로 별고로 다룰 필요가 있다.[137] 여기에서는 당시 은어가 많이 났고, 중요했는지를 중심으로 살펴보겠다. 김령은 사망하기 전까지 거의 매년 은어잡이에 관한 기록을 남겼다. 은어의 작황은 일정치 않았지만, 인조 17년(1639)을 제외하면 은어가 많이 나지 않았던 해는 없었다. 선조 40년(1607)의 기록은 특히 흥미롭다.

> 올해는 은어는 근년 이래로 비교할 수 없을 만큼 흔하다. 사람들이 정묘년(1567)에 은어가 비록 많이 생산되었다고 하지만 올해만큼은 미치지 못한다. 여름에 강물이 마를 때 다투어 몽둥이로 쳐서 잡았는데, 가을이 되니 더욱 풍성하여 강의 상류와 하류를 뒤덮고, 마치 얼음덩이가 녹아 강물에 떠내려가듯 하여 끝이 어딘지 모를 정도였다. 황지의 발원처에서 물을 따라 수백 리를 강을 따라 서로 이어졌고, 간혹 도근독桃根毒을 물에 풀어 잡은 고기가 산더미처럼 쌓여 다 먹을 수 없었다. 다니는 길에서 쌓아놓고 가져가도록 내버려 두었는데, 어느 곳이나 다 그러했다. 혹은 소금이 떨어져 부패하여 식용할 수 없기도 했다. 이 물고기는 토산물이지만 항상 귀하고 드물어 어떤 해는 일 년 내내 구경도 할 수 없는 때가 있었다. 해마다 진상할 때면 제 때에 대지 못하는 것을 걱정해야 했는데, 올해는 이처럼 흔하디흔하니 또한 괴이한 일이라 할 것이다. 임진년(1592)도 꽤 풍성했으나, 정묘년(1567)보다는 훨씬 못 미친다고 하는데, 올해는 정묘년보다 배도 넘게 많다고 한다. 늙은이들에게 물어보아도 모두 올해처럼 많은 경우는 보지 못했다고 하고, 심하게 말하는 사람은 일이백 년 이래로

9일; 인조 6년(1628) 7월 9일.

137 이와 관련해서는 최근에 나온 나영훈의 연구가 상세하다. 나영훈, 「『계암일록』을 통해 본 조선후기 예안의 은어잡이와 천택의 분쟁」, 『사림』 93, 2025.

들어 본 적이 없다고 하니, 을사년(1605) 물난리 같은 경우라고 할 것이다. 영천·예천·내성 등의 강에는 평소에 이 물고기가 올라오지 않았으니, 올해는 이런 지방에도 모두 잡을 수 있다. 낙동강 상류는 비록 작은 도랑까지도 모두 은어로 가득 차서 오랫동안 머무르며 자라는데, 소춘小春(음력 10월)을 지나자마자 세 현에서는 더욱 분주해진다. 많은 잡는 자는 짐바리로 실어 날라 여러 날을 저장했으니, 대략 따져 보아도 천 마리보다 적지는 않을 것이고, 천 마리 이하는 언급할 거리도 안 되었다. 그러므로 호사가들은 "올해 은어는 개도 안 먹는다."라고들 말하였다.[138]

선조 40년(1607)은 은어가 특히 많이 나서 물려서 다 먹지 못할 지경이라고 했다. 강물이 마를 때 몽둥이로 쳐서 잡고, 도근독桃根毒을 풀어서 잡기도 했다. 어떤 사람들은 1~2백 년 동안 들어본 적이 없다고 할 정도였다. 영천과 예천의 내성천에는 평소에 이 물고기가 올라가지 않는데, 그해에는 이런 지방에도 은어를 잡을 수 있다고 했다. 나아가 "청량산 하류에서 천사촌川砂村에 이르기까지, 천사촌에서 현 앞에 이르기까지 물고기가 내를 가득 메웠으니, 아마도 모래와 풀이 모두 물고기가 된 것은 아닌가 할 정도였다."라고도 했다.[139] 김령은 은어잡이 어량을 만드는 상세한 방법은 물론이고, 예안 현감을 비롯한 관리들이 은어를 독점하기 위해 벌이는 행패도 상세히 서술했다. 인조 13년(1635)에는 은어를 한 마리도 볼 수 없을 지경이 되었는데, 그것은 관아에서 어량을 설치해서 그 이익을 독점했기 때문이라고 했다. 김령은 "어량을 설치한 위쪽으로는 고기 잡는 일을 엄하게 금지하였고, 어량 아래는 비록 자잘한 고기라도 통과해서 내려갈 수가 없었다. 이 때문에 온 지경 내의 어른이나 아이 할 것도 없이 모두 은어가 어떻게 생긴 것인지 알지 못했다."라고 비판했다.[140] 인조

138 김령, 『계암일록』, 신상목 등 옮김, 한국국학진흥원, 2013, 선조 40년(1607) 7월 21일.
139 김령, 『계암일록』, 선조 40년(1607) 8월 11일.
140 김령, 『계암일록』, 인조 13년(1635) 8월 19일.

17년(1639) 7월에는 "금년에는 은어가 모습을 드러내지 않았다."라고 상심했던 김령이 며칠 뒤에 은어의 출현을 반가워했던 것처럼,[141] 은어는 낙동강 상류 지역의 삶과 밀접하게 연결되어 있었다.

『계암일록』에는 은어와 비교할 수는 없지만, 다른 민물고기 기록도 남아 있다. 쏘가리錦鱗魚 · 누치訥魚 · 꺽지巨口魚가 그것이다. 쏘가리는 밤에 횃불을 켜고 작살로 사냥했다는 기록이 흥미롭다.[142] 쏘가리와 누치는 은어와 더불어 제사에 쓰이거나, 사당에 올려졌다.[143] 제사에 쓰려고 강으로 사람을 보내 은어나 쏘가리를 잡아 오게 하기도 했다.[144] 은어와 쏘가리, 누치는 낙동강 상류 지역의 제사 문화에도 중요한 물품이었던 것이었다.

김령은 청어 · 대구 · 전복 등의 해산물에 관한 기록도 일기에 남겼다. 이름이 등장하는 해산물은 청어 · 대구 · 전복을 비롯하여 문어 · 광어 · 고등어 · 송어 · 조기 · 멸치 · 해삼 등이 있다. 다른 물고기는 잘 알려져 있던 반면에 『계암일록』에서 멸치가 등장하는 게 이채롭다. 김령은 다른 해산물이 끊어졌을 때, 오직 시장에는 멸치뿐이었다는 기록을 두어 개 남겼다.[145] 다른 물고기가 나지 않을 때도 멸치는 나고 있었다는 점에서, 당시 멸치가 흔하게 유통되었음을 보여준다.

바닷물고기 가운데는 청어와 대구가 중요했다. 특히 청어에 관해서 김령은 계속 주의를 기울이고 있었다. 예컨대 인조 5년(1627)에는 "청어는 전혀 보이지 않고, 여러 가지 해산물도 공급이 끊어져 귀하기가 황금과 같다."라고 하여, 대표적인 해산물로 청어를 들고 있다. 이듬해에도 "청어는 아직 눈에 띄지 않는다."라고 했으며, 인조 8년(1630)에도 "이번 겨울

---

141 김령, 『계암일록』, 인조 17년(1639) 7월 21일, 8월 1일.

142 김령, 『계암일록』, 광해군 6년(1614) 10월 28일, 10월 29일.

143 김령, 『계암일록』, 광해군 13년(1621) 5월 2일; 광해군 14년(1622) 7월 7일; 인조 11년(1633) 5월 8일; 인조 18년(1640) 4월 20일.

144 김령, 『계암일록』, 인조 6년(1628) 7월 7일; 인조 12년(1634) 5월 18일; 인조 15년(1637) 6월 29일, 7월 13일, 8월 1일; 인조 18년(1640) 5월 29일.

145 김령, 『계암일록』, 인조 5년(1628) 10월 1일; 인조 17년(1639) 9월 22일.

에는 아직 청어를 보지 못하였고, 설이 되어 가는데도 마을에서 소를 잡는 일이 없으니, 고기를 사와야 할 형편인 것 같다."라고 했다.[146] 세모歲暮에 청어가 새해를 맞이하는 중요한 단백질 공급원이었음을 말해 준다. 그렇기에 인조 6년(1628)에는 "청어가 비로소 저자에 나왔다."라고 했고, 인조 9년(1631)에는 "청어가 비로소 넉넉하게 나왔다."라고 안도하는 모습을 보였다.[147] 인조 17년(1639)에는 시장에 청어가 나자마자 이것으로 바로 천신薦新하겠다고 했다. 이듬해에는 다시 "이번 겨울에는 청어를 보지 못했다. 이전부터 세시에 청어가 없었던 적은 없었다."라고 했다. 세모에 청어가 필수적인 물품이었음을 말해 준다.[148] 낙동강 상류에 살았던 사대부가 청어가 시장에 제때 유통되는지 아닌지에 촉각을 세우고 있는 장면은 17세기에 청어가 일상생활에서 얼마나 중요했는지를 대변해 준다고 할 것이다.

이제 18세기 전반의 『청대일기』를 살펴보자. 오랜 관직 생활로 권상일이 실제로 낙동강 상류에서 활동했던 시기는 많지 않았다. 이런 까닭으로 물고기 기록도 그다지 많지 않다. 경주 부사府使로 있던 영조 12년(1736)에 경주에도 매년 봄과 여름철에 황어와 은어가 많이 올라온다는 이야기를 들었던 것이 이채롭지만 낙동강과는 관련이 없다.[149] 다만 그가 그해 겨울 영천永川에 머물 때 청어를 싣고 가는 모습을 보고서, "어제오늘 이틀 동안 청어를 사러 온 자들이 말에는 싣고, 사람은 지고 해서, 앞뒤로 서로 이어졌으니, 바닷가의 물산이 무진장함을 알 수 있다."라고 한 부분은 주목할 만하다.[150]

권상일이 고향에 머물렀을 때의 일기에 등장하는 물고기는 청어 · 은어 · 대구 · 광어 등 몇 개에 지나지 않는다. 그 가운데서 대구와 광어는 관찰사에게 선물 받았다는 기록이다. 은어는 농청대弄淸臺 앞 냇가에 설치된 어량에서 은어를 잡았다는 이야기를 전해 들은 내용

146 김령, 『계암일록』, 인조 5년(1627) 12월 27일; 인조 6년(1628) 12월 25일; 인조 8년(1630) 12월 27일.
147 김령, 『계암일록』, 인조 6년(1628) 2월 21일; 인조 9년(1631) 12월 11일.
148 김령, 『계암일록』, 인조 17년(1639) 12월 17일; 인조 18년(1640) 12월 30일.
149 권상일, 『청대일기』, 신상목 옮김, 한국국학진흥원, 2015, 영조 12년(1736) 2월 18일.
150 권상일, 『청대일기』, 영조 12년(1736) 12월 27일.

이다.[151] 실제 권상일이 관심을 가졌던 물고기는 청어였다. 권상일은 고향에 있을 때 그의 매년 시장에 청어가 났는지, 가격이 어떻게 되는지를 기록했다. 예컨대 숙종 34년(1708)에는 "들으니, 저자에 청어가 나왔다고 하는데, 철이 이르다고 할 만하다."라고 하던지, 영조 31년(1755)에는 "지난 장날부터 청어가 비로소 나왔다. 오늘 장에서는 돈 10문에 네 마리를 준다고 한다."라고 했다.[152] 물고기 가운데서 시장에 언제 나오는지, 가격은 어떻게 되는지를 기록한 일은 청어가 유일하다.

이상에서처럼 18세기 전반까지 낙동강 중상류 지역의 일기를 살펴보면, 그들의 신분 및 관심에 따라 수산물 기록이 일정하지 못함을 볼 수 있다. 그렇지만 의외로 다양한 수산물이 유통되었음은 확인할 수 있었다. 바닷물고기로는 청어 · 대구 · 문어 · 넙치 · 조기 등이 있었고, 민물고기로는 은어 · 황어 · 쏘가리 · 누치 등이 눈에 띄었다. 기타 해산물로는 전복과 해삼, 미역과 김이 광범위하게 유통되었다. 그 가운데 민물고기는 은어, 바닷물고기는 청어가 가장 중요했음을 볼 수 있었다. 특히 김령이나 권상일 같은 사대부가 청어가 언제 시장에 나며, 가격은 어떻게 되는지 관심을 가지고 일기에 기록은 남긴 부분은 흥미롭다. 적어도 18세기 전반까지 청어는 낙동강 상류 지역에서 유통되는 여러 해산물 가운데서 거의 유일하게 물가의 준거가 되었던 것이었다.

2) 『예천 맛질 박씨가 일기』와 『경운재일기景雲齋日記』

19세기 낙동강 상류 지역의 수산물 유통을 엿볼 수 있는 대표적인 기록이 『박씨가 일기』와 김회수의 『경운재일기』이다. 이 두 일기는 모두 예천을 배경으로 하고 있다. 여기에서는 『박씨가 일기』를 통해 상류 지역에 유통되었던 다양한 수산물을 먼저 확인하고, 『경운재일

151 권상일, 『청대일기』, 영조 9년(1733) 10월 21일.
152 권상일, 『청대일기』, 숙종 34년(1708) 11월 9일; 영조 31년(1755) 11월 30일.

기』를 통해서 구체적인 소비 형태를 살펴보겠다. 미리 말하면, 비교적 부유했던 맛질 박씨가와 달리, 점차로 쇠락해 갔던 김회수 집안의 수산물 소비는 훨씬 단출하다. 『박씨가 일기』는 매우 방대하여 하나하나 확인하기 쉽지 않다. 다행히 한국학중앙연구원 장서각에서 디지털로 데이터베이스가 구축되어 있다. 검색을 통해 출현 빈도를 정리하면, 아래 〈표 11〉과 같다. 이왕 검색하면서 이문건의 『묵재일기』와 유희춘의 『미암일기』의 수산물도 함께 살폈다.

표 11. 『예천 맛질 박씨가 일기』에 수록된 수산물

물고기		예천 맛질 박씨가 일기				비고	
어명	한자	『소택일기』 1834~1949	『저상일용』 1853~1935	『대택일기』 1869~1933	『대택방계일기』 1897~1950	『묵재일기』 1535~1567	『미암일기』 1567~1577
명태	北魚	103	541	310	476		
	明太	11	100	3	12		
청어	青魚	105	249	123	188	287	58
	貫目		31	9		29	7
조기	石魚	14	154	171	125		
	石首魚					37	76
고등어	高登魚		2	51	60		
	古登魚	13	2	1			
	古刀魚					7	
	古道魚						2
	古動魚			1			
	古同魚		17				
	古洞魚		1				
	古董魚		1				
	高魚		31	1	62		

물고기		예천 맛질 박씨가 일기				비고	
어명	한자	『소택일기』 1834~1949	『저상일용』 1853~1935	『대택일기』 1869~1933	『대택방계일기』 1897~1950	『묵재일기』 1535~1567	『미암일기』 1567~1577
멸치	幾魚	13	76	15	17		
	旀魚					2	
가자미	比目(魚)	4	44	39	15		
	加左味					1	
대구	大口(魚)	5	24	39	20	134	73
방어	魴魚	1	25	41	1		1
	方魚	1	4	1	4	19	3
도미	道尾(魚)		3	27	15	2	1
	道味(魚)		20	7			3
넙치	廣魚	2	11	28	4	49	18
삼치	三治		11				
	三雉(魚)		1	5	5		
	三致		1	1			
	參治	1					
	蔘治		1				
	麻魚					3	
	魟魚						3
공치	工治(魚)		4				
	公治		1				
	公致		1				
	孔治		1				
	孔致			1			
	孔雉		1				
상어	鯊魚						2

물고기		예천 맛질 박씨가 일기				비고	
어명	한자	『소택일기』 1834~1949	『저상일용』 1853~1935	『대택일기』 1869~1933	『대택방계일기』 1897~1950	『묵재일기』 1535~1567	『미암일기』 1567~1577
	鱨魚		2	1			
	嘗魚	1					
홍어	洪魚		3				8
민어	民魚	1			1	3	50
숭어	秀魚					18	141
	水魚	1		1		2	1
전어	錢魚		2			7	2
	箭魚					1	6
문어	文魚	2	37	7		83	83
낙지	落至	12			6		
	絡蹄					16	52
	落地					1	
잉어	鯉魚	2	1	3	1	11	1
	里魚					2	
붕어	鮒魚	5				10	15
	付魚					42	
	鯽魚	1				15	3
드렁어리	鱔魚	1	2				
가물치	烏魚	2					
쏘가리	錦鱗(魚)	1				2	1
꺽지	巨口魚	1				4	
빙어	氷魚	1				1	
조개	蛤	2	86	61	46	81	83
홍합	紅蛤		2	7		42	20

물고기		예천 맛질 박씨가 일기				비고	
어명	한자	『소택일기』 1834~1949	『저상일용』 1853~1935	『대택일기』 1869~1933	『대택방계일기』 1897~1950	『묵재일기』 1535~1567	『미암일기』 1567~1577
게	蟹 (紫蟹 포함)	11	48	28	4	24	59
(대게)	紫蟹	3	12	13		1	1
새우	鰕	1	38	3		2	
	蝦	2	6			34	52
전복	(全)鰒		18	3		90	188
	全蝮					2	
	全卜			3		5	5
해삼	海蔘		2			1	16
	海參					12	
소금	鹽	193	322	57	115	297	130
미역	藿	40	167	97	102	123	75
김	海衣	15	93	64	62	36	84
은어	銀口(魚)					227	56
	銀唇(魚)					6	
	銀魚					41	9
누치	訥魚					38	2
황어	黃魚					24	6
연어	連魚					20	1
	鰱魚					3	21
밴댕이	蘇魚					17	18
웅어	葦魚					10	5
오징어	烏賊(魚)					8	23
준치	眞魚					5	1
도루묵	還項魚					5	

물고기		예천 맛질 박씨가 일기				비고	
어명	한자	『소택일기』 1834~1949	『저상일용』 1853~1935	『대택일기』 1869~1933	『대택방계일기』 1897~1950	『묵재일기』 1535~1567	『미암일기』 1567~1577
뱅어	白魚					4	11
농어	鱸魚					3	4
송어	松魚					1	12
학공치	釘魚					1	
백조어	白條魚					1	
살치	矢魚					1	
병어	幷魚						1
눈불개	鱒魚						12
까나리	細魚						2
굴	石花					26	40
우모가사리	牛毛					18	2
참가사리	細毛					3	2

- 수산물의 통계는 디지털 장서각(https://jsg.aks.ac.kr/)을 활용하여 그 출현 빈도를 수치로 나타냈다. 검색을 통해 통계를 냈기 때문에 몇 가지 빠진 수산물도 있을 수도 있음은 미리 양해를 구한다.
- 『소택일기』의 '오어烏魚'는 가물치를 가리킬 테다. 『소택일기』 고종 4년(1867) 10월 23일에서 "買烏魚三尾, 一養後井, 二爲藥餌."라고 했듯이 중요한 약재로 이용되고 있음이 이런 사실을 보인다. 무엇보다 『명물기략』에서는 '오어'를 가물치라고 했다. 黃泌秀, 『名物紀略』 卷4 鱗介部, 鱧魚, "례어. 俗言烏魚. 轉訓감을치, 卽감온치之轉也."
- 『소택일기』의 '거구어巨口魚'는 대구 혹은 농어를 가리키는 경우가 많다. 『소택일기』에서 '거구어' 9마리를 잡았다는 기록을 보면 민물고기인 꺽정이로 보는 게 좋겠다. 『小宅日記』 哲宗 2年(1851) 4月 初2日, "川上金壻去, 鵝湖李郎來. 金聖運捕巨口魚九尾, 來饋供客."
- 『박씨가 일기』에는 '고어高魚'가 나오는데, 제법 빈도가 높다. 정문기는 중국에서 '고어'를 '송사리'라고 한다고 했는데, 우리나라와는 관련이 없다(정문기, 『한국어도보』, 일지사, 1977, 278쪽). 문맥상으로 살폈을 때 '고어'는 '고등어'를 가리키는 것으로 보인다.
- 『묵재일기』에는 '시어矢魚'가 실려 있다. 정문기는 '시어'를 '사루기'라고 하면서, 서식 남방 한계가 압록강 상류 수역이라고 했다(정문기, 앞의 책, 1977, 131쪽). 그렇다면 『묵재일기』의 '矢魚'를 사루기로 볼 수 없다. 한자 이름을 보면 '시어矢魚'는 곧 '살치'일 듯하다.

『소택일기』, 『저상일용』, 『대택일기』, 『대택방계일기』로 이뤄진 『박씨가 일기』는 1834년부터 1950년까지 100년이 넘는 기간에 한 집안의 수입과 지출이라는 가계출납부 성격을 지니고 있다. 다행히 맛질 박씨가의 경제 수준이 비교적 윤택한 편이어서 다양한 수산물 기록을 확인할 수 있었다. 낙동강 상류 지역에서 이뤄졌던 수산물 유통의 실태를 파악하는 데에 매우 유용하다.

『박씨가 일기』에 보이는 바닷물고기를 출현 빈도에 따라 순서대로 나열하면 명태, 청어, 조기, 고등어, 멸치, 가자미, 대구, 방어, 도미, 넙치, 삼치, 공치, 상어, 홍어, 민어, 숭어, 전어의 순서이다. 빈도를 보면 명태와 청어가 압도적으로 많고, 조기가 그 뒤를 잇는다. 명태는 건어는 '북어北魚'와 생선인 '명태明太'가 구분되었고, 건어인 북어가 훨씬 많이 유통되었다. 청어도 생선인 '청어靑魚'와 건어물인 '과메기貫目'이 구분되었지만, 생선인 청어가 훨씬 많이 유통되었다. 조기는 '석어石魚'로 표기되었는데, 낙동강 상류 지역에도 많이 유통되었음이 확인된다. 고등어는 '고등어高登魚(古登魚)', '고동어古動魚(古同魚 · 古洞魚 · 古董魚)' 혹은 '고어高魚'라는 다양한 한자가 사용되었다. '기어幾魚'로 표기된 멸치는 의외로 많이 사용되고 있다. 앞서 살펴본 권상일의 『청대일기』에서도 멸치가 시장에서 흔하게 볼 수 있다고 했는데, 『박씨가 일기』는 그런 사실을 뒷받침해 주고 있다. 19세기에서 20세기 전반까지 낙동강 상류에서는 명태, 청어, 조기, 고등어, 멸치가 가장 널리 유통되었던 물고기였었다.

가자미, 대구, 방어, 도미, 넙치, 삼치도 제법 활발하게 유통되었던 듯하다. 가자미는 '비목어比目魚'라고 표기했다. 방어는 '방어魴魚(方魚)'로 표기되었고, 도미는 '도미道尾(道味)'로, 삼치는 '삼치'라는 발음에 맞춰서 다양한 '삼치三治(三雉 · 三致 · 參治 · 蔘治)'가 사용되었다. 다음으로 공치, 상어, 홍어, 민어, 숭어, 전어가 등장하지만, 맛질 박씨가는 그다지 애용하지 않았던 듯하다. 공치는 다양한 '공치工治(公治 · 公致 · 孔治 · 孔致 · 孔雉)'로 표기되었다. 상어는 일반적으로 '사어沙魚'로 표기되는데, 『박씨가 일기』에서는 '상어鱨魚(嘗魚)'로 표기되었다. '상어鱨魚'는 동자개 종류를 말하는데, 일기에는 해산물과 함께 구매하고 있어서 상어가 틀림없을 것이다. 그 외에 민어民魚, 숭어水魚, 전어錢魚가 나오지만, 몇 차례 되지 않는다. 이 물고기들은 상대적으로 널리 유통되지는 않았던 듯하다.

다른 해산물로는 두족류인 문어와 낙지도 등장하고 있어서 일정하게 유통되었던 듯하다. 홍합을 포함한 조개 종류와 대게를 포함한 게 종류의 이용은 매우 활발했던 듯하다. 전복은 일정하게 기록되었지만, 해삼은 두 차례 등장할 뿐이라서, 『묵재일기』에서 보았던 왕성한 유통은 보이지 않는다. 다만 소금과 미역, 김의 이용은 활발하여 출현 빈도가 여전히 높다. 민물고기로 잉어, 붕어, 드렁허리, 가물치, 쏘가리, 꺽지, 빙어가 기록되었지만, 빈도가 낮아 큰 의미를 찾기 어렵다.

〈표 11〉에서 정리했듯이, 해산물의 유통을 『묵재일기』와 비교하면 몇 가지 점에서 공통점과 차이점이 발견된다. 먼저 게나 새우, 미역과 김 등의 해산물은 여전히 활발하게 유통되었다. 반면에 전복과 해삼은 이전에 비하면 확연하게 이용이 줄어들고 있다. 『묵재일기』에서는 청어와 대구가 압도적으로 많았고, 넙치와 조기가 그 뒤를 이었다면, 『박씨가 일기』에서는 명태, 청어, 조기, 고등어, 멸치의 순서이다. 청어와 조기는 일정하게 위상을 유지했던 반면에 대구는 7위권으로 밀려났다. 명태와 멸치가 무섭게 치고 올라온 형국이다. 물론 이것이 조선 후기의 해산물 이용과 음식 문화의 변화를 반영하고 있는지는 앞으로 검증이 필요하다. 그 가운데서 명태는 18세기 전반까지의 일기에서 전혀 이름이 보이지 않았다는 점에서 새로운 변화를 증언하고 있음은 분명하다. 이런 변화는 김회수의 『경운재일기』에서도 읽을 수 있다.

앞에서 살폈듯이, 『경운재일기』는 김회수가 20대 후반과 30대 초반, 60대 후반의 일을 기록했다. 내용도 대체로 간략하고, 빠진 날들이 많아서 균질성을 확보하기는 쉽지 않다. 그렇지만 남겨진 기록만으로도 해산물 유통의 대략은 살필 수 있다. 해산물 기록은 20대 후반이었던 순조 26년(1826) 5월부터 이듬해 5월까지의 일기 및 60대 후반이었던 고종 5년(1868)과 고종 7년(1870)의 일기로 크게 나눌 수 있다. 20대 후반이던 전자는 거의 매달 해산물을 구매했던 반면에, 60대 후반이던 후자는 해산물 구매가 극히 드물어진다. 스스로 밝혔듯이, 20세 후반까지는 집안 살림이 대체로 풍족했던 반면에, 60세 후반에는 가세가 기울어

살림살이가 힘들어졌던 게 결정적인 요인일 터이다.

표 12.『경운재일기』에 보이는 김회수의 해산물 소비 (날짜)

시기			청어	명태	조기	공치	소금
연도	기간	월		북어, (명태)			
순조 26		5		⑯ ㉑	21	21 26	13
(1826)	5.1~12.29	6		6	24	6	
		7			13		
		8		⑥ ⑪ 16 ㉑ ㉖	1 11 21 26		
		9		6 16	6		22 26
		10		17 ⑰ ㉗ ㉙			1
		11		1 22 ㉒	1		1 11 22
		12	1 28	1 7 16 28	16		16 21 28
순조 27		1	11 21 27	21 22 27			27
(1827)	1.1~5.28	2	4 6 21 26	4 26			12 21 26 28 29
		3	11 12 14 21 30	21 30			3
		4	1 3 16 26	3 11 16	1		26
		5	1 17	1 11 17 27			
고종 5		5		3			
(1868)	3.5~12.29	6		26	26		26
		8		16	16		
		9		21			
		11		3 13 18			17
		12	17 27	27			27
고종 7		1	11				27
(1870)	1.1~12.15	2		27			20
		3		1 27 30			17

	4	1 25				5 9
	5		7			8
	6		26		11	
	7					
	8	18	27			
	10		16 27			12
	윤10					22
	11					22
	12	15				

• 청어, 명태, 조기, 꽁치 외에도 대구(2건), 문어(1건), 방어(1건), 광어(1건)이 있다. 다른 해산물로는 미역(14건), 김(9건), 다시마(2건)가 있다.

『경운재일기』에 등장하는 물고기는 그다지 많지 않다. 물고기를 꼽으면 명태, 청어, 조기, 꽁치, 대구, 문어, 방어, 광어의 순서이다. 다른 해산물로는 소금, 미역, 김, 다시마가 보인다. 명태는 생선인 '명태'와 건어물인 '북어'를 구분해서 기록했다. 〈표 12〉에서 보듯이, 순조 26년(1826) 10월 17일과 22일에는 '명태'와 '북어'를 같은 날에 함께 기록하고 있어서, 이 둘을 구분했음을 알겠다. 김회수는 시장에서 구매한 청어나 북어를 경조사에 부조하거나, 집안사람들에게 나눠주곤 했다. 순조 27년(1827)에는 산양 시장에 가서 마른 청어 8두릅, 북어 20마리, 대구 1마리, 문어 1조, 김, 미역을 사서 오기도 했다. 이때까지만 해도 집안 살림이 풍족했던 모양이다.

그런데 60대 후반의 일기를 읽다 보면, 궁핍해지는 살림살이를 한탄하는 김회수의 풀죽은 목소리를 자주 듣게 된다. 당시 김회수의 곤궁함은 단지 그의 집안만의 문제는 아니었다. 일기 곳곳에는 1860년대 후반 낙동강 상류 지역에 기근이 들어 굶주림 사람들이 앓아서 사경을 헤매고, 소나무 껍질을 벗겨서 연명하는 모습들이 그려져 있다. 가족과 지인의 장례가 있어도 궁핍한 살림에 몇 마리 생선도 구하지 못해 막막하다고 했다. 이런 형편이다 보니

60대 후반에는 해산물을 구매하는 횟수가 20대 후반과는 비교가 되지 않는다.[153]

그러함에도『경운재일기』는 낙동강 상류 지역의 해산물 유통과 관련하여 분명한 메시지를 전해준다. 일기에는 명태 · 청어 · 조기 · 꽁치 · 대구 · 문어 · 방어 · 광어 등의 물고기가 등장하지만, 그 가운데 명태와 청어가 가장 중요한 물고기였다는 점이다. 특히 명태는『박씨가 일기』에서도 확인했듯이, 19세기가 되면 청어를 제치고, 낙동강 상류 지역에서도 가장 널리 유통되는 해산물이 되었다. 18세기 전반의 일기에는 전혀 등장하지 않았던 명태는 어떻게 19세기에 가장 중요한 물고기로 등극했을까? 이 질문에 대한 답은 거대한 생태환경의 변화에서 찾아야 한다.

이상에서 살펴보면, 조선 시대 낙동강 상류 지역에서 가장 중요했던 물고기는 세 개를 꼽을 수 있다. 민물고기로는 은어, 바닷물고기로는 청어와 명태가 그것이다. 은어는 전국의 강과 하천에서 났지만, 경상도에서 가장 많이 났고, 경상도 안에서는 낙동강이 은어 생산의 중심이었다. 김령의『계암일록』은 예안을 비롯한 낙동강 상류 지역에서 은어가 얼마나 중요했는지를 선명하게 보여주고 있다. 다만『박씨가 일기』와『경운재일기』에는 은어가 등장하지 않는다. 김령도 지적했듯이 예천이 상대적으로 은어가 덜 났던 부분도 한 원인이겠지만, 시장의 상품이 아니라서 주된 기록 대상이 아니었을 것이다. 두 일기에 다른 민물고기 기록이 별로 없는 일도 이런 까닭이다. 조선 시대에 은어가 낙동강 상류에서 가장 중요한 민물고기였음은 분명하다.

비록 19세기에 1위 자리를 명태에게 물려주었지만, 청어의 지위가 흔들린 것은 아니었다. 조선 후기에 가장 중요한 물고기가 명태였다면, 조선 시대 전체를 통틀어서는 여전히 청어가 가장 중요했다. 18세기 전반까지 낙동강 상류의 물고기 유통에서 청어는 1위를 놓치지 않았다. 이규경은 청어는 가을에서 다음 여름까지 사시사철 나며, 동서남북의 바다에서 모두 난다고 했다. 영남의 장기와 울산은 11월에 동해에서 내려온 청어가 처음으로 나오는

153 김회수,『경운재일기』, 순조 26년(1826); 순조 27년(1827); 고종 5년(1868), 고종 7년(1870).

곳이라고 했다.[154] 그렇기에 서유구는 울산과 장기에서 갓 나기 시작한 청어를 서울까지 운송하여 판매하면 비싸게 팔 수 있다고 했다.

> 울산蔚山과 장기長鬐 일대에는 청어가 잡힌다. 청어는 함경도에서 먼저 보이다가 강원도 동쪽 바닷가를 따라 내려와서 동짓달에 비로소 이곳에서 잡히는데, 청어가 남쪽으로 내려올수록 점점 홀쭉해진다. 생선을 판매하는 상인들이 청어를 사다가 멀리 서울까지 운송하는데, 반드시 동지 전에 서울에 이르면 비싸게 팔 수 있다.[155]

이런 사실은 권상일의 『청대일기』에서 확인할 수 있다. 영조 12년(1736) 영천에 머물던 권상일은 등에 지고, 마차에 싣고 청어를 운반하는 왕성한 모습을 목격했다. 고향에 돌아왔던 영조 33년(1757) 11월에는 "들으니 벌써 청어가 나와서 촌놈들이 영덕에 가서 다섯 바리를 사서 밤을 새워 서울로 올라간다고 한다."라고 기록을 남겼으니, 이것을 말하는 것이다.[156] 영남에서 나는 풍부한 청어는 낙동강을 거슬러 상류 지역까지 공급되었고, 장기와 울산의 청어는 영천을 지나 상류 지역을 거쳐서 곧바로 서울로 판매되었던 것이었다.

명태가 낙동강 상류에서 유통되는 물고기의 제1위를 차지하는 과정은 더욱 흥미롭다. 명태는 『세종실록지리지』나 『동국여지승람』에도 등장하지 않는다. 16세기 전반의 『신증동국여지승람』에 함경도 경성과 명천의 토산으로 '무태어無泰魚'로 소개된 일이 첫 기록이다. 그렇지만 '명태明太'라는 이름은 17세기가 되어서야 나왔다. 함경북도 군관일기인 『부북일기』에서 인조 23년(1645) '생명태生明太'라는 이름이 처음으로 나타났다. 17세기 전반만 해도 명태는 함경도에서 나는 물고기로 민간에는 그다지 알려지지 않았던 터였다. 명태어

154 李圭景, 『五洲衍文長箋散稿』 萬物篇, 蟲魚類, 魚, 「鯖魚辨證說」; 김문기, 「소빙기의 성찬: 근세 동아시아의 청어어업」, 『역사와 경계』 96, 2015, 473~475쪽.

155 徐有榘, 『俔圭志』 卷2, 貨殖上, 八域物産.

156 권상일, 『청대일기』 영조 12년(1736) 12월 27일; 영조 33년(1757) 11월 14일.

업이 본격적으로 발전했던 것은 17세기 후반에서 18세기 전반이었다. 『여지도서』에는 함경도의 길주와 북청, 강원도의 간성이 추가되어, 명태의 생산지가 확대되었음을 볼 수 있었다. 그렇지만 18세기 전반까지 낙동강 상류에는 명태가 공급되지 않았다. 이것을 보여주는 증거가 『청대일기』이다. 권상일의 일기 어디에도 명태에 관한 이야기는 나오지 않는다. 그랬던 게 19세기의 『박씨가 일기』와 『경운재일기』에는 청어를 제치고 첫 번째 물고기로 등극해 있었던 것이었다. 이런 점에서 18세기 후반의 일기가 없다는 게 아쉬운 부분이다. 그렇다면 어떤 계기로 명태는 낙동강 상류 지역까지 유통되는 전국적인 물고기로 부상했을까? '북어北魚'라는 말에서 단서를 찾을 수 있다.

'북어'라는 이름은 18세기가 되어서야 등장한다. 함경도에서 나던 명태가 조선 후기에 전국적인 물고기가 될 수 있었던 데는 차가운 겨울바람에 얼리고 햇빛에 녹이고를 계속하면서 바싹 말리는 가공법, 곧 '북어'가 있었기에 가능한 일이었다. 영남 지역에 '북이'가 대량 유통되었던 데는 중요한 계기가 있었다. 1730년대 함경도에 자주 기근이 들자 영조는 연일에 포항창을 설치하여 해로로 함경도의 기근을 해결하려고 했다. 영조 17년(1741) 포항과 함경도를 잇는 해로로 함경도의 명태와 경상도의 쌀을 교역하게 했다. 이것을 계기로 포항은 함경도 명태의 집산지가 되었고, 충청도 · 전라도 · 경상도는 포항을 통해 명태를 전국적으로 보급할 수 있게 되었다. 청어와 더불어 명태는 전국적인 교역 네트워크를 형성하게 되었던 일이었다. 19세기의 『박씨가 일기』와 『경운재일기』는 낙동강 상류 지역도 이러한 전국적인 교역 네트워크의 일부분이었음을 증명한다.[157]

그렇다면 왜 청어와 명태였을까? 이 두 물고기는 모두 한류성 물고기라는 데에 공통점이 있다. 전 지구적으로 조선 시대는 오늘날보다 훨씬 한랭했던 소빙기Little Ice Age였다. 특히 17세기는 지난 역사에서 가장 한랭했던 1세기로 알려져 있다. 이런 까닭에 조선 시대에 가장 많이 났던 물고기가 청어와 명태였던 것이었다. 소빙기의 한랭화는 전 지구적인 위기를

157 김문기, 「'북어'는 물고기 이름이 아니다?」, 『조기 · 명태 · 멸치』, 국립민속박물관, 2023, 300~304쪽.

사진 3. 삼강 주막에 내리는 눈(출처: 2025년 필자 촬영)

가져왔지만, 다른 한편으로 한류성 물고기인 청어와 명태가 풍부하게 나서 심산유곡의 가난한 백성들에게 풍부한 단백질을 제공했던 터였다.[158] 조선 시대 낙동강 상류 지역에서 청어와 명태가 절대적으로 중요한 물고기였다는 사실은 이러한 거대한 지구적인 기후변동을 증언한다고 할 것이다.

2025년 2월 12일 삼강마을의 동신제를 참관했을 때 눈이 쏟아지고 있었다. 동신제의 제상에는 명태는 올라가 있었지만, 청어는 없었다. 전날 있었던 인터뷰에도 청어에 관한 기억

158 김문기, 앞의 논문, 2014, 250쪽.

은 남아 있지 않았다. 하지만 삼강마을에서 귀중하게 보관하고 있던 『동신계책』에는 분명하게 명태와 함께 청어의 이름이 있었다. 기록을 살펴보면 1930년대까지 청어가 동신제의 제물로 쓰였음을 확인할 수 있다. 그 이후로 쓰이지 않더니, 지금은 그런 사실마저 잊혀 버렸다. 청어가 더는 제물로 쓰이지 않았던 데는 1950년대 이후 우리 바다에서 청어가 사라져 갔던 게 결정적인 원인이었다. 조선 시대를 통틀어 가장 풍성하게 났던 청어가 20세기 중반 이후 점차로 사라져 가면서 낙동강 상류의 물고기 소비에도 변화가 나타났던 것이었다. 이런 변화는 명태에서도 볼 수 있을지 모를 일이다. 1990년대 이후 강원도 바다에서 명태가 사실상 사라지게 됨에 따라 오늘날 명태는 대부분 북태평양의 베링해에서 공급받고 있다. 명태의 소비가 줄어들고 음식 문화가 변하게 되면, 언젠가 명태도 제상에서 사라질 날이 올 터이다. 지구온난화라는 지구적인 기후변화는 조선 시대까지 이어졌던 낙동강 상류의 민속문화에 영향을 끼쳤던 것이었다. 은어의 운명을 이 두 물고기와는 조금 다르다. 조선 시대를 거쳐 1970년대까지 풍부하게 났던 은어는 지금은 볼 수 없는 물고기가 되었다. 1988년에 간행된 『예천군지』에서는 "이 은어가 1970년대까지만 해도 예천군내에서 잡혔으나 요즈음은 안동댐으로 인한 냉수화와 농약으로 인하여 찾아볼 수가 없다."라고 진단했다. 은어가 회유성 물고기임을 고려하면 1983년에 착공하여 1987년에 준공된 하굿둑의 영향이 더 크다고 하겠다. 여기에 더하여 2008년부터 2012년까지 진행되었던 4대강 사업으로 낙동강에 대량의 보가 건설되면서 물고기의 회유를 불가능하게 했다. 또 구미공단을 비롯한 낙동강 유역의 공단과 도시에서 배출되는 하수는 낙동강의 수질을 악화시켰고, 물고기의 폐사를 불러오기도 했다. 은어는 산업화와 공업화가 불러온 낙동강 생태의 위기를 보여주는 것이다. 눈 쌓인 삼강마을의 황포돛배에서 얼음이 녹는 따뜻한 봄날에 낙동강 하구를 출발했던 은어가 씩씩하게 저 푸른 강을 거슬러 올라오기를 기다리는 것은 허망한 꿈에 지나지 않을까? 눈 쌓인 허허한 삼강 나루에서 하염없이 낙동강을 바라본다.

참고문헌

『慶尙道續撰地理誌』; 『慶尙道地理誌』; 『嶠南誌』; 『大東地志』; 『禮泉郡邑誌』; 『禮泉郡誌』; 『龍宮縣邑誌』; 『世宗實錄地理志』; 『新增東國輿地勝覽』; 『輿載撮要』; 『輿地圖書』; 『朝鮮王朝實錄』; 『宗廟儀軌』; 『竺山勝覽』; 權紀, 『永嘉誌』; 李圭景, 『五洲衍文長箋散稿』; 李瀷, 『星湖全集』; 李睟光, 『芝峯類說』; 李重煥, 『擇里志』; 徐有榘, 『佃漁志』; 吳希文, 『鎖尾錄』; 寺島良安, 『倭漢三才圖會』; 『洞神契冊』(삼강마을회관 소장)

『通商彙纂』
山上萬次郎, 『新撰大地誌前篇』, 富山房, 1898.
山中峯雄 編, 『朝鮮彙報』, 東邦協會, 1893.
田淵友彦, 『韓國新地理』, 博問館, 1895.
朝鮮民報社編輯局, 『慶北産業誌』, 朝鮮民報社, 1920.
朝鮮總督府官房土木部, 『治水及水利踏査書』, 朝鮮總督府, 1920.
佐藤榮枝, 『朝鮮の特産: どこに何があるか』, 朝鮮鐵道協會, 1933.
地理硏究會 編, 『朝鮮新地理』, 田中宋榮堂, 1910.

권상일, 『청대일기』, 신상목 옮김, 한국국학진흥원, 2015.
금란수, 『성재일기』, 신상목 등 옮김, 한국국학진흥원, 2019.
김광택, 『매원일기』, 신상목 옮김, 한국국학진흥원, 2018.
김　령, 『계암일록』, 신상목 등 옮김, 한국국학진흥원, 2013.
김택룡, 『조성당일기』, 하영휘 옮김, 한국국학진흥원, 2010.
김회수, 『경운재일기』, 예천박물관 엮음, 한국학술정보, 2023.
나영훈, 「『계암일록』을 통해 본 조선후기 예안의 은어잡이와 천택의 분쟁」, 『사림』 93, 2025.
서유구, 『예규지』, 임원경제연구소 옮김, 풍석문화재단, 2019.
이문건, 『역주 묵재일기(1~4)』, 김인규 옮김, 민속원, 2018.

경북향토사연구협의회, 『경북마을지(중권)』, 경상북도, 1992.
경상북도수산자원개발연구소 민물고기연구센터, 『하천생태계조사보고서』, 2002.
경상북도수산자원연구소 토속어류산업화센터, 『낙동강 어자원 생태계 조사』, 경상북도수자원연구소, 2017.
고동환, 「18세기 서울에서의 어물유통구조」, 『한국사론』 28, 1992.
______, 「조선후기 선상활동과 포구간 상품유통의 양상: 표류관계기록을 중심으로」, 『한국문화』 14, 1993.
______, 『한국 전근대 교통사』, 들녘, 2015.
김문기, 「소빙기와 청어: 천 · 해 · 인의 관점에서」, 『역사와 경계』 89, 2013, 89쪽; 김문기, 앞의 논문, 2014.
______, 「청어, 대구, 명태: 소빙기와 한류성어류의 박물학」, 『대구사학』 115, 2014.
______, 「소빙기의 성찬: 근세 동아시아의 청어어업」, 『역사와 경계』 96, 2015.
______, 「『전어지』의 어류박물학과 『화한삼재도회』」, 『명청사연구』 48, 2017.
______, 「근세 일본의 『동의보감』 어류지식 연구(Ⅰ): 통신사 의원문답을 중심으로, 1636~1717」, 『역사와 경계』 111, 2019.

______, 「'북어'는 물고기 이름이 아니다?」, 『조기 · 명태 · 멸치』, 국립민속박물관, 2023.
______, 「동아시아 해삼의 박물학 Ⅰ: '사손(沙噀)'은 어떻게 해삼(海參)이 되었나?」, 『도서문화』 63, 2024.
______, 「은어, 황어, 열목어: 15세기 이후 낙동강 상류의 어류 분포와 생태변화」, 한국생태환경사학회 · 실천민속학회 연합학술대회, 『생태역사와 생태민속: 환경사와 민속학의 조우』, 2025.
김미혜, 「『미암일기』 분석을 통한 16세기 사대부가 음식문화 연구: 정묘년(1567) 10월~무진년(1568) 9월」, 『한국식생활문화학회지』 28(5), 2013.
김미혜, 「『쇄미록』에 기록된 16세기 사대부가 節祀와 세시음식 연구」, 『한국식생활문화학회지』 35(10), 2020.
김봉우, 『낙동강 옛나루』, 경남, 2019.
김소은, 「이문건가의 경제 운영과 지출: 槐山入鄕을 관련하여」, 『고문서연구』 21, 2002.
김익수 · 박종영, 『한국의 민물고기』, 교학사, 2005.
김재완, 「19세기말 낙동강 유역의 염 유통 연구」, 『지리학논총』 별호 32, 1999.
김현영, 「16세기 한 양반의 일상과 재지사족: 『묵재일기』를 중심으로」, 『조선시대사학보』 18, 2001.
배영동, 「16~17세기 안동문화권 음식 조리서의 등장 배경과 역사적 의의: 『수운잡방』과 『음식디미방』의 사례」, 『남도민속연구』 29, 2014.
______, 「한국인의 상어고기 먹는 문화」, 국립대구박물관, 『상어, 그리고 돔배기』, 2015.
송재용, 「『미암일기』의 서지와 사료적 가치」, 『퇴계학연구』 12, 1998.
新納豊, 「철도개통 전후의 낙동강 선운」, 추언권병탁박사화갑기념논총 간행위원회, 『한국근대경제사연구의 성과』, 1989.
신동원, 「조선 후기 의약생활의 변화: 선물경제에서 시장경제로: 『미암일기』, 『쇄미록』, 『이재난고』, 『흠영』의 분석」, 『역사비평』 75, 2006.
신병주, 「16세기 일기 자료 『쇄미록』 연구: 저자 오희문의 피난기 생활상을 중심으로」, 『조선시대사학보』 60, 2012.
양홍준, 「낙동강산 어류의 조사: 목록과 분포에 대하여」, 『한국육수학회지』 6(1/2), 1973.
양홍준 · 권오택, 「내성천의 어류상과 어류군집 구조」, 『환경과학연구소론문집』 6(1), 1992.
예천군지편찬위원회, 『예천군지(상권)』, 예천군, 2005.
예천향토문화연구회, 『예천촌락사』, 예천군, 1992.
오창현, 「조선 중기 선물 관행에 관한 경제인류학적 시론: 의례적 산물과 사회의 재생산」, 『지방사와 지방문화』 25(2), 2022.
유승훈, 『낙동강 하구 제염업의 변천과 소금 관련 민속』, 고려대학교 대학원 박사학위논문, 2006.
______, 『우리나라 제염업과 소금 민속』, 민속원, 2012.
이성임, 「조선중기 오희문가의 상행위와 그 성격」, 『조선시대사학보』 8, 1999.
______, 「조선 중기 양반 관료의 '稱念'에 대하여」, 『조선시대사학보』 29, 2004.
______, 「16세기 양반사회의 '선물경제'」, 『한국사연구』 130, 2005.
______, 「일기 자료를 통해 본 조선 사회의 또 다른 모습」, 『장서각』 33, 2015.
이영학, 「조선후기 어물의 유통」, 『한국문화』 27, 2001.
정수환, 「18세기 권상일의 시장접촉과 화폐경제생활: 권상일의 『청대일기』를 중심으로」, 『사학연구』 104, 2011.
정혜경 · 윤경수 · 김미혜, 「『수운잡방』과 『음식디미방』에 나타난 조리법 비교」, 『한국식생활문화학회지』 30(1), 2015.
주일영 · 전상린, 「낙동강의 어류상에 관한 연구: 제1보 상주, 안동을 중심으로」, 『한국육수학회지』 10(3/4), 1977.
차경희, 「『쇄미록』을 통해 본 16세기 동물성 식품의 소비 현황」, 『한국식품조리과학회지』 23(5), 2007.
최기철, 『민물고기를 찾아서』, 한길사, 1991.

최주희, 「16세기 양반관료의 선물관행과 경제적 성격」, 『역사와 현실』 71, 2009.

디지털 장서각 (https://jsg.aks.ac.kr/)
국립중앙박물관 조선총독부박물관문서 (https://www.museum.go.kr/modern-history/map.do)

III.

물길의 정치, 들판의 기억: 예천 농업을 따라

강정원
부산대학교

물길의 정치, 들판의 기억 : 예천 농업을 따라

1. 내성천과 들판의 형성

1) 내성천과 예천의 물길 구조

예천은 예로부터 "물이 좋고 쌀이 많은 고장"으로 불려왔다. 내성천과 낙동강이 어우러져 형성한 넓은 들판, 사계절 비교적 일정한 수량, 그리고 정성스레 일군 논농사는 오랫동안 예천 사람들의 자부심이자 삶의 근간이었다. 들녘마다 논두렁에 물이 고이고, 여름철이면 강가의 안개와 벼이삭이 함께 일렁이는 풍경은 예천을 상징하는 장면으로 남아 있다. 그러나 이 '곡창지대'라는 이름은 단지 풍요만을 뜻하지 않는다. 물길이 닿는 곳과 닿지 않는 곳, 논이 가능했던 마을과 그렇지 못했던 마을 사이에는 언제나 미묘한 차이가 존재했다. 남쪽 평야지대에서는 물이 비교적 안정적으로 흐르며 논농사가 지속되었지만, 북쪽의 구릉지대나 고지대에서는 가뭄과 홍수가 되풀이되어 해마다 농사를 이어가기 어려웠다. 이러한 차이는 단순히 지형의 문제가 아니라, 물이 흐르고 머무는 방식에 따라 달라진 삶의 조건의 차이였다. 예천의 농업은 바로 그 물길의 굴곡 위에서 형성되었고, 물의 흐름은 곧 사람들의 생업과 공동체의 역사를 규정해 온 힘이었다.

이처럼 예천의 농업과 생활을 규정해 온 물길의 중심에는 내성천이 있다. 내성천은 경상북도 봉화군 물야면 오전리의 선달산(1,236m)에서 발원하여 영주와 예천을 거쳐 낙동강으로 흘러드는 강이다.[1] 발원지가 소백산맥 남단의 산지에 자리하기 때문에 상류에서는 협곡이 깊고 유로가 급경사로 이어진다. 그러나 하류로 내려오면 강폭이 넓어지고 흐름이 완만해지면서, 범람과 퇴적이 반복되는 넓은 평야가 형성된다. 이러한 지형적 전환은 예천이 일찍부터 낙동강 상류의 농업지대로 성장할 수 있었던 중요한 배경이 되었다.

지도 1. 예천군의 하천
(출처: 예천군지편찬위원회, 『예천군지 상권』, 2005, 13쪽)

내성천에는 여러 지류가 합류한다. 봉화 지역에서는 오울천이, 영주에서는 용각천과 서천이 본류로 흘러들며, 예천 지역에서는 옥계천 · 한천 · 금천이 본류와 만나 수계를 이룬다. 특히 한천은 용문면과 상리면 경계의 산지에서 발원하여 예천읍과 호명읍 일대에 비옥한 충적평야를 만들고, 개포면에서 내성천으로 합류한다. 내성천은 이처럼 다양한 지류의 물줄기를 모으며 남서쪽으로 흘러 풍양면 삼강리에서 낙동강 본류와 만난다.

내성천 유역의 충적층은 평균 8m 정도의 두께로 형성되어 있다. 지하수는 보통 지표면에서 2m 안팎의 얕은 깊이에서 솟아나지만, 지속적으로 이용하기 위해서

---

1 이광률 · 김송현, 「낙동강 중 · 상류 내성천과 위천의 지형 및 수문 특성 비교 분석」, 『한국지형학회지』 16-3, 2009, 46쪽.

는 5m 이상 깊게 파야 한다. 강바닥에는 모래가 주로 쌓여 있으며, 상류에서는 입자가 굵고 하류로 내려올수록 점점 고운 모래로 바뀐다.[2] 이는 내성천이 소백산맥의 암반지대를 지나 완만한 경사로 접어들면서 퇴적물의 성격이 달라지기 때문이다.

예천의 하천망은 내성천을 중심으로 전형적인 가지 모양(수지상)으로 퍼져 있다. 낙동강도 군 경계를 지나지만 길이는 10km가 채 되지 않아 비중은 크지 않다. 다만 풍양면 삼강리에서 내성천과 금천, 낙동강이 만나는 합류부는 예천의 물길이 집약되는 결절점으로, 상징적 의미가 크다. 이곳은 예천의 공간 구조 속에서 물길과 사람, 지역 인식이 만나는 중심으로 기능해 왔다.

표 1. 예천군의 주요 하천

	하천명	시점↔종점	발원지	비고
1	낙동강	안동 풍천↔풍양 효갈	강원, 황지	직할하천
2	내성천	진문 우래↔용궁 무이	봉화 물야→한천과 합수→삼강에서 낙동강으로 유입	직할, 지방하천
3	한천	예천 우계↔개포 경진	상리 사적봉	
4	동천	상리 고항↔하리 우곡	상리 사적봉	
5	서천	상리 사곡↔하리 우곡	상리 오봉사 및 저수봉	
6	양천	하리 우곡↔예천 우계	상리 오봉 및 묘적봉	
7	용문천	용문 죽림↔예천 우계	용문 사부, 선동, 내지동	
8	가곡천	용문 노사↔성현동	국사봉	
9	중평천	유천 사곡↔계천(상동)	국사봉	
10	옥계천	감천 미석↔내성천(옥천)	장수 여륵	
11	석곶천	감천 벌방↔내성천(간방)	영주 봉현	

2 예천군지편찬위원회, 『예천군지 상권』, 2005, 12~14쪽.

12	기천	용궁 덕계↔금천(금남)	문경 산북	
13	금천(성화천)	용궁 읍부↔내성천(무이)	문경 동노	
14	오천	호오 본동↔내성천(오천)	풍산 오미	
15	공덕천	풍양 흠효↔낙동강	풍양 흠전 및 오지	

출처: 예천군지편찬위원회, 『예천군지 상권』, 2005, 14쪽 재인용.

산지에서는 하천이 드물지만, 화강암이 오랜 풍화 과정을 거쳐 만들어진 구릉지대에서는 오히려 물줄기가 촘촘히 발달한다. 암석이 부서지며 생긴 골짜기 사이로 물이 스며들고 흘러내리면서, 작은 계류와 습지가 곳곳에 형성된 것이다. 예천의 지형을 전체적으로 보면 북쪽 소백산 자락을 제외하면 완만한 구릉지가 넓게 이어져 있다. 이러한 지형적 특성 때문에 예천을 흔히 '평야지형'으로 분류하기도 하지만, 이는 넓은 충적평야를 뜻한다기보다 구릉지까지 농경지로 활용할 수 있다는 의미에 가깝다.

해발 100m 이하의 충적평야는 풍양면과 한천 하류에 한정되어 있고, 100~200m 구간에는 풍화된 화강암 구릉지가 넓게 분포한다. 이 구릉지에는 좁고 긴 골짜기마다 작은 들판(곡저평야)이 형성되어 있으며, 주로 밭농사가 이루어졌다. 이는 곡창지대로 알려진 평야지대와는 또 다른 농업 경관을 이루며, 지역 내 농업 공간의 다양성을 보여준다.[3]

2) 예천의 농업 환경과 들판의 유형

예천의 지형과 하천망은 지역마다 서로 다른 농업 환경을 만들어냈다. 충적평야에서는 대규모 논농사가 가능했지만, 구릉과 산록에서는 밭농사가 중심이 되었고, 두 지형이 만나는 복합 지대에서는 논과 밭이 혼재했다. 이러한 공간적 차이는 예천의 수계 구조와 긴밀히

3 예천군지편찬위원회, 앞의 책, 15쪽.

맞물려, 지역별로 상이한 농업 형태를 낳았다.

첫째, 충적평야 중심 지대이다. 예천읍 남본리 · 상동리 · 왕신리 · 호명읍 내신리를 비롯해 용문 · 보문 · 개포 · 용궁 일대와 감천면 서남부가 여기에 속한다. 내성천과 낙동강 본류, 주요 지류가 만나는 지점에 넓은 범람원이 발달하여 논농사가 집중되었다. 비옥한 토양과 풍부한 수리 자원은 집약적 농업을 가능하게 했으며, 조선 후기 모내기법의 확산과 근대 이후 양수장 설치는 이 지역의 생산력을 한층 끌어올렸다. 다만 지역적 차이도 뚜렷했다. 예컨대 용궁은 북쪽과 남쪽에 산록이 병존하는 복합 지형 탓에 조선시대에는 밭농사 비율이 상당히 높았고, 감천 역시 동북부 산록 지대에서는 밭농사가 주를 이루었다. 이처럼 충적평야라 하더라도 구릉적 요소가 공존하는 복합적인 성격을 보였다.

둘째, 구릉 · 산록 지대이다. 지보 · 풍양 북부 · 효자 · 은풍 일대는 충적평야가 협소하고 구릉과 산록이 주를 이루었다. 내성천 본류와 직접 연결된 하천이 적고 유로가 짧아 수리 여건이 불안정했기 때문에 농업은 밭 중심으로 전개되었다. 이 지역 농민들은 소규모 저수지나 인공 수로를 마련해 물을 확보했지만, 물 관리가 개별 농가의 자율성에만 의존했다기보다, 제한된 물을 효율적으로 사용하기 위한 마을 단위 협력과 조정이 함께 이루어졌다. 이는 지형적 제약과 수계 조건이 결합한 결과였다.

셋째, 복합 농업지대이다. 예천읍 · 유천 · 풍양 남부는 충적평야와 구릉지가 공존하는 과도기적 지형으로, 논과 밭이 혼재한 복합 농업 형태가 나타났다. 이 지역은 충적평야의 혜택을 누리면서도 홍수와 가뭄의 위험에 상시적으로 노출되었기 때문에 안정적인 수리망을 유지하려는 공동체적 노력이 필요했다. 향약과 동약, 품앗이와 같은 협력 조직은 이러한 조건 속에서 중요한 역할을 담당하며 지역 사회 운영의 기반으로 자리 잡았다.

물론 이러한 구분은 지형과 수계 조건을 기준으로 한 해석 틀일 뿐, 실제 농업 구조와 완전히 일치하지는 않는다. 특히 용궁과 감천처럼 충적평야의 성격을 지니면서도 밭농사 비중이 높았던 지역은 단순한 유형화만으로 설명하기 어렵다. 조선 후기 『용궁양안』에 따르면, 용궁현은 북단과 남쪽에 산록이 위치하고 남단에 하천이 흐르는 지형적 특성 때문에 면별 지목 구성이 크게 달랐다. 기록에 의하면 북단과 남쪽 산록 사이 지역은 밭의 비율이 낮았으나, 남쪽 산록 지대는 오히려 밭의 비율이 높게 나타났다. 그럼에도 이러한 구분은 예천 농업사의 지역적 차이를 파악하고 향촌사회의 다양성을 이해하는 데 유용한 틀을 제공한다.

나아가 이러한 수계 조건의 차이는 예천 농업사에 뚜렷한 사회 · 경제적 차이를 남겼다. 충적평야 지역에서는 집약적 논농사가 가능해 양반층과 부농층의 경제적 기반이 되었으며, 실제로 용문 · 보문 · 감천 · 용궁 · 개포 일대에서는 양반계층이 비교적 넓은 논을 소유한 사례가 확인된다. 반면 구릉 · 산록 지대에서는 하층 농민들이 소규모 밭농사에 의존하거나 무전 농민으로 전락하는 경우도 적지 않았다.

수계 조건은 향촌 공동체의 운영 방식에도 깊은 영향을 주었다. 넓은 평야를 배경으로 한 대규모 수리체계는 없었지만, 내성천과 지류를 따라 형성된 중·소규모 제언과 보는 마을 공동의 관리와 규약 없이는 유지되기 어려웠다. 이러한 구조 속에서 공동노동과 수리 규칙은 일상적으로 운영되었으며, 갈수기마다 물 배분을 둘러싼 갈등도 반복되었다. 즉 예천의 수리 운영은 개별 경작자의 자율성보다, 협력과 조정, 그리고 때때로 충돌이 교차하는 공동체적 성격이 강하게 나타났다.

결국 예천의 수계 구조는 단순한 자연지리적 조건을 넘어 토지 소유 구조와 사회적 위계, 그리고 공동체 운영의 방식 전반에 깊숙이 영향을 미쳤다. 이러한 배경은 이후 농민항쟁과 향촌 갈등으로 이어지는 구조적 기반이 되었으며,[4] 내성천과 그 지류들이 만들어낸 지리적 · 환경적 조건은 곧 예천의 농업사와 향촌사회를 규정하는 핵심 동력이었다.

4 예천의 농민전쟁에 대한 연구는 다음과 같다. 신영우, 「1894년 영남 예천의 농민군과 보수집강소」, 『동방학지』 44, 1984; 「갑오농민전쟁 이후 영남 북서부 양반지배층의 농민 통제책」, 『충북사학』 5, 1992; 홍동현, 「1894년 동학농민군의 향촌사회 내 활동과 무장봉기에 대한 정당성 논리」, 『역사문제연구』 32, 2014.

2. 예천의 물길과 농업공동체의 형성

1) 예천의 수리망과 물관리 공동체의 형성

조선후기 이후 농업의 구조적 전환은 단순한 생산 기술의 향상에만 그치지 않았다. 전국적으로 모내기법의 일반화, 수리시설의 확장, 그리고 작물의 다각화와 농업 집약도 증가는 향촌의 사회 구조와 농민층의 삶을 근본적으로 바꾸는 계기가 되었다. 이 가운데 수리망의 형성은 특히 농업 경영의 핵심 인프라로 작동했으며, 수리망을 둘러싼 공동체의 조직 방식과 권력 구조는 계층 분화 및 사회적 갈등의 구조와 맞물려 있었다.

18세기 후반부터 19세기 전반에 이르기까지, 수리시설은 전국적으로 확산되었다. 모내기법의 정착은 논농사의 시간 관리와 수량 안정성 확보를 요구했고, 이는 자연히 제언堤堰, 보洑, 저수지 등의 수리시설 확대로 이어졌다. 영남지역을 중심으로 한 곡창지대에서는 기존의 자연 하천만으로는 수요를 충족하기 어려웠고, 이에 따라 향촌 유력층 중심의 수리조직이 형성되었다. 예를 들어 안동, 의성, 상주, 예천 등지에서는 향중 공제조직이나 마을 단위의 수리 동약을 통해 제언을 설치하고 유지했고, 농민들은 이를 통해 관개시설을 공동 관리했다. 그러나 이러한 수리망 구축은 평등한 접근을 전제로 하지 않았으며, 수리권과 배수권을 둘러싼 통제 구조는 향촌 내 위계질서를 강화시키는 장치가 되었다.

경북지역은 1470년 무렵에는 경주, 상주, 성주, 선산 등이 가장 발달한 선진 지역으로 꼽힌다. 이들 가운데 경주를 제외하면 대부분 낙동강 상류에 위치했으며, 이후에는 뚜렷한 정체 현상을 보였다. 반면 후기로 들어서면서 새로운 변화가 나타나는데, 금호강 유역의 대구 · 영천 · 경산 · 자인, 밀양강 유역의 청도, 위천 유역의 의성 · 비안, 영산강 유역의 경주 · 연일 · 인동과 그 북쪽의 흥해 등 낙동강 중류 지류 부근에서 제언이 활발히 발달했다. 대체로 낙동강 동쪽 평야지대에서는 제언의 성장이 두드러진 반면, 서쪽 산간 지대는 전후 시기를 통틀어 큰 변화를 보이지 않았다. 즉, 산간부는 대체로 안정적이었지만, 대하천 유역

의 평야부에서는 제언의 발달이 뚜렷하게 진행된 것이다.[5]

표 2. 삼남지방 제언 수 변동 상황

	15세기 후반	16세기 초	17세기 후반	19세기 초	1895년
경상도	721	800	1522	1765(99)	1748(3)
전라도	-	900여	913	936(24)	
충청도	-	500여	503	535(17)	

출처: 『慶尙道續撰地理志』, 『中宗實錄』, 『增補文獻備考』, 『萬機要覽』, 『慶尙道內各邑堤堰防洑庫數成冊』(1895) 참고(최원규, 「조선후기 수리기구와 경영문제」, 『국사관논총』 제39집, 1992, 218쪽 재인용).
비고: (괄호)는 폐제언

표 3. 경상북도 각 군 제언 수

경북	1470	1767	1782	1832	1895	폐	경북	1470	1767	1782	1832	1895	폐
興海	23	12	41	13	49		迎日	9	21	21	31	21	
玄風	4	5	4	4	4	1	盈德	3	3	5	2	3	1
咸昌	7	6	9	5	9	2	安東	7	4	8	9	7	
下陽	15	4	24	5	24		新寧	7	30	118	30	61	
漆谷		36	33	43	36	5	星州	34	17	34	34	7	
清河	6	6	6	8	8		善山	37	6	59	48	69	
青松	2	3	4	3	5		尙州	47	51	51	50	52	
淸道	11	30	30	43	50	6	比安	20	26	38	40	42	2
眞寶	6	2	4	3	6	1	聞慶	1	3	3	2	3	1
慈仁		103	104	111	112		大邱	22	43	90	91	107	10
仁同	7	11	12	12	12		金山	8	8	8	8	12	4

5 최원규, 「조선후기 수리기구와 경영문제」, 『국사관논총』 39, 1992, 220쪽.

義興	3	13	10	19	19	1	軍威	3	14	40	38	40	
義城	21	88	92	28	111	14	高靈	4	4	3	5	6	
龍宮	8	9	11	10	11	2	慶州	117	137	140	132	207	1
醴泉	21	17	19	16	21	10	慶山	18	38	39	57	54	
寧海	5	6		6			開寧	16	8	17	17	19	
永川	42	170	187	173	189	6	계	674	937	1,271	1,100	1,417	68

출처: 『慶尙道續撰地理志』, 『邑誌』(慶尙道), 『增補文獻備考』, 『輿地圖書』, 『慶尙道內各邑堤堰防洑庫數成冊』(1895) 참고(최원규, 「조선후기 수리기구와 경영문제」, 『국사관논총』 제39집, 1992, 219쪽 재인용).
비고: 제언이 없거나 자료가 소략한 군현은 제외했다.

이 과정에서 예천과 용궁은 비교적 안정적인 양상을 보인 지역으로 주목된다. 예천은 한천과 금곡천이 내성천으로 흘러드는 지리적 조건 속에 자리했다. 이러한 수계는 충적평야의 형성과 농업기반 마련에 중요한 역할을 했으며, 양반 가문들이 배산임수와 함께 충적평야를 따라 집성촌을 형성한 배경이 되기도 했다. 결국 자연 수계와 이를 활용한 수리체계, 그리고 그 위에 형성된 생활 터전이 맞물리면서 예천 농업 구조의 특색이 자리 잡았다.

예천은 1470년에 21기, 18~19세기에도 16~21기를 유지하며 시기별 변동이 크지 않았다. 비록 폐제언이 10기에 달했지만, 전체 규모는 꾸준히 20기 안팎을 유지했다. 이는 새로운 제언을 대거 건설하기보다는 기존 시설을 수리·보완하거나 교체하면서 농업기반을 안정적으로 이어갔음을 보여준다. 용궁 또한 8~11기의 제언을 전 시기에 걸쳐 유지하며, 규모는 작았지만 꾸준한 기반 위에서 농업이 지속되었다. 따라서 두 지역은 후기에 제언이 폭발적으로 늘어난 곳과 달리, 이미 전기부터 확보한 기반을 안정적으로 이어온 특성을 보여준다.

표 4. 조선시대 예천지역 수리시설

	제언명	위치	둘레(척)	수심(척)	관개면적
예천	관제官堤	관아의 남쪽 5리, 소을포리	562	3	4결 30부
	황제荒堤	관아의 남쪽 20리	482	3	
	소감제所甘堤	관아의 남쪽 20리	1670	3.5	4결 30부
	대지제大旨堤	관아의 서쪽 5리, 석정리	1869	9	14결 52부
	황산제荒山堤	관아의 서쪽 10리	790	3.3	
	저정제猪井堤	관아의 서쪽 15리	1075	3.2	
	산립제山立堤	관아의 남쪽 70리	757	5	
	고산제高山堤	관아의 남쪽 70리	590	4	
	효천제孝川堤	관아의 남쪽 70리	1935	5	12결 52부
	신제新堤	관아의 남쪽 80리	900	4.5	11결 52부
	조산제造山堤	관아의 남쪽 70리	1505	4.6	12결 92부
	가곡제佳谷堤	현서			
	대조제大鳥堤	관아의 남쪽 70리	1050	5	
	홍연제紅蓮堤	관아의 남쪽 70리, 대저리	1080	4.5	9결 88부
	도간제刀看堤	관아의 남쪽 70리	1369	4.4	
	둔등제屯等堤	관아의 남쪽 70리	839	5	11결 20부
	산정제山井堤	관아의 남쪽 60리	680	4	
	벽천제碧川堤	관아의 남쪽 70리, 마곡리	1080	5	18결 94부
	토등제土等堤	관 70리			
	고평제高坪堤	군동 10리			
용궁	고산제高山堤	관아의 북쪽 7리	1,484	8.3	
	풍정제楓井堤	관아의 북쪽 10리	1,058	6	
	적제赤堤	관아의 북쪽 10리	710	4	
	삼사언三沙堰	관아의 서쪽 15리	1,366	5	9결

용궁	병제竝堤	관아의 서쪽 10리, 용궁현 읍내	1,760	3	9결
	장안제長安堤	관아의 서쪽 10리	2,064	4	5결
	흥천제興泉堤	관아의 남쪽 20리	761	4	
	풍양제豊壤堤	관아의 남쪽 15리	809	5	
	소기제小機堤	관아의 동쪽 20리	832	6	
	모소제毛召堤	관아의 동쪽 40리	2,060		1결

출처: 예천군지편찬위원회, 『예천군지 상권』, 162쪽, 184쪽; 정치영, 「地理誌를 이용한 조선시대 堤堰의 지역적 특성 연구-조선시대 제언 데이터베이스, 한국연구재단 선도연구자지원 결과보고서」, 2007을 참고하여 재구성.

예천 곳곳에 남아 있는 제언(저수지)의 흔적을 살펴보면, 물길을 따라 형성된 예천의 농업 지형이 한눈에 들어온다. 예천의 제언은 크게 세 지역에 나누어 살펴볼 수 있다. 우선 예천읍 주변의 평야 지대이다. 읍치 가까이에 자리한 제언들은 규모는 크지 않지만, 마을 들판에 안정적으로 물을 대어 주며 근교 농업의 든든한 기반 역할을 했다. 행정과 시장이 자리한 읍치가 오랫동안 유지될 수 있었던 데에는 이러한 제언들이 뒷받침한 안정적인 농업 기반이 있었다.

두 번째는 위라(호명) 방면의 넓은 중류 평야이다. 내성천이 크게 굽이치며 형성한 이 평야에는, 다른 지역보다 둘레가 넓고 물을 깊게 담는 제언들이 자리했다. 조선 후기 모내기법의 확산과 함께 이들 제언은 넓은 들판에 물을 공급하는 핵심 거점으로 기능하며 예천 중부 농업의 생산력을 끌어올리는 데 중요한 역할을 했다.

마지막은 금당실과 유천 일대의 저지대 충적평야이다. 이 지역의 제언들은 대형이라기보다 중형 규모가 중심이지만, 마을 단위 농업에 널리 활용되며 남부 예천의 중요한 수리 기반을 이루었다. 소규모 곡저평야가 이어진 지형적 특성상, 제언 하나가 마을 전체의 농업을 좌우하는 경우도 적지 않았다.

용궁 지역의 제언 또한 빼놓을 수 없다. 내성천 본류를 따라 충적지 여러 곳에 자리하며 강을 중심으로 한 평야 관개체계를 형성했다. 제언의 규모는 주로 중형이지만 일부 대형 제언도 확인되며, 이는 용궁이 예천에서 비교적 안정적인 물 공급 여건을 갖춘 지역이었음을 보여준다. 인근 산간 지역이 작은 보에 의존해 농사를 이어갔다면, 용궁은 제언과 본류의 물길을 함께 활용하며 더 큰 규모의 들판을 일구어 왔다.

한편, 경상도는 산지가 많고 넓은 들이 적은 '산다야소山多野小' 라는 지리적 조건 속에서 제언 외에도 보洑가 중요한 보완 수단으로 기능했다. 보는 단순히 들판 농사에 물을 대는 데 그치지 않고, 겨울철 눈 녹은 물을 저장하는 '계소溪沼'에도 설치되었다. 하천을 막는 특성상 궤결潰缺의 위험이 따르기는 했으나, 중 · 소규모 보는 건설이 용이하고 대규모 인력이 필요치 않아 지역 현실에 잘 맞았다.

이러한 특징은 예천 용문면 원류리의 허리골 마을에서도 확인된다. 허리골은 산간에 위치한 농촌 마을로, 계곡수를 막아 만든 소규모 보를 통해 안정적인 농업용수를 확보해 왔다. 지대가 높이 침수 위험이 적었고, 사철 흐르는 계곡물과 논 주변의 샘 덕분에 심각한 가뭄을 피할 수 있었다. 모내기철이면 산간 계곡 곳곳에서 물길을 대느라, 금당실처럼 하류에 있는 마을에까지 물이 충분히 내려가지 못하는 경우도 있었다. 실제로 1950년대 금당실에 관개 시설이 들어서기 전까지는 허리골에서 먼저 모내기를 시작했으며, 인근 선리 역시 같은 양상을 보였다.[6] 이는 산촌 지역에서 보가 어떻게 핵심 수리망으로 기능했는지를 잘 보여주는 사례라 할 수 있다.

산간의 소규모 보가 자연조건에 맞춘 수리체계였다면, 평야 지역의 보는 점차 향촌 지배와 경제력의 상징으로 변모해 갔다. 보의 운영은 단순히 물을 관리하는 기술이 아니라, 마을의 권력 구조를 드러내는 장치가 되었다. 대표적인 예가 맛질(대저리) 함양 박씨가의 사례이다. 박씨가가 남긴 문서에는 관개 시기, 물길 배분, 품앗이 동원 방식까지 구체적으로

---

6 김재호, 「산촌지역 수리체계의 특성과 수도작 일반화과정-경북 예천군 용문면 사례를 중심으로」, 『농업사연구』 제2권 2호, 2003 참고.

기록되어 있어, 박씨가가 마을의 수리 운영에서 중심적인 역할을 맡아왔음을 보여준다.

대저리에는 대규모 저수지는 없었지만, 대저리 앞으로 흐르는 한천에 보를 설치하여 농업용수를 얻고 있었다. 대저리와 하학리의 농업용수 확보를 위한 상하 2개의 보가 설치되어 있었고, 농업용수로가 있었다. 그리고 이 보를 수축 개축하는 축보와 수로에 쌓인 토사를 쳐내는 준거濬渠를 위한 보역이 매년 행해지고 있었다. 일기에는 1845년 3월 23일부터 28일까지, 1865년 3월에도 4일 동안 축보했다고 기록되어 있고, 1868년 4월에도 4일 동안, 그리고 동년 윤4월, 5월, 6월에도 축보했다고 기록되어 있다. 보역은 마을의 공적 작업이었고, 특히 축보를 위해서는 많은 사람들이 동원되기도 했다.[7]

자작답의 경우 답주가 고용한 일꾼들이 보역에 참여했으며, 노동력을 내지 못할 경우는 돈으로 대신했다. 이렇게 동원된 노동력의 주식비酒食費와 축보築洑 자재 구입비는 각 지주들이 내는 보전洑錢으로 충당되었다. 또한 보수洑水는 각 보답洑畓에 공평하게 관개되어야 했기 때문에 이를 감독할 보도감洑都監이 선임되었으며, 그의 지휘 아래 작인들은 여러 수패水牌로 조직되어 정해진 순서에 따라 관개 작업을 수행했다.

보의 운영은 겉으로는 공동의 일이었지만, 그 실질적 주도권은 지주가와 향촌 유력층에게 있었다. 예천은 대지주가 드문 대신 재촌 양반이 중심이 된 지역이었고, 각 가문은 자신이 관리하는 보를 통해 물길과 경작지를 통제하며 향촌 질서를 유지했다. 이 과정에서 천방계川防契와 같은 광역 수리조직이 형성되었는데, 이는 여러 동리에 걸친 양반 지주층의 결사체였다.[8] 그들은 하천의 제방 · 보 · 수문을 관리하고, 각 마을의 물 배분을 조정하면서 실질적으로 유역 단위의 수리권을 장악했다.

19세기 후반으로 갈수록 하층 농민들의 경제적 기반이 커지고, 공동의 노동과 수리 부담이 확대되면서 수리 운영을 둘러싼 이해관계가 복잡해졌다. 민의 성장은 곧 수리권 다툼과

---

7 박기주, 「19 · 20세기초 재촌양반 지주경영의 동향」, 『맛질의 농민들』, 일조각, 2001, 226~228쪽.
8 이영훈, 「18 · 19세기 대저리의 신분구성과 자치질서」, 『맛질의 농민들』, 일조각, 2001, 275쪽.

수세 부담을 둘러싼 갈등으로 이어졌고, 마을 내부의 질서도 점차 흔들리기 시작했다. 민의 성장이 두드러졌지만, 동시에 양반 지주층의 경영 기반도 확대되면서 향촌 질서는 새로운 균형 속에 재편되었다. 보와 제언은 지배와 협력, 그리고 갈등이 교차하는 공간이었으며, 그 속에서 지주와 민은 각자의 이해를 조정하며 물과 농사를 나누었다. 예천의 농업은 이처럼 변화와 연속이 맞물린 구조 속에서 서서히 새로운 형태의 질서를 형성해 나갔다.

2) 집약적 농법의 확산과 작물의 다양화

15~16세기 경상도의 일부 지역에서는 계수溪水 관개를 바탕으로 한 모내기법이 점차 확산되었다. 계곡수를 이용한 제언과 중·소규모 보는 농업생산의 기본 인프라로 자리 잡았고, 이러한 수리체계의 발달은 국가의 농업정책과 긴밀히 연결되어 추진되었다. 그러나 임진왜란과 병자호란을 거치며 많은 수리시설이 파괴되거나 기능을 상실하자, 전후 복구 과정에서 국가는 농업기반 재건을 위해 하천 정비와 보 축조를 적극적으로 시행했다. 18세기에 들어서면서 그 성과가 본격적으로 드러났고, 보의 설치 주체도 국가나 향촌 공동체뿐 아니라 개인으로까지 확대되었다. 이는 모내기법의 확산과 경지의 확대를 이끌어낸 기술적 전제이자, 농업 집약화를 가능하게 한 중요한 배경이었다.

이러한 변화는 19세기 예천 지역에서도 뚜렷하게 나타났다. 1915년의 『토지대장』에 따르면 예천 맛질(대저리)은 약 137정보 규모였는데, 그중 논이 92정보, 밭이 45정보에 달했다. 마을의 주된 수리 기반은 북쪽 산간에서 흘러내리는 한천을 수원으로 삼은 상·하 두 개의 보였으며, 동쪽의 문치곡과 기동에서 내려오는 개울과 자연수로가 간선수로와 연결되어 물을 보충했다. 이처럼 안정적으로 유지된 수리망은 마을 농업의 지속성을 뒷받침했을 뿐 아니라, 향촌 지배층의 농업 경영을 가능하게 하는 물적 기반이 되었다.

예천의 유력 가문들은 이러한 수리 기반을 토대로 경작지를 확대하고, 벼농사뿐 아니라 면화·담배 등 상품작물 재배에도 적극 나섰다. 수리시설의 축조와 관리가 단순한 생업의 수단을 넘어 지역 내 위세와 경제력을 드러내는 상징으로 기능했던 것이다. 그 가운데 맛질의 함양 박씨가는 특히 주목된다. 이 가문은 봄철 해빙기마다 논을 갈고 객토를 시행했으며, 5월 무렵 모판에 볍씨를 뿌리고 6월 하순에서 7월 초 사이에 모내기를 집중적으로 실시했다. 이는 이모작 확산과 봉천답의 증가로 인해, 17세기에 비해 한 달가량 늦어진 일정이었다. 모내기 이후에는 두 달가량 김매기가 이어졌으며, 한 두락의 논에도 여러 명의 노동력이 투입될 정도로 세밀한 관리가 이루어졌다. 이러한 체계적 노동 조직과 농법의 정교화는 안정적인 수확을 가능하게 했고, 예천 지역 농업의 집약화를 이끄는 동력이 되었다.[9]

박씨가의 농업 경영은 예천 지역에서 수리망을 기반으로 한 경영형 농업의 한 전형을 보여준다. 그러나 이러한 체계는 지역에서 일정한 경제력과 인적 기반을 갖춘 가문만이 유지할 수 있었던 사례였다. 실제로 일기에는 보역에 필요한 민의 동원이 점차 어려워지며 보 운영이 흔들렸다는 기록도 보인다.[10] 이러한 상황은 모든 가문이 안정적 경영을 유지한 것은 아니었음을 보여주며, 19세기 후반 예천 사회에서 지주 경영의 지속 가능성이 가문별로 조금씩 달랐음을 시사한다. 그럼에도 안정된 물길을 바탕으로 한 집약적 농법은 향촌의 협동과 관리 체계를 뒷받침하며, 예천 농업이 생산력 향상과 작물의 다양화를 추구할 수 있는 기반이 되었다.

조선 후기의 농민들은 논과 밭을 나누어 경작하면서도 다양한 곡물을 함께 재배했다. 박씨가의 농사일기에 따르면 보리 재배에 가장 많은 비중을 두었으며, 봄 · 가을 두 차례에 걸쳐 파종을 실시했다. 가을보리는 9월 상순에서 12월 상순 사이, 봄보리는 2월 중순에서 4월 상순 사이에 파종되었다. 박씨가는 보리밭에 재灰를 뿌려 토양을 비옥하게 하는 등 적극적인 관리로 수확량을 높였는데, 이러한 경향은 이전 세대에 비해 한층 집약화된 농법의

9 김건태, 「19세기 집약적 농법의 확산과 작물의 다각화-경상도 예천 맛질 박씨가의 가작 사례」, 『역사비평』 101, 2012 참고.

10 박기주, 앞의 논문, 227~228쪽.

모습을 보여준다. 18세기 중엽 이후에는 논보리 재배가 삼남 지방 전역으로 퍼졌고, 19세기에 들어 안동, 예천 지역 농민들도 벼보리 이모작을 적극적으로 실시했다.

보리 외에도 밀, 조, 콩, 기장, 녹두, 메밀 등 다양한 밭작물이 경작되었다. 농민들은 보리밭에 조를 함께 심는 간종間種이나, 보리 수확 후 조를 재배하는 근경根耕 방식을 활용했다. 콩 재배는 간종 · 근경 · 혼작 등 다양한 형태로 이루어졌으며, 이전 세대보다 김매기를 자주 실시해 토양 관리의 세밀화가 진전되었다. 이러한 농법의 발전은 한정된 경지에서 생산성을 극대화하려는 농민들의 노력이었고, 집약적 농업의 구체적 양상이기도 했다.

이 시기 면화, 마, 담배와 같은 상품작물의 재배도 활발히 이루어졌다. 면화 재배는 봄철 상순부터 시작되어 여러 차례 김매기를 반복했으며, 마는 4월 상순에서 5월 상순 사이에 파종하여 7월 하순경에 수확했다. 담배는 모판에서 키운 뒤 밭에 옮겨심는 방식이 일반적이었고, 일부는 보리밭에 근경법으로 재배되었다. 이러한 상품작물 재배는 단순히 시장 판매를 위한 것이 아니라, 의복 · 기호품 · 가내 경제 등 자가 소비를 위한 자급적 성격이 강했다.

예천의 농민들은 집 주변 텃밭에 각종 채소와 과일을 재배하여 생활 기반을 보완하기도 했다. 감, 대추, 밤, 배, 호도, 매실, 복숭아, 석류 등이 소규모로 재배되었고, 일부는 제수용이나 기호품으로 이용되었다. 이러한 다품종 소량생산의 체계는 19세기 후반으로 갈수록 더욱 정착되었다. 대부분의 농민이 간작間作, 혼작混作, 윤작輪作 등 다양한 재배 방식을 병행했고, 이는 동시기 유럽의 윤재식輪栽式과 비교해도 손색이 없을 만큼 높은 수준의 농법이었다.[11]

다양한 작물을 간작·혼작·윤작으로 재배하는 방식은 토지의 생산성을 높이는 데 크게 기여했다. 그러나 좁은 면적에 여러 작물을 동시에 돌보아야 했기 때문에 노동 부담은 오히려 늘어났다. 비료 투입도 제한적이어서, 농가에서는 어린이와 노약자까지 농사일에 동원하며 일손 부족을 메워야 했다. 이러한 모습은 조선 후기 농업이 자본보다 노동에 크게 의존하는, 전형적인 노동집약형 구조로 발전했음을 보여준다.

---

11 김건태, 앞의 논문, 302쪽.

결국 조선 후기의 농업은 집약화와 다양화라는 두 축으로 전개되었다. 그러나 그 목적은 자본 축적이나 시장 진출이 아니라, 자급과 절약에 있었다. 박씨가는 필요한 곡물과 채소를 대부분 자가 생산으로 충당하고, 남는 일부만을 시장에 내다 팔았다. 농민들은 생계를 유지하기 위한 효율적 농업체계를 스스로 조직함으로써 생활 기반을 강화해 나갔다.

3. 제도의 등장과 들판의 변화

1) '근대' 수리시설의 확대와 예천의 주변성

20세기 초, 조선 농촌의 물길을 다루는 방식이 변하기 시작했다. 일제는 식민지 조선의 농업 생산력을 높이기 위해 대규모 수리시설 확충에 나섰고, 그 핵심에는 '수리조합'이라는 새로운 제도가 있었다. 수리조합은 관개 개선, 개간, 지목 변경 등 각종 토지개량사업을 목적으로 만들어진 근대적 수리조직으로,[12] 식민지 농업 개발을 뒷받침하는 핵심 장치였다. 제도 자체는 1906년 '수리조합조례' 제정에서 출발했지만, 식민지 농정으로 농촌 사회에 뚜렷한 영향을 미친 시점은 산미증식계획이 추진되던 1920~1930년대였다.

산미증식계획은 토지개량과 농사개량이라는 두 축으로 추진되었다. 이 가운데 일제가 가장 중시한 것은 토지개량이었고, 이를 집행한 주체가 바로 수리조합이었다. 즉 수리조합 사업은 산미증식계획의 중심적 위치를 차지했으며, 국책사업이라는 명분 아래 강력하게 추진되면서 1920년대와 1930년대 초반에 걸쳐 급속히 확장되었다. 이 과정은 무엇보다도 자본의 논리에 따라 전개되었다. 더 많은 쌀을 확보하기 위해 자본력을 갖춘 일본인 지주와 조선인 대지주들이 앞장섰고, 지방 행정관청 또한 단순한 지원에 머물지 않고 직접 창설

---

12 조선총독부토지개량부, 『朝鮮の水利組合』, 1922, 1쪽.

주체로 나서기도 했다.

반면 농민들에게 수리조합은 일방적인 강제와 부담으로 다가왔다. 다수의 농민은 자발적 의사와 무관하게 조합 구역에 편입되었고, 과중한 조합비를 떠안아야 했다. 수리조합사업은 농촌 사회의 수리 질서를 크게 바꾸어 놓았다. 기존의 수리시설은 조합 구역에 흡수되며 통폐합되었고, 오랫동안 유지되던 공동체적 수리 관행은 더 이상 존속하지 못했다. 그 대신 행정관청의 엄격한 감독과 통제를 받는 새로운 수리체계가 자리 잡았다. 형식상으로는 토지 소유자들의 민간 조직이었지만, 실제로는 지방 행정에 깊숙이 편입된 반관반민적半官半民 조직이었던 것이다. 운영과 의사 결정 전반이 상급 행정관청의 지휘 아래 이루어졌고, 조합원들의 자율성은 거의 보장되지 않았다.[13]

일제는 이러한 변화를 제도적으로 뒷받침하기 위해 1917년 '수리조합령'을 제정하고, 이어 1927년 '조선토지개량령'을 공포했다. 겉으로는 농민들에게 일정한 비용을 부담시키는 대신, 국가가 보와 제언, 수로망을 체계적으로 관리하고 운영하겠다는 구상이었다. 문서상으로만 보면 꽤 합리적이고 근대적인 제도로 보였다. 전통적인 마을 단위의 제언이나 품앗이에 의존하던 방식에서 벗어나, 근대 기술과 행정력을 통해 더 많은 논을 적시하고 더 많은 쌀을 수확할 수 있다는 전망이 제시되었기 때문이다. 그러나 현실에서 농민들이 경험한 것은 강제 편입과 부담 증가, 그리고 공동체 질서의 해체였다. 결국 수리조합은 식민지 권력이 농촌을 장악하는 새로운 수단으로 기능하게 되었다.

경북 지역에서도 이러한 제도의 적용은 지역 조건에 따라 달리 나타났다. 경북에는 영일, 보문, 수성, 경산, 비안, 달성, 칠곡, 경주 등지에 관개, 배수를 목적으로 수리조합이 설치되었다.[14] 특히 영천, 경산, 대구 외곽에 이르는 금호강 유역은 평야가 넓고 지형이 완만해,

13 박수현, 『일제하 수리조합항쟁 연구』, 중앙대학교 박사학위논문, 2001 참고.

14 1938년까지 경북지역에는 영일, 보문, 수성, 경산, 비안, 동부(달성군), 연호제(경산군), 서면(경주군), 안강(경주군), 금호(영천군 · 경산군), 해안(달성군), 인동(칠곡군), 팔달(달성군), 청하(영일군), 약목(칠곡군)수리조합(총 15개)이 설치되었다. 조선총독부농촌부, 『조선토지개량사업요람』, 1940, 14쪽.

수리조합이 설치되고 관개 시설이 본격적으로 정비되었다.[15] 반면 예천의 상황은 사뭇 달랐다. 예천은 낙동강의 지류인 내성천과 금천 유역에 걸쳐 있었는데, 산지가 둘러싸고 지형이 험준했을 뿐 아니라 하천의 유량도 일정하지 않았다. 내성천은 비가 오면 갑자기 불어나 범람하고, 가뭄기에는 물이 바닥을 드러내기 일쑤였다. 강바닥에 쌓인 두터운 모래층은 수로 정비를 어렵게 만들었고, 새로운 보나 제언을 설치하려면 막대한 비용과 인력이 필요했다.

예천이 근대 수리조합 체계의 중심에서 벗어난 배경은 이러한 자연적 제약에 더해 사회경제적 조건에서도 찾을 수 있다. 전통적으로 양반 지주층의 지주경영이 이루어진 지역이었기에 일본인 지주의 대규모 진출은 상대적으로 제한적이었다. 더구나 충적평야가 넓지 않아 농업기반을 획기적으로 확장하기도 쉽지 않았다. 이러한 조건이 맞물리면서 예천은 식민지 농정을 뒷받침할 '근대' 수리조합 체계가 전국적으로 확산되는 과정에서 주변화되었다. 이는 이후에도 전통적인 소규모 제언과 공동체적 협력 방식에 의존하는 물 관리 체제가 장기간 지속되는 배경이 되었다.

표 5. 낙동강 유역 경북 각 군의 보 · 제언 수와 관개면적

군명	논면적 (정보)	제언		보		관개면적 (정보)	관개면적비율 (%)
		개소	관개면적	개소	관개면적		
봉화	3,226.2	-	-	8	28.4	28.4	0.9
영주	6,539.0	-	-	37	1,050.3	1,050.3	16
예천	5,846.0	7	30.8	23	315.1	345.9	6
영양	88.30	32	71.0	58	361.5	432.5	49
청송	2000.6	42	205.1	155	568.7	773.8	39

15 손경희, 『일제시기 이주일본인의 농업경영과 지역사회 변동 : 경북지역을 중심으로』, 선인, 2018 참고.

안동	6527.6	9	229.8	24	833.4	1,063.2	16
문경	4,768.5	5	39.2	99	1,319.9	1,359.1	29
상주	9,634.9	21	312.1	113	1,902.9	2,215.0	23
선산	5,257.3	56	418.2	27	1,555.8	1,974.0	37
김천	7,702.8	35	383.6	59	1,538.8	1,922.4	25
의성	6,893.9	338	2,130.8	126	908.5	3,039.3	44
군위	2,707.8	79	564.0	110	1,033.0	1,579.0	59
달성	6,344.5	88	1,218.1	104	2,789.1	4,007.2	63
칠곡	4,915.7	44	338.8	88	463.2	802.0	16
성주	5,074.6	28	133.7	55	589.1	722.8	14
고령	2,684.5	6	58.3	31	2,418.5	2,539.8	94
청도	4,852.3	16	196.9	55	2,630.8	2,827.7	58
경산	6,344.5	267	3,228.3	63	2,413.5	5,659.8	89
계	97,990.40	1,451	11,937	1,381	24.236.9	36,236.9	37

출처: 조선총독부, 국토해양부 역, 『치수 및 수리답사서(1920년)』, 2011, 115쪽.

〈표 5〉는 이러한 상황을 잘 보여준다. 조선시대 예천 농업은 향촌 공동체가 관리한 보와 제언을 통해 비교적 안정적으로 유지되었다. 마을 단위의 협력과 보수 체계는 매년 농사에 필요한 물길을 이어주었고, 대규모 충적평야 지역만큼은 아니더라도 나름의 안정성을 보장했다. 그러나 근대로 들어서면서 이러한 전통적 수리 기반은 더 이상 확대되거나 유지되지 못하고 점차 한계에 직면했다. 〈표 5〉에서 보면, 당시 예천의 논 면적은 5,846정보에 달했지만, 보와 제언을 통한 관개면적은 고작 345.9정보에 불과하여 전체의 6% 수준에 그쳤다. 이는 고령(94%), 경산(89%), 달성(63%) 등 충적평야 지역과 비교할 때 현저히 낮은 수치였다. 즉 조선시대만 하더라도 공동체적 노력으로 농업기반을 어느 정도 유지했지만, 근대기에 들어서는 이미 지역적 한계가 뚜렷해지고 있었던 것이다.

이와 같은 조건은 이후 근대 수리조합이 본격적으로 확산될 때 예천을 더욱 불리한 위치에 놓이게 했다. 일제시기 수리조합은 전국적으로 확대되었지만, 그 설치 지역은 철저히 선별적이었다. 일본인 이주민이 정착했거나 대지주가 토지를 대규모로 소유한 평야지대가 주된 대상이었다. 이러한 지역은 낙수와 제방 관리가 용이하고, 관개 효율이 높은 저지대 평야였으며, 쌀 증산을 통해 일본 본토로 쌀을 실어 보낼 수 있는 경제적 이익이 보장되는 곳이었다. 수리조합 설립과 운영에는 막대한 비용이 들었기에, 조합비를 부담할 수 있는 지주층이 형성된 지역에서만 조합이 가능했다. 반면 자작농과 소작농이 대부분인 내륙 산간부나 상류 지역은 '경제성이 낮다'는 이유로 사업 대상에서 제외되었다.

이러한 구조 속에서 수리조합은 근대화의 이름으로 추진되었지만, 실제로는 식민지 수탈의 효율성을 높이기 위한 제도였다. 강과 가까운 평야부에는 관개망이 뻗었으나, 상류나 지류의 마을은 여전히 자연 강수에 의존할 수밖에 없었다. 예천처럼 중소지주 중심의 내륙 농촌은 제도권 밖에 남아 근대적 수리체계의 혜택을 제대로 받지 못했다. 이로써 같은 하천 유역 안에서도 물길의 격차가 농사의 격차로 이어지는 구조가 고착되었다.

2) 일상적 재해와 농사의 격차

한해, 물길의 불평등

예천의 수리 문제는 단지 제도가 닿지 않았다는 차원을 넘어, 같은 경북 안에서도 '물길의 차이'가 농사의 격차로 이어지는 구조였다. 금호강 유역처럼 비교적 안정적인 관개 체계 속에서 다양한 농업 실험이 가능했던 지역이 있는가 하면, 예천은 여전히 가뭄과 수해를 오가며 '하늘이 도와야 하는 농사'를 이어가야 했다. 예천 들판의 농사는 언제나 하늘의 눈치를 보아야 했다. 봄에는 비가 오지 않아 모를 심지 못했고, 여름에는 한꺼번에 쏟아지는 비에 논이 잠기기 일쑤였다. 같은 경북 안에서도 농민들이 겪는 '물 사정'은 하늘과 땅만큼 달랐다. 이러한 차이는 단순한 기후나 지형의 문제가 아니었다. 어디에 물이 닿고, 어디에 닿지 않았는가, 그 '물길의 차이'가 농사의 성패를 가르고, 나아가 지역 농업의 불균형을 만들어낸 근본적인 원인이었다.

예천은 비가 많이 오면 내성천이 범람했고, 비가 오지 않으면 한 달 넘게 바닥이 갈라졌다. 하천은 해마다 범람하며 모래를 쓸고 내려와 들판의 낮은 곳을 덮었다. 물이 빠지지 않은 논은 금세 습지로 변했고, 벼가 패기도 전에 쓰러졌다. 반대로 고지대 마을은 물이 모이지 않아 파종 시기를 놓치기 일쑤였다. 같은 군 안에서도 상류와 하류, 고지와 평지 사이의 물 공급 편차는 뚜렷했고, 이는 매해 논농사의 수확량을 결정짓는 중요한 요인이 되었다.

예천이 처한 농업기반의 취약함은 해마다 되풀이된 자연재해 속에서 여실히 드러났다. 조선의 농촌에서 재해는 거의 매년 찾아오는 일상이었고, 예천 역시 그 예외가 아니었다. 비와 가뭄, 홍수와 냉해가 번갈아 들판을 덮치면서, 물길이 닿는 곳과 닿지 않는 곳의 차이는 점점 벌어졌다. 그 결과 재해는 단순한 자연현상을 넘어, 농사와 삶의 격차를 만들어내는 구조적 문제가 되었다.

표 6. 낙동강 유역 경북 각 군 한해旱害 통계 및 예상 한해고(1915년)

군명	7월 20일 이후의 모내기 면적	삽앙 불가능 논면적	좌동 중 다른 작물 경작면적	한해면적	감수액 (%)	예상피해고(엔)
봉화	58.9	33.0	31.7	285.7	40	19,939.6
영주	291.7	292.0	256.6	206.7	40	52,199.6
예천	533.4	1,385.3	1,353.9	1,274.6	40	204,264.8
영양	-	266.3	227.2	368.2	30	40,541.6
청송	149.8	214.3	77.9	26.8	45	33,035.2
안동	443.7	2,157.1	2,157.1	797.2	55	251,805.2
문경	41.9	137.6	34.3	169.4	40	25,785.2
상주	1,120.1	749.9	667.0	749.9	40	166,509.2
선산	577.2	1,046.9	954.0	1,068.6	40	173,392.8

김천	20.4	939.3	883.4	2,286.3	40	188,346.4
의성	543.6	1,772.4	1,644.8	344.1	60	204,287.2
군위	-	387.8	387.8	1,680.0	40	111,664.0
달성	289.3	604.9	604.9	1,124.6	40	199,730.8
대구	-	9.1	9.1	124.4	40	6,699.2
칠곡	139.0	1,027.3	936.9	2,081.8	40	228,588.0
성주	-	308.0	308.0	1,621.2	40	102,457.6
고령	81.5	68.1	65.4	325.6	40	26,074.8
청도	-	627.5	554.5	425.7	40	83,553.6
경산	-	719.3	358.1	879.7	40	114,217.6
영천	-	492.8	492.8	4,875.8	40	273,462.4

출처: 조선총독부, 국토해양부 역, 『치수 및 수리답사서(1920년)』, 2011, 116~117쪽.

〈표 6〉에 나타난 1915년 낙동강 유역 한해 통계는 예천 들판의 취약한 농업기반을 단적으로 보여준다. 예천에서는 1,385정보의 논이 아예 모내기를 하지 못했으며, 가까스로 늦게 심은 면적도 533정보에 불과했다. 주목할 점은 이 가운데 1,353정보가 다른 작물로 전환되었다는 사실이다. 이는 곧 가뭄으로 벼농사가 무너진 자리를 농민들이 밭작물로 채우며 최소한의 수확을 이어가려 했음을 의미한다. 전체 피해 면적은 1,274정보, 피해액은 20만 엔을 넘어, 경북 내에서 안동 · 의성과 함께 가장 큰 피해 지역으로 기록되었다.

주변 군과 비교하면 피해의 양상은 더욱 뚜렷하다. 상주는 749정보, 선산은 1,068정보였던 데 비해 예천은 그보다 큰 피해를 입었고, 안동 · 의성과 함께 상위권에 속했다. 특히 예천은 벼농사가 불가능해 다른 작물로 돌린 비율이 높았다는 점에서, 가뭄이 농업 구조 자체를 뒤흔든 사례라 할 수 있다. 물길이 닿지 않는 지역은 벼농사를 지속하기 어려웠고, 이는 곧 농업 생산의 차이로 이어졌다.

1920년대 중반에는 극심한 가뭄이 이어지며 지역 사회 전반이 큰 타격을 입었다. 1924년의 한재는 예천군 전역을 휩쓸었지만, 그중에서도 남쪽에 위치한 풍양 · 지보 · 호명 3개 면의 피해가 가장 심했다. 특히 풍양면은 교통이 불편하고 토질이 척박해 평소에도 농산물 수확이 넉넉하지 않았는데, 1924년의 가뭄과 풍해로 수확량이 60% 이상 줄어들었다. 그 결과 "기근에 우는 예천군 풍양면민 3백여 명의 걸객이 주린 창자를 움켜쥐고 헤맸다"는 보도가 나올 정도로 참상이 컸다. 곡식이 바닥난 주민들은 나물죽으로 연명하며 가까스로 생계를 이어갔다.[16] 이듬해에도 가뭄은 계속되었다. "예천은 한재로 인한 참상이 가장 심한 곳 가운데 하나"라며 풍양 · 지보 · 호명 3면의 수확이 거의 전무했다고 보도했다. 당시 세 면의 피해 가구는 2,395호, 인구 1만 2천여 명에 달했으며, 구제사업이 없이는 "금춘今春을 살아나가기 어려울" 정도였다. 군 당국은 토목공사와 부업 장려, 지세 면제 등의 임시 대책을 내놓았지만, 근본적인 구호는 되지 못했다.[17]

"50년만에 처음 보는" 1928년의 한재는 이러한 상황을 더욱 심화시켰다. 1928년에서 1929년으로 이어진 가뭄은 경상북도 전역을 휩쓸었다. 그러나 그 피해의 무게는 지역마다 달랐다. 성주는 약 37%, 영주는 16%, 김천은 20%대의 감수를 기록했을 때, 예천은 50% 이상 수확량이 줄어들었다.[18] 낙동강 상류에 자리한 예천은 도리어 하류 지역보다 피해가 훨씬 심했다. 낙동강 본류와 지류가 만나는 지형적 조건에도 불구하고, 수리망이 충분히 확충되지 않아 물길이 편중되어 있었기 때문이다.

표 7. 예천군 각 면별 한해旱害 피해 현황

면명	평년 실제 수확량	금년 예상 수확량(석)	감소량(석)
예천	10,347	5,186	5,161

16 『조선일보』 1924.12.17. '기근에 우는 예천군 풍양면민 삼백여 명의 다수한 걸객이 주린 창자를 움켜쥐고 헤매'; 『조선일보』 1924.12.25. '예천 풍양면 구황회의 활동'

17 『조선일보』 1925.02.21. '예천삼면의 참상'

18 『동아일보』 1929.11.02. '북조선은 대풍이나 남조선은 대개 극흉 전조선 각군별 농황(1)'

용문	12,281	4,533	7,749
상리	4,873	4,000	873
하리	5,961	5,371	590
감천	10,898	7,627	3,271
보문	8,463	3,888	4,575
호명	10,600	3,779	6,821
유천	9,737	6212	3,525
용궁	8,400	5,749	2,651
개포	8,017	4741	3276
지보	11,416	3,351	8,065
풍양	12,807	2,667	10,140
합계	113,800	57,103	56,697

출처: 『동아일보』 1929.11.15. '피해 8만7천명에 요구조 2만3천'

1928년부터 이어진 한재는 예천 전역을 휩쓸었지만, 그 피해는 결코 균등하지 않았다. 1929년의 면별 수확량을 보면, 예천군 전체의 벼 생산이 평년 11만 3천 석에서 절반 수준인 5만 7천 석으로 줄었다. 그러나 모든 면이 똑같이 타격을 입은 것은 아니었다. 낙동강 본류와 지류를 따라 넓은 들이 펼쳐진 지보면, 풍양면, 호명면은 수확량이 60~80%가량 줄었고, 일부 지역은 모내기를 포기해야 할 정도였다.[19] 반면 낙동강과 인접한 하리 · 상리면은 상대적으로 피해가 적어, 수확이 평년의 70~80% 수준을 유지했다.

당시 신문은 이러한 지역 격차를 보다 생생하게 전하고 있다.

19 예천군 12개 면의 이양비율은 전부 완료 상리면, 하리면, 8할 이상 9할 미만 용궁면, 7할 이상 8할 미만 개포면, 5할 이상 7할 미만 보문면, 감천면, 용문면, 유천면, 예천면, 3할 이상 5할 미만 호명면, 지보면, 풍양면이었다. 『동아일보』 1928.11.03. '한재의 경북(24)'

> 한재가 가장 심한 곳은 지보, 호명, 풍양 삼면으로 모두 마작 8, 9할의 감수減收를 보인 위에…(중략)…지보면의 면의 토지는 별다르게 척박하여 대지주의 소유는 하나도 없고 모두 졸막졸막한 면내 소지주고 자작농, 자작 겸 소장농들이 대개 소유하고 있어…(중략) 이 면처럼 그 현저히 심하기는 드물게 보는 곳이었다.[20]

지보·풍양·호명 일대는 이앙조차 하지 못한 논이 속출했고, 그해 수확량은 평년 대비 80~90%나 줄었다. 면별로 나뉜 이 수치는 단순한 농사 기술의 차이가 아니라, 물길의 유무와 수리 조건의 격차를 그대로 보여준다. 낙동강과 내성천 본류에 인접한 들판에서는 논에 물이 돌았지만, 지류 상류의 마을들은 물이 끊겨 논바닥이 갈라졌다. 같은 하늘 아래에서도 강의 방향 하나가 농사의 운명을 갈랐다. 실제로 1928년의 혹심한 가뭄은 이듬해까지 이어졌고, "가을에도 마르지 않던 송포의 구溝 물조차 고갈"되었을 정도로 예천의 물길은 완전히 말라붙었다.[21] 물이 없는 곳에서는 파종을 미루는 일조차 사치였다. 간간이 심어놓은 논바닥은 균열이 생겨 갈라졌고, 도충이 번져 남은 모도 시들어갔다.[22] 강변 마을이 근근이 버티는 동안, 내륙의 마을들은 농사를 포기해야 했다.

1930년이 되어 모처럼 봄비가 내렸지만, 이미 땅은 너무 오랫동안 말라 있었다. 비는 곡식을 살리기보다 장마가 되어 보리를 썩게 했다.[23] 그 뒤로도 가뭄은 쉬이 물러가지 않았다. 1932년에도 한재가 계속되어 예천의 이앙률은 30%에 그쳤고, 그나마 심은 논도 물이 말라 농민들의 근심이 깊어졌다.[24] 몇 해를 거듭한 가뭄과 폭우의 반복 속에서 농민들의 삶은 한결 불안해졌다. 흉작이 계속되고 굶주림이 번지자 예천에는 9만 명의 이재민이 발생했

---

20 『동아일보』 1928.11.03. '한재의 경북(24)'
21 『동아일보』 1929.05.24. '한발 계속으로 앙판이 고갈'
22 『조선일보』 1929.06.03. '한발과 충재로 민정 다시 소연(騷然)'
23 『조선일보』 1930.03.16. '예천일대 농민공포'
24 『동아일보』 1932.07.07. '예천지방엔 이종(移種)이 겨우 3할'

다.[25] 한 술의 밥과 한 오락의 옷이 없어 기근에 허덕이는 이재민들을 구제하기 위해 예천기근구제회가 창립되었으나[26] 많은 이재민을 감당하기에는 역부족이었고, 결국 사람들은 고향을 떠났다. 예천역에는 "주린 배를 움켜쥐고…어린 저자를 앞뒤에 세우고 고국산천을 등지고 낯선 북만으로 떠나는" 이재민들이 끊이지 않았고, 재해가 가장 극심했던 풍양면에서는 일본으로 건너간 노동자가 600명에 이르렀다.[27]

경상북도는 이러한 참상을 완화하기 위해 도로 개수와 제방 보수 같은 토목공사를 시행하고, 부업 장려책의 하나로 승입繩叺(가마니) 전승회를 열어 농민 생계유지 방안을 모색했다. 특히 한해 구제대책으로 1928년 9월 19일부터 군위, 의성, 안동, 예천 등 7개 관내 39개 면에 걸쳐 184개소 몽리면적 4,811정 3단보에 대해 수리개선공사를 조사하기 시작했으며, 예천에서는 한해 피해가 컸던 지보면과 풍양면이 대상 지역으로 선정되었다.[28] 그러나 행정 지원은 제한적이었고, 실제 공사 추진은 면장과 지주들의 주도로 이루어졌다.

이러한 상황 속에서 추진된 것이 바로 용암지 건설이었다. 지보면장 윤광한이 설계한 용암못(지보면 용암동)과 풍양면장 정원모가 설계한 풍천못(풍양면 풍천동)은 각각 30정보, 50정보의 논을 관개할 수 있는 규모였다. 공사가 완료된 뒤인 1930년 10월 9일과 11일에는 군수 박제륜과 지주, 지역 인사 300여 명이 참석한 낙성식이 열렸다.[29] 용암지 둑가의 비석에는 "이 저수지가 윤택해짐에 점차 도민들이 그 뜻을 돌에 새겨 영구히 해야 할 것이다. 저수지는 무진년(1928)에 이루어졌고, 비는 계유년(1933)에 세워졌다"고 새겨져 있다.[30]

하지만 이러한 토목공사만으로는 참상을 근본적으로 막을 수 없었다. 굶주림과 파산,

---

25 『조선일보』 1929.11.17. '예천일대 한해 이재민 9만여명'
26 『조선일보』 1929.12.11. '예천기근구제회 창립대회 개최'
27 『조선일보』 1930.01.29. '고향을 등지고 황량한 만주로'; 『조선일보』 1930.03.26. '일본간 노동자가 일면에만 600여명'
28 『동아일보』 1928.09.17. '한해 대책으로 수리사업계획'
29 『조선일보』 1930.10.17. '예천군 양면 지당 낙성연'
30 김주현, 「장혁주 소설 「아귀도」에 대한 심층 읽기」, 『현대소설연구』 90, 2023, 47쪽.

유랑이 이어지던 현장의 현실은 행정 기록이 담아내기 어려운 수준이었다. 소설가 장혁주는 1927년 가을부터 1929년 봄까지 예천 지보공립보통학교 대용 교원으로 근무하면서 이 같은 현실을 목격했다. 그는 소설 '아귀도'에서 당시의 참상을 다음과 같이 묘사했다.

> 지난 삼 년 동안 아낙네들은 초근을 캐서 양식을 보탰다. 혹심한 한발이 남선지방을 덮쳐 논이나 밭에는 대파으로 조를 갈았으나 그것마저 잘 익질 않았다. 가을에 거둔 조나 콩은 지주들에게 뺏기니, 농민들은 하는 수 없이 무나 배추, 고추잎이나 콩잎 말린 것을 양식으로 했다. 그것마저 모자라기 일쑤여서 들판인 언덕을 뒤져 풀뿌리를 캐어왔다. 해마다 농비 부담 때문에 팔릴만한 세간은 처분해버려, 돈이 될만한 것은 하나도 남아 있지 않았다.[31]

장혁주가 그린 도화리는 실제 지보면 도화리로, 당시 한재 피해가 가장 극심했던 지역이었다. 주민들은 굶주림 속에 세간을 팔아 연명하거나, 삶의 터전을 잃고 야반도주하기도 했다. 문학 속 묘사는 허구가 아니라, 당시 농민들이 몸으로 겪었던 비극의 기록이었다.

이 시기의 한재는 단순한 자연재해가 아니었다. 낙동강 상류의 지형적 조건과 불균형한 수리 체계가 맞물린 구조적 재해였다. 예천은 경북 내에서도 "셋째가는 재해다피처"라 불릴 정도로 피해가 두드러졌으며, 군 내부에서도 물길의 차이에 따라 생존의 격차가 벌어졌다. 한재는 그 경계를 적나라하게 드러냈다. 물이 닿는 곳은 버텼고, 물이 끊긴 곳은 삶이 무너졌다.

수해, 물길의 역습

1930년대 초 조선의 남부 지역은 해마다 반복된 홍수와 가뭄에 시달렸다. 제방과 수리시설이 들어섰지만, 그것은 근대의 외형을 갖춘 불안정한 기반에 불과했다. 강의 흐름은 조금만 비가 많아도 뒤틀렸고, 물길이 바뀌면 들판은 순식간에 바다로 변했다. 일제 당국이 "근

---

31 김주현, 위의 논문, 45쪽 재인용.

대적 수리 행정"을 내세우던 시기였지만, 실제로는 지역 간의 격차와 관리의 불균형이 오히려 재해를 키웠다.

표 8. 일제시기 주요 강의 수해 피해액

	1920	1925	1933	1934
한강	6,481,974	46,247,981	689,806	187,346
임진강	552,952	3,873,692	327,559	-
금강	766,065	3,809,888	502,090	4,371,358
영산강	127,310	361,501	1,133,916	2,231,333
섬진강	9,050	809,791	1,038,124	1,139,311
낙동강	33,946,592(81%)	28,185,487(34%)	13,634,815(79%)	22,653,085(74%)
계	41,883,943	83,288,340	17,326,310	30,582,433

출처: 조선총독부, 『昭和9年 南鮮の洪水』, 1936, 6~7쪽.

〈표 8〉은 일제시기 한반도 남부를 휩쓸었던 수해년과 그 피해액을 나타낸 것이다. 주요 강 가운데서도 1925년을 제외하면 전체 피해액의 70~80%에 달할 정도로 낙동강의 수해 피해가 컸음을 알 수 있다. 과히 '낙동강의 대홍수'였다.

표 9. 1934년 도별 수해액 현황

	사망 인원(명)	가축 피해(원)	가옥 피해(원)	토지 피해(원)	공작물 피해(원)	농작물 피해(원)	범람 면적(정보)	합계 (원)
충북	9	93	9,958	262,999	1,026,350	201,009	6,099	1,500,409
충남	13	1,485	252,304	681,566	284,840	1,412,534	26,345	2,632,729
전북	15	374	62,760	438,471	536,915	853,712	25,436	1,992,232

전남	7	685	138,348	781,815	273,819	1,765,460	34,244	2,960,121
경남	82	7,382	1,235,867	1,398,755	2,084,571	10,231,412	76,050	14,958,007
경북	71 (36%)	5,372 (35%)	416,122 (20%)	3,742,554 (51%)	1,232,927 (23%)	3,184,046 (18%)	47,544 (22%)	8,581,021 (26%)
계	197	15,391	2,115,359	7,306,160	5,439,422	17,648,173	215,718	32,624,519

출처: 조선총독부, 『昭和9年 南鮮の洪水』, 1936, 7쪽; 김태웅, 「1930년대 전반 일제의 재난관리금 운영방식과 조선인 이주 시책-1934년 낙동강유역 대홍수 대응으로 중심으로」, 『역사교육』 166, 2023, 15쪽.

비고: 경기도, 강원도와 북부지방의 피해는 포함되지 않음.

1934년의 대홍수는 낙동강 유역 농업의 취약한 기반과 물길을 둘러싼 불평등이 낳은 참상을 극명하게 드러냈다. 전국 피해액 가운데 경상도가 72%를 차지하며 압도적인 비중을 보였고, 경상북도는 그중 4분의 1 이상을 기록해 경남 다음가는 피해 지역이었다. 특히 경북의 피해는 단순한 침수나 가옥 붕괴보다, 논과 밭이 쓸려나간 토지피해가 전체의 절반을 넘겼다는 점에서 다른 지역과 성격을 달리했다. 농사 기반이 무너졌다는 것은 단순한 한 해의 불운이 아니라, 물길과 수리시설의 편중된 관리가 만들어낸 구조적 취약성이 드러난 결과였다.

낙동강의 홍수 속에서 경상북도 예천도 그 피해를 고스란히 맞고 있었다. 1933년 여름, 내성천이 범람하여 인명과 가옥 피해가 발생한 데 이어, 1934년에는 예천 지역에 '90년 만의 대수해'라 불린 대규모 홍수가 닥쳤다. 7월 23일, 예천읍 앞 철교 부근의 제방이 무너지면서 읍내 시가지가 순식간에 물에 잠겼다. 신문은 당시 상황을 "전장과 같다"라고 보도했다.

> 연일 내리는 폭우로 읍내 앞 철교 부근의 제방이 드디어 터지며 예천의 보고인 예천평야는 전멸되고 말었다. 송포 평야도 전부 침수되고 말았다. 동본리 서본리 남본리 등 동리는 전부 침수되어 피해민들은 속속 피난 중이요 경북선도 선로 침수도 불통되었고, 아직도 폭우는 내려 퍼붓고 있다.[32]

> 일주일 이상 비가 내려 군민들은 수해를 우려하든 차에 23일 주 이르러 읍내를 돌아 흐르는 냇물이 범람하여 대심도 제방이 세 곳이나 결괴되어 논 140정보는 삽시간에 흙바다가 되어 버리고, 개포면 경진동까지 가는 약 10리의 제방은 씻은 듯이 흘러 내려가 버려서 90년 이래의 처음이라고 하는 바 복구될 가망은 없다. 읍내의 침수가옥은 400호이고, 피란민은 각지로 품기어 마치 전장과 같은 혼잡이다. …25일 오후까지 비가 감하지 아니하여 예천역 부근은 전멸이 될 것 같다. 보문면 고평천은 약 4미돌이 증수하여 23일 아침에 방천이 터져서 70정보의 논이 매몰되었고, 그 연안의 월포동의 세 부락은 전멸상태에 빠졌다.[33]

90년 만의 대수해로 불어난 내성천이 제방을 휩쓸며 "씻은 듯이 흘러내려 망망한 물이 하늘과 닿았다."[34] 예천평야와 송포평야는 전면적으로 침수되어 농경지가 사실상 전멸했고, 동본리 · 서본리 · 남본리 등 읍내 인근 마을들도 모두 물에 잠겼다. 예천과 안동을 잇는 경북선 철교가 끊기고, 도로와 제방, 교량이 유실되어 교통이 마비되었다.

예천군 전체로 보면 논 유실 · 매몰 800여 정보 침수 1,480여 정보, 밭 매몰 470여 정보, 침수 5,450정보, 가옥 파괴 1,200여 호, 사망자 6명, 피해액 250만 원에 달했다.[35] 풍양면 낙상동, 용궁면 향석리, 지보면 마전리 등은 "전멸"이라 불릴 정도였다. 보문면 고평천 제방 붕괴로 70정보의 논이 매몰되고, 월포동 세 마을은 완전히 사라졌다.[36] 하천은 모래와 진흙을 쓸고 내려와 들판의 낮은 곳을 뒤덮었다. 예천의 평야는 한때 풍요의 상징이었지만, 그해 여름에는 물이 빠지지 않는 늪으로 변했다. 예천군의 564정보가 황폐지로 지정되어 조세가 면제되기도 했다.[37] 세금을 낼 수조차 없을 만큼 농토가 망가진 것이다.

---

32 『조선일보』 1934.07.23. '철교제방이 崩裂 예천평야는 전멸상태'; 『매일신보』 1934.07.24. '하류제방은 마침내 결괴 상류제방 결괴되면 예천은 전멸될 듯.

33 『조선일보』 1934.07.26. '예천 일원에만 천여이재민'

34 『조선일보』 1934.07.26. '예천에만 천여 이재민'

35 『동아일보』 1934.08.03. '예천군내 5개동 전멸'; 『조선일보』 1934.08.03. '예천 사자 6인'

36 『동아일보』 1934.08.03. '예천군내 5개동 전멸'

사진 1. 예천읍 한천의 수해(1934) : 홍수로 무너진 철도교와 제방
(출처: 조선총독부, 『昭和9年 南鮮の洪水』, 1936)

농민들의 삶은 한순간에 무너졌다. 집을 잃은 사람들은 산비탈로 올라가 화전을 일구었고, 나무뿌리와 열매로 연명하며 하루하루를 버텼다. 어떤 이는 고향을 등지고 떠났고, 어떤 이는 거지로 전락했다. 불과 몇 달 전까지만 해도 논에 모를 심던 이들이 이제는 산기슭에서 밥 한술을 구해야 하는 처지가 된 것이다. 이재민들의 현실은 더욱 비참했다. 수해 끝난 뒤에도 5천여 명이 여전히 노숙 중이었다. 군 당국은 낙상동 등 5개 마을을 재건 후보지로 선정했지만, 도의 지원이 오지 않아 복구는 지체되었다. "날은 점점 추워오고, 먹을 것도 입을 것도 없어 여전히 노숙을 이어가고 있는" 이재민들의 참혹한 상황은 "구슬픈 눈물을" 자아낼 정도였다.[38]

37 『조선일보』 1934.10.21. '황폐지화한 면세지역 확정'

당국은 구제사업으로 토목공사와 구궁救窮사업을 시행하여 이재민을 고용하고 생계를 돕고자 했다. 그러나 이마저도 충분치 않았다. 예천교 개수공사에 동원된 이재민들은 품삯으로는 생계를 이어갈 수 없다며 일을 거부하기도 했다.[39] 구호와 복구 모두 절실했으나, 실제로는 그 어느 쪽도 삶을 지탱할 만큼의 실질적 도움이 되지 못했다.

한편, 수해 직후 지주들과 소작인들은 피해 복구를 위해 자발적으로 움직였다. 농토를 복구하지 않고는 생계를 유지할 수 없었기 때문이다. 고평평야와 서정평야의 지주들은 '제방수축기성회'를 조직하고, 지주들이 1평당 3~4전씩 모금하여 제방을 복구하기로 했다. 그러나 수만 원에 이르는 막대한 비용과 기술적 한계 때문에 민간의 힘만으로는 감당할 수 없었고, 결국 도당국에 보조를 요청해야 했다.[40] 실제 복구공사는 지주의 부담과 관의 지원을 결합하는 방식으로 진행되었다. 그러나 이러한 복구는 근본적 대책이 되지 못했다.

당시 『조선중앙일보』는 예천읍 한천의 제방이 무너지면서 80여 정보의 토지가 매몰되고, 읍내 400여 호가 침수되었다고 보도했다. 신문은 복구가 지연될 경우 "읍의 존폐문제가 될 것"이라 경고할 만큼 피해의 심각성을 전했다. 이에 예천군은 지주 대표와 군민 15명을 제방개수 책임위원으로 선정해 복구를 맡겼지만, 행정적 지원과 재정 보조는 더디게 이루어졌다.[41]

1935년 봄, 서정평야는 다시 내린 비로 개간지가 매몰되는 피해를 입었다. 가설 철교 주변 제방이 제대로 보수되지 않은 탓에 한천의 물길이 그대로 유입되었기 때문이다. 결국 주민들은 또다시 도당국에 진정을 제기해야 했으며, 임시방편적 공사가 반복되는 가운데 농업 기반은 쉽게 회복되지 못했다.[42]

---

38 『조선중앙일보』 1934.09.25. '이재 후에도 아직도 5천여인이 노숙, 예천군 하의 참상'

39 『조선중앙일보』 1934.12.20. '구궁공사에 종업을 거부'

40 『동아일보』 1934.08.25. '고평제방 수축'; 『동아일보』 1934.09.03. '서정평제방 수축기성회'; 『조선일보』 1934.12.04. '예천의 중대문제인 제방개수 착수'

41 『조선중앙일보』 1934.08.09. '예천제방개수 위원에게 일임'

42 『동아일보』 1935.04.17. '예천 서정리 개간지 또 매몰'

1936년 예천 일대는 1934년에 비해 강우량이 절반 수준에 그쳤지만 피해는 오히려 두 배로 늘어났다. 제방이 무너지고, 예천평야와 담암평야를 비롯해 수십만 평의 농지가 물에 잠기고, 가옥 수백 호가 침수되었으며, 이재민은 1,500명을 넘었다.[43] 언론은 이를 "1934년보다 더한 상황"이라 전하며, 단순한 자연재해가 아닌 인위적 요인을 지적했다. 당시 여론은 낙동강 하류에서 시행된 '일천식 공사'에 비난을 집중했다. 원래 여러 갈래로 흘러 배수가 원활하던 하천을 한 줄로 합치는 공사가 이루어지면서 배수 면적이 줄고, 물이 제때 빠지지 못해 오히려 역류 현상이 일어난 것이다. 그 결과 상류 지역인 예천, 안동, 상주, 선산, 칠곡 등은 전경작지의 70% 이상이 침수되었고, 일부 지역은 50% 이상이 피해를 입었다. 농작물은 거의 전멸했고, 수천 명의 농민이 생계를 잃었다. 경북도민들은 "김해 부근 일천식 공사 철폐"를 외치며 일제 식민지 당국에 분노를 드러냈다.[44] 1936년의 수해는 근대 수리사업이 모든 지역에 혜택을 가져온 것이 아니라, 불균형한 개발과 조합 설립의 편차가 때로는 상류 농촌에 새로운 피해를 떠넘겼다는 사실이 드러난 셈이다.

1920년대의 가뭄과 1930년대의 대수해를 거치며, 예천 농민들의 삶은 끊임없이 재해와 맞닿아 있었다. 그러나 문제는 자연적 조건만이 아니었다. 충적평야 지역에 집중된 근대적 수리조합 행정 속에서 예천은 주변부로 밀려났고, 수리 기반 확충의 부담은 지주와 농민 공동체에 고스란히 전가되었다. 그 결과 예천은 가뭄에도, 홍수에도 속수무책일 수밖에 없었으며, 때로는 수리사업조차 새로운 재해 요인으로 작용했다. 예천이 겪은 반복된 재해의 역사는 곧 식민지 근대 수리체계가 만들어낸 지역적 불균형과 구조적 주변화를 적나라하게 보여주었다.

일제는 1910년대 이후 치수 행정과 토지개량 사업을 '근대적 농업 개혁'의 성과로 내세우

43 『조선일보』 1936.08.13. '예천군도 수란'; 『조선일보』 1936.08.16. '6개 동리 전멸로 5백여호 전반괴'; 『조선일보』 1936.08.18. '예천 이재민 1,500명'
44 『조선일보』 1936.08.20. '낙동강안의 수란은 일천식의 소치'

며 전국 각지에 수리조합을 설치했다. 겉으로는 제방을 보수하고 관개망을 확충해 쌀 생산을 늘리고 농업기반을 안정시키려는 근대화 정책처럼 보였으나, 실제로는 하천과 수리 정책이 제대로 작동하지 않았고, 그 혜택 또한 지역별로 고르게 미치지 못했다.[45] 일본인 농업 이민이나 대지주가 많은 지역은 우선적으로 지원을 받았으나, 예천과 같은 지역은 주변부로 밀려나 있었다.

1930년대 중반 지보면 일대에 '신풍수리조합'(예정 면적 67정보) 설치 계획이 세워졌으나 실제로 시행되지 못했다.[46] 제도는 존재했지만, 제도가 약속한 '근대 농업의 풍경'은 예천 들판에 뿌리내리지 못했다. 이후 일제 말기인 1944년, 용문면의 금당수리조합(1944.03.14. 설치, 몽리면적 211.8정보)과 용궁면의 용궁수리조합(1944.12.09. 설치, 몽리면적 226정보)이 설립되었는데,[47] 이는 조선총독부의 후반기 수리조합 정책이 해방 직전까지 이어진 결과였다. 실제 운영은 해방 이후로 넘어가, 일제시기 '근대 농업'이 예천에 한참 뒤늦게 미친 셈이다.

이러한 상황에서 재해는 반복적으로 예천을 덮쳤다. 내성천과 금천은 장마철이면 급격히 불어나 제방과 보를 무너뜨렸고, 가뭄이 찾아오면 물줄기가 말라붙어 수리시설이 제 기능을 하지 못했다. 그러나 근대적 수리행정의 지원이 닿지 않았기에, 제방의 보수나 제언의 정비는 늘 늦어졌다. 그 부담은 고스란히 지주나 농민들이 떠안아야 했고, 마을 사람들은 품앗이와 향약을 통해 돌과 나무로 보를 쌓으며 가까스로 물길을 이어갔다. '근대' 수리조합의 행정력이 작동하는 지역과 뚜렷이 대조되었다.

1934년과 1936년의 수해는 단순한 폭우가 아니라, 불균형한 수리체계가 빚어낸 구조적 재해였다. 강의 방향 하나, 제방의 높이 하나가 마을의 운명을 갈랐다. 물길은 사람을 살리기도 했지만, 잘못 놓인 물길은 삶의 터전을 삼켰다. 그해 여름, 예천의 들판은 하늘과 강,

---

45 일제의 치수정책에 대해서는 고나은, 『20세기 전반 낙동강 하류부 치수사업과 지역사회의 대응』, 부산대학교 박사학위논문, 2024 참고.

46 경상북도산업부농무과, 『慶北の農業』, 1935, 24쪽.

47 대한수리조합연합회, 『토지개량사업통계연보』, 1955, 44~45쪽.

그리고 제방이 한꺼번에 농사를 덮친 공간이었다. '물길의 역습'은 그렇게 시작되었고, 농민들은 그 흔적 위에서 오랫동안 다시 농사를 이어가야 했다.

그러나 복구는 더뎠다. 이듬해 공사 도중 제방이 다시 무너져 같은 피해가 되풀이되었다. 이는 단순한 자연의 재앙이 아니라, 근대적 제도가 지역 사회에 제대로 스며들지 못한 채 전통적 공동체의 자율적 수리노동에 의존해야 했던 구조적 한계를 드러낸 사건이었다. 예천의 경험은 근대적 제도가 식민지 조선의 모든 지역에 동일하게 작동하지 않았음을 보여준다. 근대화는 모두에게 평등한 진보가 아니었고, 식민지의 주변부에 놓인 지역일수록 그 불균형은 더욱 심화되었다. 중심부에서는 '근대 농업'의 풍경이 그려졌지만, 예천의 들판에서는 여전히 불안정한 자연과 공동체적 노동이 농사의 근간을 이루었다. 결국 예천의 피해와 복구는 언제나 우선순위에서 비켜 있었고, 취약한 농업기반은 해방 이후 새로운 물길이 열리며 변화를 맞이하게 되었다.

4. 정비된 물길, 이어지는 사람들

1) 정비되는 들판 : 국가가 그린 농업의 풍경

수리의 공백, 되풀이되는 재해

해방 이후 예천의 들판은 여전히 불안정한 물길 위에 놓여 있었다. 일제시기 수리조합은 제도의 흔적만 남긴 채 사라졌고, 이를 대체할 새로운 체계는 당장 만들어지지 않았다. 농지개혁과 한국전쟁이라는 격동기를 지나면서도 국가 차원의 수리정비는 사실상 멈춰 있었다. 그 결과 농민들은 마을 단위 제언과 소규모 보에 의존하며, 품앗이와 공동노동으로 물길을 지탱할 수밖에 없었다. 그러나 반복되는 가뭄과 홍수 앞에서 이러한 수리체계는 언제나 불안정했다.

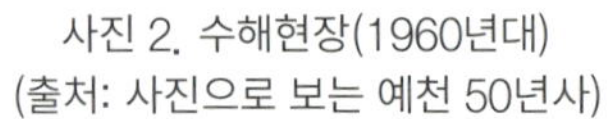

사진 2. 수해현장(1960년대)
(출처: 사진으로 보는 예천 50년사)

사진 3. 한천제방 석축쌓기(1960년대)
(출처: 사진으로 보는 예천 50년사)

해방 후에도 예천은 재해의 그늘에서 벗어나지 못했다. 1952년 발생한 한재로 굶주린 경북 농민들이 송피와 쑥으로 연명하는 “목불인견의 참상”이 벌어졌다.[48] 1956년 장마로 예천에서 밭 140정보, 논 22정보가 침수되고, 저수지 제방이 무너져 수백만 환의 피해가 발생했다.[49] 같은 해 가을에는 된서리까지 덮쳐 농사 피해가 가중되었다. 1961년 7월에는 불과 다섯 시간 동안 145㎜의 폭우가 쏟아지면서 가옥 수십 채가 유실·반파되고, 사망자와 실종자가 발생했으며, 수백 명의 이재민이 구호를 기다려야 했다.[50] 이처럼 해방 이후에도 예천의 들판은 여전히 재해에 시달렸다. 일제시기의 제도적 틀이 사라진 자리를 국가가 메우지 못한 채, 피해의 부담은 농민 개개인과 마을 공동체에 전가되었다. 수해와 가뭄은 매년 되풀이되었고, 농민들은 소득의 불안정과 삶의 불안을 감내해야 했다.

---

48 『동아일보』 1952.05.07. ‘목불인견의 참상 송피와 쑥으로 연명’
49 『조선일보』 1956.06.28. ‘예천군내서도 수답유실 피해’
50 『조선일보』 1961.07.12. ‘탁류 순식간에 삼킨 이천여호’

그 시기를 직접 살아낸 사람들의 기억 속에서도 '물의 재해'는 언제나 일상의 한가운데 있었다. 나이가 들어서도 잊히지 않는 그해의 비, 강변 마을의 범람, 말라붙은 논바닥의 갈라진 흙 등은 세대를 넘어 모두의 기억 속에 깊이 남았다.

> 참 애닮았지, 내가 지금도 기억하는데, 그 한 해에는 비가 참말로 잘 왔어요. 때 맞춰 잘 와가지고 뭐가 잘 심어놨어. 초복까지 이만큼 좋아가지고 잘 심어놨는데, 그러면 복날 복떡도 해 먹고, 뭐 난리 났겠지. 그런데 마을에 그 때부터 비가 안오는거야. 글쎄 계속 안 오는거야. 이쪽에 이제 그래도 산골 이쪽 골된 데는 물이 조금 더 질겨요. 저 진흙 이래 가지고 저쪽 강변으로 올라가면 모래가 많아가요 말라요. 그거 다 이제 벼가 한 풀도 안 나서 다 비가 소먹이 했습니다.[51]

> 산이 헐벗어서 이게 강이 높아져 버리잖아요.
> 강이 높아지고 물이 차잖아요. 물이 차면 회관 앞에까지 물이 들어왔어. 저 어렸을 때는 회관 앞에 여까지 물이 다 들어왔습니다. 수해가 나면 물이 많이 찼어요.[52]

> 마을 사람들이 한 3, 400명 되니까 계속 홍수가 나고 이러면 이제 물이 안 들어오는 위치에다 집을 짓고, 그러니까 저 안전한 지대에 집이 돼 있고 저 건너편에 저는 향석 1리는 그거는 바로 옆에다 해놨는데 옛날에 현청이 있었으니까 그 지역이 되다 보니까 그냥 평지 지역에 이제 집들 짓고 살았어. 그러니까 이제 홍수 한 번 세게 나버리면 쓸려 내려가,…[53]

---

51 2025년 7월 12일 우망리 마을회관에서 주민 인터뷰.
52 2025년 7월 22일 향석2리 마을회관에서 노인회장 권상덕(남, 88세) 인터뷰.
53 2025년 7월 22일 향석2리 마을회관에서 신창환(남, 69세) 인터뷰.

> 86년도에 낙동강이 한 번 범람했어요. 우리 동네 앞으로 한샘천이랑 공덕천 두 개가 흐르는데, 그 물이 낙동강으로 흘러가거든요. 그런데 강물이 차면 역류를 해서 마을 쪽으로 물이 올라왔죠. …또 어릴 적 기억으로는 상풍교 다리 놓기 전에도 한 번 둑이 터져서 이 앞 들이 다 잠긴 적이 있었어요. …[54]

재해는 단지 농사를 망치는 일에 그치지 않았다. 마을의 위치와 형태, 집터의 높이까지 바꾸어 놓았다. 수해의 기억은 단순한 자연현상이 아니라, 마을의 형세와 사람들의 삶의 방식까지 바꾸는 경험이었다. 물길이 변하면 집터가 바뀌고, 논의 위치가 달라졌다. 예천 사람들에게 물은 늘 두 얼굴을 가진 존재였다. 때로는 농사를 살리는 생명의 근원이었고, 때로는 삶의 터전을 쓸어가는 재앙이었다.

정비된 물길, 달라진 들판

이러한 상황은 1960년대 후반부터 서서히 변화를 맞기 시작했다. 박정희 정부가 추진한 경제개발 5개년 계획은 농업기반에도 영향을 미쳤고, 1970년대 들어 새마을운동과 농업기반정비사업은 본격적으로 '근대 농촌 만들기'라는 국가 프로젝트로 전개되었다. 예천 역시 그 대상에 포함되면서, 오랜 시간 불안정한 물길 위에 놓여 있던 들판은 새로운 전환기를 맞이하게 되었다. 이 사업은 관개시설, 배수로, 농로, 제방, 양수장 등 농업의 물리적 기반을 종합적으로 다듬는 것을 목적으로 했다. 예천에서도 내성천 일대를 중심으로 제방이 새로 축조되거나 기존 구조물이 보강되었다. 저지대 습지였던 일부 논은 배수시설 덕분에 경작지로 전환되었고, 주요 마을 인근에는 소규모 양수장이 설치되어 고지대 논의 모내기 지연 문제가 완화되었다. 농민들의 일상에도 이러한 변화는 뚜렷하게 체감되었다. 과거에는 벼농사 철마다 물을 대기 위해 제언을 손보고 논두렁을 다지는 공동작업이 필수적이었지만,

54 2025년 7월 23일 공덕2리 마을회관에서 이장 황성주(남, 49세) 인터뷰.

이제는 수문을 열거나 펌프를 가동해 안정적으로 물을 확보할 수 있었다.

1970년대 들어 예천의 농업기반 정비는 한층 가속화되었다. 정부는 반복되는 가뭄과 홍수 피해를 근본적으로 해결하기 위해 4대강 유역을 대상으로 한 종합적인 개발계획을 세웠다. 1970년 확정된 '4대강 개발계획'은 낙동강을 비롯한 주요 수계에 다목적 댐과 제방, 양·배수장, 용수로를 설치하여 '한수해旱水害의 근원 제거'를 목표로 한 대규모 국책사업이었다. 특히 낙동강 유역은 최대 홍수피해 지역으로 지목되었고, 안동댐·임하댐·합천댐 건설과 더불어 하천 개수와 수리시설 확충이 함께 추진되었다.[55]

정부는 유엔개발계획(UNDP)과 협력하여 낙동강 유역의 수자원 실태를 조사하고, 그 결과를 바탕으로 1974년 '낙동강 유역 개발계획'을 확정했다.[56] 이 계획에는 내성천 지구를 포함한 예천·영주 일대가 포함되었으며, 용수 개발, 경지정리, 배수시설 확충 등 농업기반 정비가 집중적으로 추진되었다.[57] 이 과정에서 풍강·양서·풍양·매호 등 예천 일대에는 낙동강 물을 끌어올리는 대규모 양수장이 들어섰다. 1960년대 중반 착공 당시만 해도 "산등성이를 휘어감는 거대한 용수파이프"를 믿기 어려워하던 농민들은, "물이 산을 넘어 천수답에 떨어진다"는 말을 현실로 마주하며 논에 물이 차오르는 광경을 놀라움 속에 지켜보았다.[58]

안동이나 영주댐이[59] 없을 때는 장마철마다 비가 그대로 쏟아져 내려와서 낙동강 물살이

55 『조선일보』 1970.12.18. '4대강 개발 계획 확정'; 『경향신문』 1970.12.18. '4대강 유역 개발계획 내용'; 『매일경제』 1971.01.01. '자연에의 도전 4대강 개발'

56 낙동강 유역 조사와 낙동강유역조사단의 활동에 대해서는 강정원, 「해방 후 낙동강 수해와 치산대책」, 『로컬리티인문학』 32, 2024 참고.

57 『조선일보』 1974.03.10. '낙동강 개발계획 확정'

58 『매일경제』 1973.08.23. '지도가 바뀐다(8) 낙동강 4대 양수장'

59 영주댐은 2016년 준공되었으며, 안동댐(1976년 완공)과 함께 낙동강 상류의 수위 조절 및 농업용수 공급 기능을 담당하고 있다.

> 더 세졌어요. 그러면 내성천이나 금천 쪽 물이 못 빠져나가고 받혀서 역류했죠. …삼강 앞에서부터 영순면 끝까지가 거의 호수처럼 잠겼어요. 그러다 댐이 생기고 펌프가 돌아가면서부터는 물길이 잡히고, 농사도 훨씬 안정됐지요.[60]

이처럼 1970년대 낙동강 개발사업은 예천의 물길을 다시 그려 놓은 계기였다. 오랫동안 제언과 보에 의존하던 전통적 수리체계는 국가 주도의 관개망으로 재편되었고, 예천의 들판은 이제 댐과 양수장, 정비된 수로 위에서 움직이게 되었다. 그러나 이러한 변화는 단지 '물길의 안정화'만을 의미하지 않았다. 국가가 설계한 수리망은 지역의 하천과 논의 관계를 새롭게 규정했고, 오랫동안 마을 단위에서 이어져 온 물 관리의 경험과 질서는 점차 중앙의 계획과 기술로 대체되었다. 댐과 제방이 가져온 안정은 동시에 지역 물길의 자율성과 기억을 약화시키는 과정이기도 했다. 주민들에게는 "물이 잘 도는 땅이 되었다"는 실질적 편익이 있었지만, 그 '잘 돈다'는 물길은 더 이상 마을의 손에 의해 움직이지 않았다. 이때부터 예천의 들판은 이전과는 다른 질서 속에서 살아 움직이기 시작했다.

표 10. 예천군 수리시설과 몽리면적

	수원공수			계	몽리면적
	주	보조	부속		
저수지	24	109	-	133	2125.9
양수장	3	21	5	29	2312.9
양배수장	-	(1)	-	(1)	-
배수장	-	-	-	-	-
보	8	64	18	90	826.7

60 2025년 7월 22일 향석2리 마을회관에서 신창환(남, 69세) 인터뷰; 2025년 7월 22일 향석2리 마을회관에서 이장 윤철수(남, 67세) 인터뷰.

집수암거	3	38	2	43	173.4
관정	-	262	-	262	354.4
기타시설	-	-	-	-	1,571.3
계	38	494	25	557	7,364.

출처: 농수산부 · 농업진흥공사, 『농업기반조성사업통계연보』, 1981, 184~185쪽.
비고: 집수암거는 지하수를 집수하여 관개수로 이용하는 수리시설이고, 관정은 지하수를 집수하여 농업용수로 이용하는 시설이다. 기타시설은 포강, 웅덩이(들샘, 둠벙 포함), 자연용천, 하천유수 등을 말한다.

〈표 10〉은 예천의 농업기반 상황을 보여주고 있다. 1981년 기준으로 예천에는 저수지 133곳, 양수장 29곳, 보 90곳, 집수암거 43곳, 관정 262곳 등 총 557개의 크고 작은 수리시설이 설치되어 있었다. 이 시설들이 담당하는 총 수리면적은 약 7,364.5정보로, 예천 전체 답면적(12,368.5정보)의 60%에 달했다. 이는 일제말 해방 이후와 비교할 때 눈에 띄게 늘어난 수치로, 국가 주도의 농업기반 사업이 본격화된 1960년 후반 이후 수리 기반이 빠르게 확충되었음을 보여준다. 특히 저수지와 양수장, 보와 같은 수원공은 기존 자연유수에 의존하던 농업 형태를 벗어나 보다 안정적인 관개 체계를 가능하게 했다.

집수암거와 관정의 확충은 1970년대 이후 전국 여러 지역에서 추진된 농업기반 정비의 한 흐름이었지만, 예천에서는 그 의미가 컸다. 낙동강 본류에서 다소 떨어진 내륙 분지 지형 탓에 지하수위가 일정하지 않고, 하천수가 농경지로 쉽게 흘러들지 않았기 때문이다. 이런 조건 속에서 집수암거와 관정은 지하수나 복류수를 끌어올려 물을 확보하는 현실적인 대안이 되었고, 오랜 가뭄과 물 부족의 문제를 완화하는 데 큰 역할을 했다.

> 여긴 내성천이 있으니까 관정을 조금만 깊게 박아도 물이 잘 올라와요. 전기 모터만 설치하면 논마다 물을 뽑아 올릴 수 있었죠. …아예 이런 맨 땅에다가 이런 파이프를 한 15m 정도 박으면 그래 가지고 이제 모터 설치하고 전기 넣으면 물이 올라와요. …그래서 이 동네는 물이 없어서 가물어서 농사 못 짓는 경우는 없어요.[61]

이처럼 관정과 전기모터의 결합은 예천의 수리체계를 근본적으로 바꾸어 놓았다. 자연유수에 의존하던 관개 방식에서 벗어나, 지하수와 복류수를 활용한 '내재된 물길의 기술화'가 진행된 것이다. 이러한 시설들이 하나둘 늘어나면서 예천의 물길도 달라지기 시작했다. 마을 단위의 제언과 보에 기대던 전통적 수리체계는 점차 제방과 양수장, 암거와 관정이 얽혀 있는 새로운 관개망으로 대체되었다. 1970년대 후반 이후 이 수리 기반이 완성되자, 들판의 물길은 더 이상 마을의 지형과 경험에 따라 흐르지 않았다. 물은 계획된 경사와 관로를 따라 움직였고, 예천의 들판은 점차 '설계된 공간'으로 변모해 갔다.

이러한 변화는 자연스럽게 땅의 형태에도 달라지게 만들었다. 수로와 제방이 정비되자, 경사가 고르지 못한 논과 들은 평탄화되었고, 길고 굽이치던 논두렁은 직선으로 잘려나갔다. 즉, 수리시설 정비가 물길을 바꿨다면, 농경지 정리사업은 땅 자체를 새로 그려 넣은 셈이었다. 1970년대 중반부터 예천 곳곳에서도 이러한 경지정리가 진행되었으며, 공덕마을 역시 그 변화의 한복판에 있었다. 비가 오면 논마다 물이 고이고 빠지기를 반복했으며, 들판의 이름에도 그 지형의 성격이 고스란히 담겨 있었다.

> 제 어릴 적에는 이 앞에 경정(경지정리)이 전혀 안 돼 있었어요. 막 울딱논이었죠. 비 오면은 막 이 빠지고 이랬거든요. 이게 들 이름이 보면은, 왜 옛날 우리 말로 들 이름들이 다 있잖아요. 우리가 이제 그 특성이라고 그러는 게 저 앞에, 이제 제일 큰 데 소배이들, 소배이, 소배가 늪소잖아. 그러니까 우리 말을 특징이 그거잖아, 그 지명 이름에 그 지역의 지형 특성이 나오잖아. 소배이 같은 경우는 쭉쭉 빠지고, 요 앞에 여기가 맨달이라고 그래. 맨달은 여기가 해가 잘 들어 빠지지 않아. 맨달. 그리고 수안, 수안도 맨 소배와 비슷하겠죠. 소 안쪽에 있는 수안, 둔벙 이렇게 푹푹 빠지는 이렇게 물 있는데, 이렇게 들 이름으로 보면 여기 특징이 나오고, 요 앞에 그냥 맨달들이라고 하거든요. 이 앞에 공치마 이렇게 하는데, 그러니까

---

61 2025년 7월 22일 향석1리 마을회관에서 이장 박종옥(남, 72세) 인터뷰.

> 여기도 어릴 적에는 경리 정리가 전혀 안 됐을 때는 보면, 경리 정리하고 이거 농어촌 공사 용수로가 73년도인가 그때 이제 쭉 깔렸거든요.[62]

경지정리가 본격적으로 이루어지면서, 논두렁은 직선으로 정리되고 용수로가 들판 전체를 가로질렀다. 물길이 안정되자 예전의 '좋은 땅'과 '나쁜 땅'의 구분은 의미를 잃었다. 과거에는 물이 잘 빠져야 좋은 논이라 여겼지만, 이제는 "물이 잘 도는 땅"이 더 나은 땅이 되었다. 그는 "(이명박 정부) 4대강 개발 이후 물이 잘 보이면서 오히려 예전에 나쁘다고 하던 땅이 좋아졌다"고 덧붙였다. 이처럼 경지정리와 수리시설의 확충은 예천의 지형 감각 자체를 바꾸어 놓았다. 사람들이 들 이름으로 구분하던 땅의 미세한 차이는 사라졌고, 대신 직선으로 정비된 수로와 표준화된 논이 새로운 질서로 자리 잡았다.

기계화된 들판, 노동의 변화

예천은 단순한 수리 기반 확충에 그치지 않고, 국가가 주도한 농업대단지 사업의 대상지로 지정되었다. 1970년대 초 발표된 계획에 따르면 예천은 3,800정보 규모의 용수개발·경지정리·농업기계화 사업이 추진되었고, 이는 곧 토지이용의 효율성과 식량 증산을 목표로 한 국가 프로젝트의 한 부분이었다.[63] 농민들에게 이는 오랜 세월 마을 품앗이에만 의존하던 시대가 끝나고, 국가 계획 속에서 새로운 농업 질서가 형성되고 있음을 의미했다.

1970년대 중반 이후 농기계 보급은 이러한 변화를 더욱 확실히 했다. 이앙기와 콤바인이 들어오자 물 공급이 안정된 지역에서는 모내기 시기를 조절하거나 이모작을 시도할 수 있었고, 생산량은 크게 늘었다. 농가 소득도 향상되며, 농촌 사회에는 "근대적 농업기반 위의 풍경"이 뚜렷하게 자리 잡아갔다. 1970년대 후반부터 예천의 들판에도 점차 농기계가 들어

62 2025년 7월 23일 공덕2리 마을회관에서 이장 황성주(남, 49세) 인터뷰.

63 『매일경제』 1970.06.19. '다목적 농업개발 계획'

오기 시작했다. 초기에는 보행용 이앙기나 경운기와 같은 소형 농기계가 중심이었다.

공덕마을의 경우, 1980년대 초·중반 무렵 처음으로 이앙기가 마을에 들어왔다. 당시 마을 사람들은 낯선 기계를 보고 "그걸로 농사를 짓겠다는 건 미친 짓"이라며 고개를 저었다. 손으로 심던 모에 비해, 기계 이앙용 모는 훨씬 작고 연약해 보였기 때문이다. 그러나 몇몇 농민이 돈을 모아 이앙기를 공동으로 구입하면서 변화가 시작되었다. 구술에 따르면, 이앙기 도입 초기에는 세 명이 함께 기계를 사서 번갈아 사용했으며, 여전히 마을 아낙네들은 새벽마다 품앗이로 손 모내기를 이어갔다.

사진 4. 모내기(1970년, 예천읍 대심리)
(출처: 사진으로 보는 예천 50년사)

사진 5. 기계이앙(1981년, 지보면 신풍리)
(출처: 사진으로 보는 예천 50년사)

기계는 처음엔 낯설었지만, 곧 효율의 차이가 분명하게 드러났다. 사람 손으로 하루에 한 마지기 남짓 심던 모를 이앙기는 단시간에 여러 배 넓은 논에 심을 수 있었다.

> 지금은 기계화되니까 뭐 혼자 농사지을 수 있는 면적이, 이거 뭐 땅이 없어서 못 짓지, 면적 제한은 안 걸리거든요. 저 같은 경우도 지금 한 100마지기 2만 평 정도 하니까, 친구 같은 경우는 700마지기 14만 평을 하니까, 그러니까 땅이 없어서 안 할 뿐이지. 근데 예전에 소로 하고 이런 시절에는 한 집에서 할 수 있는….[64]

이는 농업기반이 정비되고 기계화가 확산되면서 노동의 단위가 '한 가족의 품'에서 '기계의 효율'로 전환된 과정을 잘 보여준다. 1980년대 중반까지도 공덕마을에서는 여전히 소달구지를 사용했지만, 1986년 아시안게임 무렵 경운기가 보급되면서 본격적인 변화를 맞았다. 이 시기 예천의 들판은 새마을운동 이후 조성된 수로와 제방, 양수장 같은 인프라 위에 기계가 들어오면서, 국가 주도의 농업기반 정비와 농민들의 생활 기술 변화가 맞물려 새로운 농촌의 풍경을 만들어냈다. 한때 공동노동과 품앗이가 중심이던 모내기와 김매기 풍경은 점차 사라지고, 대신 소리 없이 움직이는 기계음이 들판을 채우게 되었다.

그러나 들판의 변화는 단순한 기술의 전환만은 아니었다. 공동노동이 사라지자, 그 노동의 리듬과 호흡, 그리고 사람 사이의 관계도 함께 달라졌다. 공덕리의 공처농요는 바로 그 사라진 리듬의 흔적을 오늘까지 간직한 전승이다. 이 농요는 본래 모심기나 논매기 같은 협동노동 현장에서 부르던 소리였다. 선소리꾼의 "앞소리"에 맞춰 일꾼들이 허리를 굽히고, "뒷소리"가 나오면 몸을 세워 잠시 숨을 고르며 박자를 맞췄다.

> 앞소리, 뒷소리가 있잖아요. 제 앞에 한 명이 선창을 해요. 앞소리 할 때는 나머지 일꾼들이 숙이고 일을 하지요. 앞소리가 끝나면 이제 뒷소리를 하려면 일어나요. 그게 잠깐 쉬는 타임이에요. 뒷소리는 짧게, 잠깐 숨 고르는 시간이지요. 앞소리 하는 동안엔 그 박자에 맞춰 모를 심고, 뒷소리 때 일어나 잠깐 쉬고… 계속 그렇게 하는 거예요. …논매기 소리가 제일 길어요. 풀을 뽑으러 들어가면 지금이야 금방 끝나지만, 그때는 얼마나 힘들었겠어요. 처음에는 일을 많이 해야 하니까 느리게 시작하고, 막판에 가면 일이 거의 끝나잖아요. 그러면 소리가 점점 빨라져요. 진도에 따라 속도도 같이 올라가는 거지요. 마지막 '햇소리'까지 가면 다 끝나요. 그때는 박수치면서 마무리하고 나오는 거예요.[65]

64 2025년 7월 23일 공덕2리 마을회관에서 이장 황성주(남, 49세) 인터뷰.
65 2025년 7월 23일 공덕2리 마을회관에서 이장 황성주(남, 49세) 인터뷰.

공덕마을 황성주씨는 공처농요 예능 보유자였던 부친에 이어 농요를 이어가는 전승자이기도 하다. 이제는 공덕마을을 넘어 풍양면 전체에서 같이 배우고 연습한다는 공처농요는 이제 마을의 노동노래가 아니라 무형문화재로서 전승되는 유산이 되었다. 하지만 그 안에는 여전히 들판의 시간과 호흡이 남아 있다.

> 요즘은 트랙터 안에 앉아 에어컨 틀고 블루투스로 노래 들어요. 예전처럼 소리 내면서 일할 일은 없어요. 그렇다고 다 없애면 안 되잖아요. 그건 우리가 살아왔던 삶의 발자취니까요.[66]

농요가 들판에서 사라지고 무대 위로 옮겨졌듯, 예천의 농업도 점차 공동의 리듬을 잃고 개인의 노동과 기계의 효율로 바뀌어 갔다. 그가 말한 "일의 소리"는 단순한 과거의 풍속이 아니라, 예천 들판이 품었던 노동의 호흡과 공동체의 기억을 상징한다. 이제 농요는 더 이상 모내기나 김매기의 현장에서 울려 퍼지지 않지만, 여전히 사람들의 몸과 목소리를 통해 그 시절의 리듬을 전하고 있다. 이는 정비된 물길 위에서도 완전히 지워지지 않은, 예천 사람들이 자신들의 삶을 기억하는 한 방식이기도 하다.

박정희 정부 시기의 농업정책은 어느 정도 농업 생산성을 높이고 재해로부터 농민을 보호하는 효과를 가져왔다. 예천처럼 오랫동안 물길 불안정에 시달리던 지역에서는, 정비된 제방과 양수장이 주는 안정감이 컸다. 하지만 동시에 그 과정은 마을마다 이어지던 자율적인 수리 질서를 약화시켰다. 마을의 품앗이와 공동노동이 지닌 협동의 경험은 점점 줄어들고, 대신 행정과 기계, 시설이 중심이 되는 농촌으로 바뀌어 갔다. 국가가 계획한 물길과 제방은 분명 효율적이었지만, 그만큼 사람들의 삶은 점차 계획 속으로 들어가게 되었다.

결국 1960년대 후반부터 1970년대에 걸친 농업기반 정비는 예천 들판을 재해의 굴레에서 벗어나게 한 긍정적 전환이면서도, 농민 공동체의 자율적 삶의 방식을 약화시킨 이중적인 과정이었다. 예천의 들판은 이제 제언과 품앗이의 풍경이 아닌, 댐과 양수장, 정비된 수로망

66 2025년 7월 23일 공덕2리 마을회관에서 이장 황성주(남, 49세) 인터뷰.

과 기계음 속에서 새로운 농업의 시대를 맞이하고 있었다. 그럼에도 그 한켠에는 여전히 옛 노동의 소리를 이어가려는 사람들의 노래가 남아 있었다. 그 노래는 더 이상 논에서 울려 퍼지지 않지만, '정비된 물길' 속에서도 예천 사람들이 잃지 않으려 한 삶의 리듬이었다.

2) 이어지는 사람들 : 공동의 물길에서 설계된 물길로

공동의 물길, 이어지던 마을

들판을 가로지르던 물길은 단순한 관개 수단이 아니었다. 그것은 농민들의 삶의 기억과 노동의 리듬, 그리고 마을의 질서를 함께 흘려보내는 통로였다. 예천의 농민들은 오랜 세월 품앗이와 향약, 마을회의를 통해 제언과 보를 함께 세우고, 물길을 다듬어왔다. 이 수로망은 단지 구조물의 연결이 아니라, 사람들의 관계와 협동의 기억을 지탱하는 구조였다. 해방 이후 국가 주도의 수리정책이 본격화되면서, 이 전통적인 수리 공동체는 점차 변화를 겪게 된다. 1970년대 농업기반정비사업은 들판에 규격화된 수로를 깔고, 양수장과 제방을 일률적인 설계와 자재로 설치했다. 마을마다 모양과 방식이 달랐던 예천의 옛 제언 풍경은 점차 사라지고, 대신 콘크리트로 다져진 수로와 직선화된 물길이 예천 들판을 새롭게 그려나갔다.

예천의 물길은 단순히 농사를 위한 인프라가 아니라, 하늘과 땅, 사람을 이어주는 신앙의 통로이기도 했다. 가뭄이 들면 마을 사람들은 강가로 나가 비를 빌었고, 때로는 면 단위에서 장터를 통째로 옮겨 기우제를 열었다.[67] 일제시기에도 이런 의례는 이어졌다. 가뭄으로 들판이 타들어가면 군과 면 단위에서 향례에 따라 3일 동안 소를 잡지 않고 기도를 올린 뒤, 기우제를 지냈다. 예천읍에서는 흑응산과 한천 백사장에서 제사를 올리고, 시장을 강가로 옮겨 열었다.[68] 강과 장터, 사람의 염원이 뒤섞인 이 의례는 물을 다스리는 기술 이전에, 공동체가 물과 더불어 살아가던 방식의 상징이었다.

---

67 예천군 각 마을의 기우제에 대해서는 예천군지편찬위원회, 『예천군지 중권』, 2005, 535~545쪽 참고.
68 『조선일보』 1935.08.23. '예천군에서는 각면마다 기우제'; 『조선일보』 1936.06.14. '한해가 극에 달해'

사진 6. 1980년대 예천 모내기 일손돕기, 물과 품을 나누던 공동체의 기억
(출처: 사진으로 보는 예천 50년사)

이러한 신앙적 물 관리와 더불어, 예천의 농민들은 일상에서도 협동의 질서로 물을 다스렸다. 논에 물을 대는 시기를 맞추기 위해 품앗이로 모내기를 돕고, 둑이 터지면 마을 사람들이 품을 나누어 함께 막았다. 품앗이는 단순한 노동 교환이 아니라, 서로 믿고 왕래하던 이웃들 사이의 관계를 확인하는 일이었다. 외지 사람보다는 같은 마을이나 친척 사이에서 품이 오갔고, 일의 순서와 시기는 농사 일정에 따라 자연스럽게 정해졌다. 마을마다 보를 함께 관리하는 '보계'가 있었고, 수문을 여닫는 시기나 용수의 분배는 주민들의 회의를 통해 결정되었다. 가뭄이 들면 임시로 회의를 열어 물을 나누는 순서를 정했고, 밤새 논마다 물이 공평히 돌도록 분수도감을 두어 관리했다.[69] 이러한 수리 관행은 행정의 명령이 아닌 마을의 약속으로 운영되었으며, 논물의 흐름을 따라 공동체의 질서와 협동이 되풀이되었다.

---

69 예천군지편찬위원회, 앞의 책(중권), 349~351쪽.

설계된 물길, 공동체의 기억

예천의 물길은 국가 주도의 정비사업을 거치며 크게 달라졌다. 낙상1리 주민들은 1978년 '연안개발'이라 불린 제방 공사를 또렷이 기억한다.[70] 당시에는 장비도 부족해 마을 사람들이 흙을 나르고 손으로 둑을 다졌다고 한다.[71] 제방이 없던 시절에는 해마다 장마철이면 논이 잠기고, 물이 빠질 때까지 발만 동동 굴렀다고 했다. 이후 4대강 사업으로 제방이 다시 높아지면서, 그제야 마을 앞 논이 완전히 살아났다.

한편 공덕리와 고평리의 들판은 이제 전혀 다른 풍경을 보여준다. 공덕마을 황성주씨는 "요즘 벼농사는 사람이 들어갈 일이 거의 없다"고 말했다.[72] 트랙터와 콤바인은 자율주행 장치를 달고, 드론이 방제를 맡으며, 볏짚조차 베일러가 압축해 간다. 고평리의 한 농민은 "옛날엔 한 달을 품앗이해야 모를 심었는데, 지금은 풀약 한 번이면 끝난다"고 회상했다.[73] 기계화된 농사는 생산량을 늘리고 노동을 덜어주었지만, 그만큼 사람들의 손과 발, 그리고 논두렁의 대화는 점점 사라졌다.

이처럼 수리망이 기술과 제도로 재편되면서, 들판의 풍경과 노동의 리듬도 바뀌었다. 논두렁의 품앗이와 협동은 줄어들었지만, 제방 공사에 함께 흙을 나르던 기억, 물이 잠긴 논을 되살리려 애썼던 시간은 여전히 마을의 이야기로 남아 있다. 이러한 변화는 분명 농업 생산성과 관개 효율성의 측면에서 진전을 이루었다. 그러나 그 과정에서 수리망을 둘러싼 마을 공동체의 기억과 참여의 경험은 점차 주변화되었다.

이러한 변화 속에서 국가의 행정체계는 마을 단위까지 확장되며 새로운 형태의 공식 조

---

70 1978년에 착수한 낙동강연안종합개발은 1984년까지 안동댐에서 부산까지 총연장 518㎞의 낙동강 본류와 지류 연안에 아시아개발은행 차관과 내자 등 총 사업비 1,650억 원을 들여 제방 751㎞, 배수펌프 64개소, 양수시설 81개소를 건설하고, 1,1400정보의 경지, 5,000정보의 농토를 조성하기 위해 실시되었다. 『조선일보』 1978.07.22. '낙동강연안종합개발착수'

71 2025년 7월 12일 낙상1리 마을회관에서 김영태(남, 73세) 인터뷰.

72 2025년 7월 23일 공덕2리 마을회관에서 이장 황성주(남, 49세) 인터뷰.

73 2025년 7월 22일 고평리 마을회관에서 주민 인터뷰.

직을 만들어냈다. 최하 말단조직인 리를 총괄하는 이장은 면사무소의 행정 지시에 따라 마을 행정업무를 수행하고, 주민의 동향을 파악해 상위 행정조직에 보고하는 역할을 맡는다. 이러한 행정체계 아래에는 노인회, 부녀회, 청년회 같은 공식 단체들이 구성되어 있다. 노인회는 노인 복지와 공동체 행사를 주관하고, 부녀회는 생활 개선 · 공동급식 · 축제 준비 등의 실무를 담당하며, 청년회는 마을행사나 농번기 공동노동을 지원하면서 점차 문화 · 자치활동으로 그 역할을 확장해 왔다.

한편, 농촌 경제의 변화와 함께 마을 내부에는 작목반이 조직되어 특정 작물 재배를 중심으로 한 협력체계를 형성하고 있다. 예천의 경우 금당실과 신풍 등 여러 마을에서 친환경농업이나 특산물 재배를 중심으로 한 작목반이 운영되며, 이는 행정적으로는 농업기술센터나 면단위 조직과 연계되어 있으면서도 마을 공동체의 경제적 기반을 강화하는 역할을 한다. 이처럼 공식 조직들은 국가 행정과 지역 경제, 그리고 공동체의 실질 운영을 연결하는 핵심 구조로 기능하고 있다.[74]

그럼에도 예천의 마을들은 협동의 방식을 완전히 잃지 않았다. 맛질마을의 하학리에서는 예전처럼 품앗이를 조직하지는 않지만, 농사일 뒤 함께 식사를 나누는 '풋구먹기'의 풍습이 여전히 이어지고 있다. 논두렁에서 밥을 나누던 풍경은 사라졌지만, 지금도 마을회관이나 집 앞에 모여 음식을 나누며 서로의 안부를 묻는다. 노동의 형태는 달라졌지만, 밥상은 여전히 사람과 사람을 잇는 관계의 자리가 되고 있다.

신풍마을에는 약 100년 전 상여를 공동으로 마련하면서 생겨난 상여계가 지금까지 남아 있다. 이 조직은 단순히 장례를 위한 것이 아니라, 마을 공동기금의 관리와 각종 행사의 주관까지 맡아왔다. 노인회관 건립 시 경비를 지원하거나, 마을 청소와 잔치, 풋구먹기 같은 공동 행사를 주관한다. 예천의 여러 마을에는 이처럼 다양한 계契 조직이 존재한다. 상여계는 장례를, 송계는 산림육성을, 동계는 마을 재정과 행사를, 수리계는 보의 관리를

74 예천군지편찬위원회, 앞의 책(중권), 197~198쪽.

맡았다. 농업의 방식이 바뀌어도 이런 조직들은 마을 협동의 뼈대로 남았다. 수리시설이 국가의 손으로 넘어간 뒤에도, 계 조직은 여전히 논의 물길과 사람의 관계를 이어주는 틀로 작동했다.[75]

오늘날 예천의 몇몇 마을에서는 옛 제언의 이름을 지명으로 남기거나, 제방 옆에 작은 표석을 세워 그 자리를 기억한다. 이처럼 행위로 이어지는 기억과 작은 표식들은 단순한 향수가 아니다. 그것은 지역 농업의 회복력을 지탱하는 토대이자, 공동체가 시간 속에서 자신을 확인하는 방식이다. 예천의 물길은 이제 국가의 손에서 흘러나오지만, 그 곁에는 여전히 마을 사람들이 함께 쌓아온 시간의 흔적이 흐르고 있다. 논과 둑, 이름과 기억이 맞물리며, 물은 지금도 예천 사람들의 삶을 따라 조용히 흘러간다.

이 오래된 물의 이야기는 기후위기의 시대에 다시 현실의 과제가 되고 있다. 예천이 겪었던 가뭄과 홍수, 그리고 그 속에서 만들어진 공동체의 대응은 오늘 우리가 마주한 '물의 불안정'과 맞닿아 있다. 물길의 흐름을 바꾸는 일은 여전히 쉽지 않지만, 그 방향을 결정짓는 것은 사람들의 선택과 기억이다.

예천은 지금 또 다른 방식으로 그 답을 찾아가고 있다. 스마트 농업, 친환경 재배, 청년농 육성 같은 새로운 시도들이 과거의 물길 위에 놓여 있다. 예천의 농업은 여전히 물을 중심에 두고, 기억과 기술, 사람의 손이 만나는 자리를 모색하고 있다. 예천의 들판은 지금도 흐르고 있다. 그 위에는 물을 기다리고, 나누고, 지켜온 사람들의 이야기가 겹겹이 흐른다. 그것이 바로 예천이 보여주는 '물길의 정치'이며, 한 고장의 역사 속에서 다시 생각해 보게 되는 농업과 공동체의 지속 가능성이다.

---

75 예천의 공동체 조직에 대해서는 예천군지편찬위원회, 앞의 책(중권), 198~203쪽.

참고문헌

『동아일보』, 『매일신보』, 『조선일보』, 『조선중앙일보』, 『경향신문』, 『매일경제』

경상북도산업부농무과, 『慶北の農業』, 1935.
逵捨藏, 『경북대감』, 1936.
농수산부 · 농업진흥공사, 『농업기반조성사업통계연보』, 1981.
대한수리조합연합회, 『토지개량사업통계연보』, 1956.
조선총독부, 국토해양부 역, 『치수 및 수리답사서(1920년)』, 2011.
조선총독부, 『昭和9年 南鮮の洪水』, 1936.
조선총독부농촌부, 『조선토지개량사업요람』, 1940.
조선총독부토지개량부, 『朝鮮の水利組合』, 1922.

강정원, 「해방 후 낙동강 수해와 치산대책」, 『로컬리티인문학』 32, 2024.
경상북도 · 대구경북학회, 『낙동강문명사』, 정문출판사, 2020.
경상북도 예천군, 『사진으로 보는 예천 50년사』, 2001.
고나은, 『20세기 전반 낙동강 하류부 치수사업과 지역사회의 대응』, 부산대학교 박사학위논문, 2024.
김건태, 『조선시대 양반가의 농업경영』, 역사비평사, 2004.
김건태, 「19세기 집약적 농법의 확산과 작물의 다각화-경상도 예천 맛질 박씨가의 가작 사례」, 『역사비평』 101, 2012.
김재호, 「산촌지역 수리체계의 특성과 수도작 일반화과정-경북 예천군 용문면 사례를 중심으로」, 『농업사연구』 제2권 2호, 2003.
김주현, 「장혁주 소설 「아귀도」에 대한 심층 읽기」, 『현대소설연구』 90, 2023.
김태웅, 「1930년대 전반 일제의 재난관리금 운영방식과 조선인 이주 시책-1934년 낙동강유역 대홍수 대응으로 중심으로」, 『역사교육』 166, 2023.
김택규 외 15인, 『낙동강유역사연구』, 수서원, 1996.
박성수 주해, 『저상일월』, 민속원, 2003.
박수현, 『일제하 수리조합항쟁 연구』, 중앙대학교 박사학위논문, 2001.
손경희, 『일제시기 이주일본인의 농업경영과 지역사회 변동 : 경북지역을 중심으로』, 선인, 2018.
신영우, 「1894년 영남 예천의 농민군과 보수집강소」, 『동방학지』 44, 1984.
______, 「갑오농민전쟁 이후 영남 북서부 양반지배층의 농민 통제책」, 『충북사학』 5, 1992.
안병직 · 이영훈 편저, 『맛질의 농민들』, 일조각, 2001.
예천군지편찬위원회, 『예천군지 상권』, 2005,
이광률 · 김송현, 「낙동강 중 · 상류 내성천과 위천의 지형 및 수문 특성 비교 분석」, 『한국지형학회지』 16-3, 2009.
이보영 외, 『낙동강을 품은 상주문화』, 민속원, 2012.
정치영, 「地理誌를 이용한 조선시대 堤堰의 지역적 특성 연구-조선시대 제언 데이터베이스, 한국연구재단 선도연구자지원 결과보고서」, 2007.
최원규, 「조선후기 수리기구와 경영문제」, 『국사관논총』 제39집, 1992.
홍동현, 「1894년 동학농민군의 향촌사회 내 활동과 무장봉기에 대한 정당성 논리」, 『역사문제연구』 32, 2014.

IV.

낙동강 나루터와 수신신앙

문혜진
부산대학교

낙동강 나루터와 수신신앙

1. 낙동강 나루터의 수신신앙

1) 낙동강 나루터 신앙의 역사

낙동강 사람들은 강을 삶의 터전으로 삼아 살아가기 때문에 강신江神에 의지해왔다. 낙동강 수신水神신앙에 대한 최초의 기록은 『삼국사기』에서 동서남북의 4대강을 4독四瀆으로 하여 국가제사를 올린 기사에서 찾아볼 수 있다. 이 기사는 다음과 같다.

> 사독四瀆은 동쪽의 토지하吐只河[1], 남쪽의 황산하黃山河, 서쪽의 웅천하熊川河,[2] 북쪽의 한산하漢山河[3]이다.[4]

---

1 신라에서 중사(中祀)의 대상이었던 4독(四瀆) 가운데 동독(東瀆)으로서 참포(槧浦)라고도 불렀다. 오늘날 경상북도 포항시 북구 흥해읍에 해당하는 퇴화군(退火郡)에 위치하였다. 현재 경상북도 포항시 북구 흥해읍 일대를 흐르는 곡강천(曲江川)으로 추정된다.

2 신라에서 중사(中祀)의 대상이었던 4독(四瀆) 가운데 서독(西瀆)이다. 웅천은 현재 충청남도 공주시 일대를 흐르는 금강(錦江)을 말한다.

3 신라에서 중사(中祀)의 대상이었던 4독(四瀆) 가운데 북독(北瀆)이다. 한산하는 오늘날 서울특별시 일대를 흐르는 한강을 말한다.

『삼국사기』에 기록된 '황산하'는 신라 국가제사 중 4독의 하나인 남독으로 중사에 편제되어 있었다. 황산하는 『대동지지大東地志』에 "서쪽 20리 바로 낙동강의 하류이다. 예전에 황산하라고 칭했고 신라와 가야 양국의 경계였다."[5]고 기록하고 있어, 낙동강이 신라시대 4독의 제장祭場 중 하나였음을 알 수 있다. 황산하는 조선시대에 '황산강黃山江'이라고 불렀다. 즉, 신라 4독의 '토지하'는 '곡강천', '황산하'는 '낙동강', '웅천하'는 '금강', '한산하'는 '한강'으로 신라의 4대강을 제사지내는 수신 의례였다.

신라에서 강신을 국가제사로 지낸 것은 『삼국사기』의 시조신 신화에서 그 세계관을 찾아볼 수 있다. 신라의 시조 박혁거세는 나정蘿井이라는 우물의 옆에서 태어났고, 왕비 알영閼英은 알영정閼英井에서 출현한 용의 옆구리에서 출생했다.[6] 그래서 알영정과 나정은 신라의 건국 초부터 신성한 장소로 간주되었다. 우물인 알영정에 신궁을 세워서 알영을 제사한[7] 것도 국가적으로 수신신앙을 중시했음을 보여준다.

신라의 4독에 대한 제사는 선덕왕 때 사전체계로 정비되었다. 즉, 선덕왕(재위 780~785)은 유교식 예제에 따라 국가제사를 대사大祀·중사中祀·소사小祀로 구분했는데, 명산대천을 제사하면서 사해四海와 사독四瀆을 중사로 규정하였다.[8] 고려조에 들어서는 태조가 다음과 같이 훈요십조를 공포하여 전통의 수신제사를 존중하도록 했다.

> 연등회와 팔관회는 내가 지극하게 바라는 것이니, 연등회는 부처를 섬기는 것이고 팔관회

---

4 『三國史記』 卷32, 雜志1, 祭祀.

5 『大東地志』 卷7, 慶尙道, 梁山, 山水.

6 『三國史記』 卷1, 新羅本紀 第1 참조.

7 신라 신궁의 주신(主神)이 누구인가에 대해서는 논란이 있다. 그런데 신궁은 고구려·백제·일본 등에도 있었으나 모두가 국모(國母)를 모신 사당으로서, 신라 신궁도 국모 알영을 모신 사당이었을 가능성이 높다고 추정한다(김태식, 「신라 국모묘로서의 신궁」, 『한국고대사탐구』 4, 2010, 47쪽 참조).

8 "三十七代宣德王 立社稷檀 又見於祀典 皆境內山川 而不及天地者 蓋以王制 曰 天子七廟 諸侯五廟 二昭二穆與太祖之廟而五 又曰 天子祭天地天下名山大川 諸侯祭社稷 名山大 川之在其地者 是故 不敢越禮而行之者歟"(『三國史記』 卷32, 雜志1, 祭祀).

는 하늘의 신령 및 오악·명산대천의 용신을 섬기는 것이다. 후세에 간신들이 이 행사를 더하거나 줄일 것을 건의하는 것을 결단코 금지하라.[9]

이후 현종은 남해의 용신을 국가제사 체계에 정식으로 편입시켰고,[10] 남해의 용신과 더불어 동해·서해 용신의 신사도 설치했다.[11] 수신을 중시했던 신라에서 국가 제사 50곳의 제장 가운데 수신을 섬기는 곳이 9곳이었던 데에 비해서, 고려에서는 용신을 섬기는 제장이 바다와 강나루와 우물·연못 등 2배 이상으로 늘었다.[12]

조선의 국가제사는 중국 명대의 '홍무예제洪武禮制'를 따라서 사해와 산천제사를 거행했다.[13] 이로써 고려 때까지 천여 년을 지속해왔던 팔관회 같은 수신제사는 사전체계에서 제외되고, 완전히 유교식으로 사해나 명산대천의 신위를 제사하는 방식으로 교체되었다. 조선시대 중사로서 강에 대한 제사는 충청도의 웅진, 경상도의 가야진, 한성부의 한강, 경기도의 덕진, 평양부의 평양강, 평안도의 압록강, 함길도의 두만강에서 거행되었다.[14] 이외에 임시로 강이나 연못의 용신에게 기우제나 기청제를 지내는 정도가 수신과 관련된 제사로 지속되었다.[15]

---

9 "朕所至願, 在於燃燈八關, 燃燈所以事佛, 八關所以事天靈及五嶽名山大川龍神也. 後世姦臣建白加減者, 切宜禁止"(『高麗史』 卷2, 世家2, 太祖 26年 4月).

10 "顯宗 十六年五月. 敎曰, 海陽道定安縣再進珊瑚樹, 其南海龍神, 宜陞祀典, 以奬玄功"(『高麗史節要』 卷3, 顯宗 16年 5月).

11 『高麗史』 卷58, 地理志3, 東界, 翼嶺縣 및 김아네스, 「고려시대 명산대천과 祭場」, 『역사학연구』 50, 2013, 69~119쪽 참조.

12 김아네스, 앞의 논문, 2013, 69~119쪽.

13 김해영, 『조선초기제사전례연구』, 집문당, 2003, 46~48쪽.

14 웅진(熊津)은 충청도의 연기(燕岐)에 있고, 가야진(伽倻津)은 경상도의 양산(梁山)에 있으니, 이상은 남쪽이요, 한강(漢江)은 한성부 안에 있고, 덕진(德津)은 경기(京畿) 임진(臨津)에 있고, 평양강(平壤江)은 평안도 평양부(平壤府)에 있고, 압록강(鴨綠江)은 평안도 의주(義州)에 있으니, 이상은 서쪽이다. 두만강(豆滿江)은 함길도(咸吉道) 경원(慶源)에 있다(『世宗實錄』 卷128, 辨祀, 中祀).

15 낙동강 물줄기를 따라 연못에서 지낸 기우제를 살펴보면 다음과 같다. 용연(龍淵)은 태백산 아래 있다. 가물 때 기우(祈雨)하면 응험이 있다(『新增東國輿地勝覽』 卷25, 慶尙道, 奉化縣, 山川); 구연(臼淵)은 천화령

지도 1. 조선시대 낙동강 국가제사 터

아래에 있는데, 둘레가 1백여 자이다. 폭포가 돌에 떨어져 움푹 파여서 못의 모양이 꼭 절구와 같은 까닭에 이름지었다. 세상에서 전하기를, "용이 있으며 깊이를 헤아릴 수 없는데, 가뭄에 범의 머리를 집어넣으면 물을 뿜어서 곧 비가 된다." 한다(『新增東國輿地勝覽』 卷26, 慶尙道, 密陽都護府, 山川); 거연(巨淵)은 군의 동쪽 30리에 있다. 용단(龍壇)이 있어서 가뭄을 만나면 비를 빈다. 이목연(李木淵) 운문사 남쪽에 있다. 세상에서 전하기를, "신물(神物)이 있어서 비를 빌면 효험이 있다."고 한다(『新增東國輿地勝覽』 卷26, 慶尙道, 淸道郡, 山川); 법사지(法師池)는 현의 남쪽 18리에 있다. 가뭄이 들면 호랑이 머리를 못에 넣으면 곧 비가 왔다(『新增東國輿地勝覽』 卷27, 慶尙道, 靈山縣, 山川); 이매연(鯉埋淵)은 선산도호부의 동쪽 12리에 있으며, 곧 견탄(犬灘)의 하류다. 동쪽 기슭에 기이한 바위가 있고, 바위 밑에 용의 굴이 있는데, 날이 가물 때에 우선 냉산(冷山) 꼭대기에서 불을 피우고 하늘에 제사하고 이어 범의 머리를 여기에 잠그거나 용에게 빌면서 제사를 지내면 곧 감응이 있다고 한다(『新增東國輿地勝覽』 卷29, 慶尙道, 善山都護府, 山川); 도장연(道場淵)은 물의 근원이 여항산 동쪽에서 나온다. 군 남쪽 10리 지점에 이르러 고여서 못이 되었는데, 깊이는 헤아릴 수 없다. 날씨가 가물 때마다 범의 머리를 담그면 영험이 있다. 또 파산 서쪽에서 나오는 작은 냇물과 합치고 군 동쪽을 지나서 대천이 된다(『新增東國輿地勝覽』 卷32, 慶尙道, 咸安郡, 山川); 용수암(龍水巖) 현 북쪽 20리 지점에 있다. 샘이 있는데 바닥이 없는가 싶을 정도로 깊다. 가물 때에 비 내리기를 빌면 영험이 있다(『新增東國輿地勝覽』 卷32, 慶尙道, 固城縣, 山川).

조선시대 낙동강에서 수령이 제사를 올리던 국가제장으로 가야진사伽倻津祠, 가야진연소伽倻津衍所, 가야진명소伽倻津溟所가 있었다. 이를 지도에 표기하면 앞의 〈지도 1〉과 같다. 신라시대 이후로 낙동강 수신을 모시는 국가제사는 낙동강 하류에 한정되어 있었음을 알 수 있다.

2) 조선시대 낙동강 나루터 제장

〈지도 1〉의 가야진사 · 가야진연소 · 가야진명소의 '가야진'은 『신증동국여지승람』에 낙동강을 통칭하여 '가야진伽倻津'이라고 일컫는다고 했기에,[16] 이들 제사가 낙동강을 대표하는 수신제임을 알 수 있다. 먼저 가야진사에 대한 사료를 모아보면 다음과 같다.

> 군郡 서쪽의 가야진伽倻津은 속칭 옥지연玉池淵이라고 하였고 용이 있는 곳이다. 영락永樂 신축辛丑(세종 3년, 1421)에 적색용赤色龍의 형상이 보였으며 나라에서 제사를 지내는 장소이다 [『경상도지리지』, 경주도, 양산군, 영이지적靈異之跡].

> 가야진은 군郡 서쪽 33리에 있다. 속칭은 옥지연玉池淵인데, 신룡神龍이 있다는 곳으로서, 매년 춘추로 향축을 내려 제사를 행한다. 중사中祀이다. 금상今上 즉위卽位 3년 신축에 붉은 용이 진津 가운데에 나타났었다[『세종실록지리지』 권150, 경상도, 경주부, 양산군, 대천大川].

> 가야진 혹은 옥지연玉池淵이라고도 하며, 고을 서쪽 40리 황산강 상류에 있다. 우리 세종조世

16 낙동강(洛東江) 주 동쪽 36리에 있다. 문경(聞慶)의 용연(龍淵)과 군위(軍威)의 병천(竝川) 등 여러 물이 주의 동북쪽에 이르러 용궁(龍宮) 하풍진(河豐津)에 합하여 남으로 흘러 낙동강이 되어, 선산부(善山府) 경계로 들어간다. 여기로부터 바다에 들어가기까지 비록 땅에 따라 이름은 다르나 총칭 낙동강이라 하고 가야진(伽倻津)이라고 일컫는다(『新增東國輿地勝覽』 卷28, 慶尙道, 尙州牧, 山川).

> 宗朝 때 황룡黃龍이 물속에 나타났으며, 가물 때 비를 빌면 문득 효험이 있었다. 동원진東院津 고을 남쪽 25리, 황산강 하류에 있다[『신증동국여지승람』 권22, 경상도, 양산군, 산천山川]

> 가야진은 군郡 서쪽 40리 낙동강 동쪽에 있다. 일명 옥지연이라고도 한다. 세종조 때 황룡이 진津 속에 나타났으며, 가물 때 비를 빌면 문득 효험이 있었다[『영남읍지』 7책, 양산군, 산천山川].

위 사료에 따르면 가야진의 또 다른 이름은 옥지연이라고 하였는데, 아름다운 못이라는 뜻이다. 가야진에서 세종조 때 용이 나타났으며, 신룡이 있어 매년 춘추로 향축을 내려 수령이 제사를 거행하였다. 또한 가야진에 신룡이 있어 가물 때 비를 빌면 효험이 있다고 하여 기우제도 지냈음을 유추해 볼 수 있다.

사진 1. 가야진사
(출처: 국가유산청 국가유산포털 양산 가야진사)

'가야진사'라는 국가제장 터가 위치한 가야진의 위치는 다음과 같다. 『세종실록지리지』에 가야진은 "(양산)군 서쪽 33리에 있다."고 하였고,[17] 황산강 상류에 있었던 가야진은 현재 양산시 원동면 용당리 615번지 일원으로 보고 있다. 가야진사는 양산시 원동면 용당리 당곡마을에 소재하고 있으며,[18] 가야진용신제는 1997년 경상남도 무형문화재 제19호로 지정되어 지금까지 낙동강 수신제를 이어오고 있다.

낙동강 물줄기를 따라 양산의 가야진을 따라 내려오면 양산군 용당포의 적석용당에서도

17 『世宗實錄地理志』 卷150, 慶尙道, 慶州府, 梁山郡, 大川.
18 가야진사는 원래 용당리의 비석골에 있었으나 1965년 현재의 자리로 옮겨왔다.

수신제를 지냈다. 적석용당에 대한 기록을 살펴보면 다음과 같다.

> 적석용당赤石龍堂은 고을 남쪽 22리에 있다. 고려에서는 가야진연소伽倻津衍所라고 일컫고 본읍에서 제사를 지냈다[『신증동국여지승람』 권22, 경상도, 양산군, 사묘祠廟].

> 수령守令이 제사를 올리는 곳이 하나 있다. 적석가야진赤石伽倻津 호국의 신인데, 군의 남쪽으로 거리가 22리 떨어져 있다[『경상도지리지』, 경주도, 양산군].

> 가야진연연伽倻津衍淵은 군郡 남쪽 22리에 있다. 속칭은 적석용당赤石龍堂인데, 춘추로 소재관所在官으로 하여금 제사를 지내게 한다[『세종실록지리지』 권150, 경상도, 경주부, 양산군].

> 적석용당은 (양산)군 남쪽 22리에 있다. 고려에서는 가야진연소라고 일컫고 본읍에서 제사를 지냈다. 지금은 이곳은 건너갈 수 없다[『양산군읍지』, 단묘壇廟].

『경상도지리지』에 따르면, 양산군 남쪽 22리에 있는 적석가야진 호국의 신에게 수령이 제사지낸다고 하였다. 고려시대에는 가야진연소라 하였고, 조선시대에 와서 가야진연연으로 칭하였는데 속칭 적석용당이라 부른다고도 하였다. 적석용당은 현재 부산시 화명동 용당마을에 소재하는데, 조선시대에는 양산군 좌이면左耳面 용당리龍塘里였다. 적석용당 근처에 용당포라는 나루가 있었는데, 『신증동국여지승람』에 "불암진佛岩津은 (김해)부 동쪽 10리에 있다. 동래로 바로 가려는 자는 여기서 배를 타고 양산 용당에 닿는다."는 기록이 있어[19] 용당포는 김해와 양산을 잇는 나루터였음을 알 수 있다.[20]

---

19 『新增東國輿地勝覽』卷32, 慶尙道, 金海都護府, 山川條.

20 진덕재, 「삼국시대 황산진과 가야진에 대한 고찰」, 『한국고대사연구』 47, 2007, 444~448쪽.

또한 낙동강에는 가야진사 · 가야진연소(적석용당)과 더불어 '가야진명소'에서도 수신제를 올렸다. 가야진명소에 대한 사료를 기술하면 다음과 같다.

> 영산현靈山縣은 본래 신라의 서화현西火縣으로, 경덕왕때 이름을 상약尙藥으로 고치고, 밀성군의 영현領縣이 되었다. 고려에 와서 지금 이름으로 바꾸고, 그대로 밀성군에 소속시켰다. 충경왕忠敬王 15년(1274)에 감무監務를 두었다. 온천溫泉이 있으며, 또 가야진명소伽倻津溟所가 있다[『고려사』 권57, 지11, 지리2, 경상도, 밀성군, 영산현].

> 수령이 제사를 올리는 곳의 하나이다. 기음강岐音江 가야진명소의 신인데, 현에서 28리 50보 거리에 있다[『경상도지리지』, 경주도, 영산현].

> 기음강岐音江은 현 서쪽 28리 거리에 있다. 용당龍堂이 있는데, 춘추로 수령으로 하여금 제사를 지내게 하되, 축문祝文에 '가야진명소지신伽倻津溟所之神'이라고 칭한다[『세종실록지리지』 권150, 경상도, 경주부, 영산현].

> 기음강용단岐音江龍壇 사전祀典에는 가야진명소라고 하여 봄 · 가을로 본읍本邑에서 제사를 지낸다[『신증동국여지승람』 권27, 경상도, 영산현, 사묘祠廟].

> 기음용단岐江龍壇은 고려 사전祀典에는 가야진명소라고 불렀다. 소사小祀이다. 지금 본읍本邑에서 춘추春秋로 치제致祭한다[『대동지지』 권8, 경상도, 영산, 단유壇壝].

위 사료를 종합해보면, 고려시대에 경상도 영산현에 춘추로 기음강에 제사를 올리는 가야진명소가 있었다. 이곳의 수신제는 조선시대에도 가야진명소의 신에게 수령이 제사를 올리는 소사였는데, 『신증동국여지승람』의 기음강용단, 『대동지지』의 기음용단이란 명칭에서 알 수 있듯이 제당이 아니라 제단의 형식을 취하고 있었다. 가야진명소 · 기음강용단 · 기음용단이라 불리던 제단이 소재한 영산현의 기음강의 위치는 『신증동국여지승람』에서 찾아볼 수 있다. 그 기록을 살펴보면 다음과 같다.

> 기음강岐音江은 (영산)현의 서쪽 28리에 있다. 창녕현昌寧縣 감물창진甘勿倉津 하류下流인데 의령현宜寧縣 정암진鼎巖津과 합쳤다. 옛날에는 가야진伽倻津이라고 불렀다[『신증동국여지승람』 권27, 경상도, 영산현, 산천].

기음강은 영산현의 서쪽 28리에 있었는데, 기음강은 옛 가야진으로 남강과 낙동강이 합류하는 지점에 위치하였다. 「해동지도」의 영산현 편에 남강과 낙동강이 합류하는 지점에 기강진岐江津을 발견할 수 있는데, 이는 옛 가야진이라고도 하였다.[21] 즉, 기음강용단[기음용단]은 옛 가야진으로 기강진에 위치하였으며, 기강진[기음진]은 남강과 낙동강의 합류지점에 위치한 마을인 창녕군 남지읍 용산리 창날마을에 위치하였다.[22] 특히 지금까지 유일하게 수신제를 지내고 있는 양산의 가야진사는 조선시대 세공선과 어선, 소금배 등이 이곳을 지날 때면 반드시 향화香火를 바쳤으며 소금 관리뿐만 아니라 용당마을 사람들도 제물과 폐백 등으로 치성을 드렸던 곳이라고 한다.[23]

양산군 가야진의 가야진사와 용당포의 적석용당 · 영산현 옛가야진의 기음용단은 낙동강 수운 요충지의 나루터에서 지낸 국가제사인데, 이들 다음으로 큰 제의는 별신굿이었다. 지금 사료상 남아있는 기록은 부산의 구포별신굿이다. 근대 저명한 민속학자 손진태 선생은 1922년 8월에 동래군 구포면 구포리(현 부산시 북구 구포동) 지역을 조사하여 다음과

---

21 남강과 낙동강이 합류하는 지점에 위치한 마을이 창녕군 남지읍 용산리이고 기음진, 즉 가야진은 창날마을에 위치하였다(진덕재, 앞의 논문, 2007, 52쪽).

22 『창원신문』 2020.7.16.

23 가야진사 푯말 참조.

같은 기록을 남겼다.

> '불신'은 세간에는 '별신別神'이라고 부르지만, 이는 확실히 한자의 영향으로 인해 와전된 것이다. '불'은 '마을'이라는 뜻이고 불신은 마을의 수호신을 일컫는다. 동래군 구포에는 매년 혹은 격년에 한번 '불신굿'을 하는데, 석무당石巫堂도 때때로 그걸 맡는다고主司 했다. 이 굿은 줄여서 '불신'이라고 불리는데, 그걸 하지 않으면 마을에 화재火災나 수해水害, 그 밖의 재화災禍나 질병疾病 같은 것이 있다고 구포 사람들은 말했다.[24]

부산 구포지역을 조사한 손진태 선생은 별신굿에 대하여 한자의 영향으로 인한 와전이며, 불신(별신)은 마을 수호신을 일컫는다고 하였다. 그가 당시 채록한 석성녀石姓女 무녀의 별신굿 무가는 다음과 같다.

> 압도堂山 골묵이(앞은 당산 골매기)
> 뒷도뒤山골묵이(뒤는 뒷산 골매기)
> 南堂山 · 女堂山님네(남당산 · 여당산님네)
> 祭物만히잡수시고(제물을 많이 잡수시고)
> 허찬도반갑게잡수시고(없는 찬도 반갑게 잡수시고)
> 이洞內各宅이 富貴功名하게하시오(이 마을 집집이 부귀공명 시켜 주시오)
> 가뭄도업고(가뭄도 없고)
> 물도안지고(홍수도 없고)
> 雜鬼雜神이못두로도록(잡귀잡신이 들어오지 못하게)
> 이洞內를 거두어주시오(이 마을을 거두어 주시오)[25]

---

24 孫晉泰, 『朝鮮神歌遺篇』, 鄕土硏究士, 1930, 220쪽.

구포별신굿은 구포 감동진甘同津 나루터가 소재한 마을에서 올리던 제사로, 손진태 선생이 1931년 조사한 자료에 의하면 매년 마을의 풍어를 위하여 현재 구포 대리에 있는 당산나무에서 제사를 드렸다고 한다. 위 무가를 보면 마을의 부귀공명을 빌고 재액을 물리는 여느 마을 제사와 마찬가지이지만, 특히 가뭄과 홍수가 없도록 기원하는 것에서 나루터의 안녕과 관련된 제의임을 알 수 있다. 이와 같이 나루터가 소재한 마을에서 지낸 큰 굿이 별신굿이고, 이 외 감동진 나루터와 같이 각 마을에서는 별신굿과 별도로 매년 마을 제사[洞祭]를 지냈다. 예천의 경우 낙동강변에서 가야진용신제와 같은 국가제사나 별신굿을 올리지는 않았지만, 매년 마을 제사는 지냈다. 예천의 낙동강 나루터를 따라서 마을 제사를 지낸 상황을 다음 장에서 살펴보도록 한다.

2. 예천 나루터의 수신신앙

일제강점기 이전에는 교량이 거의 설치되어 있지 않았기 때문에 예천 낙동강의 사람 들은 나룻배로 강을 건너며 생활하였다. 이에 도로와 낙동강이 만나는 부근에는 나루터가 생겨났다. 일제강점기 예천의 나루터 상황을 정리하면, 다음의 〈표 1〉과 같다.

표 1. 조선시대 예천 나루터[津] 현황[26]

나루터[津] 이름	위치	나루터[津] 이름	위치
현창진縣倉津		산성山城	醴泉郡東五十里
하풍진河豊津	龍宮縣西南二十里	한천漢川	醴泉郡東三里

25 孫晉泰, 앞의 책, 1930, 219~220쪽.

26 『예천군지』(1938)의 진(津)을 醴泉郡誌編纂委員會, 『醴泉郡誌』, 1988, 471쪽에서 참조하여 작성하였다.

문정자文亭子	醴泉郡南西十里	우계愚溪	醴泉郡北十里
오천浯川	醴泉郡南十五里	나평羅坪	醴泉郡東五里
호명虎鳴	醴泉郡南十五里	정산鼎山	醴泉郡東八里
고평高坪	醴泉郡南十里	화지花枝	醴泉郡西十里
경진京津	醴泉郡南十里	대곡천大谷川	醴泉郡南六十里
말곡末谷	醴泉郡南十里	회룡삼중진回龍三重津	醴泉郡南六十里

조선시대 예천에는 소재 미상의 현창진이 있었고, 용궁현에는 하풍진, 예천군에는 문정자 · 오천 · 호명 · 고평 · 경진 · 말곡 · 산성 · 한천 · 우계 · 나평 · 정산 · 화지 · 대곡천 · 회룡삼중진이 있었다. 지금 현재로선 이들 나루터가 육로교통 혹은 교량이 발달하면서 거의 사라졌기 때문에 그 정확한 위치나 역사를 전부 파악하기는 힘들다. 이에 마전리의 문정자 나루와 같이 현재 예천 사람들의 기억에 남아있는 나루터를 중심으로 수신신앙으로서의 마을제사의 현황을 살펴보도록 한다.

1) 용산개나루와 동제사

'용산나루'라고도 하는데 신풍리에서 강둑을 따라가서 용산개 아래에 위치한 나루였다. 용산개나루는 옛 용궁현 때 사창社倉을 가까이 두고 있어 상당히 중요한 나루로 추정된다.[27] 〈지도 2〉의 도화1리에는 축동마을이 있는데, 일명 사창이라고도 한다. 조선시대에 사창이 지보면에 4개가 있었는데, 그 중 하나가 축동에 있었기 때문이다. 용산나루는 조선시대 사창이 없어지면서 의성군 쌍호리 주민과 지보면 사람들이 평상시에 이용하던 평범한 나루로 바뀌었다. 나룻배는 두 척으로 이쪽저쪽으로 오갔다.

27 김봉우, 『낙동강 옛나루』, 도서출판 경남, 2019, 44쪽.

용산나루가 위치한 마을은 도화2리였다. 도화2리에서는 동수나무라 불리던 소나무에 제의를 드렸는데, 이 동수나무는 낙동강 나루터에서 마을로 들어오는 입구에 위치하였다. 마을 제사는 '동신제' 또는 '동제사'라고 불렸으며, 매년 정월 14일 밤에서 15일 넘어가는 시간에 제의를 지냈다. 동제는 경주 최씨 집안의 큰집에서만 지냈다. 경제적 여유가 없어서 마을 주민이 참여하지 못했고, 경제적 여유가 있었던 최씨 집안에서 제의를 드렸다고 한다. 제의는 2002년에 제사를 이어가던 경주 최씨 어르신이 돌아가시면서 중단되있다. 제사를 지내지 않게 되자 나루터를 지키던 동수나무도 고사하였다.[28]

지도 2. 용산나루 터

2) 지보나루

지보나루는 지보면 지보리와 의성군 다인면 봉정리 사이에 있는 나루이다. 한자로 지보진知保津이라고 표기하기도 한다.[29] 지보나루는 조선시대 지보역으로 연결되던 나루였다. 『경상도속찬지리지慶尙道續撰地理誌』(용궁)의 참역站驛 편을 보면 지보역은 남으로 안계역과 북으로 통명역을 이어주는 역원이었다. 그런데 비안현의 안계역참과 용궁현의 지보역참 사이에는 낙동강이 흐르고 있었다. 이 강을 건너지 않고는 안계역-지보역-통명역으로 이

28 이용범, 『예천군 마을신앙 조사연구』, 경상북도 예천군, 2015, 485~486쪽.

29 국토지리정보원, 『한국지명유래집: 경상편』, 진한엠앤비, 2015 참조.

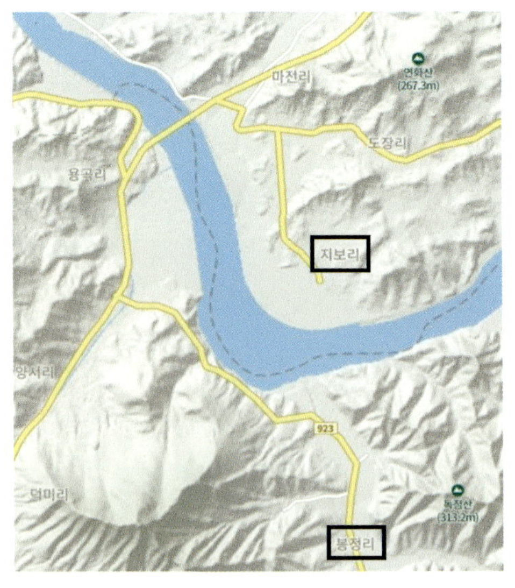

지도 3. 지보나루 터

어지는 관로가 연결될 수 없었다. 그러한 두 역참의 연결고리가 지보나루였다. 그런 연유로 일찍부터 조선시대 관아에서는 지보나루에 도선을 배치해 두었다.[30] 지금은 그 자리에 교량이 가설되어 지보면과 다인면을 잇는 923번 지방도가 생기면서 그 기능을 잃고 자취를 감추었다.

3) 마전나루와 내포마을 동신목

마전나루는 용곡리 반룡마을에서 낙동강 건너 예천군 지보면 매창리 내포마을과 마전리 쪽으로 건너던 나루였다. 나루가 의성군 다인면 용곡리에도 위치하여 용곡나루로 불리기도 했다. 또한 예천군에 사는 사람들은 이 나루를 '마전나루' · '문정자포' · '매창나루'라 부르기도 했다. 특히 예천 매창리 · 마전리 사람들은 '문정자文亭子'란 나루 이름이 더 친근한데, 지금도 문정자와 관련해 전설이 전해지고 있다.

풍지교豊知橋의 문정자文亭子

지보면과 풍양면 그리고 의성군 다인면 경계에 낙동강이 흐르고 있다. 지금은 풍양과 통하는 풍지교豊知橋와 의성군 다인면과 통하는 지인교知仁橋가 건설되어 교통交通이 편리한 곳이지만, 옛날에는 배로 왕래하느라고 불편이 많았다.

옛날에는 여기가 소금배 선착장이어서 사람이 많이 모였던 곳이다. 서편 강변에는 문씨文氏

30 김봉우, 앞의 책, 2019, 45~46쪽.

성姓을 가진 부자富子가 살았는데, 그 부자가 정자亭子를 지어 정자마루 헌함에서 낚시를 드리우고 풍류風流를 즐기곤 하였다. 이 정자에 선비들이 모여서 술을 마시며 시를 읊었는데 점차 건달, 잡객들이 많이 모이면서부터는 술집으로 변하여 돈을 벌기 시작했다. 돈벌이가 되면서 술과 음식을 배로 나르자니 불편하고 홍수洪水가 날 때는 영업을 하지 못했다. 문씨는 꾀를 내어 정자마루 끝과 강 건너 자택에다 큰 물레를 장치하고는 밧줄로 연결시켜서 술 두르미와 고기를 매달아 놓고 힘이 센 두 사나이로 하여금 물레를 돌리게 하여 술과 음식을 날랐다. 이 정자 이름이 문씨네 정자 또는 물레를 사용하면서 물레정자라고도 불렀다.

그런데 어느 날 문씨네 선산에 타성 김씨金氏가 장사를 지내려고 하자, 문씨가 이를 막으려고 아무리 애를 써도 당해낼 수가 없었다. 문씨가 생각하기를 살을 깎고 뼈를 깎더라도 묘를 쓰지 못하게 하겠다고 작정하고는 장지葬地에 문상을 가서 상주에게 가서, “그냥 올 수가 없어서 탁주 한 병을 가져왔으니 한 잔 드시지요” 하면서 시퍼런 칼로 자기 허벅지 살을 베어 칼끝에 꽂아 상주喪主에게 안주로 주니 상주가 서슴없이 받아먹었다. 문씨 생각에는 상주가 겁에 질려 묘를 안쓰고 물러날 줄 알았는데 오히려 상주가 널름 받아 먹으면서, “술을 받아 먹었으니 나도 그냥 있을 수 없소. 내 술도 한 잔 받으시오.” 하더니 역시 다리를 베어 주는데 문씨는 그 안주를 먹지 못하고 집으로 돌아왔다.

그 후 얼마가지 않아 문씨의 재산은 바닥이 나고 문씨는 어디로 떠났으며 정자도 사라지고 지금은 “문정자文亭子”란 이름만이 남아있다.[31]

마전나루는 〈사진 2〉의 풍지교 방향의 아래쪽으로 나룻배가 다니던 뱃길이었다. 내포마을과 마전리 사이가 나룻목이어서 마전리 사람들은 ‘마전나루’라 하였다. 마전나루가 있던 곳에는 대구, 안동, 예천 등지로 통하는 세 갈래 길이 나뉘는 곳이라 마전삼거리라 부르기도

31 예천군청(https://www.ycg.kr/open.content/jibo/tour/legend/, 검색일: 2025.05.04.).

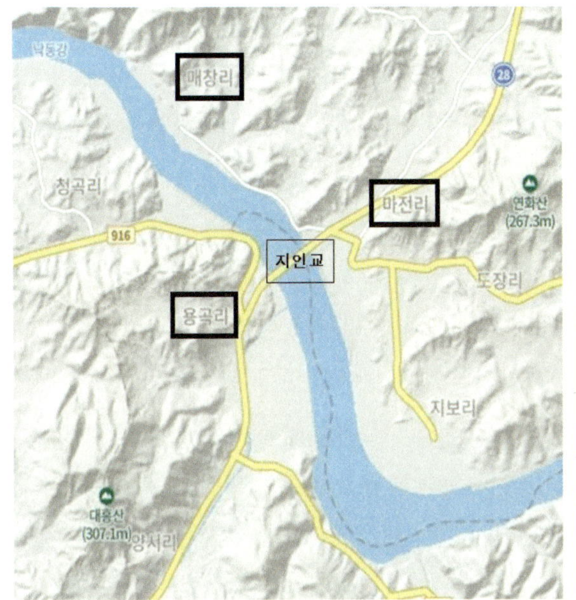

지도 4. 마전나루 터

사진 2. 마전나루 옛 뱃길, 풍지교
(출처: 2025년 필자촬영)

했다. 또한 낙동강 하구에서 올라온 어염선과 석유, 포목, 연초, 성냥 등을 실은 짐배가 닿던 곳이었다. 그리고 용곡 나루터와 마전 나룻가에는 주막과 마방이 늘어서고 마전에는 '마전 도방道房'이 있었다. 다시 말해서, 마전나루는 소금배가 기착하던 나루터로 오랜 옛날부터 장이 서는 상업의 중심지였다. 그래서 마전나루에도 지보나루와 같이 관아에서 도선을 배치하였다.

마전나루 등에 소재한 도방은 보상이나 부상들의 숙소이지만 조직을 관리하던 곳이기도 하였다. 이러한 도방은 주변에 있는 객주와도 관련이 있다. 돈 많은 물주가 부산에서 짐배로 실어 온 어염을 객주가 보관하고 보부상과 일반 상인들을 통해 판매하는 것이 일반적이었다. 그래서 부산에서 올라오는 어염선이 닻을 내리는 마전을 중심으로 안계장, 다인장, 용궁장, 예천장, 오천장, 구담장, 풍산장, 안동장 등 크고 작은 장시들이 마전리 주변으로 위치하고 있었다.[32] 이를 통해 마전나루에서 보상이나 부상을 통해 주변지역으로 상거래가 활발히 이뤄졌음을 알 수 있다. 구한말까지만 해도 마전나루는 소백산 이남에서 가장 큰 물화 집산지였다. 소금이나 건어물과 젓갈을 주로 취급하는 어염객주들이나, 단순히 소금만 다루는 소금객주들이 자리 잡고 있었다. 하단이나 구포 쪽으로 올라온 어염선이 도착하면 작은 장삿배들이 소금과 어물을 받아 싣고 낙동강 강마을이나 내성천을 오르내리며 곡물과 맞교환을 하였다고 한다.[33]

마전나루에 소금배가 오면 서는 마전리의 장터를 '삼밭나드리' 또는 구마전舊麻田이라고 불렀다. 1934년甲戌年 대홍수 때 떠내려가서 마전리의 장터를 현재의 면사무소 위치로 옮겨갔기 때문이다. 그래서 자연스럽게 마전리를 구마전이라고 부른다. 삼밭이 많아서 마전나루는 '삼밭나드리'로 부르기도 했으며, 이곳은 갑술년 홍수 후 높은 지대에만 마을이 남아서 농촌이 되었다.[34] 그래서 구마전에는 낙동강 나루터의 수신신앙 관련된 동제의 흔적을 찾아보기 힘들다. 반면 마전리와 내포마을 사이에 마전나루가 위치했기에 내포마을에서는 나루터 수신신앙의 흔적이 남아있다.

매창1리 내포마을에는 마을 입구의 팽나무를 동신으로 모시고 있다. 이 나무를 '동신목'이라 하며, 마을 제사를 '동신제'라고 한다. 과거 내포마을로 낙동강물이 자꾸 범람하여 피해를 보고 뱃사공의 아들이 물에 빠져 죽는 등의 사건이 발생했다. 이에 이경조(남, 91세)의 조부 이윤수 어른이 "마을에 동신제를 지내지 않아 그렇다."고 하여 팽나무를 심고 동신제를 지내기 시작했다. 즉, 이 팽나무는 내포마을의 수해와 마전나루의 안녕을 관장하는 수호신으로 모신 것이다.[35]

그러나 1905년 경부선 철도와 도로의 개통 후 물산과 사람들이 편리한 육상 교통으로

32 예천군지편찬위원회, 앞의 책, 2005, 352~355쪽; 禮泉郡誌編纂委員會, 앞의 책, 1988, 138쪽.

33 김봉우, 앞의 책, 2019, 51쪽.

34 예천군지편찬위원회, 『예천군지』 중권, 예천군, 2005, 131쪽.

35 이용범, 앞의 책, 2015, 510쪽.

집중되면서 마전 나루터의 이용객은 급격히 줄어들게 되었다. 1972년에는 나루터가 있던 곳에 풍지교가 준공되면서 더 이상 나루터의 안녕을 기원하는 동신제를 지내지 않게 되었다. 동신제를 지내지 않게 된 원인에는 새마을운동의 미신타파 운동도 한몫했다고 한다.[36] 나루터와 함께 사라진 매창1리의 동신제는 삼강이나 삼탄마을과 같이 정월 1월 14일에서 15일로 넘어가는 새벽에 제사를 지냈다. 마전나루터를 대체한 풍지교는 이후 안전도 검사에서 위험하다는 판정을 받아 폐쇄되고 1994년에 풍지교의 상류 200m 지점에 지인교가 새로이 준공되면서[37] 마전나루의 뱃길을 대신하고 있다.

4) 우망나루와 동신제

우망나루에 대한 옛 기록은 찾아볼 수 없으며, 예천의 향토사학자인 정흥윤(남, 79세)은 고향인 삼강나루 바로 아래쪽에 위치한 우망나루를 기억한다.[38] 우망마을은 예천 풍양면과 지보면 사이를 가르는 낙동강의 남쪽 일대에 평야지대를 형성한 마을이다. 우망리에는 나루터가 두 개가 있었는데, 하나는 완담나드리[완담나들浣潭津]라고 불렀으며 풍양면 우망리에서 지보면으로 건너가는 나루였다. 다른 하나는 우름나들[구름나드리]라고 불렀는데, 우망 남쪽에 있는 낙동강의 나루였다.[39] 그래서 〈지도 5〉를 보면 풍양면 우망리에서 지보면 마산리 완담서원 쪽으로 건너가는 완담나드리는 우망1리 청룡장군 입석 인근에 위치하였다. 우름나들은 풍양면 우망1리에서 1㎞ 쯤 동남쪽으로 떨어져 위치한 운교동雲橋洞 강변에 위치하였다.

지보면으로 도선하던 완담나들이가 소재한 우망1리에서는 마을 수호신으로 청룡장군

36 이용범, 앞의 책, 2015, 509쪽.
37 향토문화전자대전(https://www.grandculture.net/uiseong/toc/GC05200180, 검색일: 2025.04.23.)
38 2025년 2월 11일 삼강주막에서 정흥윤(남, 79세) 인터뷰.
39 예천군지편찬위원회, 앞의 책, 2005, 152~153쪽.

입석을 모셨다. 청룡장군 입석은 낙동강 4대강 살리기 공사 때 마을 주민과 상의도 없이 불도저로 밀어버리고 땅을 돋우는 바람에 찾을 수 없게 되었다. 청룡장군은 수신을 상징하는 용을 나타내는 것인지, 우망1리 동쪽의 청룡산의 신을 모시는 것인지 확실히 알 수 없지만, 우망2리의 백호장군을 할매동신, 우망1리의 청룡장군을 할배동신이라고 부르는 것에서 윗마을·아랫마을의 부부신으로 볼 수 있다. 우망리의 동제는 정월 14일 새벽 1시 무렵 닭이 울기 전에 동제[동신제]를 올렸는데, 제사를 지낼 젊은 사람이 없어 2012년 이래 중단되었다.[40]

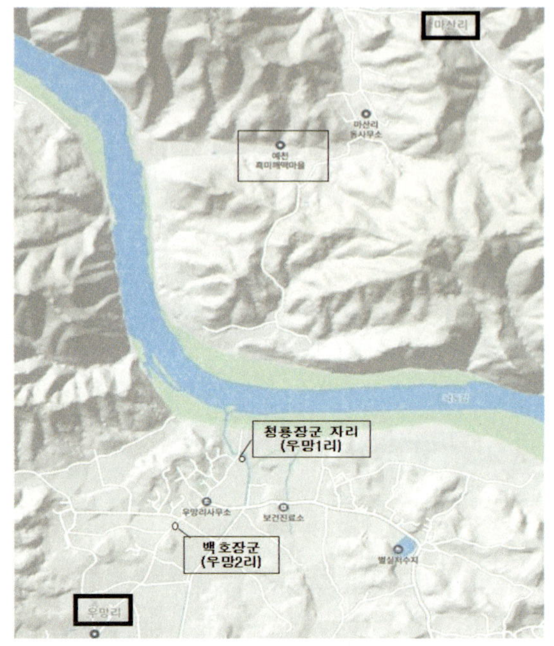

지도 5. 우망나루 터

완담나들이가 왕래한 강 건너편의 마산리 흑미깨떡마을에서도 동신제를 지냈다. 흑미깨떡마을에서는 정월 14일 자정 무렵에 제의를 드리는데, 마을 수호신은 나루터 인근의 느티나무이다. 이 나무를 '동신(당산)'나무라 부른다. 지금 나무는 원래 있던 나무가 죽어서 약 10년 전에 그 자리에 다시 심은 나무이다. 죽은 나무는 약 80년 정도 된 나무로 죽은 뒤 불에 태웠다. 느티나무가 서 있는 자리는 강을 건너던 나루터가 위치한 장소로 마을의 중심 공간이었다. 흑미깨떡마을에서는 주민들 수가 너무 적어서 2000년 무렵부터 이장이 전담해서 제의를 주관하며, 현재까지 전승하고 있다.[41]

---

40 이용범, 앞의 책, 2015, 516쪽 참조.
41 이용범, 앞의 책, 2015, 512쪽 참조.

5) 삼강나루와 삼강주막 앞 동신나무

삼강나루는 『세종실록지리지』[42]와 『신증동국여지승람』에 "무흘탄無訖灘 (용궁)현의 남쪽 7리에 있다."고 기록되어 있다.[43] 『경상도읍지』[44]의 용궁현에는 "무흘탄은 읍치로부터 남으로 7리의 거리에 있는데 지금은 삼강진이라 부른다."고 하여, 무흘탄이 지금의 삼강나루임을 알 수 있다. 봉화에서 발원한 내성천이 소백산 남쪽 물줄기를 끌어모아 이곳에 당도했고 문경 황장산에서 발원한 금천이 또 이곳으로 흘러와 낙동강 본류와 어우러지니 세 강이 합쳐진다하여 삼강三江이라는 지명이 생겼다. 이 삼강나루는 대구와 서울을 잇는 단거리 뱃길로 한때는 소금과 해산물을 실은 배들이 낙동강 끝자락 부산에서 물 많은 여름에 여기까지 올라왔다.[45]

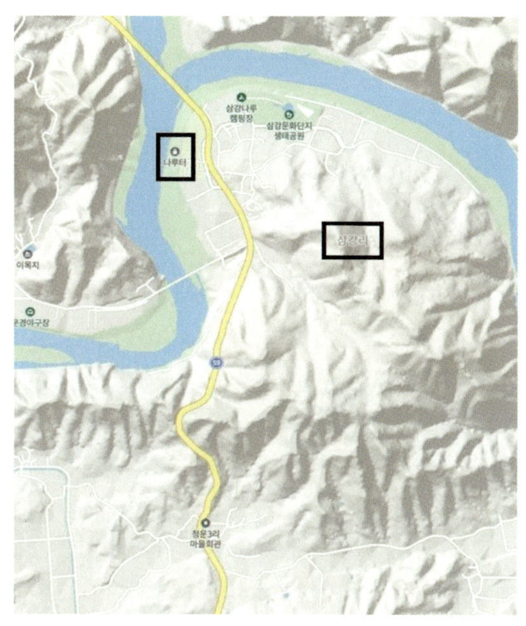

지도 6. 삼강나루 터

부산 구포에서 소금배가 올라와서 간혹 물이 많으면 안동까지 갔어. 소금하고 어물하고

---

42 "토산(土産)은 은구어이다. 현 남쪽 무흘탄(無訖灘)·작탄(鵲灘)·수정탄(修正灘)에서 난다"(『世宗實錄地理志』卷150, 慶尙道, 尙州牧, 龍宮縣).

43 『新增東國輿地勝覽』卷25, 慶尙道, 龍宮縣, 山川條.

44 『慶尙道邑誌』20冊, 龍宮縣, 山川.

45 『불광미디어』2022.9.1.

> 물물교환한 거지. 오곡. 잡곡하고 바꿔서 내려갔어. 소금배가 안동까지 가다가 물이 없어서 막히는 데가 있으면 가래라고 있어. 삽가래에 줄을 매서 홈을 지어서 올라가는 수도 있었어. "언제쯤 비가 오니까 내려오면 되겠다.", 다 계산을 하지.[46]

즉, 삼강나루는 예로부터 낙동강 하류에서 배로 실어 온 각종 화물과 공물이 수레나 소와 말에 옮겨져 문경새재를 넘어 서울로 운송됐던 수륙교통의 요충지였다. 나루 주변은 낙동강을 오르내리는 배들이 부려놓는 농산물의 집산지였고,[47] 산양장 · 용궁장 · 문경장 · 점촌장 · 동로장 · 예천장 · 영주장과 같은 큼직큼직한 닷새장을 배경으로 하고 있어 장꾼이나 보부상들의 발길이 끊이지 않던 나루였다.[48] 그 때문에 나루에는 자연스레 주막들이 들어섰다. 조선시대에는 안동, 의성, 상주 등지에서 과거를 보러 가는 선비들도 삼강나루를 거쳤다.

> 옛날에는 과거 보러 가는 선비들이 많이 자고 갔어. 주로 안동, 의성, 상주에서 많이 왔지. 과거 볼라면 이 나루터 꼭 건너야 돼. 과거 본다고 하면 천석꾼 정도 되니까 종을 데리고 말을 끌고 다녔잖아. 여름에는 물이 많으니까 배가 안 움직이면 2~3일씩 묶고 가는 수도 있었어. 옛날에는 나루터가 굉장히 컸어요. 주막에 마방도 있었고. 나그네가 자는 숙소도 있으니까. 죽령으로 해서 가는 길이 가장 빠른 길인데, 죽령으로 가면 죽 쓴다고 거기로 안 가. 상주에서는 추풍령 넘어야 되는데 추풍낙엽이라고 거기도 안 다녔어. 그러니까 선비들이 보통 이 길로 과거 보러 다녔어. 여기서 갈라면 문경새재를 넘어야 돼. 동로로 해서 새재를 넘어 충주로 가는 게 제일 빨랐어. 그때만 해도 안 잘 수가 없는 것이 잘못 오면

46 2025년 2월 11일 삼강마을회관에서 정수흠(남, 86세) 인터뷰.
47 『국제신문』 2016.6.15.
48 김봉우, 앞의 책, 2019, 56쪽.

> 비가 와가지고 물이 한강돼. 그러면 나루도 이용을 못했어요. 그러니까 이용을 못하고는 거기다가 하룻밤 자고. 며칠 자고.[49]

삼강리에는 나루 인근에 여러 개의 주막이 있었지만, 삼강주막만이 현재까지 남아있다. 삼강주막은 1900년 전후에 지어진 것으로 부산에서 올라오는 소금배와 내륙의 쌀이 물물교환되는 삼강나루터를 드나드는 보부상들의 안식처였다. 갑술(1934)년 홍수 때 보부상 숙소와 사공 숙소가 유실되었는데, 2007년 마을 어른들의 고증을 거쳐 복원되었다.

소금배가 끊긴 뒤에도 강 건너 상주장을 보려는 장사꾼과 주민들이 북적댔고, 예천읍내와 서울, 대구 등으로 가는 과객들이 넘쳤다. 그러나 1970년대 들어 새마을운동으로 삼강교가 놓이고 잇따라 제방이 생기면서 인적이 뚝 끊겨 버렸다.[50] 삼강주막은 16살 되던 해인 1932년 유옥연 할머니가 이 마을 배봉송씨와 결혼한 뒤, 30대에 남편을 여의고 홀로 다섯 남매를 키우면서 주막을 운영했다. 할머니는 90세 되던 2005년 노환으로 별세하였고,[51] 그 뒤 주막은 삼강마을회에서 운영하고 있다.[52] 유옥연 할머니는 주막이 흥청거리던 1960년대 당시를 다음과 같이 회상하였다.

> 여 주막이 한창일 때는 육십년대였제. 그때는 낙동강에 배가 연락부지래(연이어져 끊이지 않았다). 여 삼강나루도 큰 배 작은 배 해서 두 척이나 있었지. 통선이라꼬 작은 배는 주로 사람 실어 나르고, 큰 배는 짐을 싣고도 소가 다섯, 여섯 마리씩 들어갔어. …늦은 봄에 배가 소금을 오본이(가득) 싣고 안동까지 가거든. 봄디면 장담기를 하니까 주로 소금배가 오는 거지. 소금배가 내려갈 때는 주로 나락 팔아서 갔제. 소금하고 나락 바꾼 거야.[53]

---

49 2025년 2월 11일 삼강마을회관에서 정수흠(남, 86세) 인터뷰.
50 『문화일보』 2004.12.2.
51 『국제신문』 2016.6.15.
52 『매일신문』 2009.4.25.

사진 3. 삼강주막(출처: 2025년 필자촬영)

삼강나루는 그뿐만 아니라 남해에서 짐배가 올라오면 짐을 푸는 인부들과 상인들로 붐비던 나루였다. 삼강에는 뱃사공들이 인근 마을뿐만 아니라 인부들에게도 봄 · 가을로 보리 한말, 나락 한말 뱃모곡을 하였다. 1965년 즈음에는 짐꾼들과 뱃사공이 거의 사라져 마을 주민들이 번갈아가면서 짐을 옮기고 배를 저었다고 한다. 그래서 1972년에 도선계渡船契를 결성에서 마을에서 나룻배를 운영하였다.[54] 〈사진 3〉과 같이 동신나무 아래에는 들돌[擧石]

53 『국제신문』 2016.6.15.

이 있는데, 당시 들돌 들기[55]로 힘을 겨루어 일꾼들의 삯을 결정했다고 한다. 이로 보아 나루터에 얼마나 많은 일꾼들을 필요로 했는지 알 수 있다.

삼강마을에는 당산나무가 두 그루 있는데, 〈사진 3〉과 같이 주막 앞에 있는 나무가 아들 나무이다. 아들 나무에서 삼강교를 지나 직진하면 마을 입구에 할머니 나무가 있는데, 두 나무는 모자지간이다. 아들나무는 '학자수' 혹은 '선비수'라는 별명으로 불리는 회화나무이다. 이 회화나무는 삼강나루터를 오가는 사람들 사이에서 여러 가지 전설과 함께 널리 알려진 명목名木이다. 여러 이야기 가운데에 아들 나무를 베어 배를 만들면 사고가 나지 않는 건 물론이고, 돈도 많이 벌 수 있다는 이야기도 있었다. 그래서 생겨난 오래전의 전설이 있다.[56]

> 삼강주막 회화나무를 베어 배를 만들면 돈을 번다는 이야기를 듣고 강 건너 상주의 한 목수木手가 나무를 베어내려고 삼강마을로 왔다. 마을 사람들은 이 회화나무가 마을을 지키는 영험한 나무라며 나무를 베지 못하도록 막았다.
>
> 하릴없이 나무를 베어낼 틈을 엿보느라 목수는 나무 그늘에 들어서 잠시 낮잠에 들었다. 그때 그의 꿈에 백발이 성성한 노인이 나타나서 "나는 삼강나루터 회화나무를 지키는 신이다. 만약 이 나무에 조금이라도 해꼬지를 한다면, 나무보다 먼저 네가 죽게 될 것이다"라고 큰소리를 쳤다.
>
> 겁에 질려 벌벌 떨면서 꿈에서 깨어난 목수는 혼비백산해서 달아났다고 한다.

이 전설과 같이 삼강마을을 지키는 수호신인 회화나무는 배사고가 없게 해주고 나루터가

---

54 2025년 2월 11일 삼강주막에서 정홍윤(남, 79세) 인터뷰.

55 들돌은 원래 시골에서 머슴들의 새경을 결정할 때 사용하였다. 큰 돌을 들면 큰 머슴(상머슴), 중간 돌을 들면 중머슴, 작은 돌을 들면 애머슴(새끼머슴)으로 결을 지낸 다음 들돌 들기를 했다.

56 『NewQuest』 2022.5.5.

번성하도록 도와주는 신이다. 그래서 삼강교가 놓이기 전까지 삼강나루의 나룻배를 운영해 온 삼강마을 주민들은 지금껏 모자나무를 모시고 동신제를 이어오고 있다. 특히 삼강마을 동신제의 제신祭神은 예천 나루터 마을 중에서 유일하게 강신江神을 모시고 있어 주목할 만하다. 삼강마을 동신제와 관련해서는 다음 장에서 자세히 살펴보도록 한다.

6) 하풍나루와 용가리 전설

하풍나루는 하풍나들 또는 하풍나드리로 부르기도 한다. 〈지도 7〉의 예천군 풍양면 하풍리 양지마에서 낙동강을 건너 지금의 문경시 영순면 이목리 꽃개나루로 건너던 뱃길이었다. 하풍진은 『세종실록지리지』[57]에 "그 근원이 셋이니, 하나는 상주尙州 임내任內인 산양현山陽縣 사불산四佛山에서 나오고, 하나는 순흥順興 소백산小白山에서 나오고, 하나는 봉화奉化의 태백산太伯山 황지黃池에서 나와서 현縣 남쪽에서 합류한다."고 하였다. 『경상도읍지』[58]의 용궁현 도진渡津에는 "현의 남쪽에 위치한 하풍진은 항상 나룻배가 배치되어 있다"고 하였다. 그리고 『해동지도』 용궁현에는 "예천의 사천沙川과 성화천省火川이 합쳐지는 용비산 아래 하풍진이 있으

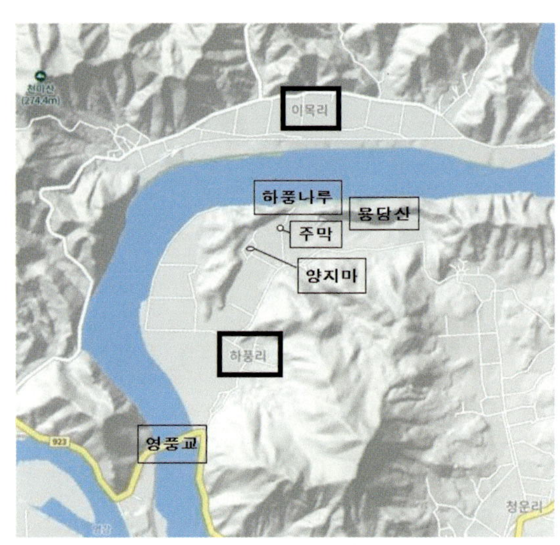

지도 7. 하풍나루 터

57 『世宗實錄地理志』卷150, 慶尙道, 尙州牧, 龍宮縣.
58 『慶尙道邑誌』20冊, 龍宮縣, 渡津.

며 읍치에서 삼십이리이며 강폭이 이백 보로 도선 한 척이 있다."고 구체적으로 기록하고 있다. 그런가 하면 『대동지지大東地志』에도 "하풍진은 서남으로 이십리에 위치하며 큰 길이 지난다"고 하여, 비안현에서 올라오는 역로를 용궁현이나 점촌, 예천 등지로 통하는 길과 연결하는 나루가 하풍진이었음을 알 수 있다.[59]

그리고 『선조수정실록』에 따르면, 임진왜란 때 부산에 상륙한 왜적의 일부가 울산-경주-영천-군위-비안을 거쳐 하풍진을 건넜다고 하였다. 즉 "당초 적은 동래東萊에서 세 길로 나누어 진격하였다. … 한 길은 좌도左道로 장기長鬐 · 기장機張을 거쳐 좌병영左兵營인 울산蔚山을 함락시키고 경주慶州 · 영천永川 · 신령新寧 · 의흥義興 · 군위軍威 · 비안比安을 지나 용궁龍宮의 하풍진河豐津을 건너 문경聞慶으로 진출해서 중로의 군사와 합류, 조령鳥嶺을 넘어 충주忠州로 침입하였다."[60]고 하여, 조선시대 하풍진은 영남의 동남부에서 중부를 거쳐 조령으로 이어지는 큰길이 지나는 나루였음을 알 수 있다.

삼강나루와 같이 하풍나루에도 소금배가 올라왔다. 하풍나루의 뱃사공이었던 진용운(남, 95세)은 다음과 같이 설명한다.

> 소금배 봤지. 부산서 올라오면 안동으로 갔어. 산양이나 그쪽으로는 못 가고. 우리 선창에 와서 소금을 동네 사람들한테 팔고 그랬어. 소금배가 상당히 커. 길고 크고 돛대가 달렸어. 거기는 4~5명이 타. 거기서 밥해 먹고 자고 그래. 주로 봄으로 다녀. 봄에 강물이 많아야 다니지. 가물어서 강물이 줄어들면 소금배가 못 다녀. 부산서 여기까지 한 보름 걸려. 하풍 뱃가 여기는 지방 사람들만 탔어.[61]

---

59 김봉우, 앞의 책, 2019, 61쪽.
60 『宣祖修正實錄』卷26, 宣祖 25年 5月 1日.
61 류승훈 · 이중구 · 김인호, 『옛길박물관의 책 제29집: 낙동강과 문명』, 문경시, 2023, 268쪽에서 재인용.

하풍나루에는 소와 짐을 실는 큰 배와 사람을 실는 작은 배가 한 척씩 있었다. 삼강리와 같이 하풍리에도 논농사를 많이 지었는데, 과거에는 농경지의 상당수가 강 건너 금포 주민들의 소유였다. 그래서 소를 태우는 큰 배가 다녔다. 또한 하풍리에서는 예천으로 향하는 길밖에 없었으므로 주민들이 강 건너 용궁, 함창, 상주, 점촌 등을 가기 위해서는 배를 이용해야 했다. 그러나 1987년 〈지도 7〉의 영풍교가 하풍리 양지마와 점촌시 영순면 말응리에 연결되면서 뱃길을 접게 되었다. 부득이하게 강을 건너야 할 경우에는 '물탕거리'의 문수사 앞에 있는 작은 나루를 이용했다. 이 나루에는 쪽배가 한 척 있었는데, 하풍나루보다 훨씬 뒤늦게 생겼다. 점촌 등지로 나가는 사람들이 더러 이 쪽배를 이용했지만, 1990년대 이전 이마저도 자취를 감추었다.[62] 그리고 다리가 건설된 후에도 1990년대 후반까지 고기잡이배들이 조업을 하였다.[63] 하풍리에는 논농사와 더불어 일부 주민이 어업으로도 생계를 유지했기 때문이다.

하풍리에는 다른 마을에서 보기 힘든 마을의 신성한 용소와 관련된 '용가리 전설'이 전하고 있다. 『慶北마을誌』(1992)에 따르면 "어느 해 이 마을 한 노인이 꿈에 백발노인이 나타나 소로 얼음을 갈고 오면서 '휴유~'하는 소리에 잠을 깨었다. 그래도 하도 이상하여 마구간에 가보았더니 한겨울인데도 소가 땀을 흘리고 있었다."는 전설이다.[64] 이 이야기가 용이 얼음을 간다는 용가리 전설이다. 마을 사람들이 신성시하는 용소에 얼음이 갈라지는 것을 용이 얼음을 가는 것으로 믿었던 것이다. 이 용소의 얼음이 물이 흐르는 방향으로 갈라지면 흉년이 들고, 마을 쪽으로 갈라지면 풍년이 든다고 믿었다. 흐르는 물은 모든 것을 쓸어가지만 마을 쪽으로 갈라지면 풍년이 든다는 민간신앙이다.

용소에 가뭄이 들면 기우제를 지내고 강가 용암에 뱃길의 안전을 기원하는 등 수신을

62 류승훈 · 이중구 · 김인호, 앞의 책, 2003, 262쪽.
63 김봉우, 앞의 책, 2019, 63쪽.
64 慶北鄕土史硏究協議會, 『慶北마을誌』(下), 1992, 753쪽.

상징하는 '용'은 강변에 사는 사람들의 대표적인 수신水神이다. 풍양면 하풍리와 같이 삼강리에서도 용당산의 용당이라는 소에서 기우제를 지냈다. 용당은 예로부터 소 안에 물이 빙빙 돌아가는 곳에 용이 산다는 전설이 전해지고 있으며, 용당 옆에 흰 바위에서 제를 지낸다.[65] 또한 풍양면 하풍리 양지마에는 〈지도 7〉과 같이 용가리 전설과 더불어 하풍나루 인근에 용당산이 있는데, 용의 머리에 해당하는 곳이라 한다. 그래서 강씨 문중에서 용당산에 무덤을 쓰고자 삽으로 땅을 내리치자 붉은 피가 흘렀다는 전설이 전해지며, 일제강점기에 용당산의 맥을 끊기 위해 산에 길을 냈다고도 한다.[66]

7) 삼탄나루와 삼청당

삼탄나루는 낙상리 새멸마을에 위치한 나루터인데, 낙상리란 지명은 이곳의 낙상암의 이름을 따서 왔다는 설이 있다. 또한 상주 낙동의 상류 쪽에 큰 장(세밀장)이 서는 곳으로 소금배가 올라와서 물물교환을 많이 했기 때문에 1932년 '낙동강'과 '상업'이 만나 생긴 명칭이라는 설도 있다.[67] 후자의 '낙상' 즉, 낙동강에 인접한 시장이란 명칭에서 알 수 있듯이, 새멸[삼탄]마을은 소금배와 서울로 향하는 나그네들이 몰리면서 나루터와 함께 주막이 한동안 번성했다. 김영태(남, 71세) 삼탄 동제洞祭 회장은 "삼강주막은 주막도 아이래. 삼강보다 장터가 유명했던 새멸주막이 있던 우리 마을을 더 쳐줬다."[68]며, 1970년대 이전 번성했던 삼탄나루를 회상한다. 새멸주막은 마을 안에 위치하였으며, 숙박업은 하지 않고 술만 팔았다.

---

65 2025년 2월 11일 삼강주막에서 정홍윤(남, 79세) 인터뷰.
66 2025년 5월 28일 양지마 자택에서 송기한(여, 78세) 인터뷰.
67 예천군지편찬위원회, 앞의 책, 2005, 167쪽.
68 2025년 2월 11일 낙상1리경로당에서 김영태(남, 71세) 인터뷰.

지도 8. 삼탄나루 터

주막은 동네 안에 있었지. 대포집이었어. 그때는 먹고 살기가 힘드니까. 술은 많이 먹잖아. 술. 그래 이제 주막에 가서로. 나하고 둘이 갔다 그러면. 친구 저거 한 대포 하자 그럼. 대포 주전자로 한 대포하고. 이제 배 타는 사람이 받아주지. 수고했다고.[69]

69 2025년 5월 27일 낙상1리경로당에서 김영태(남, 71세) 인터뷰.

삼탄마을에는 이름을 달리하는 두 개의 뱃길이 있었다. 하나는 예천군 낙상리에서 상주군 사벌국면 퇴강리 광대정 물미나루로 건너가는 뱃길이다. 이를 '퇴강나루'라고 하였다. 인근 마을인 와룡리에는 나루가 없었기 때문에 삼탄마을에 와서 배를 탔다. 상주 물미나루는 조선시대 세곡선이 닿던 나라의 주요한 나루터였으며, 생선과 소금 배의 집결지였다. 소금배가 퇴강리 광대정에 도착하면, 부산 상인들은 소금 일부를 물미에 내려놓고, 나머지는 점촌이나 서울로 옮겨갔다. 광대정은 상주시 물미와 개진마에서 재배한 채소와 부산 소금이 물물교환되는 현장이었다. 광대정 앞 주막에는 막걸릿잔을 기울이고 있는 상인들로 북적였고, 사람들이 몰리면서 광대놀이가 한판 벌어졌다. 광대정과 강 건너 예천 새멸마을을 연결한 줄 위로 광대가 부채를 든 채 외줄타기의 장관을 연출하였다. 상주 광대정 앞 나무와 강 건너 예천 새멸마을을 잇는 어마어마한 줄타기였다. 19세기와 20세기, 소금배가 올라와 사람이 많이 모이면서 광대놀이가 벌어졌다고 마을 이름도 광대정이다.[70]

한편, 광대정 물미나루의 맞은편, 낙상리 퇴강나루는 예천과 상주, 문경을 이어주는 중요한 나루였다. 조선시대 다인 수산역에서 함창 덕통역을 가기 위해서는 반드시 퇴강나루를 건너야 했고, 광복 후까지도 의성 안계 쪽으로 오가는 자동차를 실어 나르는 유일한 나루였다고 한다. 또한 낙동강 하구에서 소금과 생선, 생필품을 실은 배가 들어오면 나루에는 상주, 문경, 풍양 사람들이 모여들어 큰 장(세밀장)이 열렸다.

> 그러니깐은 소금배가 올라오면. 소금배가 올라오면서 우리 마을 장이었어. 근데 갑술년에 홍수가 천지개벽을 하니까. 장이 고만 다른 데(낙상2리)로 또 갔어. 시장이. 그래 가지고 거기(낙상2리)에 면 소재지가 생겼고 그랬단말이야. 옛날에 뭐 비안군 현서면 쓰고. 그래서 땅이 갈렸다가. 우리는 비안군 현서면 용궁면 일부하고 비안군 일부가 모인 게 풍양이야. 여기 사람들이 다 세밀장 왔어. 물물교환 뭐. 소금하고 밀하고 보리하고 바꿨지. (소금배가)

70 『매일신문』 2010.9.8.

> 우리 마을 하역을 하고. 고(물미나루)까지 올라가고. 함창, 점촌으로 가고.[71]

20세기 중반까지 낙상1리 낙동강변에는 땅콩과 잠업이 번창했다. 소금과 땅콩, 양잠이 풍성했던 새멸장터[세밀장]는 갑술(1934)년 홍수 때 엄청난 물난리를 겪은 뒤 인근 면소재지가 있는 낙상2리 '풍양장'으로 옮겨갔다. 당시 낙동강이 범람해 시장은 물론 마을 중턱까지 수해를 입었기 때문이다. 그래서 지금의 풍양장은 강변에서 물이 넘치는 것을 피해 네 번째로 옮긴 곳이라 한다.[72]

그리고 삼탄에 있는 또 다른 나루는 운성나루이다. 〈지도 8〉과 같이 운성나루는 상주시 사벌국면 매호리 나룻가에서 예천 풍양면 낙상리 운성마을을 잇는 나루였으며, '은시나루'라고도 불렀다. 운성나루는 상주로 가는 사람들이, 퇴강나루는 점촌, 서울로 올라가는 사람들이 사용했다. 운성나루에는 물이 얕아서 농선은 없었고 사람만 나르는 작은 배 1척이 있었다.

> 상주 갈 사람은 요서(운성나루) 타고. 점촌, 서울 가는 사람은 여서(퇴강나루, 물미나루) 타고. 이쪽(삼탄)에는 사람들이 세밀배. 이 짝(퇴강리)에 나루는 물미배 이랬단말이야. 여기(운성마을)는 운성배. 이게 원래 운성이 아니고 우리들은 은시나루라 해. 은시. 거기(운성나루)는 (배) 한 척. 소는 안 나르고 운성나루는 사람만 나르고. 요(운성)는 물이 얕아서 큰 배가 실으면 배가 바닥에 대이서(닿아서) 못 실었단 말이야.[73]

---

71 2025년 5월 27일 낙상1리경로당에서 김영태(남, 71세) 인터뷰.
72 2025년 2월 11일 낙상1리경로당에서 김영태(남, 71세) 인터뷰.
73 2025년 5월 27일 낙상1리경로당에서 김영태(남, 71세) 인터뷰.

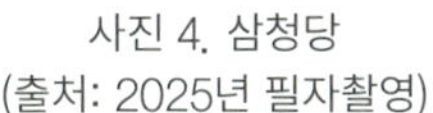

사진 4. 삼청당
(출처: 2025년 필자촬영)

사진 5. 삼청당에서 바라본 낙동강
(출처: 2025년 필자촬영)

삼청당은 낙상1리 새멸마을 수호신을 모시는 마을제당이다. 예천의 나루터에서 유일하게 있는 마을제당이다. 삼청당은 낙동강에 접해 있고 나루터와 바로 연결되는 곳으로, 과거 영남대로의 주요 길목에 위치하였다. 그리고 삼청당 인근의 너른 벌판에 세밀장이 섰다. 사람들은 마을신이 이 길을 지켜주고 있다고 믿는다. 영남대로의 역할을 하던 시절, 동네에 해를 끼친 뒤 나루터에서 배를 타고 도망가려던 이들은 어김없이 삼청당 앞길에서 붙잡혔다는 전설이 있다.

> 삼청당 앞이 옛날에는 서울 가는 길이라. 나루터로 연결되고, 퇴강(상주 사벌면) 가서 문경 새재 간다고. 우리 마을에서 물건을 훔쳐 이리(이쪽으로) 가면 발이 붙었대여. 마을에 와서 여자를 건드린다는 등, 쌀을 훔쳐간다는 등 하면 이 길을 못 넘어갔대여. 이 재를 못 건너갔대여. 아마 동네 신이 붙잡았나보지.[74]

삼탄마을 삼청당의 제신은 나루터를 운영하는 마을의 안녕을 책임지는 신이었다. 삼탄마을의 동신제는 다음 장에서 자세히 살펴보도록 한다.

삼탄[새멸] 사람들은 낙동강변 삼청당 외에도 칠성바위를 영험하게 여겼다. 바닷가 돌을 용암으로 여겨 신성시하는 것과 같이 강가 바위를 영험한 바위라고 신앙한 것이다. 낙동강변에 있던 칠성바위는 제방공사와 함께 사라졌는데, 김영운(남, 90세)은 당시 "칠성바위 밑에서 도자기 조각이 많이 나왔고, 마치 사람을 묻어놓고 옆에 옛날 옹기그릇 같은 것을 정리해 둔 모양으로 정말 장관이었다."고 말했다. 이에 마을 사람들은 칠성바위가 태초에 이 마을에 터를 잡았던 조상의 무덤, 고인돌로 추정하기도 했다.

칠성바위와 함께 거북바위도 신성시했다. 거북바위는 마을 서쪽과 낙동강 사이 밭 한가운데 솟아 있던 바위였다. 마치 거북이 뭍에서 강 쪽으로 기어가고 있는 모양새였다. 김영운(남, 90세)은 "거북바위라. 옛날엔 이만침 높았는데 지금은 얼매(얼마) 안 남았어. 무거우니까 땅속으로 자꾸 들어가잖애. 칼산에서 독을 내뿜으면 이 거북이 그걸 전부 다 소화시켰어. 나도, 동네 사람들도 바위 구멍에 술을 부어놔. 마을을 지켜주니 고맙다고 한 잔씩 주는 거지"라며, 거북바위가 칼산의 나쁜 기운을 다 받아먹은 뒤 마을 쪽으로 똥(좋은 기운)을 싸기 때문에 마을이 잘 살 수 있다는 강한 믿음을 갖고 있다.[75] 이와 같이 낙동강변에는 나루터 인근의 동신나무나 바위 등을 마을 수호신으로 모셔 동제를 모셔왔으며, 용소 · 용암 등 용신을 상징하는 자연물이나 다른 한편으로 수신을 상징하는 거북이를 신성시하여 제를 올려왔다.

요컨대 부산에서 낙동강 줄기를 타고 올라온 소금배가 정착했던 예천의 큰 나루를 지도에 표기하면 〈지도 9〉와 같다. 예천군에 소금배가 들어오면 가장 먼저 퇴강나루에 도착했으며, 이후 하풍나루, 삼강나루, 마전나루에 들러 소금과 지역 농산물을 교환하였다. 그러

74 2025년 2월 11일 낙상1리경로당에서 김영태(남, 71세) 인터뷰.

75 『매일신문』 2010.09.29. 「[신낙동강시대-스토리가 흐르는 마을](11)예천 새멸마을〈2〉」.

면서 소금배가 정착하는 나루터에는 자연스럽게 장시가 열렸거나, 아니면 장삿배들이 닻을 내리고 난장을 벌이기도 했다. 삼탄과 마전의 시장은 갑술년 대홍수의 피해를 입은 후 내륙 안쪽으로 이전하였다. 퇴강·삼강·마전나루는 낙동강 물길을 따라 운송되는 하물의 집산지로 소금배가 도착하면 이들 나루터에서 작은 장삿배들이 소금과 어물을 받아 싣고 낙동강 강마을이나 내성천을 오르내리면서 곡물과 맞교환을 했다. 삼강나루에서 내성천을 오르면서 장삿배들이 처음으로 찾는 마을은 향석리였고, 향석리를 지나 의성포(현 회룡포)를 정박지로 삼아 장사를 하였다.[76] 이와 같이 낙동강 큰 지류에서 작은 지류로 소금배와 작은 장삿배들이 오가며 영남지방의 물류는 낙동강을 통해 예천 곳곳에 유통되었다.

지도 9. 소금배가 정착했던 예천군의 큰 나루

76 김봉우, 앞의 책, 2019, 51~52쪽. 참고로 의성포의 지명유래는 의성군 장삿배가 드나드는 포구이기 때문이라는 설이 있다.

3. 삼강 · 퇴강 나루터의 제사

1) 삼강나루터의 제사[77]

삼강 나루터가 위치한 삼강리는 청주 정씨 집성촌이다. 입향조는 약포 정탁鄭琢대감의 셋째 아들인 청풍자 정윤목鄭允穆으로 약 400년 전 임란 이후에 이 마을에 정착하였다. 이래 13대 400년을 이어 정월 초하룻날 마을 제사를 지내오고 있다. 이전에 이 마을은 배가 아니면 외지로 왕래를 할 수 없었다. 배를 사용하지 않게 된 것은 1984년 경이며, 예천군 풍양면 삼강리와 문경시 영순면을 잇는 삼강교가 생긴 것은 2004년이다. 삼강리는 윗마, 아랫마, 학당마, 양달마, 새동네, 골마의 6개 자연마을로 이루어져 있었다. 이 중 윗마에서 산신을 모시는 동제를 지냈고, 양달마와 아랫마에서 강신江神을 모시는 제사를 지냈다. 현재는 인구가 감소하여 제사도 통합되어, 강신을 위한 제의만 전승하고 있다. 윗마의 산신제가 없어진 것은 1980~1990년 경이다.[78] 삼강리에서 우망리로 넘어가는 산에는 산길을 다니는 사람들을 수호하는 성황당이 있었다.

(1) 마을의 수호신

삼강리 주민들은 마을 앞 낙동강을 '뱃가'와 '앞냇가'로 구분한다. 삼강나루와 삼강주막이 자리한 마을 입구는 '뱃가'라고 하고, 풍양 쪽으로 펼쳐진 곳을 '앞냇가'라고 한다. 뱃가 쪽의 마을 입구에는 회화나무가 두 그루가 있다. 삼강주막 쪽에 있는 큰 회화나무는 수령이 500여 년으로 추정되며 보호수로 지정되었으나, 제의대상은 아니다. 이 나무를 마을 주민

---

77 3장은 2025년 2월 11일 삼강마을회관에서 정수흠(남, 86세)의 인터뷰 내용과 2024년 2월 12일 동신제를 현지조사한 내용을 바탕으로 재구성한 것이다.

78 이용범, 앞의 책, 2015, 531쪽.

들은 '아들 나무'라고 부른다. 삼강주막에서 삼강교를 지나 마을 입구 쪽으로 들어오면 작은 회화나무가 있다. 이 나무를 '할머니 나무'라고 한다.

> 지금 봐가지고는 그래, 보는 사람마다 그래요. 왜 이 큰 나무가 있는데. 왜 이 작은 나무에 지내냐? 아들이기 때문에 거기 그 나무(작은 회화나무, 할머니 나무)에 대고 우리가 동신洞神을 지내. 그러니까 우리 입향되기 전에. 입향하기 전에. 그 큰 나무(아들나무)는 있었다고 보고. 그러니까 이제 참 (할머니 나무) 그 밑에서 죽으니까. 그거 참 아랫대가 있으니까 "그걸 위해야된다." 그래 해내리(내려) 왔겠죠.

삼강마을에는 할머니와 아들 나무 외에 장승이나 솟대와 같은 마을 입구를 지키는 수호신은 모시지는 않는다. 대신 우망리로 넘어가는 산에 길손들을 지키는 성황당이 있었다. 할머니 나무와 아들 나무는 나루터에서 마을 입구로 향하는 곳에 위치하며, 할머니 나무에 지내는 제사를 강신을 모시는 '동신제'라고 칭한다. 삼강리의 동신제는 강에서 아무 탈이 없고 나룻배에도 사고가 없기를 기원하는 제의였다. 그래서 이 할머니 나무를 강신江神이자 도선계渡船契를 운영하며 살아가는 마을의 수호신으로 여긴다. 삼강마을에서 가장 오랫동안 동신제를 모셔온 정수흠(남, 86세)은 나루터와 동신제의 상관성에 대해 다음과 같이 설명한다.

> 마을의 참 무사태평을 빈다고 그래 하지. 그런데 우리는 그때만 해도 그냥 여기서 이제 강이 제일 위주가 돼 있었어요. 강이 위주가 돼 가지고. 동네보다도 이 강에 뱃나들이. 그때만 해도 여기 배가 유달씨리 컸어요. 일본 시대 때는 소금배가 여기까지 왔어요. 안동댐에, 안동댐이, 이게 한 지 얼마 안 돼요. 그러니까 지금 그 소금배 없어진 지가 이제 100년 조금 넘어. 하매 어디 이제 큰 동네 가면은 '새찬'이라고 있어. 그게 이제 어물이라든가 뭐 동제 지내면은 거기 참 종택이 찾아와 가지고. 뭐 참 조기따나(조기라도) 몇 마리나 인사나 하고.

그게 이제 새찬이라고 이제. 그러니까 새해에 찬을 드린다. 그런 참 세월도 있었는데. 새찬. 그러니께네 이게 배고사라. 여기 이제 우리 동신이 이제 배고사라. 그래 가지고는 이걸 지내면은 제일 먼저 소지 올라오는 것이 강신.

삼강마을에서는 마을 주민들이 계원이 되어 나루터의 배를 운영하는 도선계를 1972년 조직하였다. 이 삼강도선계의 조직 및 운영에 대해서는 1972년 기록한 마을문서가 남아있어, 당시 도선계의 규칙 및 현황 등에 대해 살펴볼 수 있다. 삼강도선계의 가장 연장자인 정수흠(남, 86세)은 도선계의 역할에 대해 다음과 같이 설명한다.

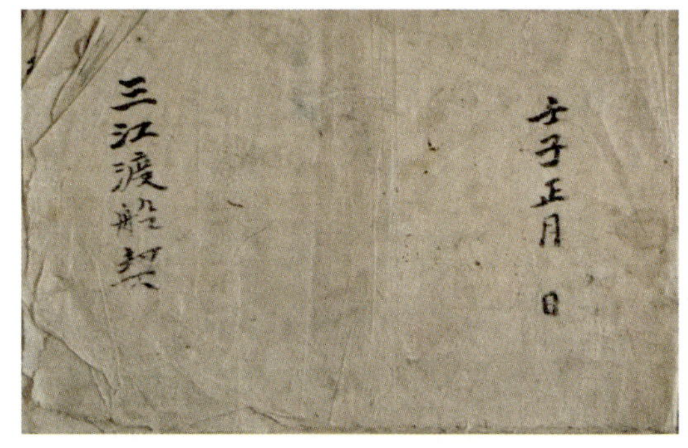
三江渡船契
壬子正月 日

사진 6. 삼강마을 도선계문서(출처: 삼강마을)

그러게 도선계는 이제 그 참 도선계가 있어 가지고. 그걸 모아놨다가 배가 이제 파손이 되든가 보수할 게 있던가. 그러니까 몇 년마다 한 번씩 갈아줘야 돼. 나무기 때문에. 그래 가지고 그런 것도 수리도 하고. 그리고 또 사공이 또 어떤 사공이 있으면 그것도 다 보충을 해줘야 되고. 우리 마을에서 (나룻배를) 제작해 가지고. 마을에서 이제 운영하는거라. 이게 경부선이 생기기 전까지만 하더라도. 그러니까 여기서 70년대까지 그 역할을 한 것 같네요. 이게 문서(1972년) 하고는 얼마 안 돼서 파괴됐어. 그럼 배가 없어지니까.

삼강도선계는 마을의 남성들이 도선계 계원으로, 배의 제작을 의뢰하고 보수·수리하며, 사공을 관리하여 운영하는 역할을 했다. 배는 마을 공동소유로 1972년 삼강도선계가 조직되면서는 도선계 소유로 운용하였다. 배의 수리 및 보수는 삼강에 사는 목수가 담당하였다.

배수리는 배를 동민들이 목개를 해놓고 그 위에 들어 올려. 일단 건조를 시켜야 돼. 생 거를 가지고 못하잖아. 바닥이 썩은 거를 목수가 다른 목재로 갈아. 택호가 비안댁이었는데 우리 마을에 목수가 있었어. 그걸 하면 마당 터진데 솔뿌리 걱정한다고, 배 터진 데는 솔뿌리가 최고야. 소나무 뿌리를 가져와서 틈새를 메우는 거야. 아주 미세한 틈은 물이 안 올라오게 천으로 메우고, 그래도 물이 올라와. 1시간쯤 가면 물이 올라오면 사공이 삽으로 물을 퍼내. 목수도 그게 봉사식이야.[79]

삼강마을에서 뱃사공은 처음에는 정씨 문중 이외의 사람을 고용하다가, 나중에는 뱃사공을 구하기가 힘들어져 60세 이하의 도선계 계원들이 돌아가면서 배를 몰았다.

(도선이 마을의) 제일 큰 사업이죠. 그것도 집안일인 거잖아요. 마을에 배가 두 척. 그러니까 작은 배는 참 사람들 내왕하는 거. 거기는 뭐 한 15명이 타고. 또 큰 배가 있었어. 큰 배는 우리가 농사만 두 군데나 지었어. 문경시 영순면. 그게 지금 한 400헥타르 되는데. 지금 400헥타르 한 반절이 이 동네 땅이라고 보면 돼. 옛날에는 소 아이면 농사 못 짓잖아예. 그러니까 배에 소를 태워가지고. 그러면은 거기에 이제 짐 실은 소를 네 마리씩 태워. 그러니께. 한 마리 실으면 뭐 한 1,000kg. 짐 싣고 가면 1,000kg, 한 4,000kg 된다 이거지. 그러니까 그런 배를 타고 운영을 했으니까. … 그때만 해도 참 사공이면은 타성이고. 그때만 해도 하동 아이래요(아닙니까). 하동이란 그 좀 낮은 사람들. 그 동네에서 이제 심부름꾼. 동네 사람은 만약 배 부리면 어른들한테 쫓겨나. 니 뱃놈 될래 그민서 야단난다고. 그런데 그때만 해도 우리 마을 뱃사공이 지금 말하면은 농촌 갑부는 돼 있어. 여기 우리만 여기 농사 지으면은 겨우 그때만 해도 참 더 해봐야 뭐 한 10가마, 20가마 이래 할 때잖아요. 그런데 그 사람들 모곡이라고 이제. 동네 가서 이제 거두는 걸 모곡이라고 해요. 모곡을 하면 한 50가마씩 해. 그러니까 그만침 대우를 받았고. 그런데 그것도 이제 뭐 낸주는(나중에는) 참 하나하나

---

79 정재윤(남, 76세)의 인터뷰 내용을 류승훈 · 이중구 · 김인호, 앞의 책, 2003, 293쪽에서 재인용.

> 죽고 나가니께 할 사람이 없어. 할 사람이 없어가지고. 동네에서 젊은 사람들이 돌아가면서 배를 보고 이랬지. 그래 그때 한 70년도. 80년도.

1970년대 당시 사공은 삼강리 주민으로 진씨 형제와 강릉 유씨 등 타성이 맡아서 했다. 이들 뱃사공들은 삼강도선계가 조직되기 전에는 봄 · 가을에 두 차례 곡식을 걷으러 인근 마을을 다녔다. 용궁면, 영순면, 풍양면 등지에서 거두어들인 곡식이 한창 때는 120가마니 정도였다고 한다. 외지인들에게는 막걸리 한되에 20원 할 때, 40~50원 정도의 뱃삯을 받았다.[80] 삼강리 주민들은 뱃사공에게 모곡을 내지 않았으며, 사공이 곡식을 거두는 일에 대해서도 전혀 관여하지 않았다. 이후 타성의 뱃사공을 구하기 힘들어져서 마을에서 도선계를 조직하여 정씨 문중에서 나룻배를 운영하였다. 이와 같이 삼강리에서 도선은 마을의 큰 사업이었고, 도선의 안녕과 번성을 기원하기 위해 할머니 나무를 강신으로 모시고 매년 동제를 지내왔다. 1984년 도선을 접으면서 할머니 나무를 강신으로 모시고 있지만, 기원의 내용은 마을의 안녕으로 축소되었다.

(2) 제관선정

정월 초하룻날에 세배를 한 후, 입향조인 청풍자 제사 때 온 남성 가운데서 헌관 1명, 집사 1명, 축관 1명, 유사 1명을 정한다. 헌관은 제사 때 술과 절을 올리는 역할을 하며, 집사는 제의에 올릴 술을 따르고 헌관을 보좌하는 역할을 한다. 지금은 제사를 지낼 사람이 없어서 제문을 읽는 축관이 집사의 역할을 겸한다. 유사는 총무로서, 정초에 걸립을 해서 동제비를 마련하고, 장을 보고 제물을 장만한다. 또한 걸립뿐만 아니라 마을에 제답이 200평 정도 있어서 거기서 나오는 도지로 제비를 마련하기도 하였다. 지금은 제답을 농사짓지 않아 제비 마련이 힘들다. 간혹 제방을 쌓는 것과 같은 마을 공사가 있으면 찬조금을 받는 등

80 김봉우, 앞의 책, 2016, 58쪽.

제비를 충당했지만, 현재는 제비를 마련하기 어려워서 소지를 올리는 사람에게 찬조금을 받아서 비용을 마련한다.

> 정초에 걸립. 거 유사가 다 하잖애. 걷으러 가. 정월 풍물있었지. 또 윷놀이 있었지. 지신밟기 하면은. 참 처음에 시작할 때는 먹고 살기도 힘들었고. 그리고 해방이 되고. 이제 그걸(쌀을) 조금 놓아가지고. 참 살기가(생활형편이) 조금 나아지니까. 그래 여러 명 하면 용돈 쪼께 나와. 보통 계원들이 가서. 가면 조금씩 한되박씩, 쌀도 한 말씩 또 내놓고. 옛날에는 그렇게 뛰어난 사람들이 많았어. 재능 있는 분들이. 거기 춤 잘 추는 사람. 상뫼(상모) 돌리는 사람. 또 꽹과리 잘 추는 사람. 재능이 있었는데. 그런데 지금 없어. 하나도 없어.

현재는 제물을 장을 봐서 지내지만, 1960년대만 해도 마을에서 생산되는 것들로 제물을 마련했다.

> 그런데 우리가 클 때만 해도 과일이라고는 사는 게 없었어. 동네에서 전부 나오는 거. 대추 있지. 밤 있지. 또 그때만 해도 배. 배는 청실배라고 그때 있었지. 요즘 이제 옛날에 큰 집에 보면 청실배라고 참 시퍼런 게 아주 맛있는 게 있었어. 그거 있었지. 떡은 백설기. 떡 하려면 쌀이 있어야지. 쌀이 없어. 쌀이 없어 놓으니까. 그때만 해도 이제 참 뚜껑. 밥 뚜껑. 거다가 이제 쌀 있는 데로 좀 바르고 이래가. 그때는 사과가 없었어. 우리는 또 일본 시대 때는 왜놈들 과라고. 왜과라 해가지고 써도 안했고. 사과가 이제 쓴 지 얼마 안 돼. 돼지머리 하나 있고. 그 때는 돼지 잡았지. 지금 맨치로 자선 사업가가 있어 가지고. 그렇게 큰 일에 하나씩(돼지 한 마리씩) 부조를 이래 해.

이 중 유사는 정월 초열흘부터 동제를 지내는 보름까지 불을 켜놓고 부정이 없도록 하였다. 유사는 집 한켠에 기름 종지불을 밤낮없이 밝혀두었으며, 이후 양초가 시판되면서 양초를 계속 켜 두었다. 유사가 불을 켜놓는 관행은 2005년 무렵까지 지속되다가 이후로는 없어졌다.

> 유사가 되면은 하매 정월 초여드레 날부터 방 한쪽 구석에 불 써놔. 집에 요래 한쪽에. 지금 저런 선반. 옛날에는 이런 선반이 다 있었어요. 선반을 해가지고. 거다가 이제 한쪽에 불 켜놓고. 불 꺼　지도 않애요. 초열흘부터 보름까지는. 옛날에는 촛불 어디 있어? 기름불 있잖아. 기름 돼지기름 그거 나오면, 그걸 받아 놨다가. 그걸로 초열흘부터. 불은 이제 참 모든 잡귀를 없앤다는 의미지.

삼강리에서 헌관, 집사, 축관, 유사 등의 제관은 생기복덕을 봐서 부정이 없는 사람으로 정한다. 상을 당했던 사람은 물론이고 부인이 없다거나 심지어 부모를 여읜 사람도 제외된다.

> 정초에 제관을 선정할 때 길흉화복을 보잖아요. 그래 이래 보고는 거기서 가장 청렴하고. 만약에 부모 복喪이 있던가. 누가 친척 간에 복을 입었다가. 이런 사람은 절대 (안돼). 그래 이래 보고는. 참 나이도 지긋하고 또 이래 출입도 좀 하고. 그런 분들이 이제 교대로 이래이래.

이들 제관들은 마을을 대표하여 안녕을 빌기 때문에 동신제 당일까지 아침마다 목욕재계를 하였으며, 1년간 길흉사에 참석하지 않았다.

(3) 제의 준비

정월 10일부터 왼새끼를 꼬아서 회화나무 두 그루에 금줄을 친다. 금줄은 제관들이 만들지 않고 마을 주민들이 만든다. 금줄은 왼새끼에 문종이와 솔가지를 끼워 만든다. 예전에는 금줄을 물이 흘러가는 방향으로 작은 나무에서부터 삼강주막 쪽 큰 회화나무까지 쳤다.

사진 7. 옛날 금줄 치는 방식(출처: 삼강마을)

제관들의 집이나 우물에는 금줄을 치지 않았다. 그러나 지금은 아들 나무와 할머니 나무에만 금줄을 두른다.

> 그래 지금은 제단 앞에만 이제 금색 치고(금줄 치고). 전에는 그 나무 이런 데를 걸치고 걸치고 해가지고. 다 이래 했지. 그러면 뭐 한 200발씩 드갔는데. 지금은 한 바퀴 돌리면. 거기는 이제 꼽는 것이 소나무. 요래 한 발 되면은 한 발에 소나무 하나. 또 그 새이에는(사이에는) 이제 소지 종이. 문종이. 문종이 하나씩 이렇게 끼우면 옛날에는 그 문종이를 태워가지고 사라가지고(물에 타서) 먹으면 머리 좋다 해가지고. 해 놓으면 얼마 안 가서 그 종이는

하나도 없어. 지금은 해놓으면 그게 다 썩도록 그게 남아 있지만은. 옛날에는 하면, 불과 한 달 안에 그게 다 없어져 버려. 금색줄(금줄)은 없어져 버려. 그러기로 높은 데 있어 놓으니까 땡기고 땡기고. 그런 풍속도 있었는데. 그 때 장 보러는 금색(금줄) 쳐놓으면 댕기도(다니지도) 못 했고. 산 넘어도 못 갔어요. 그러니까 동신제 지내면은 일로 돌아가가지고 가. 강 건너갔지. 옛날에는 동신제 지내면 한 일주일을 참 기도하고. 서로 금색(금줄) 해놓으면 못 나가요.

사진 8. 금줄을 두른 삼강주막 앞 아들 나무
(출처: 2025년 필자촬영)

사진 9. 금줄을 두른 할머니 나무
(출처: 2025년 필자촬영)

옛날에는 정월 10일부터 금줄을 쳤지만, 지금은 하루 전날 당산나무에만 금줄을 두른다. 이렇게 금줄을 치고 나서 마을 입구 길 양편으로 황토를 뿌린다. 황토를 뿌리는 것은 잡귀의 범접을 막기 위한 것이다. 금줄을 치면 헌관은 그날부터 궂은일을 보지 않았으며, 항상 청결하게 근신을 해야 했다.

제물준비는 1960년대까지만 해도 집집마다 정성껏 제물을 갖다주어서, 제물을 갖추기 위해 별도로 장을 볼 필요가 없었다. 지금은 유사가 장을 보러 가는 것을 담당한다. 장은 전에는 용궁으로 보러 갔지만, 지금은 점촌으로 보러 간다. 과거에는 장을 보러 갈 때도 나룻배를 타고 다녔다. 장을 보러 가서는 가격을 흥정하지 않으며, 가장 좋은 것을 구입한다. 동제에 여성의 참여는 금기시되며, 이에 제물 준비는 남자들이 도맡아 한다. 또한 제의 준비하는 기간에 마을에 초상이 나면 그 해는 제의를 지내지 않는 금기가 있다.

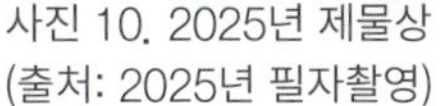

사진 10. 2025년 제물상
(출처: 2025년 필자촬영)

사진 11. 옛날 제물상
(출처: 삼강마을)

제물은 돼지머리, 명태포, 대추, 밤, 곶감, 배, 사과, 떡(백설기) 등을 준비한다. 제기는 매년 구입해서 새것을 사용했지만, 지금은 일회용 그릇을 사용한다. 제의를 이렇게 간단하게 지내게 된 것은 1994년 무렵부터이다.

또한 마을에서 모시는 제신명을 한지에 적어서 준비하는데, 지금은 글을 쓸 사람이 없어 복사를 해 놓고 쓰고 있다. 소지를 올리는 제신은 강신-호구지신-우마신-차량 및 농기기신-도로 및 교량신-주막 수호신-잡신 순이다. 마을에서 도선 사업이 가장 중요했기 때문에 강신을 가장 먼저 소지 올리고, 다음으로 천연두 등 질병에 걸리지 말라고 호구지신 소지를 올린다. 다음으로 소가 살림 밑천으로 중요한 재산이기 때문에 우마신에게 소지를 올린다. 최근 들어 교통사고가 나지 말라고 차량, 도로, 교량신에게 소지를 올리며, 주막이 마을 문화사업이 되면서 새롭게 소지를 올리게 되었다. 즉, 차량 및 농기기신, 도로 및 교량신, 주막 수호신은 최근에 새로 생긴 수호신이다. 그리고 제일 마지막에 잡신들을 위한 소지를 올렸는데, 잡신의 종류로는 성주신, 조왕신, 측신(화장실) 등 집을 관장하는 가신家神들이라고 한다. 산신을 제사지낸 윗마에도 '할머니 나무'로 불리는 목신을 신체로 모시고 동제를 올렸다고 한다.

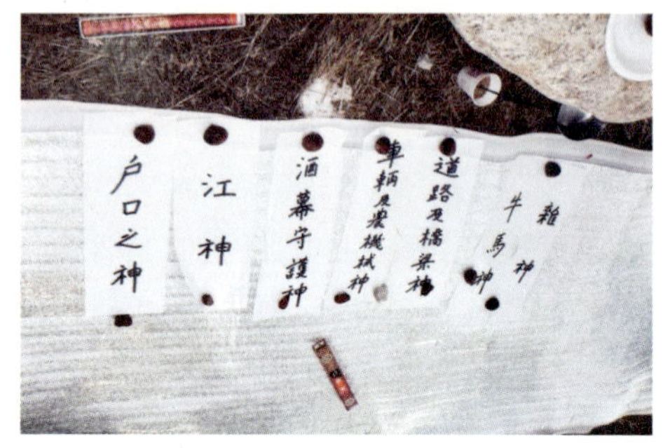

사진 12. 제신명을 쓴 소지 종이
(출처: 삼강마을)

(4) 제의 과정

예로부터 정월 14일에서 15일로 넘어가는 자정을 넘어, 보통 새벽 2시쯤 제의를 지냈다. 제사를 지낼 젊은 사람이 없고 제를 지내는 사

사진 13. 초헌하는 모습
(출처: 2025년 필자촬영)

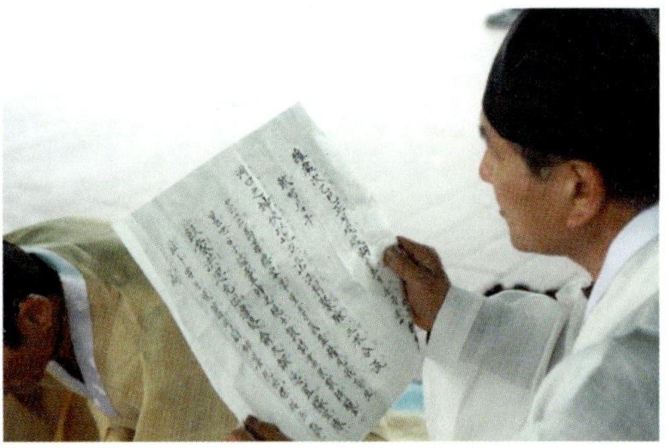

사진 14. 독축하는 모습(출처: 2025년 필자촬영)

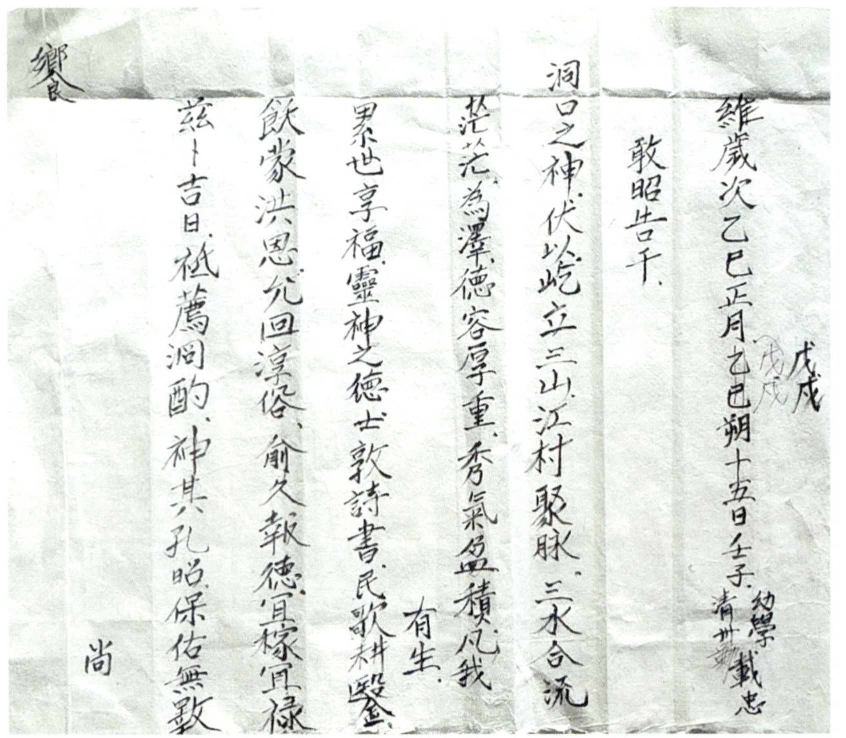

維歲次乙巳正月乙巳朔十五日壬子 幼學 清州 載忠
敢昭告于
洞口之神伏以屹立三山江村聚脉三水合流
茫茫爲澤德容厚重秀氣盈積凡我
有生
累世享福靈神之德士敦詩書民歌耕鑿
飫家洪恩允回淳俗俞久報德宜稼宜祿
玆卜吉日祗薦洞酌神其孔昭保佑無斁
尚
饗

敢昭告于
洞口之神
伏以
屹立三山
江村聚脉
三水合流
茫茫爲澤
德容厚重
秀氣盈積
凡我累世享福
靈神之德
士敦詩書
民歌耕鑿
飫家洪思
允回淳俗
俗久報德
宜稼宜禄
玆卜吉日
祇薦洞酌
神其孔昭
保佑無斁
饗

사진 15. 삼강마을 동신제 축문(출처: 삼강마을)

사진 16. 소지 올리는 모습(출처 좌: 2025년 필자촬영, 우: 삼강마을)

람들의 고령화로 30~40년 전(1985~1995년)부터 15일 오전 9시에 제사를 지낸다. 당에 도착하면 집사가 제물을 진설하고 촛불을 켜고 향을 피운다. 그러면 헌관은 제물이 제대로 진설되었는지를 확인한다.

집사가 술을 따르면 헌관이 술을 올리고 절을 두 번 한다. 다시 잔을 올리고, 축관이 독축을 한다. 축문의 내용은 〈사진 15〉와 같다.

사진 17. 마을회관에서 음복하는 모습
(출처: 2025년 필자촬영)

독축 후 마을 주민들이 차례로 돼지머리에 돈을 꽂고 절을 올린다. 모든 참례자들이 절을 한 후 소지를 올린다. 소지는 강신-호구지신-우마신-차량 및 농기기신-도로 및 교량신-주막 수호신-잡신 순으로 올린다. 강신의 소지를 올릴 때는 나루터의 안녕을 기원하고, 호구지신의 소지를 올릴 때는 마을 각 가정의 안녕을 기원한다. 다음으로 가축을 위한 소지를 올리고, 요즘은 자동차가 많으므로 차량과 안전한 여행을 위한 소지도 올린다. 또한 마을의 문화산업인 주막이 있으므로 주막이 번성하도록 기원하는 소지도 올린다.

제의가 끝나면 철상을 하고 음복을 진행한다. 제의를 지낸 곳에서는 음복을 할만한 곳이 없어서 마을회관에서 한다. 마을회관에는 음복을 하기 위해, 주민들이 모여있다. 예전에는 초저녁에 유사 집에 마을 주민들이 음복을 하기 위해 기다렸으며, 음복 후 결산 등을 주민들에게 보고하였지만 지금은 생략한다.

> (옛날에) 초저녁 되면, 밤이 되면 전부 그 유사 집에 다 모여가지고. 이 얘기도 하고. 이러다가 시간 되면 지내고. 잠자는 사람 한잠 자고. 그래 인제 거기서는 음복주나 마시고. 아침에 날이 새면은 그걸로 이제 동네에 이제 집집마다 다 이렇게 음복이라고 해요.

옛날에는 제의를 마치고 집집마다 한 집도 빠짐없이 백설기를 돌렸다. 또한 윷놀이도 하고 지신밟기를 하기도 했다. 하지만 현재 고령화로 풍물을 하시는 분들이 다 돌아가셔서 지신밟기를 하지 않으며, 윷놀이도 하지 않는다.

2) 퇴강나루터의 제사[81]

퇴강나루가 위치한 삼탄마을에는 예천 임씨, 동래 정씨, 인동 장씨가 마을의 터전을 이루었다고 한다. 이들은 마을의 풍수와 맞지 않아서 마을을 떠나게 되었고, 이후 파평 윤씨, 동부 고씨가 마을에 자리잡았다. 경주 최씨, 김해 김씨 등의 다른 성씨들도 들어오면서 삼탄

81 2025년 2월 11일 낙상1리경로당에서 김영태(남, 71세), 김영창(남, 72세) 인터뷰 내용을 재구성하여 작성하였다.

마을은 각성바지 마을이 되었으며, 마을이 형성된 지는 약 400년 정도 되었다고 한다. 과거에는 낙상1리가 면 소재지였지만, 갑술년 대홍수로 풍양의 중심지가 낙상1리에서 낙상2리로 바뀌었다. 이때 삼탄마을의 세밀장도 낙상2리로 이전하여 풍양장이 되었다.

(1) 마을의 수호신

삼탄마을은 마전나루와 같이 소금배가 정착하는 예천의 큰 나루가 있던 곳으로 조선시대부터 지보나루, 마전나루와 함께 관아에서 도선을 배치하였다. 삼탄마을의 뱃사공들은 나루터에 개별적으로 제의를 드리지 않는 대신 삼강나루와 같이 동신제로 제사를 대신하였다.

> 강신은 안 했어. 뭐 강에 그건 안 하고. 동제사로 목신을 모셨어.

삼탄마을의 수호신은 삼청당 제당 옆의 소나무이다. 이 나무를 마을 주민들은 '목신' 혹은 '동신'이라고 부른다. 마을 제사는 '동신제'라고 한다. 삼강마을의 경우 도선이 마을배로 마을의 큰 사업이었지만, 삼탄마을의 경우 배가 예천군 소유로 도세를 내고 운영하여 뱃사공의 수익만 되었기 때문에 마을 수호신을 강신으로 모시지는 않았다. 다시 말해서 삼강과 달리 삼탄에는 도선이 문중(마을 주민들)의 사업이 아니었다. 대신 동신제를 지낼 때 마을의 안녕과 더불어 도선의 안녕도 기원하며, 나쁜 짓을 한 사람은 삼청당 앞에서 발이 묶일 정도로 나루터의 영검한 신이었다. 이 나무를 잘못 건드리거나 제의를 소홀히 모신 사람은 해를 입는다는 속설이 있다. 나루터 앞의 이 목신만 제사드리다가, 1993년 삼청당을 목신 옆에 새로 지었다.

> 제사 지내기가 (불편해서). 그전에 뭐 원체 강해서 바람이 세고 그래가. 집을 하나 지었어. 1993년 1월 3일. 그때 이거 지을 때는. 제사를 이렇게 동민이 십시일반으로 돼지. 통만 잡아 놓고.

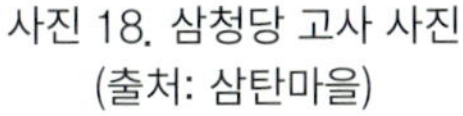

사진 18. 삼청당 고사 사진
(출처: 삼탄마을)

사진 19. 삼청당과 목신
(출처: 2025년 필자촬영)

〈사진 18〉과 〈사진 19〉를 보면, 목신 앞에 조그마한 바위 두 개가 서 있다. 이들 바위는 '남자 비석'과 '여자 비석'으로 불린다. 300여 년 전 삼탄마을 시조가 처음 터를 잡았을 때 꿈에 한 노부부가 나타났다. 마을 입향조는 "우리를 모시면 마을을 잘 지켜주겠다."는 노부부의 말에 따라 이들 부부의 비석을 세웠다고 한다. 그때부터 삼탄마을에서는 한 해도 그르지 않고 마을제사를 지내왔다. 삼탄에서는 동신제를 지낼 때 뫼 두 그릇과 탕 두 그릇을 떠 놓는데, 입향조의 꿈에 나타난 노부부의 제물이다.[82] 이 외 삼탄마을에는 장승이나 솟대, 샘(우물) 등 다른 마을 수호신은 모시지 않는다.

82 『매일신문』 2010.9.15.

(2) 제관 선정

제관선정은 지관에게 부탁해서 정월 초아흐렛날 날받이를 한다. 날받이를 하면서 생기복덕을 봐서 제관, 축관, 도가 3명의 남성을 뽑는다. 생기복덕이 가장 좋은 사람을 제관으로 뽑는다. 제관은 손(따라다니며 사람의 일을 방해하는 귀신)이 없고, 흠이 없고, 액운이 없는 사람을 뽑는다. 집안에 초상이나 출산도 없어야 한다. 제관으로 뽑힌 이들의 역할을 살펴보면, 제관은 술을 올리는 임무를 맡는다. 축관은 축문을 읽고 집사의 역할도 겸한다. 그래서 '축관'이라고도 하고, '집사'라고도 한다. 도가는 조라술[神酒]을 만드는 일을 맡는다.

이렇게 선정된 제관은 다른 사람들과의 접촉을 피하면서 제사 당일 아침까지 샘(마을 우물)에서 목욕재계하며 몸을 깨끗이 한다. 제관으로 선정된 그날부터 부부관계를 금하며 다른 사람과 말을 섞지 않으며 경조사에 참여하지 않는다. 마을 제사를 지내고 나서도 1년간 경조사에 참여할 수 없다. 옛날에는 제관의 수고비조로 제사 지내고 나서 그 해에 사용한 제기를 제관에게 주었다. 제비는 예전에는 제답에서 나오는 도지로 충당하였다. 지금은 제답이 없어 정초에 가가호호 십시일반 제비추렴을 한다. 옛날에는 정월 보름에 제사지내고 지신밟기를 했지만, 지금은 풍물을 할 사람이 없어서 하지 않는다.

> (옛날에 제답은) 세경을 주는거지. 그래 가지고 세를 받아 가지고 제비로. 제답은 이제는 없고. 동네 모금을 해가지고. 우리도 이 제사 모실 때 옛날에는. 모금. 모금을 해가지고. 이제 제사 20가지면 20가지. 음식을 다 논가요(나눠요). 그러면 두 말도 안 하고 한 해에 10원씩을 내놓든지 20원을 내놓든지. 경비가 100원 들었으면 100호가 1원씩 내놓고 하지. 이제 돈 내가지고 제물을 사여. 정초에 지신밟기를 했는데 사람이 없어서 못해. 못 했어. 이 마을에 지신밟기도 제사 지내고 시게했어. 세게했다니까.

여성은 동제에 참여할 수 없으며, 동제를 준비하는 기간 동안 초상이 나면 제의를 삼월 삼짇날로 미루는 관습이 있다.

(3) 제의 준비

금줄은 제의 4일 전인 정월 열하룻날에 치며, 제의를 드린 이튿날에 치운다. 금줄은 제관, 축관, 도관이 왼새끼에 문종이만 끼워서 만든다. 금줄은 마을 골목길과 제당, 제의에 쓰는 샘(우물), 제주집에 친다. 축관과 도가 집에는 금줄을 안 친다. 또한 금줄을 치는 곳에는 부정이 들지 말라고 황토도 뿌린다. 최근 들어 회관에서 제물을 만들기 때문에 〈사진 20〉과 같이 회관 입구에도 금줄을 친다. 우물에는 금줄만 치고 따로 제사를 지내지 않으며, 제삿날 우물을 떠와서 메를 짓는다. 그리고 11일 오후 도가는 우물을 떠와서 조라술을 담는다. 옛날에는 술을 담는데 사용하는 옹기를 매년 구입했다. 풍양장에는 옹기를 팔지 않아서 다른 장으로 가기도 했다. 그러나 최근에는 매년 새것으로 교체하지 않고, 사용한 옹기를 소독해서 다시 사용하고 있다. 조라술은 담은 뒤 삼청당 앞에 묻어두었다가, 동신제 지내고 동민들의 귀밝이술로 음복을 하는데 사용한다.

사진 20. 마을회관의 금줄
(출처: 2025년 필자 촬영)

사진 21. 제물상
(출처: 2025년 필자촬영)

장은 제관, 축관, 도가가 금줄을 치고 나서 13일에 주로 풍양장으로 보러 가며, 마을에서 생산되는 것을 올리기도 한다. 시장에서 사오는 제물은 조기, 육류(소고기와 돼지고기), 과일, 포, 양초 등이다. 2025년 동제에 진설한 제물은 메 두 그릇, 탕국 두 그릇, 물 두 그릇, 삼색나물, 소고기, 돼지고기, 닭고기, 조기, 두부, 북어포, 부침개, 떡(백설기 시루), 밤, 대추, 곶감, 유과, 사과, 배, 귤, 방울토마토, 딸기, 제주를 올렸다. 옛날에는 도가가 제물을 준비했지만, 최근에는 마을회관에서 제관의 식구들이 모여 제물을 마련한다. 그래서 마을 주민들은 제의 기간에는 회관 출입을 삼간다. 소고기와 돼지고기는 적으로 만들어서 올린다. 제물을 장만할 적에는 간을 보지 않는다. 지금은 그렇지 않지만 이전에는 제관들이 입는 두루마기, 제상도 매년 구입했다고 한다. 과거에는 마을 제기가 없었지만, 지금은 제기를 구매하여 보관하고 있다. 그래서 지금은 제기, 제상을 새로 구입하여 쓰지 않고 재사용하고 있다.

(4) 제의 과정

제물은 당집 내부에 차리며 가정의 기제사 지내는 절차와 동일하다. 먼저 제물을 진설하고 향을 피우고 촛불을 켠다. 양초가 나오기 전에는 기름 종지불을 사용했는데, 제의에 사용하던 종지불을 가져가면 아들 못 낳는 사람이 아들을 낳을 수 있다고 하여 가져갔다고 한다. 제관, 축관(집사), 도가 순으로 술을 올리고 절을 한다. 이후 축관이 축문을 읽고 소지를 올린다. 소지는 〈사진 23〉과 같이 마을 가가호호 소지 명단이 있으며, 개개인의 이름을 다 호명하며 소지를 올린다. 소지 순서는 회장부터 올리지만 나머지는 순서가 없다. 소지를 올리면서 마을의 안녕과 태평을 기원한

사진 22. 제물을 진설하는 모습
(출처: 2025년 필자촬영)

다. 농사가 잘되기를, 낙동강이 범람하지 않기를 빈다. 소지는 마을에 거주하는 주민들뿐만 아니라, 군대 간 사람과 객지에 나간 사람을 위해서도 소지를 올린다. 마을에 소축사를 운영하는 주민이 많아서, 소축사가 잘되라고 우마소지도 올려준다. 소지는 제당 옆 소나무 앞에

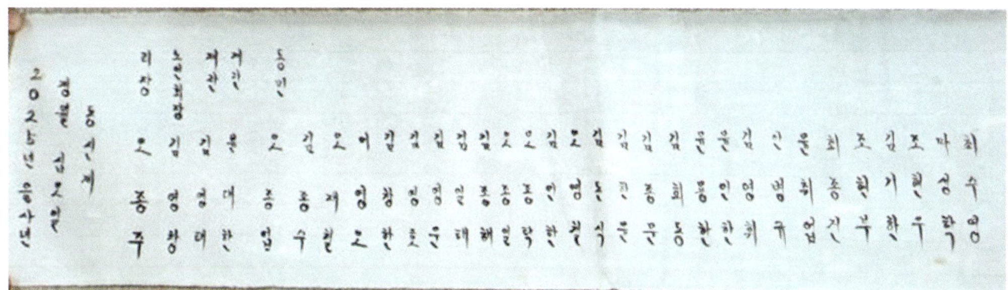

사진 23. 삼탄마을 소지 명단(출처: 삼탄마을)

사진 24. 소지 올리는 모습(출처; 2025년 필자촬영)

있는 작은 선돌[남자 비석, 여자 비석] 앞에서 올린다. 동제에 여성들은 참여할 수 없기 때문에 소지 올릴 때 먼발치에서 본인들의 소지가 잘 올라가나 못 올라가나 지켜보는 풍습도 있다. 제의는 소지 올리는데 시간이 제일 많이 소요되며, 새벽 1~2시면 끝이 난다.

소지를 다 올린 후 잡귀잡신 먹인다고 제물을 조금씩 떼 가지고 제당 담장 위에 놔둔다. 이것을 '갱'이라고 한다.

> 거 이제 잡귀신. 거 못 먹는 분들 먹으라고. 참(밥) 잡싸고 물 마시고. 갱에다가 이 음식물을 가지 수대로 넣고. 또 이제 그 담장 위에 올려놨다가 아침에 치워여.

사진 25. 잡귀잡신 갱 철상하는 모습(출처: 2025년 필자촬영)

제의가 끝나면 철상하고 제관들끼리 당에서 간단하게 음복을 한다. 보름날 아침에는 마을 주민들이 회관에 모여서 음복을 한다. 옛날에는 풍물도 치고 윷놀이를 했으며 마을 주민들이 다 같이 먹기 위해 검은 돼지를 한 마리 잡기도 했다. 음복을 하면서 결산을 하고 동회의도 한다. 음복이 끝나면 제당에 두었던 잡귀잡신 갱을 정리하러 간다. 제물은 제당 밖으로 가지고 나와 건너편 나무 밑에 놓아둔다.

4. 뱃사공, 배고사와 강어로

1) 낙상리의 뱃사공과 강어로

(1) 낙상리 나룻배 운영 방식과 강어로

예천군에서 배를 운영했던 나루를 소금배가 올라갔던 그 길을 따라서 보면, 풍양면 삼탄마을의 퇴강나루 · 양지마의 하풍나루 · 삼강마을의 삼강나루를 거쳐 내려와, 지보면 내포마을의 마전나루를 들러 물이 많으면 안동까지 갔다. 그 외 풍양면 운성마을의 운성나루, 풍양면 우망리의 완담나들 · 구름나들, 지보면 지보리의 지보나루, 지보면 도화2리의 용산나루 등이 안동으로 흐르는 낙동강에 위치하였다. 삼강나루에서 내성천 쪽으로 올라가면 용궁면 향석리 나루터, 개포면 경진[서울나드리] 등의 나루도 있었다. 그중에서 낙동강 물류의 이동과 교통의 필요성에서 조선시대 관아에서 나룻배를 배치[83]한 곳은 퇴강나루, 마전나루, 지보나루였다. 마전나루 나룻배는 1960년대 사라졌으며, 삼탄마을의 퇴강나루 배가

83 조선시대에는 나룻배가 국가적으로 관리되었는데, 책임자를 도승(渡丞)이라 하였고 그 밑으로 각급 진리(津吏)와 나룻배를 배치하였다. 나룻배는 나루(=진두)에서 쓰인 배로 진선(津船)이라고도 하였다. 보통의 나룻배는 모두 평저선(平底船)으로, 건조 뒤 5년이 되면 수리하였다(조풍연, 『조선시대(사진으로 보는): 생활과 풍속』, 서문당, 1999 참조).

1980년대 초 무렵까지 가장 오래 운영되었다.

> 그때는 이 예천군 풍양면 풍양면배거든요. 예천군 풍양면배. 예천군에서 이제 그때는 돈이 없잖아. 돈이 없으니까 배를 만들어줘. 매호(운성나루)는 여서 상주서 관할을 한 배고. 요거(퇴강나루)는, 세밀배는 예천서 관할을 했는 배고. (예천군에서) 배를 만들어 주면은 1년 전세 내듯이. 배를 전세를 우리가 낸단 말이야. 그러면 예를 들어, 배를 세를 내면은 100만 원의 전세를 얻었어. 그러면 우리 배를 보니까 우리 인건비가 나와야 될 거 아니야? 그러니까 그 군에다가 100만 원. 예를 들어 100만 원 주고. 우리는 그 이제 배에 모곡 해서. 그러면 이제 100만 원 밑은 빼고. 내하고 니하고 뱃사공끼리 나놔여(나눠요). 또 임대 계약이 만료되면은 자기가 임대 계약을 써넣으면은 그 사람 떨어지고. 또 다른 사람이.[84]

1970년대까지 예천군에서 전세를 내어 대여한 배는 삼탄마을의 퇴강나루와 내포마을의 마전나루의 배였다. 예천군에서 나룻배를 만들어서 이 두 나루터에 대여를 하면, 그 마을의 뱃사공 일을 할 사람이 입찰을 해서 1년간 운영하고, 배모곡이나 운임료를 받은 돈으로 1년 임대료를 군에 주고 나머지 수익을 뱃사공끼리 분배하였다.

> 그때 어른들은 100원 50원 받고. 우리들은 배 한 번 건내는데 100원석 받다가, 나중에는 300원 받고. 이 지역 사람들은 배삯을 안 받고. 마을 사람들은 1년에 모곡 추렴을 합니다. (추렴 시기) 여름 가을로. 보리, 보리 밀 탈곡하고 난 다음에. 그러니까 한여름이지. 보리 밀 탈곡하고 끝난 다음에 그 저저 모곡을 하러 갑니다. (모곡 지역) 전체 풍양면은 다 받아. 또 여기에 퇴강나루고 그저 화달 저쪽까지 추렴하는 데는 배삯 안받아. 삼강은 동네배였어. 그 사람들은 모곡 못 받아. (모곡 양) 학생들 점촌 문경 학생들, 상주 학생들 있는데 가면은

---

84 2025년 5월 27일 낙상1리경로당에서 김영태(남, 71세) 인터뷰.

> (많이 탄 사람 집에 가면은) 보리를 몇 말씩 받고. 또 적은데 적은 집에는 한 말 받고. 또 아주 뭐 사람만 1년에 한두 번 서너 번 건네면 몇 되씩 요래 받고. 그래 모아서로 정부 수매하는 공판을 댑니다. 매상. 매상을 해가지고 거기에서 나오는 돈 가지고 배 보는 사람들끼리 노놨어요(나눴어요). 모곡은 뱃사공 네 명이서 다 같이 댕깁니다. 직접 안 댕기면 저 사람이 배 탔는지 안 탔는지 몰라여. 거짓말하면 안 되거든. 못 받거든. 언제 안 건냈다 하면, 아니 언제 건냈잖아. 대번 답이 나. 그러면 도리 없이 한 말 두 말 줍니다.[85]

삼탄마을에는 뱃사공 한 명이 대표로 입찰을 봐서 마음 맞는 사람들과 같이 뱃일을 했다. 삼탄마을에는 총 4명의 뱃사공이 뱃일을 보았다. 두 명이 이틀간 뱃일을 보고 나머지 두 명이 이틀간 뱃일을 보는 방식으로 운영하였다. 쉬는 이틀간은 물고기도 잡고 농사일도 하였다. 즉, 뱃일을 보는 이틀간 이웃에게 빌린 품앗이를 갚아주는 것이다. 삼탄마을 여울에는 피리가 많았다. 낙동강 하구댐이 건설되기 전까지 은어도 올라왔는데, 오리목을 이용해서 투망을 해서 잡았다고 한다.

> 우리 마을이 여울이, 여울이라 하잖아. 여울에 많이 놀잖아. 피리가 여울에 놀아. 오리목을 만들면 이렇게 껴(끼워) 줄을. 그러면 오리매이로 물살이 싹 져. 그래 가지고 둘이서 끄어요. 그러면 이래 투망 친 사람 여기 있으면은, 투망 친 사람 여기서 이 강을, 강을 끄어가지고. 초망 치는 사람이 면적을, 투망 칠 수 있는 면적을 만들어. 그 오리목을. 그래 초망 칠 수 있는 면적을 만들면, 그 이제 초망을 치면은 피리를 잡아. 여기 삼여울이기 때문에 은어, 고기 종류는 수십종이래. 고기 종류가 뭐 쏘가리. 뭐 한정도 없어요. 먹고 살려고 고기만 잡는 사람은 없고. 단백질 보충하려고. 그냥 배 따가지고 회쳐서 먹는기지. 4대강 하고는 안잡았지. 안먹었어.[86]

85 2025년 5월 27일 낙상1리경로당에서 윤대한(남, 72세) 인터뷰.

위 구술에 등장하는 오리목은 통대나무를 20~30㎝ 남짓한 크기로 자른 다음 이를 절반으로 갈라 불에 쏘여 휘게 하여 만든다. 그러면 대나무가 반원형으로 둥그스름하게 휘어 오리와 유사한 모습이 된다. 그런 후에 여러 개의 오리를 만들어 동아줄에 일정한 간격으로 듬성듬성 매단다.[87] 그리고 물을 거슬러 올라가며 고기 떼가 한쪽으로 몰리도록 유도한다. 이때 고기 떼는 실제 오리가 쫓아오는 것으로 알고 혼비백산하여 우왕좌왕하다가 한데 뭉치는데, 이 순간을 놓치지 않고 투망을 해서 건져 올리는 전통 어법이다. 삼탄마을에서는 여가생활을 주로 투망을 이용해서 민물고기를 잡아 왔으나, 4대강 사업을 한 이후로는 강어로를 하지 않는다고 한다.

(2) 낙상리 뱃사공과 나룻배 운영 기술

이와 같이 뱃사공은 시간이 될 때마다 어로도 하고 농사를 짓긴 해도, 농사지을 땅이 적어서 먹고 살기 힘들어 뱃사공이 되었다고 한다. 퇴강나루에는 소나 짐을 나르는 차배[구루마배, 농선] 1척과 사람을 나르는 작은 배 1척을 운행했다.

> 배가 두 가지 아닌가. 차배, 그 다음에 사람배. 두 가지라 두 가지. 그 때 그 지프차도 두 대썩 싣고. 저거 있지 않는가. 저 소도 구루마도 함창, 점촌 다닐 때도 많이 실으려고 차배에. 소를, 소를 구루마에 한 번 싣고 오면 거기에 저 쌀을 띠고, 짐을 띠고. 이 배 같으면 구루마를 요래 모로 싣잖아 그자? 모로 실으면 많이 싣잖아. 소 4마리.[88]

퇴강나루의 운행 시간은 정해져 있지 않았으며 손님이 오는 대로 배를 건너주었다. 삼강

---

86 2025년 5월 27일 낙상1리경로당에서 김영태(남, 71세) 인터뷰.
87 국립민속박물관, 『금강 수로와 식문화』, 2019, 279쪽.
88 2025년 5월 27일 낙상1리경로당에서 윤대한(남, 72세) 인터뷰.

나루나 하풍나루도 마찬가지였다. 퇴강나루를 이용하는 고객들은 주로 함창장이나 풍양장을 오가는 사람들이었다.

> 사람 수대로. 10명 있으면 10명, 100명 와도 100명 하고. 사람 수대로 해 줘야지 뭐. 차 시간대는 그리 없고. 오는 대로 건너는거지. 사람 오면 건너주지 대번. 근데 배 타면 내가 언제쯤 오네. 사공한테 얘기를 해. 술 먹으면서. 그럼 사공이 내 혼자 같으면 누가 올 때 됐어, 조금 기다려 봐 이래. 이러면 그 사람 실어서 가. 시계가 없어도 다 맞춰 와여. 장이 늦게 서면은 9시까지도 있고. 또 오늘 장에 갔던 사람들이 다 왔으면 뭐, 일찍 끝나고 늦게까지 안 오면 또 그 사람 올 때까지 기다리고. 여서(여기서) 물 건너 함창장 가고. 그럼 이제 물미 사람들은 풍양장으로 오고.[89]

퇴강나루의 부두 시설은 별도로 없었으며, 강가에 배지매를 꽂고 나룻배를 묶어 두었다. 그래서 사람이나 짐, 소 등을 싣기 위해 배 양쪽으로 승선과 하선을 위한 나무판을 내리고 올릴 수 있는 배 구조였으며, 이중 바닥의 평저선이었다. 하풍나루터에도 별도의 부두 시설은 없었으며, 강가의 나무에 배를 매어두었다가 손님이 오면 배를 건네주었다. 당시 차배[구루마배]의 형태에 대해 뱃사공들은 다음과 같이 설명한다.

> 배는 똑 이 종이 같이 편편해. 구루마배는. 그래 가지고 배가 이중 배야. 바닥이 이순신 배하고 맨 원리는 같애여. 배가 또 위에 이제 밑바닥이 이런 데. 여는 지하야. 여 물이 있으면 또 사람이 들어가지고. 요 물통, 물문이 있어. 물 뚜껑이 있어가지고. 이 물이 배에 물이 차면 배가 무겁잖아? 지하 물이 차면 물을 여기서 퍼내. 물을 바게스로 퍼내고. 이(배) 위에서 요게 끝에서는 이제 배 티두리가 이제 이래 나는거 같으면은. 이 위에서는 이제 위로

89 2025년 5월 27일 낙상1리경로당에서 김영태(남, 71세) 인터뷰.

감아 올리요. 이렇게 감아 올리가 이제 저걸 대요. 또 나무를 또 대요. 그래 가지고 이 위에 또 넓은 이만큼 두꺼운 거 사람 앉구로. 사람이 여기. 여기 여기에 나무를 이래 달아놨어. 나무를 이제 요게 지동이(기둥이) 요리 한 개 있고. 요도 지동이 있고. 이거를 이래 놓으면은 이 기둥을 요게 땡겨(당겨) 올린단 말이에요. 사람 내리고 차 올리고, 구루마 올리고 하는 거를 이제 여기 이만큼 이래. 여기 있다가 이제 이걸 놓으면(내리면) 여기에 이게 그 강안이야. 그래 놓으면 (승선/하선 판이) 여기 땅에다가 붙는다 말이야. (나루터 시설 같은 거) 없어. 강안이 다 모래. 모래인데. 뭐 그런 게 있어? 없어. 그래 구루마가 이리 올라가여. 올라가면 이걸. 또 딱 눌리면 버튼 딱 눌리면 이게 번쩍 들려. 여기가 이제. 그리고 저쪽 가서 그게 가서는 또 이거(반대편 버튼 누르고 하선 판을 내려). 그럼 이리. (나룻배도) 강가에 암 데나 대. 배지매 있잖아. 배지매. 거 꽂아놓고 거다 (배 대지). (전체 구루마배) 길이 10m는 되겠지. 폭은 한 4m 내지 5m.[90]

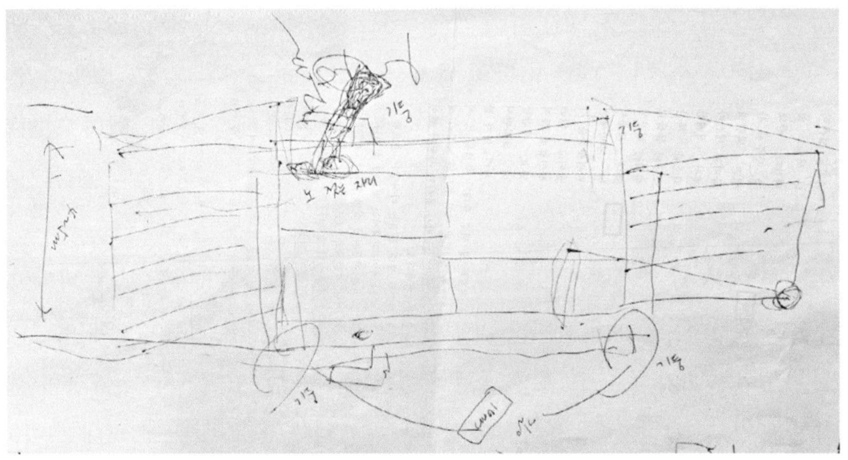

사진 26. 퇴강나루 뱃사공 김영태가 그린 구루마배 모양

90 2025년 5월 27일 낙상1리경로당에서 김영태(남, 71세) 인터뷰.

사진 27. 김홍도 나룻배(출처: 디지털안산문화대전)

사진 28. 1965년 낙동강나룻배(출처: 예천박물관)

사진 29. 1966년 낙동강나룻배(출처: 예천박물관)

삼탄마을에서는 배 운영 기술을 어릴 때 뱃사공 어른들이 하는걸 어깨너머로 보고 배웠다고 한다. 어릴 때부터 강가에서 놀면서 자연스럽게 물이 깊은 곳과 얕은 곳을 알고 있었으며, 나룻배의 노와 배지매는 직접 만들어서 썼다. 그리고 나룻배에 물이 새면 삼나무 밧줄로 새는 곳에 밀어넣어 직접 수선하였다.

우리 우리 위에 아재님들이 참 오래 배를 봤어요. 그래 가지고. 그 어른들 볼 때. 배 볼 때

> 내가 우리들이 한창 청년이라. 막 장기 가고 이랬을 때라. 한 10살부터 강에 댕기는데. 강에는 우리가 여기서 커서 알아. 배를 어데 깊으고 어데 얕으고. 오데 물살이 세고. 이순신 장군매로(같이) 바다 알듯이 싹 다 알아. 그것도 경험 없고 잘못하면 그거 못 들어갑니다. 그만큼 강의 흐름을 잘 타는 사람들이래야 가능해요. 배지매. 나무가지로 5m, 10m 되는 거 있죠? 그게 배지매예요. 배를 짚어서 가는 배지매. 깊으면 그게 5m, 7m, 10m. 그런 거를 쓰고요. (배지매 제작) 긴 장대를 온 산에 막 댕기면서 구해가지고 말려야 되고. 무거우면 또 안되니까, 아카시아나무로. 한 달도 좋고 1년도 좋고 말려서 시간 나는대로 만들어 놔야 돼. 힘이 들어 많이 못 해요. 한 번 하는데 두 개, 세 개. 항상 대기를 서너 개씩 시켜놓지. (배지매 사용 기술) 큰 물 졌을 때는요. 가에서만 배지매 가지고 사용을 했고. 올리고 내리고 밀고 할 때. 배지매가 안 닿는데는 노로 젓고. (노는) 이 배에 앞에다가 양쪽에 이런 거를 나무를 하나 시아요(세워요). 여기서 노를 사람이. 한 명 하다가. 두 명 하다가. 같이 막 여러 명이 이 노를 저어요. 막 힘이 들거든요. (배 수리) 그래 가지고 이제. 예를 들어서로 몇 년 운영하면 물이 새요. 그러면 물이 새면 그거를 물을 퍼내 가지고. 이제 몇 개월 운영하다 보면 더 새면은 이 배를 끌어올려. 무거우니까 이제 밑에 나무 목개에. 깔아. 그러니까 이제 여럿이 소로 댕기고. 하나 밀고 해가지고. 댕기면 그기 도르르 굴러가가지고. 그렇게 해서 다시 이제 삼 쪼가리 있는 거 비벼서, 삼으로 밧줄 맨들어 놓은거 칼·망치 같은 걸로 잇빠이(가득) 쑤시박아 넣어요. 물에 들어가면 퉁퉁 불어가지고. 그 물이 안 새. 봄에 물 새는 걸 알거든. 물 안에 있은께. 그래 가지고 운행하고 운행하고 이랬고. 큰 차배는.[91]

퇴강나루의 뱃사공들은 비가 오나 눈이 오나 손님이 오면 나룻배를 몰았다. 얼음이 얼면 새벽에 나가 얼음을 깨고 뱃길을 만들어 놓고 손님을 받았다.

---

91 2025년 5월 27일 낙상1리경로당에서 윤대한(남, 72세) 인터뷰.

> (비가) 많이 와도 가여. 급한 일도 있으면 배가 나와요. 사람이 끌고 가서 강물이 홍수가 나도 배는 건너가여. 얼음은 이제 배가 얼면은 사람이 못 다닐 정도면. 도끼로 함마로 그걸 깨가지고. 얼음 위에 그 길을 뱃길을 맨들어요. 그리고 자꾸 배가 이제 왔다 갔다 해야지요. 못 얼게. 배가 앞에 와 바치면 얼음 사르르면 깨져여. 밤에 날씨가 추우면 내일 저 풍양장이고 함창장이면. 밤에 여기 사공이 일찍 나가서 뱃길을 만들어 놔.[92]

운성나루의 뱃사공도 삼탄마을 주민들이 하곤 했는데, 운성나루에는 사람만 실어나르는 나룻배 한 척을 운영했다. 이 배는 상주군에서 대여하는 배로 수심이 얕아서 큰 배를 띄우지 못했다. 예천의 운성마을과 상주의 매호리를 오가던 운성나루의 뱃길에는 지금 상풍교가 서 있다. 상풍교 다리 밑으로 운성마을과 매호리 사이를 쉼 없이 노를 저어온 뱃사공들이 쉬어갈 수 있는 주막이 각각 있었다. 운성마을 주막은 없어졌으며, 매호리 주막은 나루터가 사라지면서 제 역할을 잃고 폐허로 남아 있다.

> 강 건너기 전에 퇴강으로 가는 쪽에. 삼강주막 같은 집이 하나 있어. 새파란 새파란 하늘색 나는 함석집에 한 개 있는데. 그 집하고 상풍교하고. 이제 뱃사공이 이짜(이쪽으로) 건너오면 여기에 휴식처고. 여기에 집이고. 이제 거기 가서 쉬는데라 쉬는데. 쉬고 집에서 주막겸. 요거는 이쪽 건너 오면 이쪽 건너 상풍교 횟집에 거 또 주막.[93]

이와 같이 퇴강나루와 운성나루의 뱃사공들이 거주했던 삼탄마을에서는 삼청당 동신제 때 나루의 안녕도 같이 기원하기 때문에 따로 배고사를 지내지 않았다.

92 2025년 5월 27일 낙상1리경로당에서 김영태(남, 71세) 인터뷰.
93 2025년 5월 27일 낙상1리경로당에서 김영태(남, 71세) 인터뷰.

사진 30. 운성나루터의 매호리 주막
(출처: 2025년 필자촬영)

2) 하풍리 여뱃사공의 강어로와 배고사[94]

하풍리에는 마지막 여뱃사공이 생존해 있다. 그녀는 정월에 배고사를 지냈는데, 1970년대 당시 양지마에서 마을제사를 지내지 않았기 때문이다. 당시 하풍나루에는 큰 배와 작은 배가 한 척씩 있었다. 작은 배에는 사람을 실었고, 큰 배는 '나들배'라 불렀는데 소를 네 마리 실을 수 있는 농선이었다. 하풍나루의 사공은 4명이었으며, 닷새씩 돌아가면서 배를 몰았

94 2025년 5월 28일 양지마 자택에서 송기한(여, 78세) 인터뷰 내용을 재구성하였다.

다. 사공들은 배를 이용하는 대가로 주민들에게 여름에 보리나 밀, 가을에 벼를 걷었는데, 이것을 '뱃성계' 또는 '뱃모곡', '추룸(추렴)'한다고 하였다.

하풍나루의 배는 배임자 전주가 4명 있었다. 사공들은 뱃모곡 한 것을 매년 배임자에게 보리 닷 섬, 나락 닷 섬을 도세로 주었다. 1970년대 뱃사공을 했던 진용운(남, 95세)은 먹고 살기 힘들어서 1950년대에 6년 정도 사공일을 했다고 하였다. 그는 뱃사공을 하기 위해 1년 정도 뱃일을 배웠으며, 새벽 6시부터 밤 11시까지 나룻배를 운영했다. 배는 3년마다 점촌에서 기술자를 불러서 배 바닥을 갈아 넣는 수리를 했다.[95] 진용운이 뱃사공을 그만둘 때쯤 배임자 전주가 송기한 부부에게 농선을 팔았다.

사진 31. 하풍나루 주막(송기한 댁)(출처: 2025년 필자 촬영)

95 류승훈 · 이중구 · 김인호, 앞의 책, 2003, 263~264쪽.

송기한(여, 78세)은 1974년 하풍리의 진씨 집안에 시집을 왔다. 혼인 후에는 양지마에서 시댁의 친척 할머니가 운영하던 주막의 방 한 칸을 얻어 생활하였다. 얼마 후 친척 할머니가 나이가 들면서 주막을 물려받았으며, 지금도 송기한은 하풍나루터에서 마을로 들어가는 초입에 자리한 과거 주막집에 거주한다.

> 여기 저 집이 석가래가 저 기둥이 200년 넘어다나봐. 주막 한 지가 200년 넘은 집이예요. 나 처음 왔을 때도 2백 년, 3백 년 그랬어. 시집왔는데 집안 할머니가 주막을 했어. 남편이 거기서 얻어먹고 살고 있더라고. 시집와서 우리는 여서 살고. 할머니가 양아들네 집에 있어 갔고. 주막 할 때만 오시고. 할매가 술을 팔다 안 팔으니까 할머니한테 집을 샀지. 주막은 (내가) 배 하기 전서부터 했어. 그 때 막걸리 팔았어. 숙박업은 안했어. 장터 가는 소장사도 술을 마시고 가. 옛날에는 여기 풍양장이 없었고. 용궁장날에 사람들 많이 오니까 술 많이 팔고.

송기한은 큰딸을 낳고 얼마 후 하풍리의 배임자 전주 3명에게 큰 배(농선)를 샀다. 1970년대 중반 나룻배가 거의 사라질 무렵이었다. 남편이 한량이어서 송기한이 대신 뱃사공일을 하게 되었다. 누가 가르쳐 주는 사람이 없어 몰래 혼자 배웠다. 여사공은 드물어서 당시 사람들은 그녀를 '아줌마 뱃사공'이라 불렀다. 송기한이 배를 샀을 때는 농선 한 척만 운영하였다. 뱃길은 풍양면 하풍리 양지마에서 문경 이목리로 건너가는 노선이었다. 송기한은 초기 몇 년간만 뱃모곡을 하다가 100원의 요금제로 바꾸었다. 나룻배는 주로 용궁장이나 장을 보러 가는 사람들이 이용했으며, 함창장 등지에 소를 팔러 가는 사람도 이용했다.

> 마을 주민 3명이. 다들 돌아가셨는데 할배들 3명이 그걸(배임자 전주) 했었는데. 그 할배들한테 배를 샀어. 그 할배들 다 돌아가셨고. 이제 우리가 하게 됐지. 시잡와서 얼마 안되서 큰 딸 낳고 (배를 샀어). 배가 한 척인데 소도 두 마리씩 세 마리씩 태우고. 그게 뭐야 안동댐

> 있을 적에는 그렇게 왔다 갔다 했는데. 이제 임하댐이 생기니까 물도 (거의 안내려와). 배도 우리 여기(주막 앞) 여기 여까지 왔었어. 배도 요 요 앞까지. 살구나무가 큰 게 있었는데 거기다 배를 붙들어 맸어. 가세로(가쪽으로) 사람들 앉고. 배지매로 이렇게 찍으면서. 이렇게 이렇게 찍으면서. 배지매가 뭐냐면 나무 큰 장대, 장대로다가 이렇게. 그래서 이제 배가 이제 물살이 세가지고 내가 힘이 부족하고 저거 하면, 이제 또 또 앞에 가서 또 찍다가. 또 이쪽에 와서 찍다가. 그것도 힘들어. 이제 옛날에는 배를 건너주고 돈을 안 받고 이제 봄에 가서는 보리 농사할 때 이제 모곡하고. 얼마씩 거뒀어요, 보리를. 많이 탄 사람은 두 말도 걷고 많이 안 탄 사람은 한 되 걷고. 내가, 우리가 할 때는 그거 모곡을 몇 년 안 했어. 몇 년 안 하고 이제 이제 돈 받았어. 100원. 영풍교 생기기 전에 나룻배 그만두고.

송기한은 뱃일을 하면서, 배를 보지 않을 때는 고기를 잡아 주막에서 안주로 팔았다. 하풍 인근에는 소가 형성되어 있어 어업을 하는 사람들이 있었다. 어민들은 주로 주낙과 정치망을 이용해서 고기를 잡았다. 송기한은 주낙을 주로 했는데, 주낙은 끝부분에 추를 달고 5~10m 간격으로 줄에다 낚시바늘을 끼운 것으로 미끼는 사람을 물지 않는 '쑥막(쑥맥)거머리'를 주로 사용했다.

> 애들 아버지가 처음에는 고기를 잡았어. 주낙 낚시라고. 거머리나 지렁이 같은 걸 잡아가지고. 똥물 같은데 가서. 예전에는 점촌 터미널 앞에 하천 복개를 안했거든. 옛날에는 장갑도 없었어. 애들을 등에 업고 막 이러고 그래 그걸 잡아서, 그거 미끼로 껴서 넣으면 메기가 많이 잡혀. 이제 지금은 물 깨끗하고 거머리도 없어. 투망 던지면 낮에 하고 해 질 무렵에 하면 피리가 많이 잡혔어. 투망은 오리목이라고 있어. 강에다가 오리처럼 생긴 플라스틱을 만들어서 저 건너다가 쳐 놓고, 여기다가 쳐 놓고. 오리가 올라갔다 내려갔다 그러면 고기가 겁이 나서 한 군데로 몰려. 그래 투망 치면 세숫대야 하나, 바케스 하나 잡혀. 피리가 많이 잡혔지. 각망으로 하면 빠가사리, 잉어, 자라, 가물치도 잡고. 장어는 비 오고 흙탕물에나

잡히는데 잘 안 잡혀.

송기한은 처음에는 남편과 주낙으로 메기나 오리목을 이용한 투망으로 피리를 잡았다. 주막을 운영하면서 잡은 피리는 손님들 술안주로 배를 따서 회로 무치거나 피리튀김을 해서 팔았다. 1980년대 초에는 뱃일을 접고 엔진배를 제작하여 내수면어업으로 전업했는데, 어업 허가상 송기한의 조업 구역은 하풍리의 강가에서 용바우까지였다. 내수면어업으로 전업한 뒤에는 정치망을 이용해서 빠가사리, 잉어, 가물치, 자라 등을 어획하였다. 코로나19 이후로는 배와 허가증(초망 · 통발 · 정치망 허가증)을 팔고, 내수면어업을 접은 지 3년이 되었다고 한다.

송기한은 주막을 운영하면서 나룻배도 하고 어업도 하였기에 배고사를 지냈다. 예천에 나루터가 있던 용산나루, 마전나루, 삼강나루, 삼탄나루에서는 나루터에서 마을로 들어오는 입구에 위치한 당산나무를, 완담나들에서는 나루터에서 마을 입구로 들어오는 입구에 위치한 입석을 마을 수호신으로 모시고 동제를 지냈다. 나룻배가 마을 소유로 도선 사업을 했던 삼강마을에서만 마을 수호신으로 강신을 모시고, 나머지 마을은 마을의 안녕을 기원할 때 나루터의 안녕도 같이 기원하였지만, 마을 수호신이 강신은 아니었다. 하풍나루가 위치한 양지마에서는 1970년대 당시 동제를 지내지 않았기에 송기한은 개인적으로 나룻배 배고사를 지냈다.

보름 때 같은 때는 강에 고사도 드리고 이러니까. 정월대보름에. 강의 제사도 내가 1년에 한 번씩 꼭 용왕님한테 제사 드려. 대보름에는 달 뜰 때 배에다 차려놓고 달 보고 빌고, 고기도 안 먹고 놀러도 안 가고. 깨끗하게 해. 밤, 대추, 곶감, 사과, 배, 밀감, 막걸리, 포 놓고 손 비비고 빌어. 절하면서 배 고장나지 않고, 그냥 무사히 거기(나룻배) 잘 되게 해달라고. 위험하지 않고 배 잘 운행하고. 손님 많이 오시게 해달라고. 지켜달라고 비는 거지. 비손하면서 막걸리 놓고. 저기 이제 과일 차린 거 이제 물에다가 이제. 그거 용왕님한테

다 던져주고. 배 위에서. 그래 갖고 배에다가 막걸리 사방 뿌리고.

송기한 뱃사공과 같이 배고사를 지낸 낙동강 마을들도 있다. 상주시 중동면 죽암1리[96]와 구미시 고아읍 예강2리[97]이다. 이곳에서는 정월 대보름 마을 주민들이 나루터에서 배고사, 즉 동제를 올렸다. 반면 예천에서는 나루터 동수나무(혹은 동신 입석) 앞에서 동제를 올리는 것이 상례로, 다른 지역 나루터 제사가 나루터 배 위에서 지내는 것과 다른 것이 특징이다.

---

96 중동면 죽암1리 '배고사'는 매년 정월대보름 주민의 안녕과 풍년을 기원하며 마을 동신인 나룻배 위에서 주, 과, 포의 제물을 진설하고 주민 중에 정결한 사람을 제관으로 선정하여 마을의 안녕과 나루의 무사고를 기원하는 제이다(『매일신문』 2011.3.9.).

97 강정나루에 사람과 물자가 많이 몰리던 시기 안전한 배 운항을 바라는 '배고사(告祀)'까지 지냈다고 한다. 배 고사는 마을 제사와 함께 1970년대 후반까지 계속됐다. 매년 음력 1월 14일 밤 강가에 배를 정박해 놓은 뒤 나루터에 뱃사공을 비롯한 주민들이 몰렸다. 밤 12시 이전에 깨끗한 자리를 깔고 촛불을 켠 뒤 새로 산 그릇에 새로 만든 음식을 올려놓는다. 나룻배를 운영할 사람이 초헌관(신위에 처음 술잔을 올리는 사람)이 돼 잔을 올리고, 아헌관(두 번째 술잔 올리는 이), 종헌관(마지막 술잔을 올리는 이) 등 다른 뱃사공들이 뒤를 이었다. 또 소지(燒紙; 흰 종이를 불사르며 신에게 소원을 빔)를 올리며 한 해 동안 나루에서 사고가 없도록 천지신명과 용왕에게 빌었다고 한다(『매일신문』 2011.3.9.).

참고문헌

『慶尙道邑誌』, 『高麗史』, 『大東地志』, 『三國史記』, 『世宗實錄』, 『世宗實錄地理志』, 『世宗實錄地理志』, 『宣祖修正實錄』, 『新增東國輿地勝覽』

『국제신문』, 『NewQuest』, 『매일신문』, 『문화일보』, 『불광미디어』, 『창원신문』

慶北鄕土史硏究協議會, 『慶北마을誌』(下), 1992.
국립민속박물관,『금강 수로와 식문화』, 2019.
국토지리정보원, 『한국지명유래집: 경상편』, 진한엠앤비, 2015.
김봉우, 『낙동강 옛나루』, 도서출판 경남, 2019.
김아네스, 「고려시대 명산대천과 祭場」, 『역사학연구』 50, 2013.
김해영, 『조선초기제사전례연구』, 집문당, 2003.
류승훈 · 이중구 · 김인호, 『옛길박물관의 책 제29집: 낙동강과 문명』, 문경시, 2023.
孫晉泰, 『朝鮮神歌遺篇』, 鄕土研究士, 1930.
禮泉郡誌編纂委員會, 『禮泉郡誌』, 1988.
예천군지편찬위원회, 『예천군지』 중권, 예천군, 2005.
이용범, 『예천군 마을신앙 조사연구』, 경상북도 예천군, 2015.
조풍연, 『조선시대(사진으로 보는):생활과 풍속』, 서문당, 1999.
진덕재, 「삼국시대 황산진과 가야진에 대한 고찰」, 『한국고대사연구』 47, 2007.